# BACH-JAHRBUCH

Im Auftrag der Neuen Bac[illegible]
herausgegeben von
Peter Wollny

*107. Jahrgang 2021*

EVANGELISCHE VERLAGSANSTALT
LEIPZIG

VERÖFFENTLICHUNG DER NEUEN BACHGESELLSCHAFT
Internationale Vereinigung, Sitz Leipzig
VEREINSJAHR 2021



Die redaktionelle Arbeit wurde unterstützt
durch das Bach-Archiv Leipzig – Stiftung bürgerlichen Rechts.
Die Neue Bachgesellschaft e.V. wird gefördert durch die Stadt Leipzig, Kulturamt.



Geschäftsstelle der Neuen Bachgesellschaft: Burgstraße 1–5, 04109 Leipzig
Anschrift für Briefsendungen: PF 10 07 27, 04007 Leipzig

Anschrift des Herausgebers:
Prof. Dr. Dr. h.c. Peter Wollny, Bach-Archiv Leipzig, Thomaskirchhof 16, 04109 Leipzig
Anschrift für Briefsendungen: PF 10 13 49, 04013 Leipzig
Redaktionsschluss: 1. Juli 2021

Evangelische Verlagsanstalt GmbH, Leipzig, 2021
Printed in Germany
Notensatz: Frank Litterscheid, Hehlen
Gesamtherstellung: DZA Druckerei zu Altenburg GmbH, Altenburg
ISSN 0084-7982
ISBN 978-3-374-06864-7 eISBN (PDF) 978-3-374-06865-4

# INHALT



## Kleine Beiträge

# ABKÜRZUNGEN

## 1. Allgemein

AfMw = *Archiv für Musikwissenschaft*, 1918–1926, 1952 ff.
Am.B. = Amalien-Bibliothek (Dauerleihgabe in D-B)
Bach-Kolloquium Rostock = *Das Frühwerk Johann Sebastian Bachs. Kolloquium, veranstaltet vom Institut für Musikwissenschaft der Universität Rostock 11.–13. September 1990*, hrsg. von Karl Heller und Hans-Joachim Schulze, Köln 1995
BC = Hans-Joachim Schulze und Christoph Wolff, *Bach Compendium. Analytisch-bibliographisches Repertorium der Werke Johann Sebastian Bachs*, Bd. I/1–4, Leipzig 1986–1989
Beißwenger = Kirsten Beißwenger, *Johann Sebastian Bachs Notenbibliothek*, Kassel 1992 (Catalogus Musicus. 13.)
BG = *J. S. Bachs Werke. Gesamtausgabe der Bachgesellschaft*, Leipzig 1851–1899
BJ = *Bach-Jahrbuch*, 1904 ff.
BR-CPEB = Wolfram Enßlin und Uwe Wolf, *C. P. E. Bach. Thematisch-systematisches Verzeichnis der musikalischen Werke*, Bd. 2: *Vokalwerke*, Stuttgart 2014 (Bach-Repertorium, Bd. III/2)
BT = *Sämtliche von Johann Sebastian Bach vertonte Texte*, hrsg. von Werner Neumann, Leipzig 1974
BWV =Wolfgang Schmieder, *Thematisch-systematisches Verzeichnis der musikalischen Werke von Johann Sebastian Bach. Bach-Werke-Verzeichnis*, Leipzig 1950
BWV$^{2}$ = *Bach-Werke-Verzeichnis* (wie oben); *2. überarbeitete und erweiterte Ausgabe*, Wiesbaden 1990
BWV$^{2a}$ = *Bach-Werke-Verzeichnis. Kleine Ausgabe nach der von Wolfgang Schmieder vorgelegten 2. Ausgabe*, hrsg. von Alfred Dürr und Yoshitake Kobayashi unter Mitarbeit von Kirsten Beißwenger, Wiesbaden 1998
BWV$^{3}$ = *Bach-Werke-Verzeichnis* (wie oben). Dritte, erweiterte Neuausgabe, bearbeitet von Christine Blanken, Christoph Wolff und Peter Wollny, Wiesbaden 2022
BzBF = *Beiträge zur Bach-Forschung*, Leipzig 1982–1991

CBH = *Cöthener Bach-Hefte. Veröffentlichungen der Bach-Gedenkstätte Schloß Köthen*, Köthen 1981 ff.

CPEB:CW = *Carl Philipp Emanuel Bach: The Complete Works*, Los Altos 2005 ff.

Dok I–VII = *Bach-Dokumente, herausgegeben vom Bach-Archiv Leipzig. Supplement zu Johann Sebastian Bach. Neue Ausgabe sämtlicher Werke.*
Band I: *Schriftstücke von der Hand Johann Sebastian Bachs*, vorgelegt und erläutert von Werner Neumann und Hans-Joachim Schulze, Leipzig und Kassel 1963
Band II: *Fremdschriftliche und gedruckte Dokumente zur Lebensgeschichte Johann Sebastian Bachs 1685–1750*, vorgelegt und erläutert von Werner Neumann und Hans-Joachim Schulze, Leipzig und Kassel 1969
Band III: *Dokumente zum Nachwirken Johann Sebastian Bachs 1750–1800*, vorgelegt und erläutert von Hans-Joachim Schulze, Leipzig und Kassel 1972
Band IV: Werner Neumann, *Bilddokumente zur Lebensgeschichte Johann Sebastian Bachs*, Kassel und Leipzig 1979
Band V: *Dokumente zu Leben, Werk und Nachwirken Johann Sebastian Bachs 1685–1800. Neue Dokumente. Nachträge und Berichtigungen zu Band I–III*, vorgelegt und erläutert von Hans-Joachim Schulze unter Mitarbeit von Andreas Glöckner, Kassel 2007
Band VI: *Ausgewählte Dokumente zum Nachwirken Johann Sebastian Bachs 1801–1850*, hrsg. und erläutert von Andreas Glöckner, Anselm Hartinger und Karen Lehmann, Kassel 2007
Band VII: *Johann Nikolaus Forkel. Ueber Johann Sebastian Bachs Leben, Kunst und Kunstwerke (Leipzig 1802). Editionen. Quellen. Materialien*, vorgelegt und erläutert von Christoph Wolff unter Mitarbeit von Michael Maul, Kassel 2008

Dürr Chr 2 = Alfred Dürr, *Zur Chronologie der Leipziger Vokalwerke J. S. Bachs. Zweite Auflage: Mit Anmerkungen und Nachträgen versehener Nachdruck aus Bach-Jahrbuch 1957*, Kassel 1976 (Musikwissenschaftliche Arbeiten, hrsg. von der Gesellschaft für Musikforschung. 26.)

Dürr K = Alfred Dürr, *Die Kantaten von Johann Sebastian Bach*, Kassel und München 1971, 2. Auflage 1975

*Philipp Emanuel Bach's Estate*, hrsg. von R. Wade, New York und London 1981; 2. *C. P. E. Bach. Autobiography. Verzeichniß des musikalischen Nachlasses*, Buren 1991 (Facsimiles of Early Biographies. 4.)

QV = *Thematisch-systematisches Verzeichnis der Werke von Johann Joachim Quantz. Quantz-Werkverzeichnis (QV)*, hrsg. von Horst Augsbach, Stuttgart 1997

RGG = *Die Religion in Geschichte und Gegenwart. Handwörterbuch für Theologie und Religionswissenschaft*, 3. Auflage, hrsg. von K. Galling, 7 Bände, Tübingen 1957–1965.

RISM A/I = *Répertoire International des Sources Musicales. Internationales Quellenlexikon der Musik*, Serie A/I: *Einzeldrucke vor 1800*, Kassel 1971 ff.

Schulze Bach-Facetten = Hans-Joachim-Schulze, *Bach-Facetten: Essays – Studien – Miszellen*, Leipzig/Stuttgart 2017

Schulze Bach-Überlieferung = Hans-Joachim Schulze, *Studien zur Bach-Überlieferung im 18. Jahrhundert*, Leipzig und Dresden 1984

Schulze K = Hans-Joachim Schulze, *Die Bach-Kantaten. Einführungen zu sämtlichen Kantaten Johann Sebastian Bachs*, Leipzig und Stuttgart 2006 (Edition Bach-Archiv Leipzig)

SIMG = *Sammelbände der Internationalen Musikgesellschaft*, Leipzig 1899–1914 (Reprint: Hildesheim und Wiesbaden, 1970/71)

Spitta I, II = Philipp Spitta, *Johann Sebastian Bach*, 2 Bde., Leipzig 1873, 1880

TA = *Georg Philipp Telemann. Musikalische Werke*, Kassel 1955 ff.

TBSt = *Tübinger Bach-Studien*, herausgegeben von Walter Gerstenberg.
Heft 1: Georg von Dadelsen, *Bemerkungen zur Handschrift Johann Sebastian Bachs, seiner Familie und seines Kreises*, Trossingen 1957
Heft 2/3: Paul Kast, *Die Bach-Handschriften der Berliner Staatsbibliothek*, Trossingen 1958
Heft 4/5: Georg von Dadelsen, *Beiträge zur Chronologie der Werke Johann Sebastian Bachs*, Trossingen 1958

TVWV = Werner Menke, *Thematisches Verzeichnis der Vokalwerke von Georg Philipp Telemann*, 2 Bde., Frankfurt am Main 1981, 1983

| | |
|---|---|
| Walther L | = Johann Gottfried Walther, *Musicalisches Lexicon oder Musicalische Bibliothec*, Leipzig 1732 (Reprint Kassel 1953) |
| Weiß | = *Katalog der Wasserzeichen in Bachs Originalhandschriften, von Wisso Weiß, unter musikwissenschaftlicher Mitarbeit von Yoshitake Kobayashi*, 2 Bde., Kassel und Leipzig 1985 (NBA IX/1) |
| Wq | = Alfred Wotquenne, *Thematisches Verzeichnis der Werke von Carl Philipp Emanuel Bach*, Leipzig 1905, Reprint Wiesbaden 1968 |
| Zedler | = Johann Heinrich Zedler, *Grosses vollständiges Universal Lexikon aller Wissenschaften und Künste* [...], Halle und Leipzig 1732–1754 (Reprint Graz 1999) |
| ZfM | = *Zeitschrift für Musik* |

## 2. Bibliotheken

| | |
|---|---|
| A-Wgm | = Wien, Gesellschaft der Musikfreunde |
| A-Wn | = Wien, Österreichische Nationalbibliothek, Musiksammlung |
| A-Wst | = Wien, Stadtbibliothek, Musiksammlung |
| B-Bc | = Bruxelles, Conservatoire Royal de Musique, Bibliothèque |
| B-Br | = Bruxelles, Bibliothèque Royale Albert Ier |
| CH-Zz | = Zürich, Zentralbibliothek |
| D-B | = Staatsbibliothek zu Berlin – Preußischer Kulturbesitz, Musikabteilung mit Mendelssohn-Archiv. Als Abkürzung für die Signaturen der Bach-Handschriften (*Mus. ms. Bach P* bzw. *St*) dienen *P* und *St* |
| D-Bsa | = Bibliothek der Sing-Akademie zu Berlin (Depositum in D-B) |
| D-BÜC | = Bückeburg, Niedersächsisches Staatsarchiv |
| D-Dl | = Dresden, Sächsische Landesbibliothek – Staats- und Universitätsbibliothek, Musikabteilung |
| D-DS | = Darmstadt, Hessische Landes- und Hochschulbibliothek, Musikabteilung |
| D-F | = Frankfurt, Stadt- und Universitätsbibliothek, Musik- und Theaterabteilung |
| D-GOl | = Gotha, Forschungs- und Landesbibliothek |
| D-Ha | = Hamburg, Staatsarchiv |
| D-Hs | = Hamburg, Staats- und Universitätsbibliothek Carl von Ossietzky |

| | |
|---|---|
| D-LEb | = Leipzig, Bach-Archiv |
| D-LEm | = Leipzig, Städtische Bibliotheken – Musikbibliothek |
| D-LEsta | = Leipzig, Sächsisches Staatsarchiv, Staatsarchiv Leipzig |
| D-SWl | = Schwerin, Mecklenburgische Landesbibliothek, Musiksammlung |
| D-W | = Wolfenbüttel, Herzog August Bibliothek, Musikabteilung |
| D-WD | = Wiesentheid, Musiksammlung des Grafen von Schönborn-Wiesentheid |
| F-Pn | = Paris, Bibliothèque Nationale |
| GB-Lbl | = London, The British Library |
| GB-Mp | = Manchester, Central Library, Henry Watson Music Library |
| US-NHub | = New Haven, Yale University, Beinecke Rare Book and Manuscript Library |

# Bach und Hamburg:
# Ein Szenario zur Entstehung der Englischen Suiten

Von Bernd Koska (Leipzig)

Wie die sechs Englischen Suiten BWV 806–811 zu ihrem Namen kamen, ist eine der vielen ungeklärten, dabei doch elementaren Fragen an Johann Sebastian Bachs Werk. Zwar ist kein Autograph erhalten, doch läßt sich anhand der frühesten Abschriften aus den 1720er Jahren annehmen, daß der Komponist selbst den Zyklus lediglich als „Six Suites avec leurs Préludes" bezeichnete[1] und damit ihre stilistische Besonderheit, die großen virtuosen Präludien, hervorhob. Das Attribut „englisch" taucht erst lange nach Bachs Tod auf, und zwar ab den 1780er Jahren in Berliner Kreisen.[2] Einen Erklärungsansatz für den noch heute gebräuchlichen Titel lieferte Johann Nikolaus Forkel 1802 in seiner Bach-Biographie mit der Behauptung, die Werke seien „für einen vornehmen Engländer gemacht", freilich ohne dessen Namen preiszugeben.[3] Gestützt wird diese Aussage durch eine von Johann Nathanael Bammler angefertigte, einen Besitzvermerk von Bachs Sohn Johann Christian tragende Abschrift der ersten Suite, auf der sich die Notiz „Fait pour les Anglois" von unbekannter Hand (vielleicht ebenfalls J. C. Bachs) befindet.[4] Diese Angabe – in korrektem Französisch „faite pour les Anglais" zu lesen – scheint allerdings nicht auf eine einzige Person, sondern auf die Engländer schlechthin oder auch eine Gruppe von Engländern zu deuten.

Da Bachs geläufige Biographie sonst keinerlei Berührungspunkte mit England oder Engländern aufweist (den Augenarzt John Taylor aus naheliegenden Gründen ausgenommen), hat die ältere Forschung die Tradition Forkels und der Bach-Familie in Zweifel gezogen und stattdessen nach dem ‚Englischen' in der Musik selbst gesucht. Dabei stand bald außer Frage, daß der Stil von Bachs Kompositionen an sich kaum als genuin englisch bezeichnet werden kann. Vielmehr wurden angebliche thematische Ähnlichkeiten des Präludiums der ersten Englischen Suite mit einer Henry Purcell (aber auch J. S. Bach, Luigi Rossi und Johann Adam Reinken) zugeschriebenen Toccata sowie einer

---

1 NBA V/7 Krit. Bericht (A. Dürr, 1981), S. 91 f.

2 Siehe Dok III, Nr. 887 und 956, Dok V, Nr. C 890 a und *P 291/6* (Handschrift von J. F. Hering um 1765, Titel nachgetragen von K. O. F. von Voß (1755–1823); siehe P. Wollny, *Ein „musikalischer Veteran Berlins". Der Schreiber Anonymus 300 und seine Bedeutung für die Berliner Bach-Überlieferung*, in: Jahrbuch SIM 1995, S. 80–113, speziell S. 90, 92 und 103, und NBA V/7 Krit. Bericht, S. 32.

3 Dok VII, S. 70.

4 D-B, *N. Mus. ms. 365*.

Gigue des in London lebenden Franzosen François Dieupart geltend gemacht.[5] Während Bach das erstgenannte Stück nach neuerer Einschätzung[6] wahrscheinlich nicht gekannt hat, erhält die Parallele zu dem Werk Dieuparts durch die Existenz einer frühen Abschrift desselben von Bachs Hand[7] einiges Gewicht. Freilich bleibt zweifelhaft, ob Bach von Dieuparts Wahlheimat wußte und diesem Umstand genug Bedeutung zumaß, um seinen ganzen Zyklus als ‚englische Suiten' zu betrachten. Ein anderer Ansatz zur Erklärung dieses Titels geht von der in den allermeisten Quellen verwendeten Notation der rechten Hand im Violinschlüssel aus, die in Bachs Clavierwerken eine Besonderheit darstellt, in England jedoch schon seit dem 17. Jahrhundert gebräuchlich war.[8] In diesem Zusammenhang wurde auf in London gedruckte Suitensammlungen Johann Matthesons (*Pièces de clavecin*, 1714) und Georg Friedrich Händels (*Suites de Pièces pour le Clavecin* HWV 426–433, 1720) verwiesen,[9] doch ist deren damit implizierte Vorbildfunktion für Bach über die Notierungsweise hinaus kaum erkennbar.

***

Ohne die Relevanz dieser Beobachtungen gänzlich negieren zu wollen, soll im folgenden die Spur des ominösen englischen Auftraggebers noch einmal aufgenommen werden. Ausgangspunkt der neuerlichen Beschäftigung mit dem Thema war eine beiläufige Bemerkung Ernst Ludwig Gerbers, die es im Rahmen einer systematischen Durchleuchtung von Bachs Schülerkreis zu überprüfen galt.[10] Gerber zufolge war ein gewisser „Kreysing, ein würdiger Schüler von Sebast. Bach", der Vorgänger von Johann Peter Heinrich Cario

[5] Näheres hierzu weiter unten.

[6] NBA V/12 Krit. Bericht (U. Bartels und F. Rempp, 2006), S. 272–281 (BWV Anh. 178). Die Nähe zu Bach wurde aufgrund einer Bach zugeschriebenen Quelle (wiedergegeben in BG 42, S. 250–254) postuliert, deren Glaubwürdigkeit jedoch stark anzuzweifeln ist. Nach Überlegungen von Pieter Dirksen könnte es sich bei der – stilistisch eindeutig norddeutsche Züge tragenden – A-Dur-Toccata um eine Komposition von Johann Adam Reinken handeln (siehe BJ 1998, S. 121–135). Teilt man diese Ansicht, wäre zumindest denkbar, daß Bach das Werk während seiner Lüneburger Schulzeit kennengelernt hat; eine ‚englische' Konnotation wäre dann freilich hinfällig.

[7] D-F, *Mus Hs 1538*; siehe Beißwenger, S. 190–202.

[8] NBA V/7 Krit. Bericht, S. 87.

[9] H. Keller, *Die Klavierwerke Bachs. Ein Beitrag zu ihrer Geschichte, Form, Deutung und Wiedergabe*, Leipzig 1950, S. 183, bzw. R. Steglich, *Johann Sebastian Bach*, Potsdam 1935 (Die großen Meister der Musik), S. 109.

[10] Siehe B. Koska, *Bachs Privatschüler*, BJ 2019, S. 13–82, speziell S. 32 f.

als „Organist an der englischen Kirche zu Hamburg“.[11] Ergänzend berichtet Mattheson anläßlich eines von ihm betreuten Orgelbaus in jener Kirche (1735), die Gemeinde beschäftige „unter zween einen braven Organisten, Nahmens Kreising“.[12] Nach Ermittlungen von Jürgen Neubacher handelte es sich dabei um Hinrich Conrad Kreising, dessen Begräbnis am 27. Mai 1771 vom Marien-Magdalenen-Kirchspiel in Hamburg verzeichnet wurde. Nach mehreren fehlgeschlagenen Bewerbungen um andere Hamburger Organistenposten[13] blieb Kreising bis zu seinem Lebensende Organist an der englischen Kirche.[14] Daneben erteilte er Musikunterricht[15] und betätigte sich als Komponist, wie eine erhaltene „FUGA. pour le Orgue, Composeè par H. C. Kreysing“[16] beweist. Sollten zwei in Georg Philipp Telemanns *Getreuem Musikmeister* 1728 abgedruckte Clavierstücke „von Mr. Kreysing, dem jüngern“ beziehungsweise „par Mr. Kreising, le cadet“[17] ebenfalls von ihm stammen, wären dies die frühesten Anhaltspunkte für seine Biographie. Wann und wo er geboren wurde, ist ebenso unbekannt wie das Jahr seiner Anstellung an der englischen Kirche. Da auf einer Namensliste der englischen Gemeinde für die Jahre 1724/25 ein Organist namens Lüders erscheint,[18] könnte sich Kreising um

---

[11] Gerber NTL, 1. Teil, Sp. 643.

[12] Mattheson E, S. 216.

[13] J. Neubacher, *Georg Philipp Telemanns Hamburger Kirchenmusik und ihre Aufführungsbedingungen (1721–1767). Organisationsstrukturen, Musiker, Besetzungspraktiken. Mit einer umfangreichen Quellendokumentation*, Hildesheim u.a. 2009 (Magdeburger Telemann-Studien. XX.), S. 187 und 436; Angaben Neubachers schon verwendet im Artikel „Kreising, Hinrich Conrad“, in: MGG[2] Personenteil, Bd. 10 (2003), Sp. 656 f. (E. Krüger).

[14] Als Subskribent genannt in *Johann Matthias Dreyer weyl. Hochfürstl. Hollsteinischen Secretairs vorzüglichste deutsche Gedichte*, Altona 1771, unfoliiert (Widmungsvorrede datiert 10. 5. 1771).

[15] In der Familie des Johanneumsrektors J. S. Müller (Neubacher, *Georg Philipp Telemanns Hamburger Kirchenmusik*, wie Fußnote 13, S. 436; siehe auch A. Talle, *Beyond Bach. Music and Everyday Life in the Eighteenth Century*, Urbana u. a. 2017, S. 220) und vermutlich auch des Gelehrten J. A. H. Reimarus (siehe K. Hottmann, *„Auf! stimmt ein freies Scherzlied an“. Weltliche Liedkultur im Hamburg der Aufklärung*, Stuttgart und Kassel 2017, S. 147). Unterrichtstätigkeit des englischen Organisten (ohne Nennung des Namens) erwähnt in: D-Ha, *111-1_40832* (*Varia, betr. Beeidigung der Herings-Packer und Herings-Wardierer, desgl. prätendirte Contributionsbefreiungen der Makler,* [...] *des Organisten (und des Kochs) etc. etc. 1680–1802.*), fol. 4 f. (Extrakte aus Senatsprotokollen von 1744; hier ist nur noch von *einem* Organisten an der englischen Kirche die Rede).

[16] D-B, *Mus. ms. 30196*, Faszikel 2.

[17] S. 25, 31 und 66 f.

[18] D-Ha, *111-1_40814* (*Namen-Verzeichniß der Mitglieder der hiesigen Engl. Court soweit dieselben zu ermitteln gewesen sind*), unfoliiert. Möglicherweise um 1705

diese Zeit noch in der Ausbildung bei Bach befunden haben. Dann wäre er ein Mitschüler von Heinrich Nicolaus Gerber, dem Vater des Lexikographen, gewesen und damit eine mögliche Erklärung dafür gefunden, daß von Kreisings Unterricht bei Bach gerade (und auch singulär) im Gerber-Lexikon berichtet wird. Andererseits könnte E. L. Gerbers Wissen auch auf einer mündlichen, spezifisch Hamburger Überlieferung gründen, da er J. P. H. Carios Vater persönlich besucht hat.[19]
Die englische Kirche in Hamburg, die damit zumindest mittelbar mit Bach in Verbindung zu bringen ist, gehörte zu einer Gruppe von aus England stammenden Kaufleuten, die seit dem frühen 17. Jahrhundert in der Stadt ansässig war und durch einige umfangreichere Publikationen schon länger gut erforscht ist.[20] Im Englischen als „Merchant Adventurers", in Hamburger Quellen hingegen meist als „Englische Court", auch „Faktorei" oder „Kompanie" bezeichnet, genossen die englischen Kaufleute umfangreiche Handelsprivilegien wie etwa Steuerbefreiungen und kontrollierten mit dem Import von Tuchwaren aus England nach Deutschland einen bedeutenden Wirtschaftszweig. Obwohl bereits seit Ende des 17. Jahrhunderts Niedergangserscheinungen festzustellen sind, war die Gesellschaft zu Kreisings Zeiten immer noch hoch angesehen und außerordentlich wohlhabend, wird dabei aber auch als elitär und altmodisch-überholt geschildert. Ein lebendiges Bild der Merchant Adventurers in den 1720er Jahren vermittelt der „German Spy", ein anonymer durch Norddeutschland reisender Engländer, der unter Berufung auf seinen Gastwirt im „Little English House" zu Hamburg folgendes berichtet:

---

Schüler Matthesons (siehe J. Mattheson, *Texte aus dem Nachlass*, hrsg. von W. Hirschmann und B. Jahn, Hildesheim 2014, S. 63) sowie 1720 Mitbewerber Bachs an St. Jacobi (siehe Dok II, Nr. 102). In Dok II, S. 544, wird der Name „Lüders" auf Hans Hinrich Lüders (1677–1750) bezogen, der seit 1706 Organist in Flensburg war (zu diesem Mattheson E, S. 173 f.). Einen gleichnamigen Hamburger Organisten nennt Neubacher, *Georg Philipp Telemanns Hamburger Kirchenmusik* (wie Fußnote 13), S. 439 (nachweisbar wohl 1727).

19 Siehe Gerber NTL, 1. Teil, Sp. 643.

20 W. E. Lingelbach, *The Merchant Adventurers at Hamburg*, in: The American Historical Review 9 (1903/04), S. 265–287; H. Hitzigrath, *Die Kompagnie der Merchant Adventurers und die englische Kirchengemeinde in Hamburg 1611–1835*, Hamburg 1904; M. Möhring, *Die englische Kirche in Hamburg und die Merchant Adventurers*, in: Hamburgische und englische Kaufleute. Englandfahrt – Hamburgfahrt. Aus der Blütezeit des deutsch-englischen Handels zwischen 1400 und 1800 und vom Bau der englischen Kirche in Hamburg, hrsg. im Auftrag des Vorstandes der Wirtschaftsgeschichtlichen Forschungsstelle e. V., Schriftleitung: M. Möhring, Hamburg 1975 (Hamburger Wirtschafts-Chronik. 5.), S. 29–58; A. D. Petersen, *Die Engländer in Hamburg 1814 bis 1914. Ein Beitrag zur Hamburgischen Geschichte*, Hamburg 1993 (zum 18. Jahrhundert S. 11–37).

That the British Society of Merchants-Adventurers, established in this City, had formerly been very famous, as well as numerous, and enjoyed great Privileges [...]: But that, since this Branch of Trade was laid open to all Foreigners, by Act of Parliament, in King William's Reign, they were dwindled away almost to nothing: That they were not, at this Time, above sixteen or seventeen, of which not above one half were Housekeepers: That they, however, yet enjoyed the same Privileges [...] and liv'd in great Reputation; but conserved chiefly among one another, and were very shy and jealous of Strangers of the English Nation, unless they came recommended to them [...]: That they had, however, a Chaplain, one Dr. T–s, a very sociable and worthy Gentleman, whose Acquaintance would be worth my seeking. He, likewise, told me, that there is a British Envoy in this City, C–l W–h, Esq.; a very polite Gentleman, who, if I was an English man, as he took me to be, would expect I should wait on him, offering, at the same Time, his Service, to conduct me thither, the next Morning.[21]

Der hier nur verdeckt genannte Geistliche war John Thomas (1691–1766), von 1719 bis 1737 Chaplain der englischen Kirche in Hamburg und später Dean in Peterborough (1740–1743) sowie Bischof von Lincoln (1744–1761) und Salisbury (1761–1766).[22] Die weltliche Spitze der englischen Kompanie bestand aus einem Courtmaster – 1712–1723 William Foxley, 1723–1735 John Emmerson, 1735–61 John Thornton – und einem Courtsekretär – bis 1730 William Aldersey, 1730–33 Samuel Free, 1733–1754 der deutsche Dichter Friedrich von Hagedorn.[23] Der Name des im Reisebericht erwähnten britischen Gesandten, der gewissermaßen als ‚Türöffner' in den elitären Zirkel fungierte, ist Cyrill Wich. Seine persönlichen Verflechtungen mit der Court,

---

[21] *The German Spy: or, Familiar Letters from A Gentleman on his Travels thro' Germany, to His Friend in England*, London 1740, S. 91 f. Die Erstauflage erschien 1738, eine deutsche Übersetzung 1764 in Lemgo unter dem Titel *Der deutsche Kundschafter in Briefen eines durch Westphalen und Niedersachsen reisenden Engländers*. Zum Kontext der Schrift und zur Autorenfrage siehe H. C. Wolff, *Ein Engländer als Direktor der alten Hamburger Oper*, in: Studien zur Barockoper, hrsg. von C. Floros, H. J. Marx und P. Petersen, Hamburg 1978 (Hamburger Jahrbuch für Musikwissenschaft. 3.), S. 75–83, und H. Schwarzwälder, *Der „deutsche Spion" und Bremen. Thomas Lediard, Sekretär des britischen Gesandten beim Niedersächsischem Kreis in Hamburg, und der Gesandte Sir Cyrill Wich*, in: Bremisches Jahrbuch 57 (1979), S. 87–123.

[22] Anonymus, *Die Capellane der Englischen Court*, in: Zeitschrift des Vereins für Hamburgische Geschichte 2 (1847), S. 649–651, speziell S. 650; *Fasti Ecclesiae Anglicanae, or a Calendar of the Principal Ecclesiastical Dignitaries in England and Wales* [...], hrsg. von J. Le Neve und T. D. Hardy, Oxford 1854, Bd. 1, S. 78, und Bd. 2, S. 28, 540 und 611; Mattheson, *Texte aus dem Nachlass* (wie Fußnote 18), S. 179.

[23] Hitzigrath, *Die Kompagnie der Merchant Adventurers* (wie Fußnote 20), S. 95–97. Weitere Mitglieder der englischen Court werden im *Jetzt-lebenden Hamburg* ab Jahrgang 1722 in der Rubrik „Die Englische Societät" genannt.

deren offizielles Mitglied er von 1734 bis 1741 auch selbst war,[24] lassen sich an Taufeinträgen im Kirchenbuch der englischen Gemeinde ablesen; zudem war seine Schwester Sophia mit dem Pfarrer Thomas verheiratet.[25] Wichs Aufgabengebiet umfaßte die Durchsetzung der Handelsprivilegien der Engländer gegenüber dem Hamburger Senat, aber auch die allgemeine diplomatische Vertretung der britischen Regierung in den Hansestädten des niedersächsischen Reichskreises.

Geboren im Jahr 1694 an einem unbekannten Ort in England,[26] wuchs Cyrill Wich bereits in Hamburg auf, wo sein Vater John Wich (1667–1713) ab 1702 als britischer Gesandter tätig war. Nach dessen Tod übernahm der Sohn seine Aufgaben – zunächst nur in Vertretung (1713/14), dann sukzessive mit den Titeln „Resident", (ab 1714), „Minister" (ab 1719) und „Envoy extraordinary" (ab 1725). Nachdem er von 1741/42 bis 1744 als Gesandter am russischen Zarenhof in St. Petersburg gewirkt hatte,[27] kehrte Wich nach Deutschland zurück, und starb, ohne noch einmal seitens der britischen Regierung mit wichtigeren Aufgaben betraut worden zu sein, am 18. August 1756 in Hamburg.[28] Bereits 1729 war er vom englischen König George II. in den Adelsstand erhoben worden und führte seither den Titel Baronet.[29] Infolge seiner Heirat mit Anna Christina (1700–1741), einer Tochter des Geheimratspräsidenten

---

24 D-Ha, *Namen-Verzeichniß* (wie Fußnote 18), unfoliiert.

25 D-Ha, *521-6_1* (Kommunions-, Tauf- und Trauregister 1617–1738), S. 186, 190, 231 und 239; Hitzigrath, *Die Kompagnie der Merchant Adventurers* (wie Fußnote 20), S. 34.

26 Jahr genannt in: Landesarchiv Schleswig, Abt. 399.20 (Familie Grafen von Holmer), *Nr. 3* (*Genealogische und biographische Notizen über die Ahnen des Friedrich Levin Graf v. Holmer*), unfoliiert, Kurzbiographie Wichs. Lediglich der Kirchenbucheintrag zur Heirat der Eltern ließ sich ermitteln: John Wich und Bethesda Savage schlossen am 7. 2. 1692 in Chewton Mendip, Somerset, die Ehe (Somerset Archives and Local Studies, South West Heritage Trust, Taunton/England, *D/P/chewt. m. 2/1/2*, Kirchenbuch Chewton Mendip 1689–1726, unfoliiert).

27 J. Burke und J. B. Burke, *A Genealogical and Heraldic History of the Extinct and Dormant Baronetcies of England, Ireland, and Scotland*, 2. Auflage, London 1841, Reprint Baltimore/Maryland 1985, S. 587; D. B. Horn, *British Diplomatic Representatives 1689–1789*, London 1932 (Camden Third Series. 46.), S. 70 f. und 114.

28 J. Mattheson, *Lebensbeschreibung des Hamburger Musikers, Schriftstellers und Diplomaten*, hrsg. von H. J. Marx, Hamburg 1982, S. 112, und *Georg Friderich Händels Lebensbeschreibung, übersetzt von Johann Mattheson*, Hamburg 1761, S. 24. Ein Begräbniseintrag konnte in Hamburger Kirchenbüchern nicht ermittelt werden. Allerdings sind die entsprechenden Aufzeichnungen des Domes, wo die Courtmitglieder üblicherweise bestattet wurden (Hitzigrath, *Die Kompagnie der Merchant Adventurers,* wie Fußnote 20, S. 73), erst ab 1766 erhalten.

29 Burke, *A Genealogial and Heraldic History* (wie Fußnote 27), S. 587. Die Baronetcy lautete „of Chewton" – offenbar nach dem Familienstammsitz (vgl. Fußnote 26).

von Schleswig-Holstein-Gottorf Magnus von Wedderkop (1637–1721), im Jahr 1714 war Wich zudem Herr des holsteinischen Kanzleigutes Tangstedt geworden und dürfte auch wegen der Mitgift über ein beachtliches Vermögen verfügt haben.[30] Außerdem hatte er von seinen Vorfahren verschiedene Güter in den englischen Grafschaften York und Lincoln sowie Anteile der Kolonien North und South Carolina geerbt – in der zeitgenössischen Titulatur wird er daher auch als „Landgraf beider Carolinen" bezeichnet.[31]

Neben seinen Besitzverhältnissen ist im Hinblick auf Wichs zu vermutendes Mäzenatentum besonders die Tatsache von Interesse, daß er selbst ein ambitionierter Clavierspieler war. In seinem Elternhaus, „wo alles der Musik äuserst ergeben war",[32] erhielt der knapp Zehnjährige ersten Unterricht von dem jungen Georg Friedrich Händel sowie von Johann Mattheson, der seit 1704 Hofmeister bei John Wich war, 1706 dessen Gesandtschaftssekretär und in dieser Funktion 1713 von Cyrill Wich übernommen wurde. Nach der freilich subjektiven Darstellung Matthesons habe der Sohn lediglich „ein Paar sehr geringe Lectionen von Händel" erhalten und sei erst von ihm selbst „zu einer grossen Perfection" gebracht worden.[33] Als ein Zeugnis dieses frühen Unterrichts um 1704 ist Wichs „Spielbuch" überliefert, in dem kleinere Clavierstücke von Händel, Mattheson, Keiser, Lully und anderen anonym enthalten sind. Nach Ermittlungen von Peter Wollny ist in dem Buch neben Mattheson der Hamburger Nikolaiorganist Vincent Lübeck d. Ä. als Schreiber vertreten, der daher als weiterer Lehrer Wichs anzusehen ist.[34]

---

[30] Siehe Landesarchiv Schleswig, *Genealogische und biographische Notizen* (wie Fußnote 26), unfoliiert, Kurzbiographien von A.C. und M. von Wedderkop; ebenda, Abt. 8.1 (Geheimes Regierungs-Conseil zu Kiel), *Nr. 1213* (*Betr. das Gut Tangstedt. Cum designatione. (1699–) 1725–56.*), fol. 69.

[31] Siehe Landesarchiv Schleswig, *Genealogische und biographische Notizen* (wie Fußnote 26), unfoliiert, Kurzbiographie von John Wich („hat in A. 1699 das Diploma als Landgraf in Carolinen mit einem gewißen District Landes, für sich u. seine Erben erhalten"); ebenda, Abt. 399.20 (Familie Grafen von Holmer), *Nr. 16* (*Miterbschaft eines Besitzes in der Grafschaft York des verstorbenen Cyrill v. Wich 1757*), passim (betrifft abgeschlagene Ansprüche von Wichs Erben). Die englischen Güter verkaufte Wich 1752/53 während eines Aufenthalts in London; siehe Parliamentary Archives London, *HL/PO/JO/10/7/33* (*Main Papers*), fol. 4932–4974; ebenda, *HL/PO/JO/10/3/246/39* (*Sir Cyril Wich's Estate Bill, Sir C. Wich's Petition*); ebenda, *HL/PO/JO/10/3/246/40* (*Sir Cyril Wich's Estate Bill, Report of Judges*).

[32] Mattheson E, S. 93; siehe H. J. Marx, *„... ein Merckmahl sonderbarer Ehrbezeigung". Mattheson und seine Beziehungen zu Händel*, in: Über Leben, Kunst und Kunstwerke: Aspekte musikalischer Biographie. Johann Sebastian Bach im Zentrum, hrsg. von C. Wolff, Leipzig 1999, S. 76–90, speziell S. 77.

[33] *Georg Friderich Händels Lebensbeschreibung* (wie Fußnote 28), S. 23. Vgl. Mattheson E, S. 193.

[34] P. Wollny, *„Zwo Menuetten und eine halbe Arie" von Händel – Ein wenig beachtetes*

Ein bereits fortgeschrittenes Spielniveau spiegelt eine von Mattheson komponierte Sonate mit der Widmung an „Signore Cyrillo Wich, gran Virtuoso" für zwei Cembali wider, die sicherlich des öfteren von Lehrer und Schüler gemeinsam dargeboten wurde.[35] Auch eine weitere, 1713 gedruckte Claviersonate Matthesons, seine eingangs erwähnte Suitensammlung von 1714 sowie eine undatierte einzelne Suite für zwei Cembali lassen sich vermutungsweise mit Wich in Verbindung bringen.[36] Von Händels Kompositionen könnte die frühe Suite HWV 446 – ebenfalls für zwei Cembali –,[37] ja sogar weitere Teile seines Clavierschaffens überhaupt auf den Wich erteilten Unterricht zurückzuführen sein; zudem wird dieser in John Mainwarings Händel-Biographie als „a fine player on the harpsichord" gewürdigt.[38]
Bisher unbeachtet geblieben, jedoch außerordentlich bemerkenswert ist die folgende Schilderung Jacob von Stählins, der mit Wich in dessen späteren Jahren in St. Petersburg zusammentraf:

Im J. 1742. und 1743. befand sich am Rußisch-Kaiserl. Hofe der Königl. Großbritannische Envoyé, Hr. von Woitsch Baronet, ein starker Virtuose auf dem Clavecin. Er trat einst bei Hofe, nachdem sich die Kaiserin nach ihren Apartemens begeben hatte, zum Kapellmeister [Francesco Domenico] Araja vor dem Clavecin, und bat denselben, sich mit einer Phantasie auf diesem Instrument hören zu lassen. Da sich dieser entschuldigte, und unter dem Vorwand, daß der Flügel nur zum Accompagniren und nicht zum Solo-Spielen eingerichtet sei, sagte Master Woitsch: Nun gut, wenn Sie mir keines vorspielen wollen, so will ich Ihnen eins vorspielen. Er setzte sich also hin, und ließ sich mit einer so künstlich ausgeführten Phantasie eine halbe Stunde lang hören, daß die ganze Cour, und selbst die Kaiserl. Kammer-Kapelle in Verwunderung gerieth.[39]

---

*Hamburger Klavierbuch des frühen 18. Jahrhunderts*, in: Händel-Jahrbuch 61 (2015), S. 383–412.

35 D-Hs, *Cod. hans. IV:38-42:11:10:i.*

36 RISM A/I, M 1396 („derjenigen Persohn gewidmet, die sie am besten spielen wird") und M 1397 beziehungsweise D-Hs, *Cod. hans. IV:38-42:11:10:a*; siehe H. Böning, *Der Musiker und Komponist Johann Mattheson als Hamburger Publizist. Studie zu den Anfängen der Moralischen Wochenschriften und der deutschen Musikpublizistik*, Bremen 2011 (Presse und Geschichte – Neue Folge. 50.), S. 70 und 109, und ders., *Zur Musik geboren. Johann Mattheson. Sänger an der Hamburger Oper, Komponist, Kantor und Musikpublizist. Eine Biographie*, Bremen 2014 (Presse und Geschichte – Neue Beiträge. 80.), S. 65 f. und 112.

37 Siehe Marx, *„… ein Merckmahl sonderbarer Ehrbezeigung"* (wie Fußnote 32), S. 78.

38 [John Mainwaring], *Memoirs of the Life of the Late George Frederic Handel*, London 1760, S. 31.

39 J. von Stählin, *Zur Geschichte des Theaters in Rußland. Nachrichten von der Tanzkunst und Balletten in Rußland. Nachrichten von der Musik in Rußland*, Leipzig 1982 (Fotomechanischer Nachdruck aus Johann Joseph von Haigold's Beylagen

Daß Wich nicht nur, wie von Stählin geschildert, auf hohem Niveau am Clavier improvisieren konnte, sondern auch in der Musiktheorie gebildet war, bezeugt Mattheson in der Widmungsvorrede einer 1720 erschienenen Abhandlung über Transposition und Temperatur: „Vermuthl. sind Ew. Excellenz unter den Standes-Personen in ganz Europa die einzige, welche gegenwärtige Materie gründl. verstehet.“[40] Die einzigen erhaltenen Kompositionen Wichs scheinen drei Arien zu sein, die in Matthesons Opern *Boris Goudenow* (1710) und *Henrico IV.* (1711) integriert wurden und deren Schlichtheit sicherlich auf das noch jugendliche Alter ihres Schöpfers zurückzuführen ist.[41] Nur durch Textdrucke und ergänzende handschriftliche Notizen nachweisbar sind weitere musikalische Beiträge Wichs zu Hamburger Operninszenierungen 1725 und 1726.[42] Auch auf wirtschaftlichem Gebiet eng mit der Gänsemarktoper verbunden war Wich in den Jahren 1722 bis 1729, als er (mit wechselnden Partnern) die kaufmännische Operndirektion inne hatte und dabei insbesondere für die Verwaltung des Orchesters zuständig war.[43] Zu dieser Zeit ließ er des öfteren bei feierlichen Anlässen zu Ehren der braunschweig-lüneburgischen Fürsten- beziehungsweise britischen Königsfamilie prestigeträchtige Opernaufführungen veranstalten, zum Teil mit Illuminationen und aufwendigen Bühnenbildern von seinem (neben Mattheson) zweiten Sekretär Thomas Lediard.[44] Bereits mit der Krönung Georges I. 1714 beginnt die Reihe dieser prächtigen und zweifellos kostspieligen Veranstaltungen, deren größtenteils verschollene Musik zumeist eigens für diesen Zweck neu geschaffen

zum Neuveränderten Rußland, Riga und Mietau 1769, Riga und Leipzig 1770), Teil 2, S. 123.

40 J. Mattheson, *Reflexions sur L'Eclaircissement d'un Probleme de Musique pratique*, Hamburg 1720, Widmung datiert Hamburg, 2. 5. 1720 (durchschossenes Exemplar mit handschriftlicher Übersetzung in D-B, *Mus. Gm 232*).

41 Siehe D-Hs, *ND VI 114*, fol. 58, bzw. J. Mattheson, *Henrico IV. Die geheimen Begebenheiten Henrico IV., Königs von Castilien und Leon, Oder: Die getheilte Liebe*, hrsg. von H. Drauschke, Beeskow 2008 (Musik zwischen Elbe und Oder. 19.), S. 56–59 und 99–101. Ein laut Mattheson ebenfalls von Wich komponierter Chor kann innerhalb der Oper nicht genau bestimmt werden (siehe ebenda, S. VIII). Siehe auch H. C. Wolff, *Die Barockoper in Hamburg (1678–1738)*, Textband, Wolfenbüttel 1957, S. 292 und 297.

42 H. J. Marx und D. Schröder, *Die Hamburger Gänsemarkt-Oper. Katalog der Textbücher (1678–1748)*, Laaber 1995, S. 53 f., 98 und 361 f.

43 M. Bärwald, *Die Hamburger Gesandtschaftsberichte des Dresdner Legationsrats Peter Ambrosius Lehmann. Eine neue Quelle zur Geschichte der frühen Hamburger Oper*, in: Händel-Jahrbuch 58 (2012), S. 365–385, speziell S. 375 f.; TA 37 (W. Hirschmann, 2000), S. IX f.

44 Siehe T. Lediard, *Eine Collection Curieuser Vorstellungen, In Illuminationen und Feuer-Wercken* […], Hamburg 1730.

worden sein dürfte: *Die frohlockende Themse* (1714) von Mattheson,[45] *L'inganno fedele / Die gekrönte Tugend* (1714), *Jobates und Bellerophon* (1717), *Das frohlockende Großbritannien* (1724) und ein unbetitelter Prolog (1726) von Keiser sowie *Der Briten Freude und Glückseligkeit* TVWV 23:3 (1727) und *Das jauchzende Großbritannien* TVWV 23:5 (1727) von Telemann.[46]

***

Die nach allem Gesagten naheliegende Vermutung, daß Cyrill Wich der von Forkel erwähnte Auftraggeber der Englischen Suiten sein könnte, beziehungsweise der merkwürdige Plural der Bammler-Abschrift („les Anglois") auf die Merchant Adventurers zu Hamburg zielte, setzt die Möglichkeit einer Begegnung dieser Personen mit Bach voraus, die sich zudem mit dem Überlieferungsbefund der musikalischen Quellen in Einklang bringen lassen muß. Eine solche Gelegenheit bot sich bei Bachs Aufenthalt in Hamburg im Jahr 1720.

Üblicherweise wird der Schwerpunkt bei Darstellungen der Hamburg-Reise auf Bachs Bewerbung um den Organistenposten an der Jacobikirche gesetzt, was offenbar der Quellenlage geschuldet ist. Der Name des Kandidaten aus Köthen erscheint mehrfach in den Protokollen zu dem Besetzungsvorgang, der die Nachfolge des am 12. September 1720 verstorbenen Heinrich Friese regelte.[47] Wie Joachim Kremer ausgeführt hat, dürfte Bach jedoch spätestens auf den zweiten Blick kaum ernsthaft an der Stelle interessiert gewesen sein – nicht nur wegen der horrenden ‚freiwilligen' Verehrung in die Kirchenkasse, die im Falle der Wahl zu entrichten gewesen wäre und Mattheson zu seiner bekannten spitzzüngigen Schilderung der Begebenheit Anlaß gab,[48] sondern vor allem deshalb, weil die Hamburger Jacobi-Organisten dem städtischen Kantor und Director musices untergeordnet waren und daher keine Figuralmusiken zu leiten hatten; zudem wurde von ihnen erwartet, daß sie Schreibdienste verrichteten.[49] Dieses Aufgabenspektrum war zweifellos weit unter der

---

45 Fragmentarischer Textdruck in D-Ha, *A 331/0059, Kapsel 01* (aufgeführt „unter währender Tafel In einer Serenata", das heißt vermutlich nicht wie die im folgenden genannten Werke im Opernhaus).

46 Marx/Schröder, *Die Hamburger Gänsemarkt-Oper* (wie Fußnote 41), S. 92, 94, 100 f., 174, 244 f. und 253 f.; siehe auch C. Lange, *Telemann und England*, in: Aspekte der Englisch-Deutschen Musikgeschichte im 17. und 18. Jahrhundert, hrsg. von F. Brusniak und A. Clostermann, Sinzig 1997 (Arolser Beiträge zur Musikforschung. 5.), S. 111–140, speziell S. 124–128.

47 Dok II, Nr. 102.

48 Dok II, Nr. 253.

49 J. Kremer, *Die Organistenstelle an St. Jakobi in Hamburg: eine „convenable station" für Johann Sebastian Bach?*, in: BJ 1993, S. 217–222. Siehe auch P. Tonner,

Würde eines fürstlichen Kapellmeisters, so sehr Bach auch die beeindruckende Hamburger Orgellandschaft gereizt haben mag. Auch sollte nicht übersehen werden, daß Bach an dem offiziellen Probespiel am 28. November 1720 gar nicht teilnahm, da er schon fünf Tage zuvor „nach seinen Fürsten reisen müssen".[50] Sicherlich stand das Abreisedatum schon von vornherein fest, denn Bach hatte in Köthen die musikalische Ausgestaltung der Feierlichkeiten zu Fürst Leopolds Geburtstag am 10. Dezember vorzubereiten.[51] Sollte Bach sich also nur zum Schein an St. Jacobi beworben haben, etwa um einen entsprechenden Ruf – wie 1713/14 bereits in Weimar mit der Bewerbung nach Halle erfolgreich praktiziert[52] – bei geplanten Gehaltsverhandlungen mit dem Köthener Hof in die Waagschale werfen zu können?

Der Nekrolog auf Bach weiß freilich nichts von der Kandidatur um die Organistenstelle an der Jacobikirche, sondern erweckt den Eindruck, daß die Hamburg-Reise 1720 (wiewohl mit der unpräzisen Datierung „ungefehr im Jahr 1722") eher den Charakter einer Konzerttournee besaß. Der Bericht beschränkt sich auf jenen Auftritt in St. Katharinen, der Bach die Bewunderung Johann Adam Reinkens einbrachte, indem er „auf Verlangen der Anwesenden, aus dem Stegreife, sehr weitläuftig, fast eine halbe Stunde lang" über den Choral „An Wasserflüssen Babylon" improvisierte. Dieses insgesamt mehr als zwei Stunden dauernde Konzert spielte Bach „vor dem Magistrate, und vielen andern Vornehmen der Stadt" – möglicherweise waren also auch Cyrill Wich oder Vertreter der englischen Court zugegen.[53] Gelegenheit, Bachs Orgelkunst zu bewundern, hatten sie 1720 noch öfter, denn Mattheson zufolge ließ sich dieser in Hamburg nicht nur in der Katharinenkirche, sondern „auf den meisten und schönsten Wercken tapffer hören".[54]

Dies könnte ohne weiteres auch die Orgel in der englischen Kirche gemeint haben. Zwar sind keine Details zu diesem Instrument bekannt, doch läßt sich seine Existenz bereits in den 1720er Jahren (und damit vor dem von Mattheson

---

*Bachs Bewerbung in Hamburg – eine Frage des Geldes?*, in: Beiträge zur Musikgeschichte Hamburgs vom Mittelalter bis in die Neuzeit, hrsg. von H. J. Marx, Frankfurt am Main 2001 (Hamburger Jahrbuch für Musikwissenschaft. 18.), S. 207–231.

50 Dok II, Nr. 102.

51 Er komponierte hierfür wahrscheinlich – unter anderem? – die nur textlich erhaltene Glückwunschmusik „Heut ist gewiß ein guter Tag" BWV Anh. 7.

52 Dok I, Nr. 4, Kommentar. Siehe auch P. Wollny, *Bachs Bewerbung um die Organistenstelle an der Marienkirche zu Halle und ihr Kontext*, BJ 1994, S. 25–39, speziell S. 37.

53 Dok III, Nr. 666 (S. 84); vgl. Dok III, Nr. 739. Auch Mattheson hatte bereits 1708 „auf Begehren einiger Herrn Gesandten" auf der Katharinenorgel gespielt (Mattheson E, S. 196).

54 Dok II, Nr. 253.

bezeugten Neubau 1735) aus der Erwähnung des Organisten Lüders ableiten.[55] Die Kapelle der englischen Gemeinde befand sich im ersten Stock des sogenannten Englischen Hauses in der Gröningerstraße, das im 15. Jahrhundert von einer Hamburger Ratsfamilie erbaut und etwa von 1611 bis zu seinem Abriß 1819 von den Merchant Adventurers genutzt wurde (siehe Abbildung 1). Das Englische Haus (einschließlich Nebengebäuden) besaß auch einen Versammlungssaal, Lagerräume und Wohnungen einiger Courtmitglieder sowie – im geschilderten Zusammenhang vielleicht nicht unwichtig – einen direkten Durchgang zum Hof der Katharinenkirche, wo Bachs denkwürdiges Konzert stattfand. Einen geeigneten Auftrittsort für Bach hätte sicherlich auch der sogenannte Bosselhof abgegeben, ein mit einem Holzzaun umfriedetes Grundstück (hiernach der heutige Straßenname Englische Planke) unweit der Michaeliskirche, wo die Engländer ihr populäres Kugelspiel („Bosseln") pflegten und eine Gastwirtschaft betrieben.[56] Diese, auch als Kleines Englisches Haus bezeichnet, war laut dem Bericht des *German Spy* „so far from being little in Fact, that it is esteemed the best House of Entertainment for Strangers in the City".[57] Der Bosselhof diente den Merchant Adventurers auch als Veranstaltungsort für Feste öffentlicher und privater Natur; beispielsweise feierte Mattheson hier 1709 seine Hochzeit mit der aus England stammenden Catherine Jennings.[58] Gelegentliche Konzerte (bei dauerhafter Verfügbarkeit eines Cembalos?) sind hier ebenso vorstellbar wie im Privathaus Cyrill Wichs vor dem Dammtor,[59] auch wenn entsprechende Belege fehlen. Einen konkreten Anlaß für ein Gastspiel Bachs könnte das jährliche Festmahl der Court am 7. November[60] geliefert haben.

---

[55] Siehe oben, bei Fußnote 18. Bei Möhring, *Die englische Kirche in Hamburg* (wie Fußnote 20), S. 46, wird von einer „Orgel aus dem Jahre 1744 [...] aus der Kapelle der Merchant Adventurers" berichtet, deren Metallpfeifen in die neue Orgel der 1836–1838 gebauten, noch heute bestehenden anglikanischen Kirche am Zeughausmarkt übernommen wurden.

[56] Siehe H. Hitzigrath, *Das englische Haus in der Gröningerstraße und der Boselhof an der englischen Planke*, in: Hamburgischer Correspondent 171 (1901), Nr. 460, 462 und 464 (1.–3. 10., Abend-Ausgabe); Lingelbach (wie Fußnote 20), S. 274–276; Hitzigrath, *Die Kompagnie der Merchant Adventurers* (wie Fußnote 20), S. 1 f.; Möhring (wie Fußnote 20), S. 32–34 und 38 f.

[57] *The German Spy* (wie Fußnote 21), S. 90.

[58] Siehe H. Becker, *Die frühe Hamburgische Tagespresse als musikgeschichtliche Quelle*, in: Beiträge zur Hamburgischen Musikgeschichte, hrsg. von H. Husmann, Hamburg 1956 (Schriftenreihe des musikwissenschaftlichen Instituts der Universität Hamburg. 1.), S. 22–45, speziell S. 24, und Mattheson E, S. 197.

[59] Standort der Wohnung genannt im *Jetzt-lebenden Hamburg* 1722, S. 8, und spätere Jahrgänge.

[60] Erwähnt für 1736 bei Mattheson E, S. 216. Vermutlich steht auch Matthesons An-

Seit wann sich Bach 1720 in Hamburg aufhielt, läßt sich freilich nicht genau sagen, nur seine Abreise kann auf den 23. November datiert werden.[61] In Köthen ist er zum letzten Mal vor der Reise am 11. August 1720 als Teilnehmer am Abendmahl nachweisbar,[62] und nichts spricht gegen einen Aufenthalt von einigen Wochen in der Hansestadt, das heißt, vielleicht schon ab Ende Oktober oder Anfang November. Dennoch erscheint es fraglich, ob Bach Wich überhaupt noch persönlich antraf, denn dieser verließ Hamburg am 14. November 1720 in Richtung England und kehrte erst im März des folgenden Jahres zurück.[63] Im Hinblick auf mögliche Absprachen im Vorfeld von Bachs Besuch mag es nicht unerheblich sein, daß Wichs Reisepläne wahrscheinlich erst kurzfristig zustandekamen, denn seine Anwesenheit in der Heimat dürfte durch eines oder beide der folgenden unerwarteten Ereignisse erforderlich geworden sein: erstens der plötzliche Zusammenbruch des britischen Finanzsystems im Herbst 1720 infolge des Platzens der „South Sea Bubble", der ersten gravierenden frühneuzeitlichen Spekulationsblase, was zu einer Regierungskrise und europaweiten Befürchtungen einer englischen Revolution führte,[64] und zweitens ein Pestausbruch in Frankreich, der in England Diskussionen um Präventionsmaßnahmen wie eine Quarantänepflicht für Schiffsbesatzungen zur Folge hatte, was wiederum den Handel zwischen der Insel und dem Festland beeinträchtigt haben könnte.[65] Doch sei es wie es wolle, selbst wenn sich Wich und Bach nicht persönlich in Hamburg begegnet sein sollten, hätte ein Auftrag zur Lieferung von Kompositionen im Nachgang eines Konzerts zweifellos auch auf Wichs Weisung hin von seinem Stellvertreter Mattheson, der für die Zeit von dessen Abwesenheit auch die Berichterstattung an die britische Regierung übernahm,[66] ausgesprochen wer-

---

stellung als Hofmeister bei John Wich am 7. 11. 1704 (siehe ebenda, S. 193) mit diesem Fest in Verbindung.

61 Dok II, Nr. 102.

62 Dok II, Nr. 92.

63 Mattheson E, S. 207. Erhaltene, von Wich unterschriebene Briefe bestätigen Matthesons Angaben; sie sind datiert Osnabrück, 21. 11. 1720, und Hamburg, 21. 3. 1721 (National Archives London, Standort Kew, State Paper Office, *SP 82/37*, fol. 217, und *SP 82/38*, fol. 1 f.); vgl. Fußnote 66.

64 Hierzu zuletzt D. Menning, *Politik, Ökonomie und Aktienspekulation. „South Sea Bubble" und co. 1720*, Berlin 2020.

65 Die Parallelen zur Corona-Pandemie 300 Jahre später hinsichtlich des öffentlichen Diskurses um Schutzmaßnahmen, ‚Staatsvirologen' und Verschwörungstheorien sind frappierend; siehe A. Krischer, *Willkürherrschaft und Strafe Gottes. Wie eine Epidemie schon einmal zu Verschwörungstheorien und religiösen Bestrafungsphantasien führte*, Working Paper Exzellenzcluster Religion und Politik, Münster Juni 2020, www.researchgate.net, DOI: 10.13140/RG.2.2.10372.76163.

66 Mattheson E, S. 207. Die von Mattheson geschriebenen „Circulars" vom 19. 11. bis

den können. Denkbar wäre zudem, daß Mattheson oder ein Angehöriger der Court im Namen der Merchant Adventurers als Körperschaft etwas Derartiges veranlaßt hätte. Die freilich unbefriedigende Unklarheit dieser Situation könnte letztlich auch erklären, weshalb sich die Angaben von Forkel und der Bammler-Abschrift im Hinblick auf *einen* beziehungsweise *mehrere* Auftraggeber widersprechen.

***

Wie läßt sich nun ein solches Szenario mit der bisher bekannten Entstehungsgeschichte der Englischen Suiten vereinbaren? In Ermangelung eines Autographs kann der Kompositionszeitpunkt nur grob veranschlagt werden, und zwar üblicherweise auf die 1710er oder frühen 1720er Jahre. Die älteste erhaltene Abschrift der Sammlung, *P 1072*, stammt von der Hand des „Anonymus 5", der von Andrew Talle als Bachs Schüler Bernhard Christian Kayser (1708–1758) identifiziert worden ist.[67] Kayser kopierte die Suiten jedoch nicht in einem Zug, sondern in verschiedenen, mehrere Jahre auseinanderliegenden Stadien, die dank der Schriftchronologie- und Wasserzeichenuntersuchungen von Marianne Helms für die NBA relativ eng wie folgt datiert werden können:

| | |
|---|---|
| 1. Stadium, ca. 1719: | Seiten 1–5<br>(Beginn bis einschließlich Courante II der ersten Suite) |
| 2. Stadium, ca. 1719–1722: | Seiten 7–8<br>(Double I bis einschließlich Sarabande der ersten Suite) |
| 3. Stadium, ca. 1724/25: | Seiten 9–45<br>(Rest der ersten Suite und vollständige übrige Suiten)[68] |

Von zwei Seiten her kann die Eingrenzung auf den Zeitraum von etwa 1719 bis 1725 bestätigt werden: Zum einen bildete Kaysers Abschrift dem Lesartenbefund nach die Vorlage für Heinrich Nicolaus Gerbers Kopien der Englischen Suiten 1, 3, 5 und 6; diese aber müssen, wie Alfred Dürr plausibel dargelegt hat, genau im Jahr 1725 (Jahresmitte bis Spätherbst) in Leipzig angefertigt worden sein.[69] Zum anderen befand sich Kayser laut Aussage seines Vaters sechs Jahre lang bei Bach[70] – der Unterricht kann also frühestens 1719 begon-

31.12.1720 sind überliefert, enthalten aber keinen Hinweis auf Bach (National Archives London, Standort Kew, State Paper Office, *SP 82/37*, fol. 213–225).

[67] Siehe NBA IX/3 (Y. Kobayashi und K. Beißwenger, 2007), Nr. 49.

[68] NBA V/7 Krit. Bericht, S. 20 und 183–195. – Jean-Claude Zehnder sei für eine anregende Diskussion zur Datierung der Englischen Suiten gedankt.

[69] Ebenda, S. 55; A. Dürr, *Heinrich Nicolaus Gerber als Schüler Bachs*, BJ 1978, S. 7–18, speziell S. 10–14.

[70] H. R. Jung, *Der Bach-Schüler Bernhard Christian Kayser als Bewerber um die Hof- und Stadtorganistenstelle in Schleiz*, BJ 2005, S. 281–285, speziell S. 281 f.

nen haben. Demnach beschäftigten Kayser die Englischen Suiten von Beginn seiner Ausbildung bei Bach in Köthen bis in die Leipziger Zeit.

Neben Kaysers Schriftstadien verdient auch die physische Aufteilung seiner Abschrift Beachtung: Während die erste Suite auf einem separaten Faszikel niedergeschrieben wurde (Seiten 1–10, wobei das letzte, bereits dem dritten Stadium zuzuordnende Blatt offenbar einen zwischenzeitlich eingetretenen Verlust ersetzen sollte), umfaßt das zweite Faszikel die übrigen Suiten 2 bis 6 (mit einem später hinzugefügten eigenen Titelblatt sowie einigen von Bach selbst ergänzten Takten).[71] Die Sonderstellung der ersten Englischen Suite BWV 806 wird auch daran ersichtlich, daß sie die einzige der Sammmlung ist, zu der eine Frühfassung BWV[3] 806.1 existiert. Diese ist singulär in einer Abschrift Johann Gottfried Walthers überliefert, die nach dem Schriftbefund zwischen 1714 (oder etwas eher) und 1717 entstanden sein dürfte[72] und damit auf einen Ursprung des Stücks bereits in Bachs Weimarer Zeit hindeutet. Wie die zuerst bei Kayser um 1719 nachweisbare Spätfassung BWV 806 erkennen läßt, erweiterte Bach diese frühe Suite um ein Double zur zweiten Courante sowie um eine zweite Bourrée und fügte in das Präludium zwei Takte (10 und 16b/17a) ein.

Dieses Präludium der ersten Englischen Suite unterscheidet sich nicht nur vom Überlieferungsbefund her, sondern auch musikalisch fundamental von den Eröffnungssätzen der anderen Suiten: Es ist wesentlich kürzer, besitzt kein Da Capo und ist technisch leichter zu bewältigen; außerdem wird es mit einer aufsteigenden einstimmigen Melodielinie im Toccaten-Stil eingeleitet und spielt anschließend mit nur einem und dazu knappen Motiv aus sechs Tönen. Wie eingangs bereits angesprochen, finden sich Varianten dieses Motivs in Clavierwerken von Henry Purcell (Autorschaft angezweifelt), François Dieupart und Gaspard Le Roux wieder, die mehr oder weniger überzeugend als Vorbilder für Bach in Anspruch genommen worden sind.[73] Bislang anscheinend unbemerkt geblieben ist eine weitere Parallele, und zwar zur Ouverture von Jean-Baptiste Lullys 1663 uraufgeführtem Ballett *Les noces de village* LWV 19.

---

[71] NBA V/7 Krit. Bericht, S. 16–21.

[72] Ebenda, S. 15 f. und 85 f.; K. Beißwenger, *Zur Chronologie der Notenhandschriften Johann Gottfried Walthers*, in: Acht kleine Präludien und Studien über BACH. Georg von Dadelsen zum 70. Geburtstag am 17. November 1988, hrsg. vom Johann-Sebastian-Bach-Institut Göttingen, Wiesbaden 1992, S. 11–39, speziell S. 22 und 27.

[73] Siehe E. Dannreuther, *Musical Ornamentation*, Teil 1: From Diruta to J. S. Bach, London und New York 1893, S. 137 f.; C. H. H. Parry, *Johann Sebastian Bach. The Story of the Development of a Great Personality*, New York und London 1909, S. 463; A. Pirro, *J. S. Bach*, Paris 1906 (Les maitres de la musique), S. 224; A. Schmid-Lindner, *Etwas über J. S. Bach's „Englische Suiten"*, in: ZfM 104 (1937), S. 1086–1089; zusammenfassende Bewertung in NBA V/7 Krit. Bericht, S. 86 f.

Johann Sebastian Bach, Erste Englische Suite BWV 806/806.1, T. 1–6[74]

Henry Purcell (1659–1695), Toccata, T. 58–61[75]

74 NBA V/7, S. 2 bzw. 116.

75 BG 42, S. 252.

François Dieupart (gest. um 1740), Gigue aus *Six Suittes de Clavessin* (1701, 1. Suite), T. 1–10[76]

Gaspard Le Roux (gest. um 1707), Gigue aus *Pieces de clavessin* (1705, 4. Suite), T. 1–6[77]

[76] F. Dieupart, *Six suites pour clavecin*, hrsg. von P. Brunold, Bd. 1, Paris 1934, S. 11.
[77] G. Le Roux, *Pieces for Harpsichord*, hrsg. von A. Fuller, New York 1959, S. 22.

Jean-Baptiste Lully (1632–1687), Ouverture zu *Les noces de village* LWV 19 (1663), T. 1–10[78]

Während die angebliche Vorbildwirkung der Purcell zugeschriebenen Toccata für Bach nicht nur wegen der Verschiedenheit des Motivs, sondern auch wegen seiner unauffälligen Plazierung inmitten des Stücks sowie der molltonalen Umgebung kaum plausibel ist, weisen die Gigues von Dieupart und Le Roux mehr Ähnlichkeiten mit Bachs Präludium auf. Das Motiv erscheint bei den Franzosen zwar in abweichender Form – bei Dieupart fehlt ihm die erste Note, bei Le Roux ist es anfangs um einen Auftakt erweitert und punktiert –, doch wird es von allen drei Komponisten auf der fünften Stufe wiederholt, jeweils von der Unterstimme imitiert und steht zudem in A-Dur. Im blockhaften fünfstimmigen Streichersatz und daher ohne Imitationen, jedoch mit Wiederholung auf der fünften Stufe kommt ein sehr ähnliches Motiv auch bei Lully vor, hier freilich in G-Dur. Wenn man nicht an einen Zufall glauben will, könnte

[78] [J.-B. Lully], *Les Nopces de Vilage. Mascarade ridicule Dansé Par sa Majesté à son Chasteau de Vincennes en 1663*, [Paris] 1690, S. 1.

man wohl in Lullys Ouverture wegen des Alters der Komposition und der Prominenz ihres Schöpfers das Urbild des von Dieupart, Le Roux und Bach verwendeten Motivs erkennen.

Von philologischer Seite her untermauert wird die Verbindung zwischen BWV 806 und Dieupart durch eine erhaltene Abschrift Bachs von dessen 1701 gedruckten *Six Suittes de Clavessin*, in denen jene Gigue als Schlußsatz der ersten Suite in A-Dur enthalten ist. Wie Kirsten Beißwenger herausgearbeitet hat, schrieb Bach Dieuparts Sammlung in mehreren Etappen und zwar sowohl nach gedruckten als auch handschriftlichen Vorlagen im Zeitraum zwischen 1709 und 1714 ab, wobei die A-Dur-Suite wahrscheinlich nach einer Handschrift um 1709–1712 kopiert wurde.[79] Daß auch Werke von Le Roux in Bachs Weimar bekannt waren, zeigen zwei Abschriften von Johann Gottfried Walther aus dem zweiten Jahrzehnt des 18. Jahrhunderts, wobei ein entsprechendes Exemplar der Suite in A-Dur mit der oben zitieren Gigue freilich nicht erhalten ist.[80] Obwohl derartige Anhaltspunkte Lully betreffend fehlen, ist es keineswegs ausgeschlossen, daß Bach die Ouverture aus *Les noces de village* kannte. Zwar wurde dieses Stück nicht durch den Druck verbreitet, doch waren Claviertranskriptionen auch ungedruckter Orchesterwerke des Franzosen in Bachs Thüringer Umfeld offenbar nichts ungewöhnliches, wie die in die Möllersche Handschrift aufgenommene Chaconne aus der Oper *Phaeton* LWV 61 zeigt.[81] Zudem weist die Bach zugeschriebene Motette „Ich lasse dich nicht, du segnest mich denn“ BWV Anh. 159 signifikante Parallelen zu einer Gavotte en Rondeau aus Lullys *Armide* LWV 71 auf und steht deshalb möglicherweise in Verbindung mit der Kavalierstour Johann Ernsts von Sachsen-Weimar 1712/13 nach Holland, wo der Prinz Zugang zu einem reichen Fundus nicht nur italienischer, sondern auch französischer Musik – sowohl in gedruckter als auch handschriftlicher Form – hatte.[82] Insofern könnte die Suite, die später die erste Englische werden sollte, als ein weiterer Ertrag von Bachs Lully-Rezeption am Weimarer Hof um 1713 angesehen werden, was auch mit der Datierung der Walther-Abschrift von BWV[3] 806.1 auf etwa 1714–1717 im Einklang stünde.

---

[79] Beißwenger, S. 190–202.

[80] Siehe Beißwenger, *Zur Chronologie der Notenhandschriften Johann Gottfried Walthers* (wie Fußnote 72), S. 27.

[81] Siehe R. S. Hill, *The Möller manuscript and the Andreas Bach Book. Two keyboard anthologies from the circle of the young Johann Sebastian Bach*, Diss. Harvard University, 1987, S. 75 und 273.

[82] Siehe D. Melamed, *J. S. Bach and the German motet*, Cambridge 1995, S. 58 f., und C. Wolff, *Pachelbel, Buxtehude und die weitere Einfluß-Sphäre des jungen Bach*, in: Bach-Kolloquium Rostock, S. 21–28, speziell S. 27; vgl. Schulze Bach-Überlieferung, S. 156–163.

In Kenntnis der nach Weimar zurückreichenden Vorgeschichte der ersten Englischen Suite könnte man nun im Hinblick auf die Entstehung der ganzen Sammlung vermuten, daß Bach dieses ältere Stück in Köthen wieder hervorholte, überarbeitete und in seine Unterrichtspraxis integrierte, weshalb Kayser seine Abschrift der Spätfassung für den eigenen Gebrauch anfertigte. Auf seiner Konzertreise nach Hamburg im November 1720 mag Bach die Suite dann in Gegenwart von Cyrill Wich und/oder der Merchant Adventurers vorgetragen haben und im Anschluß aufgefordert worden sein, weitere derartige Werke zu liefern – sicherlich gegen gute Bezahlung. Da zunächst der Geburtstag Fürst Leopolds und das Neujahrsfest am Köthener Hof mit Neukompositionen zu versehen waren, wird Bach dieses Projekt kaum noch im Jahr 1720 in Angriff genommen haben. Tatsächlich dürfte er erst nach der Komposition beziehungsweise Revision der laut dem Widmungsautograph am 24. März 1721 vollendeten Brandenburgischen Konzerte[83] ausreichend Zeit dafür gefunden haben. Die Englischen Suiten 2 bis 6 könnten demnach im weiteren Verlauf des Jahres 1721 oder noch später entstanden sein, sicherlich aber vor der Übersiedelung nach Leipzig im Mai 1723, als die wöchentliche Kantatenproduktion begann. Denkbar ist freilich auch, daß diese Suiten nicht in Gänze neu komponiert wurden, sondern daß Bach auch hier ältere Werkfassungen lediglich revidierte, die – anders als BWV 806.1 – nicht erhalten sind. Möglicherweise scheint der Zeitpunkt der Komposition beziehungsweise Vollendung der Sammlung gar noch in der merkwürdig ungenauen Angabe des Nekrologs zur Datierung von Bachs Hamburg-Reise durch: „ungefehr im Jahr 1722“.[84] Auch die Brandenburgischen Konzerte, ebenfalls als Folge einer persönlichen Begegnung mit einem Mäzen unter Rückgriff auf älteres Material entstanden und so gesehen vielleicht Schwesterwerke der Englischen Suiten, sind erst längere Zeit nach Erteilung des Lieferauftrags fertiggestellt worden („une couple d'années“).[85] Daß Kayser die Englischen Suiten 2 bis 6 erst 1724/25 in Leipzig, mithin nochmals einige Jahre nach dem vermuteten Entstehungsdatum abschrieb, dürfte mit dem hohen technischen Anspruch dieser Stücke, insbesondere der virtuosen Präludien, zu erklären sein. Das erforderliche Spielniveau hat er wohl erst im Alter von etwa 19 bis 20 Jahren erreicht, während er die einfachere erste Suite offenbar schon mit etwa 14 Jahren bewältigen konnte. Auch Gerber kopierte zunächst nur die erste Suite – als Einschub in eine Reihe von Abschriften der ebenfalls relativ leichten Französischen Suiten – und erst mit größerem zeitlichen Abstand die übrigen

[83] Dok I, Nr. 150.
[84] Dok III, Nr. 666 (S. 84).
[85] Dok I, Nr. 150.

Stücke der Sammlung;[86] freilich spielte sich die Entwicklung bei Gerber innerhalb nur eines Jahres ab, wobei der Schüler zu dieser Zeit bereits Anfang Zwanzig war.

***

Vor dem Hintergrund der aufgezeigten möglichen Zusammenhänge zwischen Bachs Englischen Suiten und Hamburger Kreisen ist nun noch nach dem Verbleib des verschollenen Widmungsexemplars – sicherlich ein Autograph – zu fragen. Es könnte vermutet werden, daß dieses Teil von Cyrill Wichs Privatsammlung wurde und ähnliche Schicksale durchlebte wie dessen „Spielbuch“, das möglicherweise in den Besitz Matthesons überging und Anfang des 20. Jahrhunderts auf dem Antiquariatsmarkt auftauchte.[87] Da sich jedoch bisher nirgends, insbesondere in den Schriften Matthesons nicht, ein Hinweis auf das Original der Englischen Suiten fand, mag es andere Wege eingeschlagen haben und schlimmstenfalls schon frühzeitig der Vernichtung anheimgefallen sein. Vielleicht spielte Wichs holpriger Lebensweg in seinen späteren Jahren dabei eine Rolle: Nach seiner diplomatischen Mission in St. Petersburg reiste er im Frühsommer 1744 über Danzig und Dresden nach Hamburg zurück,[88] wurde jedoch entgegen aller vorherigen Zusicherungen nicht wieder in seine alte Position als britischer Gesandter eingesetzt. Mehrere diesbezügliche Nachfragen Wichs bei seinem Verwandten John Carteret,[89] der ihn 1720 nach England begleitet hatte[90] und inzwischen als Secretary of State in das britische Regierungskabinett aufgerückt war, blieben ohne Erfolg, so daß er im September 1744 von seinem Gut Tangstedt im Holsteinischen aus resig-

[86] BJ 1978, S. 13 f. (A. Dürr).

[87] Siehe Wollny, *„Zwo Menuetten und eine halbe Arie“ von Händel* (wie Fußnote 34), S. 383 und 405 f.

[88] Stationen der Reise nach Briefen Wichs in National Archives London, Standort Kew, State Paper Office, *SP 91/36*: Mai 1744 Danzig, um den 10. 6. 1744 Dresden, ab 23. 6. 1744 in Hamburg nachweisbar; vgl. Mattheson, *Lebensbeschreibung* (wie Fußnote 28), S. 95. Die falsche Angabe bei Zedler, Bd. 55 (1748), Sp. 1657 f., Wich sei 1744 als britischer Gesandter nach Konstantinopel gegangen, mag auf eine von Wich selbst verbreitete Notlüge, um seine Perspektivlosigkeit zu verdecken, zurückgehen (nach Horn, *British Diplomatic Representatives*, wie Fußnote 27, S. 153, war der entsprechende Posten im osmanischen Reich um 1744 anderweitig besetzt). Vgl. den Bericht Stählins (siehe weiter unten), wonach Wich von St. Petersburg nach England gereist sei.

[89] National Archives London, Standort Kew, State Paper Office, *SP 91/36*. Entwürfe der Gegenbriefe Carterets in GB-Lbl, *Add MS 22528* (letzter Brief datiert 3. 4. 1744, fol. 193).

[90] Mattheson E, S. 206 f.

nierend schrieb: „I dont Know which Way to turn my self when the bad season oblidges me to leave the Country where I am at present, and lead a very Melancholy life."[91] Abgesehen von einer kurzzeitigen Sendung an den Kasseler Hof 1745 gelang es Wich trotz mehrerer Reisen nach London und Hannover (wo er hoffte, seinen König zu treffen) sowie mehrerer Bittbriefe – der letzte datiert von 1753 – nicht, eine erneute Anstellung oder auch nur eine Pension zu erhalten.[92] Offenbar wurde er von der britischen Regierung fallengelassen, doch der Grund dafür – vielleicht eine schwere Verfehlung? – bleibt verborgen. Das unglückliche Schicksal Wichs könnte dennoch dafür verantwortlich sein, daß sein Name anscheinend aus allen Bach-Traditionen ausradiert wurde: Wollte man bei der Sichtung und Bewertung von Bachs Schaffen nach 1750 den inzwischen zur Persona non grata gewordenen Auftraggeber der Englischen Suiten aus dem Gedenken an den Komponisten eliminieren?
Sollte sich Bachs Widmungsexemplar der Suiten beim Tod Wichs 1756 noch in dessen Nachlaß befunden haben, müßte es in den Besitz einer seiner beiden Töchter als alleinige Erbinnen übergegangen sein. Die ältere der Schwestern, die am 29. September 1719 in Hamburg geborene Carolina Friederica, erhielt unter anderem das Gut Tangstedt. Sie war seit 1739 mit dem schleswig-holsteinischen Hofbeamten (zuletzt Geheimrat) Magnus Friedrich von Holmer (1704–1775) verheiratet, lebte von 1744 bis 1753 in Stockholm, davor und danach jedoch in Kiel, wo sie am 5. März 1780 starb. Die jüngere, am 9. Dezember 1721 in Hamburg geborene Amalia heiratete in den 1740er Jahren Detlev Benedict von Ahlefeld (1717–1773), der als Fähnrich und Obristleutnant beim schleswig-holsteinischen Militär diente. Bis zum Tod ihres Mannes 1773 lebte sie vermutlich ebenfalls in Kiel, zog aber später nach Itzehoe (ins Damenstift?) und starb dort hochbetagt in der Nacht vom 20. auf den 21. Juni 1806. Zu ihrem Alleinerben hatte Amalia von Ahlefeld zunächst den einzigen Sohn ihrer Schwester, den oldenburgischen Minister und Geheimrat Friedrich Levin von Holmer (1741–1806) eingesetzt, der jedoch noch vor ihr starb; an dessen statt erbte sein Sohn Magnus Friedrich von Holmer (1780–1857), Kammerherr am Hof von Mecklenburg-Schwerin. Zwar sind zahlreiche Dokumente zu Vermögenssachen der entsprechenden Zweige der Familien von Holmer und von Ahlefeld einschließlich Testamenten überliefert, doch findet

[91] National Archives London, Standort Kew, State Paper Office, *SP 91/36*, unfoliiert, Wich an E. Weston, „Tangstede", 24. 9. 1744.

[92] Siehe Mattheson, *Lebensbeschreibung* (wie Fußnote 28), S. 99, 101 und 104 f., und Briefe Wichs in GB-Lbl, *Add MS 33054*, fol. 364 f. (Oktober 1748), *Add MS 32818*, fol. 186 f. (London, 6. 9. 1749), *Add MS 32726*, fol. 254 (London, 11. 3. 1752) und *Add MS 33055*, fol. 74 f. (1753). Zu dem Aufenthalt in London 1752/53 siehe auch Fußnote 31.

sich darin von Musikalien keine Spur.[93] Im Ganzen betrachtet ist es wohl auch eher unwahrscheinlich, daß sich eine Zimelie wie das Autograph der Englischen Suiten bis ins 19. Jahrhundert hinein von Bach-Sammlern und -Forschern unbemerkt in Privatbesitz der Nachkommen Cyrill Wichs in Holstein befunden haben sollte.

Eine letzte denkbare Möglichkeit des Überlieferungsganges wäre, daß die kostbare Handschrift ins Archiv der Merchant Adventurers wanderte und dort – vielleicht sogar verborgen vor den Organisten Hinrich Conrad Kreising und Johann Peter Heinrich Cario – vergessen wurde. Im Zuge der Auflösung der Court soll deren Eigentum 1808 drei ehemaligen Mitgliedern zur Aufbewahrung übergeben worden sein: William Burrowes erhielt die Orgel und einige (liturgische?) Bücher, George Smith die Bibliothek und das Altargerät, John Thornton die Kirchenbücher und weitere, nicht spezifizierte Dokumente.[94] Bis auf Teile der Orgel, die bei einem Neubau wiederverwendet wurden,[95] und die Kirchenbücher, die 1876 von einem Nachkommen Thorntons dem Staatsarchiv Hamburg übergeben wurden,[96] scheinen alle diese Dinge verschollen zu sein. Allerdings wird berichtet, daß die drei genannten Personen um 1834 in finanzielle Bedrängnis geraten sein sollen[97] – sie könnten sich also zur Veräußerung einiger Archivkostbarkeiten entschlossen haben. Hierauf deutet jedenfalls eine heute in der British Library befindliche Ausfertigung der Statuten der Merchant Adventurers von 1608, die laut handschriftlichen Nachträgen offenbar aus der Hamburger Niederlassung der Gesellschaft stammt und von der Bibliothek 1852 „at a sale of the stock of a bookseller, Thomas Thorpe" erworben wurde.[98] Der Londoner Buchhändler Thomas Thorpe (1791–1851)

---

93 Landesarchiv Schleswig, Abt. 399.20 (Familie Grafen von Holmer), *Nr. 7* (*Testament Magnus Friedrich von Holmer 1761*), *Nr. 14* (*Testament der Carolina Friederica v. Holmer geb. v. Wich*), *Nr. 17* (*Erbangelegenheiten zwischen Carolina Friederica Freifrau v. Holmer und ihrer Schwester Amalia v. Ahlefeldt 1757/58*), *Nr. 19* (*Bestellung eines Kurators für Amalia v. Ahlefeldt 1764, 1806*), *Nr. 20* (*Testament der Amalia v. Ahlefeldt 1805/06*) und *Nr. 49* (*Testament Magnus Friedrich von Holmer 1851*). Die genannten biographischen Daten nach diesen Akten sowie im selben Bestand *Nr. 3* (*Genealogische und biographische Notizen über die Ahnen des Friedrich Levin Graf v. Holmer*), ferner NDB und *Danmarks Adels Aarbog*, hrsg. von J. V. Teisen und L. Bobé, Bd. 46, Teil 2: Stamtavler med vaarbenafbildninger og Portraetter, København 1929, S. 140 f. (zu D. B. von Ahlefeld).

94 Lingelbach (wie Fußnote 20), S. 287; Hitzigrath, *Die Kompagnie der Merchant Adventurers* (wie Fußnote 20), S. 67.

95 Möhring (wie Fußnote 20), S. 46.

96 Lingelbach (wie Fußnote 20), S. 266 f.

97 Hitzigrath, *Die Kompagnie der Merchant Adventurers* (wie Fußnote 20), S. 71 und 82.

98 GB-Lbl, *Add MS 18913*; siehe L. Lyell, *The problem of the records of the Merchant Adventurers*, in: The Economic History Review 5 (1935), S. 96–98, speziell S. 98.

hat eine Vielzahl von Verkaufskatalogen (mehrere jährlich) veröffentlicht, die mitunter auch Manuskripte und Musikalien enthalten und tatsächlich im geschilderten Zusammenhang interessante Dokumente anzeigen: zwei Briefe des Hamburger Courtsekretärs William Aldersey von 1705 sowie eine auf den 21. Juli 1720 datierte Kostenabrechnung Cyrill Wichs. Was die Kataloge Thorpes freilich nicht verzeichnen – diese ernüchternde Erkenntnis muß leider am Ende dieser Ausführungen stehen – ist Bachs lange gesuchtes Widmungsexemplar seiner Englischen Suiten.[99]

***

Außer den Englischen Suiten gibt es einige weitere Werke Bachs, die vermutungsweise mit Hamburg in Verbindung gebracht werden können. Die folgenden Überlegungen hierzu werden – trotz ihres ausdrücklich hypothetischen Charakters – einige Aspekte der vorangegangenen Darstellung nochmals aufgreifen und vertiefen. So wird seit langem angenommen, daß Bach die Weimarer Kantate „Ich hatte viel Bekümmernis" BWV 21 bei seinem Hamburg-Aufenthalt 1720 wiederaufgeführt habe.[100] Das Hauptargument hierfür liefert Johann Mattheson, der eine gute Kenntnis dieses Werkes bewies, indem er die Textdeklamation mehrerer Sätze in seiner *Critica Musica* 1725 kritisierte.[101] Der oftmals angedeutete Zusammenhang des Mattheson-Zitats mit Bachs Bewerbung an St. Jacobi ist jedoch kaum zu halten, da Bach, wie oben angemerkt, nicht am Probetermin teilnahm und Aufführungen von Vokalmusik ohnehin nicht die Sache der Jacobi-Organisten waren. Auch die Einbindung des zwar „Per ogni Tempo" gedachten, thematisch jedoch am dritten Trinitatissonntag beziehungsweise an Reminiscere orientierten Werkes in einen Gottesdienst erscheint angesichts der kirchenjahreszeitlichen Situation bei Bachs Besuch, der späten Trinitatiszeit, ausgeschlossen.[102] Konzertante Aufführungen geistlicher Vokalwerke sind zwar in Hamburg spätestens seit der 1712 im Hause des Dichters dargebotenen Brockes-Passion von Reinhard

---

[99] Durchgesehen wurden die Exemplare der British Library London (Zeitraum 1825 bis 1851). Die genannten Dokumente werden in Katalogen von 1840 (*Mic. B. 619/108/28*, S. 3, Aldersey) und 1843 (*Mic. B. 619/108/32*, S. 5, nochmals Aldersey, und S. 419, Wich) erwähnt.

[100] Zuerst wohl bei C. H. Bitter, *Johann Sebastian Bach*, Berlin 1865, Bd. 1, S. 95.

[101] Dok II, Nr. 200.

[102] Siehe U. Poetzsch-Seban, *Wann wurde „Ich hatte viel Bekümmernis" BWV 21 erstaufgeführt?*, in: Telemann und Bach. Telemann-Beiträge, hrsg. von B. Reipsch und W. Hobohm, Hildesheim u. a. 2005 (Magdeburger Telemann-Studien. 18.), S. 86 bis 93; und B. Schubert, *„Ich, ich, ich, ich hatte viel Bekümmernis". Zum Eingangschor der Kantate BWV 21 Johann Sebastian Bachs*, in: Acta musicologica 92 (2020), S. 42–49.

Keiser prinzipiell vorstellbar, doch will die inhaltlich eher meditative Kantate BWV 21 ohne Handlungsstrang nicht recht in dieses Bild passen. Davon abgesehen wird Mattheson seine präzise am vertonten Text ausgerichtete Kritik kaum allein auf einen einmaligen Höreindruck gegründet haben, sondern benötigte hierfür Einblick in die Partitur. Diesen dürfte er bei einer persönlichen Begegnung mit dem Komponisten erhalten haben, und zwar möglicherweise nicht erst im November 1720 in Hamburg, sondern eher noch bei einem mutmaßlichen Zwischenhalt in Köthen Ende April desselben Jahres auf einer durch seine Autobiographie belegten diplomatischen Reise nach Leipzig (wo er von Johann Kuhnau mit einer spontanen Morgenmusik geehrt wurde).[103] Bei einer solchen Gelegenheit könnte er von Bach, der erst am 25. Mai nach Karlsbad abreiste, eine Abschrift von BWV 21 erbeten haben und möglicherweise mit ihm bereits Vorgespräche für einen Gegenbesuch einige Monate später geführt haben. Sollte dieses Treffen in Köthen tatsächlich stattgefunden haben, müßte Mattheson eine zentrale Vermittlerrolle für Bachs Hamburg-Reise und angesichts seiner engen Verbindungen in Hamburgs englische Kreise letztlich auch für die Englischen Suiten unterstellt werden.

Ebenfalls auf einer Publikation Matthesons gründet die geläufige Vermutung, Bach habe seine Orgel-Fuge in g-Moll BWV 542/2 in Hamburg aufgeführt. Mattheson legte Thema und Gegenthema des Stücks 1725 den Bewerbern um die Domorganistenstelle zur spontanen Ausführung sowie anschließenden schriftlichen Ausarbeitung vor, wie er 1731 in seiner *Grossen General-Baß-Schule* schreibt.[104] Möglicherweise verbreitete sich Bachs Fuge durch die verschollene Kopie Matthesons noch weiter, denn sie existiert auch in je einer Handschrift des Altonaer Organisten Christian Friedrich Endter (1731–1796) – dessen Lehrer, der Hamburger Petriorganist Johann Ernst Bernhard Pfeiffer (1703–1774), sich 1725 erfolglos Matthesons Organistenprobe unterzogen hatte[105] – beziehungsweise des Hamburger Heilig-Geist-Organisten Johann Stephan Borsch (um 1744–1804), der sie plakativ als „Das

[103] Mattheson E, S. 206.

[104] Dok II, Nr. 302.

[105] D-Hs, *ND VI 3327e*. Identifizierung des Schreibers durch J. Neubacher, *Der Altonaer Organist Christian Friedrich Endter und seine Bedeutung als Telemann-Kopist*, in: Extravaganz und Geschäftssinn – Telemanns Hamburger Innovationen, hrsg. von B. Jahn und I. Rentsch, Münster und New York 2019 (Hamburg Yearbook of Musicology. 1.), S. 209–231, speziell S. 215. Zu Pfeiffer siehe J. Neubacher, *Der Hamburger St. Petri-Organist Johann Ernst Bernhard Pfeiffer (1703–1774) und die Organistenproben unter Mattheson (1725) und Telemann (1735)*, in: „Critica musica“. Studien zum 17. und 18. Jahrhundert. Festschrift Hans Joachim Marx zum 65. Geburtstag, hrsg. von N. Ristow, W. Sandberger und D. Schröder, Stuttgart und Weimar 2001, S. 221–232.

allerbeste Pedal-Stück vom Herrn Johann Sebastian Bach“ betitelte.[106] Bachs mutmaßliche Aufführung dieses repräsentativen Werks im Jahr 1720, die demnach die Hamburger Tradition begründet hätte, kann, wie Pieter Dirksen überzeugend dargelegt hat, kaum an den mitteltönig temperierten und nur mit kurzer Oktave ausgestatteten Orgeln in St. Katharinen und St. Jacobi stattgefunden haben, sondern ist eher an der Schnitger-Orgel in St. Nikolai vorstellbar. Überhaupt sei in den beiden erstgenannten Kirchen für Bach praktisch nur Improvisation möglich gewesen (wofür der Nekrolog ein Beispiel liefert), während der Vortrag seiner niedergeschriebenen Kompositionen an anderen Orten erfolgen mußte.[107]

Zu Bachs Hamburger Konzertrepertoire könnten auch die beiden Violinsoli BWV 1003 und 1005 gehört haben, da deren Autograph just auf 1720 datiert ist und Mattheson die Fugenthemen daraus 1737 und 1739 zitierte.[108] Wie Peter Wollny ausgeführt hat, ist allerdings weniger an einen Vortrag der Originalversionen durch Bach auf der Violine, sondern vielmehr an Clavier-Arrangements oder entsprechende Improvisationen zu denken. Eine solche Aufführungspraxis Bachs ist generell belegbar durch eine Aussage Johann Friedrich Agricolas sowie die erhaltenen, hinsichtlich ihrer Authentizität – wohl zu unrecht – angezweifelten Bearbeitungen BWV 964 (nach BWV 1003) und 968 (nach 1005/1),[109] wobei diese der Titelseite, musikalischen Faktur und dem Tonumfang nach (unter C reichend) für Cembalo bestimmt waren. Demnach müßte Bach seine Violinsoli 1720 in Hamburg wohl in einem kammermusikalischen Rahmen – etwa einem oben vermuteten Empfang der Merchant Adventurers oder Cyrill Wichs – und nicht an einer Kirchenorgel dargeboten haben.

Da Mattheson sich erst in den späten 1730er Jahren (jedenfalls öffentlich) mit diesen Stücken auseinandersetzte, müssen freilich auch andere Wege des Transfers in den Norden bedacht werden. Neben direkter Korrespondenz zwischen Mattheson und Bach kommen hierfür etwa der schon erwähnte Hinrich Conrad Kreising, der Jurist Ludwig Friedrich Hudemann (Widmungsempfänger des Kanons BWV 1074 im Jahr 1727 und später Mitglied in Matthesons „Collegium melodicum“)[110] sowie der 1733 von Leipzig nach Hamburg übergesiedelte Christoph Nichelmann[111] in Betracht. Auch der erst

---

[106] *P 287*, S. 81–86. Als Borschs Vorlage wird bisher freilich eine verschollene Zwischenquelle aus dem Besitz C. P. E. Bachs angenommen, siehe NBA IV/5–6 Krit. Bericht (D. Kilian, 1978), S. 58 und 221.

[107] P. Dirksen, *Johann Sebastian Bach's Fantasia and Fugue in G minor*, in: The Organ Yearbook 45 (2016), S. 133–162, speziell S. 153–162.

[108] Dok II, Nr. 408 und 465.

[109] Siehe NBA$^{rev}$ 3 (P. Wollny, 2014), S. X, und NBA V/12 Krit. Bericht, S. 98–105.

[110] Dok I, Nr. 158; Dok II, Nr. 466; Mattheson E, S. 210.

[111] Siehe Schulze Bach-Überlieferung, S. 135–145.

vor kurzem ins Blickfeld der Forschung getretene Gerhard Rudolph Albrecht Sievers, der 1739/40 bei Bach in Leipzig Unterricht nahm, als er schon einige Jahre als Hoforganist in Kiel angestellt war,[112] könnte eine Rolle beim mutmaßlichen, freilich nicht zwangsläufig auf die Violinsoli beschränkten Musikalienaustausch zwischen Bach und Mattheson gespielt haben, denn der Letztgenannte führte seit 1719 den Titel eines Kapellmeisters des Herzogs Carl Friedrich von Schleswig-Holstein-Gottorf, der seit 1721 in Kiel residierte.[113]

Obwohl nicht durch eine Publikation Matthesons zu stützen, lassen sich auch bei Bachs Konzert für zwei Cembali in C-Dur BWV[3] 1061.1 Verbindungen nach Hamburg ausmachen. Dem Namenszug „C. C. Hachmeister“ auf den hauptsächlich von Anna Magdalena Bach um 1732/33 geschriebenen Originalstimmen (*St 139*) nach befanden sich diese zeitweilig im Besitz des Billwerder Organisten Carl Christoph Hachmeister (1757–1832).[114] Sollte dieser die Handschriften von seinem gleichnamigen Vater, dem als Vorgänger des oben genannten Johann Stephan Borsch an der Heilig-Geist-Kirche in Hamburg tätigen Organisten geerbt haben, so wäre die Annahme eines persönlichen Kontakts zum Komponisten durchaus naheliegend. In die Biographie von Carl Christoph Hachmeister senior (1710–1777), die in der Zeit vor dem spätliegenden Antritt des genannten Amtes 1748 große Lücken aufweist, ließe sich ein Aufenthalt in Leipzig Anfang der 1730er Jahre – dann sicherlich verbunden mit Unterricht beim Thomaskantor – jedenfalls plausibel einfügen, zumal sich in seiner um 1753 gedruckten „Clavirübung“ Fugenthemen aus dem Wohltemperierten Klavier wiederfinden;[115] außerdem wäre ein Erwerb von authorisierten Hausabschriften von Werken Bachs als künftige eigene Repertoirestücke nicht ohne Parallele.[116] Während die Hinzufügung des Streicher-Ripienos zu dem Konzert BWV 1061 erst einige Zeit nach der Anfertigung der mutmaßlich für Hachmeister entstandenen Kopie angenommen wird, dürfte die Komposition der Fassung senza ripieno bereits in Bachs

[112] M. Lassen, *Der Kieler Hoforganist Gerhard Rudolph Albrecht Sievers – ein bislang unbekannter Schüler „des berühmten Herrn Capellmeister Bach“*, BJ 2019, S. 83–92.

[113] Mattheson E, S. 205.

[114] M. Kassler, *A. F. C. Kollmann's Quarterly Musical Register (1812). An annotated edition with an introduction to his life and works*, Aldershot/England und Burlington/VT 2008, S. 42; siehe auch H.-J. Schulze, Rezension von Neubacher, *Georg Philipp Telemanns Hamburger Kirchenmusik* (wie Fußnote 13), BJ 2009, S. 233–238, speziell S. 235.

[115] Siehe N. von Oldershausen, *Carl Christoph Hachmeister – Ein wenig beachteter früher Bachianer in Hamburg*, BJ 2013, S. 375–380.

[116] Vgl. Koska, *Bachs Privatschüler* (wie Fußnote 10), S. 19.

Köthener Zeit erfolgt sein.[117] Die damit gegebene Möglichkeit, daß das Stück für Cyrill Wich – vielleicht sogar zum gemeinsamen Vortrag mit dem Komponisten im November 1720 – komponiert wurde, läßt sich mit Hinweis auf die oben angesprochene Praxis des Musizierens auf zwei Cembali im Umfeld des britischen Gesandten untermauern. Insbesondere der in *St 139* unbezeichnete Einleitungssatz, der nach dem Quellenbefund als separat komponiertes Einzelstück die Keimzelle des Konzerts gebildet haben dürfte, könnte somit eventuell als Pendant zu Matthesons einsätziger „Sonata à due Cembali per il Signore Cyrillo Wich, gran Virtuoso"[118] verstanden werden.

***

Nur über noch verschlungenere Umwege läßt sich ein denkbarer Hamburg-Bezug auch für das vierte Brandenburgische Konzert BWV 1049 konstruieren. Seit langem beschäftigen sich Forscher mit der Frage, was es mit jenen „due Fiauti d'Echo" auf sich hat, die Bach in dem Stück verwendet wissen will. Die Diskussion hierüber hat zuletzt Klaus Hofmann mit der These einer verschollenen Frühfassung des Konzerts fortgesetzt und dabei die unterschiedlichen bisherigen Forschungsstandpunkte folgendermaßen zusammengefaßt: Bei dem rätselhaften Begriff handele es sich

> (1.) um ein besonderes Instrument mit der Möglichkeit, *forte* und *piano* zu spielen, also ein „Echo" hervorzubringen; oder (2.) um einen Hinweis zur Aufstellung der Flöten im langsamen Mittelsatz als Echogruppe in einiger Entfernung vom übrigen Ensemble; oder (3.) um einen Hinweis auf die besondere Funktion der Flötenpartien, sei es im buchstäblichen Sinne der Echopartien im langsamen Mittelsatz, sei es in einem übertragenen Sinne.[119]

Argumente für die hier zuerst genannte Ansicht lieferten bisher vor allem Erwähnungen von Echoflöten in französischen und englischen Quellen des späten 17. und frühen 18. Jahrhunderts. Besondere Beachtung verdient dabei der Virtuose Jacques (James) Paisible, dessen konzertantes Spiel auf „echo flutes" – zwei zusammengebundene Flöten mit unterschiedlicher Lautstärke? – durch Zeitungsberichte in London von 1713 bis 1719 belegbar ist.[120]

---

117 NBA VII/5 Krit. Bericht (K. Heller und H.-J. Schulze, 1990), S. 91–95.

118 D-Hs, *Cod. hans. IV:38-42:11:10:i*; siehe oben.

119 K. Hofmann, *Alte und neue Überlegungen zu Bachs Brandenburgischen Konzerten und besonders zu den Flötenpartien des vierten Konzerts*, BJ 2019, S. 99–122, speziell S. 105.

120 T. Dart, *Bach's „Fiauti d'echo"*, in: Music and Letters 1960, S. 331–341, speziell S. 337; D. Lasocki, *Paisible's Echo Flute, Bononcini's Flauti Eco, and Bach's Fiauti d'echo*, in: The Galpin Society Journal 45 (März 1992), S. 59–66, speziell S. 59f.

Der Gedanke eines Zusammenhangs mit Bach kann freilich mit der Begründung abgewiesen werden, „daß wir von Echoflöten weder in Köthen noch in Berlin noch überhaupt in Deutschland um 1720 wissen".[121]
An diesem Punkt aber vermag die Beschäftigung mit Bachs Hamburg-Reise 1720 einen neuen Blickwinkel zu eröffnen: Könnte das besondere Flötenmodell nicht über die vielfältigen Kontakte von England nach Hamburg beziehungsweise Mattheson und Cyrill Wich im Speziellen seinen Weg nach Deutschland und in Bachs Sichtfeld gefunden haben? Daß Wich wenigstens ein allgemeines Interesse an kuriosen Instrumententypen besaß, zeigt die Fortsetzung des bereits oben zitierten Berichts Jacob von Stählins über beider Zusammentreffen in St. Petersburg um 1742/43:

Dieser Herr [Wich] hielt einen Deutschen vortrefflichen Waldhornisten unter dem Titel eines seiner Kammerdiener bei sich, der ganz allein oder zugleich den Primo und Secondo auf zwei Waldhörnern spielte. Wenn ich es nicht selbst gesehen und gehöret hätte, würde ich immer noch daran gezweifelt haben. Einst legte mir der Hr. von Woitsch bei sich ein von ihm selbst componirtes schönes Trio auf zwo Travers-Flöten und einem Clavecin zu spielen vor. Weil es uns nun am zweiten Traversisten fehlte, der den Secondo spielen könnte: so ließ er seinen Kammerdiener oder vielmer Kammer-Virtuoso rufen, der mit dem Waldhorne die zweite Flöte ersetzte, und so rein als mit der besten Flöte spielte. Es ärgert mich, daß ich den Namen dieses außerordentlichen Künstlers vergessen habe. Er ist aber zu Hamburg, allwo er sich einige Jare mit dem Hrn. Envoyé aufgehalten hat, unfehlbar bekannt, und so auch in England, dahin er von Petersburg den Hrn. von Woitsch begleitet hat.[122]

Versucht man nun, das Versäumnis Stählins nachzuholen und den Namen von Wichs „Kammer-Virtuoso" beizubringen, so fällt der Blick – dem Hinweis auf seine Bekanntheit in Hamburg folgend – auf einen gewissen Jacob Timon Diederich Engelhardt, der nach Ermittlungen von Jürgen Neubacher in den Jahren 1730, 1740 und 1745 in Telemanns Kirchenorchester als Violinist und Waldhornist nachweisbar ist und vermutlich um 1765 starb. Daß dieser Musiker dem britischen Gesandten möglicherweise besonders nahestand, ergibt sich aus seiner 1732 erwähnten Funktion als Kommissar von König George II. sowie seiner Beteiligung an einer Musikdarbietung für eine Gesellschaft um englische Kapitäne 1752.[123] Vielleicht war Engelhardt auch jener „berühmte" Hornist, der am 19. April 1727 im Hamburger Drillhaus „allein auf zwey Wald-Hörner zugleich Solo sich künstlich zu Jedermanns

---

[121] Hofmann (wie Fußnote 119), S. 108 f.

[122] Stählin, *Zur Geschichte des Theaters in Rußland* (wie Fußnote 39), S. 123 f. Zum angeblichen Fortgang Wichs nach England vgl. Fußnote 88.

[123] Siehe Neubacher, *Georg Philipp Telemanns Hamburger Kirchenmusik* (wie Fußnote 13), S. 121, 146 f. und 418.

Verwunderung auf eine gantz ohnbekannte und dem menschlichen Begrif übersteigende Art hören lassen“[124] wollte – diese Zeitungsankündigung ähnelt der Schilderung Stählins jedenfalls auffallend. Sollte sich die fragliche Person 1727 nicht nur kurzzeitig in Hamburg aufgehalten haben, so erschiene ein Engagement an der Oper denkbar, über die in den 1720er Jahren Cyrill Wich das Direktorium mit Schwerpunkt auf dem Orchester führte. Eine weitere – und, soweit ich sehe, die einzige weitere – Spur des sonderbaren simultanen Musizierens auf zwei Waldhörnern findet sich erstaunlicherweise in Köthen: Die Kammerrechnungen des dortigen Hofes verbuchen unter dem 18. August 1725 eine Ausgabe von sechs Talern „Dem Waldhornisten Geda, so auff 2 Waldhörnern zugleich bläset, zur Abfertigung“.[125] Außer der Möglichkeit, daß dieser Musiker mit dem fast genau ein Jahr vorher ohne Namen genannten „Landgräfflich Cäßelischen Waldhornisten, so sich alhier einige Zeit höhren laßen“,[126] identisch sein könnte, ließ sich nichts Näheres zu ihm ermitteln.

---

[124] *Zuerst-bekandte Schiffbecker Stats- und gelehrte Zeitung des hollsteinischen unpartheyischen Correspondenten*, 1727, Nr. 64; zitiert nach J. Sittard, *Geschichte des Musik- und Concertwesens in Hamburg vom 14. Jahrhundert bis auf die Gegenwart*, Altona und Leipzig 1890, Reprint Hildesheim und New York 1971, S. 70. Weiterhin heißt es dort, es werden im selben Konzert „2 andere Wald-Hornisten ordentlicher Weise blasen, mit welchen er allein auf zwey Wald-Hörner zugleich concertiren wird, also Daß man von Dreyen Personen auf 4 Wald-Hörner zugleich Partien hören kann.“

[125] Landesarchiv Sachsen-Anhalt, Abteilung Dessau, Z 73 (Köthener Kammerrechnungen 1725/26), *Ausgabe*, S. 90. Die von G. Hoppe, *Zu musikalisch-kulturellen Befindlichkeiten des anhalt-köthnischen Hofes zwischen 1710 und 1730*, in: CBH 8 (1998), S. 9–51, speziell S. 34, mitgeteilte Lesart des Namens („Beda“) beruht auf einem Irrtum. Nachweise für die bei M. Vach, *About the Horn in Bohemia*, in: The Horn Call 17, Nr. 7 (April 1987), S. 30–33, speziell S. 31 f., zu findende Aussage über den „virtuoso Beda, who undertook concert tours together with J. E. Creta and appeared on stage at Koethen (1733) and Hamburg (1738)“, konnten nicht ausfindig gemacht werden. Laut den Köthener Kammerrechungen wurden am selben Tag wie Geda „Den beyden Barbyschen Waldhornisten, zur abfertigung“ 20 Taler gezahlt (S. 90), die mit den bereits im Vorjahr entlohnten „beyden Waldhornisten Hanß Leopold und Wentzel Frantz Seydele von Barby“ (Jahrgang 1723/24, Ausgabe, S. 48, 10. 5. 1724) identisch sein dürften. Vgl. das Zusammenspiel von zwei „gewöhnlichen“ Hörnern mit einem „doppelten“ Horn in Hamburg 1727 (siehe Fußnote 124).

[126] Landesarchiv Sachsen-Anhalt, Abteilung Dessau, Z 73 (Köthener Kammerrechnungen 1724/25), *Ausgabe*, S. 26. Eine Person namens Geda wird bei C. Engelbrecht, *Die Hofkapelle des Landgrafen Carl von Hessen-Kassel*, in: Zeitschrift des Vereins für hessische Geschichte und Landeskunde N. F. 68 (1957), S. 141–173, nicht erwähnt.

Es ist nicht einfach, die Bedeutung all dieser Quellenbelege für die Diskussion um Bachs Echoflöten einzuschätzen. Wollte man die bezeugte Praxis des kuriosen Waldhornspiels auf die Flöte übertragen, so wäre wohl am ehesten an ein Modell mit doppelter Bohrung und Grifflochreihe in einem einzigen Korpus, das die gleichzeitige Ausführung zweier Stimmen ermöglicht,[127] zu denken. Freilich können auch andere Instrumententypen im Umfeld Wichs vorhanden gewesen sein, die Bach im Anschluß an seinen Hamburg-Aufenthalt als Modeerscheinung in das Konzert integrierte (wobei eine postulierte Frühfassung noch konventionell besetzt gewesen sein könnte). Bei alledem ist natürlich nicht auszuschließen, daß Bach direkt oder indirekt schon weitaus früher andernorts durch von England nach Deutschland reisende Musiker auf eine solche Neuheit aufmerksam geworden ist. Neben dem in der bisherigen Diskussion bereits erwähnten Georg Jacob Bößwillibald (Sänger am Ansbacher Hof, der 1716 in London gastierte),[128] ist in diesem Zusammenhang vor allem auf Gottfried Pepusch, Melchior Hoffmann und auch Georg Friedrich Händel zu verweisen: Pepusch war preußischer Kammermusiker beziehungsweise Hautboist und reiste 1704 nach London, wo sein Bruder Johann Christoph Pepusch lebte;[129] Hoffmann hielt sich um 1711 mehrere Monate in London auf und kehrte anschließend wieder nach Leipzig zurück;[130] und Händel besuchte seine deutsche Heimat 1716 und 1719. Schließlich kann auch Leopold von Anhalt-Köthen ins Spiel gebracht werden, denn dieser befand sich während seiner Kavalierstour von April bis Juli 1711 in London, besuchte dort mehrmals die Oper[131] und könnte ohne weiteres auch einem Konzert Paisibles – der zudem nachweislich deutschen Adligen Unterricht

---

[127] Siehe Hofmann (wie Fußnote 119), S. 108.

[128] Dart (wie Fußnote 120), S. 338 f.; siehe auch Hofmann (wie Fußnote 119), S. 109. Zur Biographie Bößwillibalds siehe auch G. Schmidt, *Die Musik am Hofe der Markgrafen von Brandenburg-Ansbach*, Kassel und Basel 1956, S. 74 und 76; R.-S. Pegah, *The Court of Brandenburg-Culmbach-Bayreuth*, in: Music at German Courts, 1715–1760. Changing Artistic Priorities, hrsg. von S. Owens, B. M. Reul und J. B. Stockigt, Woodbridge 2011, S. 389–412, speziell S. 396, und H.-J. Schulze, *Pisendel – Köthen – Bach*, in: CBH 14 (2013), S. 11–32, speziell S. 20 f.

[129] MGG[2] Personenteil, Bd. 13 (2005), Sp. 288 (G. Beeks).

[130] M. Maul, *Barockoper in Leipzig (1693–1720)*, Textband, Freiburg i. Br. u. a. 2009 (Rombach Wissenschaften. Reihe Voce 12/1; Freiburger Beiträge zur Musikgeschichte), S. 480–505.

[131] Historisches Museum Köthen, *V S 462* (*Reise des Erb-Prinzen Leopold zu Anhalt-Cöthen nach Holland etc. vom Jahre 1710 etc.*), S. 24–44; Landesarchiv Dessau, Z 70 (Abteilung Köthen), *A 2 Nr. 57* (*Kosten der Reise des Fürsten Leopold von Cöthen nach Holland, England, Italien etc. 1710/13*), fol. 27 r, 28 r, 29 r und 34 r. Siehe auch G. Hoppe, *Köthener politische, ökonomische und höfische Verhältnisse als Schaffensbedingungen Bachs (Teil 1)*, in: CBH 4 (1986), S. 13–62, speziell S. 26–28.

erteilte[132] – beigewohnt haben. Vielleicht hatte also Bachs Fürst selbst eine Echoflöte aus England mitgebracht und so eine entsprechende Tradition am Köthener Hof begründet.[133] Jedenfalls sollte doch die Möglichkeit der Existenz dieses besonderen Flötenmodells (wie es auch immer ausgesehen haben mag) in Bachs Umfeld bei künftigen Diskussionen nicht schlechterdings abgetan, sondern weiterhin ernsthaft erwogen werden.

***

In den vorstehenden Überlegungen sind zahlreiche von Bachs Hamburg-Aufenthalt im Jahr 1720 ausgehende Anknüpfungspunkte aufgezeigt worden, die sicherlich noch weiter verfolgt werden könnten. Freilich darf die Bedeutung einer Reise von wenigen Wochen für das Werk Bachs nicht überstrapaziert werden, doch gerade angesichts der gravierenden Lücken in unserem Wissen über die Köthener Schaffensperiode kann ein solcher Ansatz zu neuen Perspektiven verhelfen. So erscheint nicht nur die Suche nach Bezügen zu Hamburg, den Merchant Adventurers und Cyrill Wich möglicherweise gewinnbringend im Hinblick auf künftige Forschungen, sondern lohnend wäre wohl generell eine verstärkte Berücksichtigung von Bachs Reisetätigkeit, die zweifellos umfangreicher war als wir es gegenwärtig nachweisen können.

Abb. 1: Englisches Haus, Lithographie von Jess Bunden, 1819
(Museum für Hamburgische Geschichte, Inv.-Nr. EB 1923, 194)

[132] Siehe Z. C. von Uffenbach, *Merkwürdige Reisen durch Niedersachsen Holland und Engelland*, Teil 2, Frankfurt und Leipzig 1753, S. 503 f.

[133] Siehe auch S. Rampe, *Bachs Orchester- und Kammermusik. Das Handbuch*, Teilband 1: Bachs Orchestermusik, Laaber 2013 (Bach-Handbuch. 5/1.), S. 200.

# „Base in Arnstadt" – „Trompeter zu Köthen"
# Daten, Dokumente und Hypothesen zu zwei Problemfällen im Umfeld des jungen Johann Sebastian Bach

Von Hans-Joachim Schulze (Leipzig)

## I

Die Prügelattacke auf dem Arnstädter Markt[1] am Abend des 4. August 1705 hatte der 20jährige naseweise Organist Johann Sebastian Bach sich selbst zuzuschreiben. Welcher Teufel hatte ihn denn geritten, als er den älteren, körperlich möglicherweise überlegenen Lyzeumsschüler Johann Heinrich Geyersbach im Blick auf dessen Holzblasinstrument als *Zippel*[Zwiebel] *Fagottisten* bezeichnete und ihn mit solcher ebenso abgeschmackten wie unausrottbaren[2] skatologischen Uzerei[3] aufs äußerste reizte? Bei dem Gerangel setzte Bach seinen in Stutzermanier mitgeführten Degen ein, Geyersbach hielt diesen mit beiden Händen fest, mußte aber seinen Schlagstock fallen lassen, und das damit entstandene Patt nutzte Bachs Begleiterin – so jedenfalls ihre Zeugenaussage –, die Streithähne zur Trennung aufzufordern, worauf beide unter Drohungen voneinander abließen. Bachs Beschwerde beim Konsistorium als zuständiger Behörde blieb erfolglos, und da er sich einige Zeit später zu einem Studienaufenthalt nach Lübeck begab, geriet die Angelegenheit wohl in Vergessenheit. Im Juni 1706 bezog Geyersbach die Universität Jena und mag dort unter der wegen ihrer rauhen Sitten berüchtigten Studentenschaft auf seine Kosten gekommen sein.

Doch wer war eigentlich Bachs Begleiterin?[4] Für den Arnstädter Diakon Wilhelm Weißgerber (1868–1925), der 1904 – vielleicht ermutigt durch die

---

[1] Dok II, Nr. 14.

[2] Vgl. etwa Simeon Metaphrastes d. J. [F. W. Marpurg], *Legende einiger Musikheiligen*, Cölln [Breslau] 1786, S. 312, oder Hermann Aberts Bemerkung über „recht bedenkliche Späße" in Wenzel Müllers 1791 in Wien aufgeführter Oper „Kaspar der Fagottist oder die Zauberzither" (*W. A. Mozart*, 7. Aufl. Leipzig 1956, Teil II, S. 626).

[3] Entschlüsselung des lange Zeit als rätselhaft geltenden Begriffs „ZippelFagottist" durch Andreas Glöckner; vgl. ders., *Bachs vor-Leipziger Kantaten – zwei Exkurse*, in: „Die Zeit, die Tag und Jahre macht". Zur Chronologie des Schaffens von Johann Sebastian Bach. Bericht über das Internationale Wissenschaftliche Colloquium aus Anlaß des 80. Geburtstags von Alfred Dürr. Göttingen 13–15. März 1998, hrsg. von M. Staehelin, Göttingen 2001, S. 47–57, hier S. 56, sowie NBA I/41 Krit. Bericht (A. Glöckner, 2000), S. 19. Vgl. außerdem Zedler, Bd. 62 (1749), Sp. 1530: „Zippel, werden die Zwiebeln genennet, von welchen an ihrem Orte".

[4] Zur Entlastung von Text und Fußnotenapparat sind die Lebensdaten der Arnstädter Bach-Verwandten in einem Anhang zu diesem Beitrag zusammengefaßt.

im Vorjahr von dem Weimarer Oberbibliothekar Paul von Bojanowski (1834–1915) vorgelegte Notiz über die vierwöchige Weimarer Beugehaft Bachs[5] im Herbst 1717 – wenigstens Auszüge aus der von Philipp Spitta vornehm übergangenen[6] Protokollniederschrift veröffentlichte, war es keine Frage, daß *Barbara Catharina Bachin* eine ältere Schwester von Johann Sebastians Arnstädter Amtsnachfolger Johann Ernst Bach (1683–1739) gewesen sein mußte. Deren Vater war der Zwillingsbruder von Johann Sebastians Vater Johann Ambrosius Bach, so daß Johann Sebastian die Verwandte mit Recht als seine Base bezeichnet hätte. Daß zur fraglichen Zeit eine nahezu gleichaltrige Barbara Catharina Bach in Arnstadt lebte, war Weißgerber allem Anschein nach unbekannt.

Bei der Erstgenannten, der „Arnstädter" Barbara Catharina, handelte es sich um das erste Kind aus der im April 1679 geschlossenen Ehe des Stadtpfeifers Johann Christoph Bach mit Martha Elisabeth geb. Eisentraut.[7] Getauft wurde die Tochter am 14. Mai 1680, Geburtstag dürfte der 12. Mai gewesen sein. Als sie am 22. Januar 1709 starb, wurde ihr Alter im Arnstädter Kirchenbuch mit 29 Jahren weniger 3 Monaten und 2 Tagen angegeben: werden die „2 Tage" in „20 Tage" korrigiert, ergibt sich eine vollkommene Übereinstimmung mit dem mutmaßlichen Geburtstag. Allenfalls könnten auch zehn Tage angenommen werden, sofern die wegen der im Jahre 1700 vollzogenen Kalenderumstellung übersprungene Zeit vom 19. bis 28. Februar berücksichtigt wird. Das Kirchenbuch erwähnt neben den durch die extreme Kälte des Winters 1708/09 bedingten Schwierigkeiten für Trauerfeier und Begräbnis noch die Tatsache, daß Barbara Catharina Bach über vier Jahre bettlägerig gewesen sei. Letzteres müßte ihre Anwesenheit auf dem Arnstädter Markt im August 1705 definitiv ausschließen.

Die Angabe hinsichtlich einer vierjährigen Dauer der Krankheit kollidiert allerdings mit zwei Schreiben Johann Ernst Bachs, mit denen dieser um Beförderung und finanzielle Besserstellung nachsucht und zu diesem Zweck die Familienverhältnisse schildert. In einem an das Arnstädter Konsistorium gerichteten Brief[8] vom 22. Juni 1707 heißt es:

---

5 Dok II, Nr. 84.

6 W. Sandberger, *Das Bach-Bild Philipp Spittas. Ein Beitrag zur Geschichte der Bach-Rezeption im 19. Jahrhundert*, Stuttgart 1997 (Beihefte zum Archiv für Musikwissenschaft. Bd. XXXIX).

7 Das in der Literatur zuweilen angegebene Trauungsdatum 5. 4. 1679 kann nicht zutreffen, weil das Arnstädter Kirchenbuch die Aufgebote I bis III erst unter dem 2. Ostertag verzeichnet und die Angaben aus den umgebenden Jahren sämtlich nach „Altem Stil" eingetragen sind. 1679 fiel der Ostersonntag nach „Altem Stil" auf den 20. April.

8 Thüringisches Staatsarchiv Rudolstadt, *AA 28451*, fol. 22 v–24 v.

[...] zu geschweigen was bey meiner armen Schwester ihren bißhero gehabten langwierigen ja sehr schmertzhafften Lager, so bereits 29 Wochen schon erbärmlich angehalten, uf die *resp:* Herren *Medicos* und *Chirurgos* sonder einiger Hoffnung der *reconvaleszenz* gewendet worden und noch biß dato immerzu mit schwehren Kosten *continuir*en muß [...]

Da offenbar keine Reaktion seitens der Vorgesetzten erfolgte, wandte sich Johann Ernst Bach am 13. Oktober 1707 an den Grafen Anton Günther II. von Schwarzburg[9]:

[daß ...] meine Schwester eine gantz *Contracte* und erbärmliche elende krancke Persohn, deren Kranckheit fast ein gantzes Jahr mit unaufhörlichen Schmertzen und Wehklagen gedauert, so, daß aller *adhibir*ten Mittel ungeachtet bis dato keine *reconvalescenz* zu hoffen, vielmehr alle angewande Kosten gantz umbsonst und vergebens, woraus denn unßer elendes und dürfftiges Leben, welches mit Worten nicht genugsam zu beschreiben, sattsam wahrgenommen werden mag [...]

Die Zeitangaben in beiden Berichten reichen nicht bis in das Jahr 1705 zurück, so daß offenbleiben müßte, ob die Aussage des Kirchenbuchs in dieser Hinsicht („über 4 Jahre“) auf einer korrekten Information beruht. Zwar sollte Johann Ernst Bach, der im Herbst 1705 die Vertretung seines nach Lübeck verreisten Vetters Johann Sebastian übernommen hatte, von Rechts wegen über exakte Kenntnisse bezüglich des Gesundheitszustands seiner Schwester verfügt haben, doch wäre ebenso denkbar, daß er in seinen Schreiben von 1707 lediglich die Verschlimmerung der Krankheit, die steigenden Behandlungskosten und die schwindende Aussicht auf Besserung hervorheben wollte. Wichtiger ist demgegenüber die Beobachtung, daß die Angabe des Lebensalters der Verstorbenen – sofern die erwähnte Korrektur (20 statt 2) akzeptiert wird – präziser ist als es die Kirchenbehörde durch Befragung des Taufbuchs hätte ermitteln können. Demnach müßten Johann Ernst Bach oder aber dessen Mutter, die Witwe Johann Christoph Bachs, eigene Aufzeichnungen zum Geburtstag der „Arnstädter“ Barbara Catharina (sowie über die Gesamtdauer von deren Krankheit?) besessen und diese für die Kirchenbucheintragung bereitgestellt haben.
Zu bemerken bleibt schließlich, daß Johann Sebastian Bach und seine Begleiterin sich an dem eingangs erwähnten Abend auf dem Heimweg vom „Küchenschreiber“, dem Stadtorganisten und Küchenschreiber Johann Christoph Herthum, befanden, jener mit der Familie des Arnstädter Johann Christoph Bach zwar durch Patenschaften verbunden war, jedoch nicht unmittelbar zur Verwandtschaft gehörte, und daß die „Arnstädter“ Barbara Catharina Bach

[9] * 10. 10. 1653 Sondershausen, † 20. 12. 1716 Arnstadt.

auf ihrem abendlichen Heimweg[10] eigentlich ihren Bruder Johann Ernst als männlichen Beschützer hätte beanspruchen können.

Nicht zu übersehen sind im gegebenen Zusammenhang die in dem von dem mittleren der drei aus Wechmar stammenden Bach-Brüder Johann (* 1604), Christoph (* 1613) und Heinrich (* 1615) begründeten (ursprünglich Erfurter) Familienzweig nachweisbare relativ geringe Lebenserwartung nebst Fällen von körperlicher und geistiger Behinderung. So starben im Herbst 1661 im Abstand von 24 Tagen Christoph Bach und seine Frau Maria Magdalena geb. Grabler im Alter von lediglich 48 Jahren und 20 Wochen beziehungsweise 47 Jahren und 20 Tagen und ließen die 16jährigen Zwillingssöhne sowie die neunjährige Tochter Dorothea Maria unversorgt zurück.
Zwei Wochen nach dem Tod der Mutter wandten die Zwillinge *Johannes Ambrosius Bach* und *Johannes Christoph Bach* als Vertreter der nächsten Generation sich mit einem schriftlichen Hilfeersuchen[11] an den Grafen Christian Günther von Schwarzburg[12] und schilderten

Welcher Gestalt neuerlicher Zeit Vnsere beyden lieben Eltern [...] nach langwierigausgestandener Kranckheit Todes verblichen vnd Vns arme Kinder, ohne eintziges Vermögen [als] waisen hinterlaßen, Wann wir dann sehr jung und vnertzogen, Absonderlich aber vnsere Schwester blöden Sinnes, vnd gegen andere Menschen zu rechnen, Vnförmlicher Gestalt vnd thuns ist, dannenhero Sie viel wartens vnd große uffsicht bedarff [...]

Alle drei Genannten werden wenig später von Arnstadt wieder nach Erfurt gezogen und dort bei ihren Verwandten untergekommen sein. Die Zwillingsbrüder konnten 1666/67 nach mehrjähriger Ausbildung Stellen als Stadtmusiker in Erfurt antreten. 1668 heiratete Johann Ambrosius und dürfte die behinderte Schwester in den soeben begründeten eigenen Haushalt aufgenommen haben; diese zog später mit nach Eisenach und ist 1679 dort gestorben.[13]

[10] Dessen mutmaßliche Route hat den langjährigen Arnstädter Kirchenmusiker Alwin Friedel zu einem Plädoyer zugunsten der „Arnstädter" Barbara Catharina veranlaßt, vgl. ders., *Arnstadt – Bach-Stadt. Zwei Vorträge*, Arnstadt 2004, hier S. 8.

[11] Thüringisches Staatsarchiv Rudolstadt, *Gr. 13 Nr. 1950*, fol. 3 r–4 v. Unterschriften der beiden Brüder wie oben angegeben.

[12] 12. 5. 1616 Ebeleben – 19. 9. 1666 Arnstadt.

[13] Vgl. Spitta I, S. 172, sowie F. Rollberg, *Das Leichenbegängnis der Dorothea Maria Bach*, in: Das Thüringer Fähnlein 3 (1934), S. 716–719. Die Leichenpredigt (*Der Göttliche wohlgegründete Schluß wegen viel oder wenig gegebener Güter und Gaben/ Nach Anleitung der Wort des Herrn Christi Lucæ 12,48. Welchem viel gegeben ist/ bey dem wird man viel suchen. Zum täglichen Memorial und güldenen Regel vorgestellet/ bey der Leichbestattung Dorotheen Marien Bachin/ Des weiland*

Die 1671 und 1673 geborenen ältesten Söhne von Johann Ambrosius und seiner Frau Elisabeth – Johann Christoph und Johann Balthasar – werden das Problem der pflegebedürftigen Tante noch bewußt wahrgenommen haben. Johann Ambrosius' Bruder Johann Christoph heiratete bemerkenswerterweise erst kurze Zeit nach dem Tod der Schwester – elf Jahre nach seinem Bruder – und entging damit der Aussicht, die Fortsetzung von deren Pflege und Versorgung übernehmen zu müssen.
Krankheit und Tod der der folgenden (dritten) Generation angehörenden „Arnstädter" Barbara Catharina Bach wurden vorstehend bereits erwähnt.
In der vierten Generation ist es der erstgeborene Sohn Gottfried Heinrich aus der zweiten Ehe Johann Sebastian Bachs mit Anna Magdalena Wilke, von dem berichtet wird, daß er „blöden" [schwachen] Sinnes und daher auf Versorgungsleistungen der Familie beziehungsweise der „öffentlichen Hand" angewiesen sei.[14]

Weniger kompliziert als bei der „Arnstädter" Barbara Catharina Bach gestaltet sich die Bestimmung ihrer „zugezogenen" Namensschwester. Bei dieser handelt es sich um die mittlere von fünf Töchtern des Gehrener Organisten Johann Michael Bach, der wie sein älterer Bruder, der „große und ausdrückende Componist" Johann Christoph Bach, dem von Heinrich Bach begründeten genuin Arnstädter Familienzweig angehört. Aus Johann Michaels Ehe mit Catharina geb. Wedemann gingen in nahezu regelmäßigen Abständen fast ausschließlich Töchter hervor, von denen drei sicher beziehungsweise vermutlich unverheiratet blieben. Die zweitälteste (Anna Dorothea) heiratete im Oktober 1701 den Schreinermeister Hans Gregor Schneider aus Oberweißbach. Die verbleibenden „vier unversorgten Töchter" erwähnt Johann Sebastian Bach 1735 in seinem „Ursprung der *musicalisch*-Bachischen Familie" und schildert damit den Zustand, den er in seiner Arnstädter Zeit angetroffen hatte. Aller Wahrscheinlichkeit nach wird das Quartett erst nach dem im Oktober 1704 erfolgten Tod der Mutter Gehren verlassen haben und nach Arnstadt zu Verwandten gekommen sein. Die jüngste (Maria Barbara)[15] wurde im Oktober 1707 die Frau Johann Sebastian Bachs – der nicht unproblematische Fall

*WohlEhrengeachteten und Kunsterfahrnen Herrn Christoph Bachens/ Gewesenen Stadt-Musici zu Arnstadt/ seel. nachgelaßenen Tochter*, Eisenach 1679; Exemplar: D-GOl) hielt Magister Valentin Schrön (1627–1706); vgl. zu diesem *Thüringer Pfarrerbuch, Bd. 3 Großherzogtum Sachsen-Weimar – Landesteil Eisenach*, Neustadt/Aisch 2000, S. 392.

14 Vgl. E. Spree, *Die verwitwete Frau Capellmeisterin Bach*, Altenburg 2021, passim.

15 Nach W. Martini (1950), S. 215, wären die Vornamen Maria Barbaras lediglich aus den Namen ihrer Paten zu erschließen; vgl. dagegen die Abbildung des Taufeintrags in *Dornheimer Geschichte & Geschichten*, Arnstadt 2000, S. 13.

einer Ehe unter relativ nahen Verwandten[16] –, die älteste (Friedelena Margaretha) ist seit 1709 im Haushalt des Weimarer Hoforganisten nachweisbar, wechselte später mit nach Köthen und schließlich nach Leipzig, wo sie im Sommer 1729 starb.[17] Über die zweitjüngste Schwester (Maria Sophia) fehlen weitere Nachrichten; möglicherweise verließ sie Arnstadt, um anderwärts ihren Lebensunterhalt zu verdienen. Die mittlere, die „Gehrener" Barbara Catharina Bach, ist allem Anschein nach die „Base", die bei dem erwähnten Rencontre vom 4. August 1705 auf dem Arnstädter Markt zugegen war und den Streit zu schlichten versuchte. Für diese Zuweisung spricht neben den als Hindernis geschilderten gesundheitlichen Problemen der „Arnstädter" Barbara Catharina insbesondere der Umstand, daß der im Protokoll vom 21. August 1705 erwähnte Besuch bei dem „Küchenschreiber" einem veritablen Verwandten der „Gehrener" Barbara Catharina Bachin gegolten hatte: Der früh verwitwete Organist und Küchenschreiber Christoph Herthum war mit Maria Catharina, einer jüngeren Schwester Johann Michael Bachs, verheiratet gewesen, war also ein angeheirateter Oheim der fünf von jenem hinterlassenen Töchter. Eine so enge verwandtschaftliche Beziehung hatte die „Arnstädter" Barbara Catharina nicht aufzuweisen, so daß auch in dieser Hinsicht die Waagschale sich zugunsten der „Gehrener" Barbara Catharina neigt.

Warum nur eine von den vier Schwestern am 4. August 1705 den „Küchenschreiber" besucht hatte, läßt sich heute beim besten Willen nicht mehr feststellen. Auf jeden Fall bildet die Protokollnotiz des Konsistoriums den frühesten Nachweis für die Anwesenheit der Gehrener Schwestern in Arnstadt[18] – zehn Monate und zwei Tage nach dem Begräbnis der Mutter in Gehren.

Die „Gehrener" Barbara Catharina blieb unverheiratet und ist im März 1737 in Arnstadt gestorben – angeblich 52 Jahre alt. Richtig müßte es 57 Jahre heißen, doch war in Arnstadt offenbar niemand mehr greifbar, der ihr wahres Alter hätte angeben können.

Bleibt noch die Frage nach der Protokollnotiz vom 11. November 1706 mit der Anschuldigung, Johann Sebastian Bach habe „unlängst" eine fremde Jungfer in der Kirche musizieren lassen.[19] Zuweilen wird vermutet, dies ziele auf Maria Barbara, die jüngste der Gehrener Schwestern und designierte Gattin Johann Sebastians. Beweisen läßt sich diesbezüglich nichts – kein Dokument belegt musikalische Ambitionen bei den Töchtern Johann Michael Bachs.

[16] Zu Spittas gewundener Kommentierung dieser Heirat unter Verwandten vgl. die Kritik von W. Sandberger (Das Bach-Bild Philipp Spittas, wie Fußnote 6) S. 148.

[17] Vgl. Dok II, Nr. 45 und 162 (S. 127), sowie Dok V, S. 292.

[18] Die Arnstädter Abendmahlsregister mit Eintragungen über die Gehrener Schwestern sind erst ab 1706 erhalten.

[19] Dok II, Nr. 17.

Gleichwohl braucht nicht angenommen zu werden, daß die Musikantin aus fernen Landen gestammt habe. „Fremd“ kann in einer Zeit, da selbst nahegelegene Orte nur mittels mehrstündigen Fußmarschs zu erreichen waren, auch bedeuten „nicht hier geboren“, „von außerhalb zugezogen“. Johann Sebastians Weimarer Vetter Johann Gottfried Walther berichtet 1729, er habe 1707 in Erfurt „eine fremde Person geheyrathet“ – gemeint war Anna Maria Dreßler aus dem nicht eben weit entfernten Branchewinda bei Arnstadt.[20] Insofern könnte tatsächlich eine Gehrener Bachin 1706 in Arnstadt „musiziert“ haben – Näheres werden wir wohl nie erfahren.

## II

Als unvergängliches Zeugnis für eine dokumentierte Verknüpfung von Familienehre und Berufsstolz gilt seit langem der Ende 1735 von Johann Sebastian Bach zusammengetragene, teils andeutend skizzierte, teils weiter ausgeführte „Ursprung der *musicalisch*-Bachischen Familie“[21], den der Thomaskantor ersichtlich – um eine Formulierung Johann Matthesons aus dem Jahre 1740 aufzugreifen[22]– „zum fernern Ausbau angegeben“ hatte. Dieser „fernere Ausbau“ setzte alsbald ein, zunächst wohl in Leipzig, später in Franken, Thüringen, Hamburg und anderwärts,[23] blieb jedoch auf wenige schriftliche beziehungsweise gedruckte Versionen beschränkt. Wo die Originale von Stammbaum und „Beschreibung“ geblieben sind, wissen wir nicht: 1774/75 müssen sie in Hamburg noch vorgelegen haben, als Carl Philipp Emanuel Bach von seiner Tochter Anna Carolina Philippina eine Kopie der „Beschreibung“ anfertigen ließ und auch eine Abzeichnung des Stammbaums[24] in Auftrag gab – beides bestimmt für den angehenden Göttinger Musikhistoriker Johann Nikolaus Forkel (1749–1818), der sich zu jener Zeit mit dem Plan einer Bach-Biographie trug. Allenfalls schemenhaft zeichnet sich damit eine Sammlung von Familienandenken ab, die zu Anfang des 19. Jahrhunderts noch existiert haben könnte und auf die Karl Friedrich Zelters Bemerkung zum 1725 angelegten Clavier-Büchlein für Anna Magdalena Bach und der mit diesem überlieferten „Aria di Giovannini“ BWV 518 zielen mag: „Übrigens habe ich diese beyden Blätter mit dem Notenbuche aus dem Bachschen Archive

[20] *Johann Gottfried Walther, Briefe*, hrsg. von K. Beckmann und H.-J. Schulze, Leipzig 1987, S. 71.

[21] Dok I, Nr. 184.

[22] Mattheson E, Titelseite.

[23] Vgl. die Textergänzungen im Kommentarteil zu Dok I, Nr. 184, nebst Ergänzungen Dok V, S. 288, dazu Dok III, S. 523 (zu Dok 974), Dok III, Nr. 994.

[24] Vgl. Dok III, Nr. 802 und 803.

überkommen".[25] Daß mit dem „Bachschen Archive" das „Alt-Bachische Archiv" gemeint sein könnte, ist eher unwahrscheinlich.

Eine bemerkenswerte Erweiterung erfuhren die einschlägigen genealogischen Unterlagen durch den Anfang September 1915 vorgelegten Bericht über eine in Gothaer Privatbesitz ermittelte Stammbaumzeichnung nebst zugehöriger Beschreibung.[26] Als Besitzer wurde der im Verlag Justus Perthes tätige Kalligraph Paul Ihle genannt, in dessen Hände das Material durch Erbschaft gelangt war. Zur Provenienz ließ sich ermitteln, daß es sich bei dem letzten Besitzer namens Bach um den in Ohrdruf geborenen und als Lehrer (*Cantor*) in Wechmar verstorbenen Ernst Christian Bach (1747–1822) handelte. Als Sohn des Ohrdrufer Kantors Johann Christoph Bach II (1702–1756) war Ernst Christian ein Enkel von Johann Sebastians ältestem Bruder Johann Christoph I (1671–1721), dem Senior und Begründer der Ohrdrufer Stammlinie.[27] Da Ernst Christians Ehe kinderlos geblieben war, schenkte dieser den Stammbaum nebst Beschreibung seinem Adlatus Schlimbach, in dessen Familie die Unterlagen weitervererbt wurden, bis sie an Paul Ihle gelangten, dessen Gattin eine geborene Schlimbach war.

Nach der Veröffentlichung über Herkunft und Inhalt des Ihle-Stammbaums (wegen der eigentümlichen Form der Blätter auch als „Herzchen-Stammbaum" bezeichnet) setzten Bemühungen ein, diesen für die Sammlung des Bachhauses Eisenach zu erwerben. Da der Vorstand der Neuen Bachgesellschaft den Ankauf aus Kostengründen ablehnte,[28] konnte das Bachhaus lediglich ein etwas unscharfes Foto übernehmen, das seither in verschiedenen Publikationen wiedergegeben worden ist.[29] Das Original wurde anderweitig verkauft und verschwand so für lange Zeit aus dem Blickfeld der Forschung. Allerdings gelangte es nicht – wie zuweilen vermutet – in unbekannten Privatbesitz, vielmehr wurde es über die Gothaer Hofbuchhandlung Victor Schroeder an die damalige Königliche Bibliothek Berlin verkauft und dort bereits

---

[25] Vgl. NBA V/4 Krit. Bericht, S. 59 f. (G. von Dadelsen, 1957).

[26] A. Lorenz, *Ein alter Bach-Stammbaum*, in: Neue Zeitschrift für Musik 82 (1915), Nr. 35/36, S. 282 f. Bei dem seinerzeit als Dirigent in Coburg (nebenberuflich auch in Gotha) tätigen Verfasser handelt es sich um den ab 1920 zur Musikwissenschaft gewechselten und durch seine umstrittenen Wagner-Analysen zu einiger Bekanntheit gelangten (sowie vor und besonders nach 1933 NS-affinen) Alfred Lorenz.

[27] C. Freyse, *Die Ohrdrufer Bache in der Silhouette. Johann Sebastian Bachs ältester Bruder Johann Christoph und seine Nachkommen*, Eisenach und Kassel 1957, S. 52 und 59.

[28] Mitteilung von Frau Gisela Vogt (Wissenschaftliche Mitarbeiterin im Bachhaus Eisenach) vom 17. 11. 1995.

[29] Beispielsweise im *Genealogischen Lexikon* von Hermann Kock (vgl. Fußnote 32).

am 1. Oktober 1915 akzessioniert.[30] Dieser wohl infolge der Ereignisse des Ersten Weltkriegs wenig beachtete Besitzwechsel hat verschiedene Defizite zur Folge, da insbesondere die an Grundbestand und Ergänzungen beteiligten Schreiber bis heute nicht erkundet worden sind[31] und somit auch die Authentizität mancher Mitteilungen in Frage gestellt wird.

Letzteres gilt insbesondere für die an nicht übermäßig exakter Stelle unter die Nachkommen Johann Ambrosius Bachs eingereihte Angabe über J[ohann] Balthasar Bach als *Trompeter zu Köthen*. In der einschlägigen Literatur wird diese Eintragung teils kommentarlos übernommen, teils kritisch referiert, teils vehement abgelehnt.[32] Da es sich um einen älteren Bruder Johann Sebastians handelt, erscheint die Frage berechtigt, auf wen die Überlieferung hinsichtlich des angetretenen Berufswegs zurückgehen könnte und warum ein Trompeter keine Aufnahme in den „Ursprung der *musicalisch*-Bachischen Familie“ gefunden hat. Dabei fällt auf, wie pauschal und geradezu unsensibel der Thomaskantor bei der Verzeichnung seiner Geschwister vorgegangen ist: von acht Kindern seien „3 Söhne unverheirathet gestorben, wie auch die jüngste Tochter“, die anderen vier hätten die Eltern überlebt und sich verehelicht. Unerwähnt bleibt, daß es sich bei den „unverheirathet“ Verstorbenen, die zum Fortbestand der Familie nichts beitragen konnten, um drei Kinder handelte sowie einen jungen Erwachsenen, eben unseren Johann Balthasar.[33] Da Familienmitglieder ohne Nachkommenschaft an anderen Stellen des „Ursprungs“ durchaus erwähnt werden,[34] ließe sich mutmaßen, daß Johann Sebastian die Köthener Aktivitäten seines älteren Bruders im Jahre 1735 nicht oder nicht mehr gegenwärtig waren.

Berücksichtigt man darüber hinaus die Tatsache, daß der „Ursprung“ hinsichtlich des Ohrdrufer Familienzweigs der Bache fast durchgängig Lücken aufweist,[35] bietet sich als plausible Erklärung die Annahme an, daß die Bezeichnung „Trompeter zu Köthen“ auf eine spezifische Ohrdrufer Überlieferung zurückgeht. Johann Christoph Bach wird in seiner Eisenacher Zeit ein

[30] Mitteilung von Frau Eveline Bartlitz (Musikabteilung der Staatsbibliothek Berlin) vom 6. 3. 1967. Akzessions-Nr. *1915.1049*, Signatur *Mus. ms. theor. 1046*.

[31] Mutmaßungen hierzu schon in dem unter Fußnote 26 zitierten Beitrag.

[32] Beispiele: C. S. Terry, *Johann Sebastian Bach. Eine Biographie,* Leipzig 1929, Stammtafel I; H. Kock, *Genealogisches Lexikon der Familie Bach,* Gotha 1995, S. 261; BJ 1955, S. 104 (C. Freyse).

[33] Vgl. C. Freyse, *Wieviel Geschwister hatte Johann Sebastian Bach?*, BJ 1955, S. 102–107.

[34] Beispielsweise Johann Jacob Bach (1668–1692) aus Erfurt, Nachkomme der von Johann Bach begründeten Linie, gestorben als „Haußmanns Geselle beym seligen Johann Ambrosio Bachen in Eisenach“.

[35] Einzige Ausnahme: das Geburtsjahr (1695) von Tobias Friedrich Bach, dem ältesten Sohn von Johann Christoph Bach.

besonders enges Verhältnis zu seinem nächstjüngeren Bruder Johann Balthasar entwickelt haben, das bis zur Mitte der 1680er Jahre unbeeinträchtigt geblieben sein mag und sich im Rahmen des Möglichen fortgesetzt haben wird, als beider Wege sich trennten. Nach dem frühen Tod des Jüngeren könnte Johann Christoph im Familienkreis seinen Bruder und dessen jäh beendete Laufbahn des öfteren erwähnt haben bis diese Angaben – sicherlich Jahrzehnte später – Eingang in den Stammbaum fanden. In dieser Hinsicht unterscheiden sie sich in keiner Weise von anderen Nachträgen – etwa von Johann Elias Bach Anfang der 1740er Jahre[36] oder von Carl Philipp Emanuel Bach um 1774/75 –, die bis heute als sakrosankt gelten und niemals angezweifelt worden sind, auch wenn – wie im Fall des „Hamburger Bach“ – die Informationen mehrere Generationen überdauert haben müssen, ehe sie schriftlich festgehalten wurden.[37] Nach dem Grundsatz „gleiches Recht für alle“ muß daher der Hinweis auf Johann Balthasar Bach als „Trompeter zu Köthen“ bis zum Beweis des Gegenteils als autorisierter Nachtrag behandelt werden.

Den kurzen Lebensweg Johann Balthasar Bachs wird man sich demnach so vorstellen können: Geburt und Taufe (letztere 6. 3. 1673) in Eisenach[38] – Aufwachsen im Elternhaus[39] – Besuch des Eisenacher Gymnasiums von 1681 (Klasse VI) bis 1688 (Klasse III)[40] – anschließend Stadtpfeiferausbildung, möglicherweise beim Vater – Antritt der vorgeschriebenen Wanderschaft[41] – weitere Ausbildung bei einem Trompeter in Köthen[42] – vorzeitige Beendi-

[36] Vgl. Spitta II, S. 981.

[37] Vgl. Dok I, Nr. 184 (wie Fußnote 23), hier insbesondere den Nachtrag C. P. E. Bachs zur 85 und mehr Jahre zuvor beobachteten Zwillingsähnlichkeit von Johann Ambrosius und Johann Christoph Bach.

[38] BJ 1927, S. 142 (F. Rollberg), BJ 1955, S. 104 (C. Freyse).

[39] Vgl. F. Rollberg, *Johann Ambrosius Bach. Stadtpfeifer zu Eisenach von 1671–1695*, BJ 1927, S. 133–152.

[40] H. Helmbold, *Die Söhne von Johann Christoph und Johann Ambrosius Bach auf der Eisenacher Schule*, BJ 1930, S. 49–55, hier S. 54.

[41] Zu dieser Vorschrift vgl. als Beispiel G. Linnemann, *Celler Musikgeschichte bis zum Beginn des 19. Jahrhunderts*, Celle 1935, S. 83. Welche Wegstrecken in solchem Zusammenhang zurückgelegt wurden, ist etwa dem Lebenslauf von Johann Christoph Hoffmann (1623–1686) aus Suhl zu entnehmen (Auszug aus der Leichenpredigt, veröffentlicht von Robert Eitner in: MfM 7 [1875], S. 161 f.).

[42] Namen einiger um 1690 am Köthener Hof angestellten Trompeter nennt Günther Hoppe in *Cöthener Bach-Hefte 4*, Köthen 1986, S. 22 sowie S. 52 Anm. 54. Daß Johann Balthasar Bach mit seinem mutmaßlichen Status Stadtpfeifergeselle in den Hofrechnungen nicht erwähnt wird, entspricht der Verfahrensweise der Zeit. Die Namen von solchen Gesellen sind normalerweise nur aus anderen Unterlagen zu ersehen, etwa anläßlich von Bewerbungen bzw. Begutachtungen, aus Kirchenbucheintragungen etc. Aus J. S. Bachs Leipziger Zeit wären etwa zu erwähnen Johann

gung der Köthener Tätigkeit wegen Krankheit oder anderen Hindernissen – Rückkehr ins Elternhaus[43] – Tod und Begräbnis (letzteres 5. 4. 1691)[44] in Eisenach.

Nicht zu schließen sind dergestalt die sattsam bekannten „unvermeidlichen Lücken"[45] in der Lebensbeschreibung, doch bleibt die Gewißheit, daß Johann Sebastian nicht der erste Namensträger Bach war, der einstmals in der Anhaltischen Residenz tätig wurde.

---

Georg Kornagel (1728; Dok III, S. 640 und 708), Carl Friedrich Pfaffe (1745; Dok I, Nr. 80, Dok II, Nr. 536, 538, 539), Johann Michael Pfaffe (1748; Dok II, Nr. 577). In Eisenach erbot sich die Witwe Johann Ambrosius Bachs Anfang März 1695, die Kirchenmusik und andere Aufwartungen mittels „zweyer guten Gesellen, und der beyden großen LehrJungen, so schon vor Gesellen mit passiren können" ad interim zu bestellen (Dok II, Nr. 3). J. A. Eisenacher Anstellungsvertrag vom 12. 12. 1671 verpflichtete ihn, „nebst vieren Personen" aufzuwarten. In Erfurt wurde der Stadtmusiker Christoph Volprecht am 14. 12. 1643 verpflichtet, „sich alle Zeit selb fünffe ein[zu]stellen" (H. Brück, BJ 2000, S. 169). Auf die unverzichtbare Unterstützung der Hofkapellen zumal der kleineren Höfe Mitteldeutschlands durch die Stadtmusiker kann im Blick auf die Vielzahl an Beispielen hier nur pauschal verwiesen werden (bekanntester Fall: Johann Joachim Quantz als Geselle des Stadtmusikers Fleischhack und seine Mitwirkung in der Merseburger Hofkapelle).

43 Junge Musiker, die noch über keinen eigenen Hausstand verfügten, versuchten im Fall einer Erkrankung, oftmals wieder in elterliche Obhut zu gelangen. Genannt seien hier der Bach-Schüler Bernhard Dieterich Ludewig aus Thonhausen (1740; Dok I, S. 143 sowie BJ 1953, S. 17), Friedrich August Cichorius aus Frohburg Mitwirkender im „Großen Concert" Leipzig (1753; BJ 2020, S. 34) sowie der Bach-Enkelschüler Johann Wilhelm Häßler (1747–1822, vgl. dessen Autobiographie von 1787, wiedergegeben bei W. Kahl, *Selbstbiographien deutscher Musiker des XVIII. Jahrhunderts*, Köln und Krefeld 1948, hier S. 64), der auf dem Weg nach Erfurt allerdings nur bis Langensalza vorankam. J. S. Bachs Sohn Johann Gottfried Bernhard (Jena, 1739) und sein Enkel Johann Sebastian d. J. (Rom, 1778) verstarben allerdings fern der Heimat.

44 BJ 1927, S. 143 (F. Rollberg), BJ 1955, S. 104 (C. Freyse).

45 Formulierung meines Aufsatzes aus dem Jahr 1978/1981, vgl. Schulze Bach-Facetten, S. 738 (Nr. 68).

## ANHANG (zu Abschnitt I)

### Lebensdaten der im Text erwähnten Arnstädter und Gehrener Bache

### Erfurt-Arnstädter Linie

Christoph Bach (* 19.4.1613 Wechmar, † 12., begr. 14.9.1661 Arnstadt)
∞ 18.10.1644 Erfurt Maria Magdalena Grabler (~ 26.10.1614 Prettin, † 6., begr. 8.10.1661 Arnstadt)
Kinder:
Johann Ambrosius Bach (* 22., ~ 24.2.1645 Erfurt, † 20.2., begr. 24.2.1695 Eisenach)
∞ 8.4.1668 Erfurt Elisabeth Lämmerhirt (~ 26.2.1644 Erfurt, begr. 3.5.1694 Eisenach)
Johann Christoph Bach (* 22., ~ 24.2.1645 Erfurt, begr. 28.8.1693 Arnstadt)
∞ 29.4.1679 Ohrdruf Maria Elisabeth Eisentraut (* 9.4.1654 Ohrdruf, begr. 16.1.1719 Arnstadt)
Dorothea Maria Bach (~ 20.4.1652 Erfurt, begr. 6.2.1679 Eisenach)

Nachkommen Johann Ambrosius Bachs:
Johann Sebastian Bach (1685–1750)
∞ (I) 17.10.1707 Dornheim Maria Barbara Bach (* 20.10.1684 Gehren, begr. 7.7.1720 Köthen)
∞ (II) 3.12.1721 Köthen Anna Magdalena Wilke (~ 22.9.1701 Zeitz, † 27.2. 1760 Leipzig)
Sohn aus zweiter Ehe:
Gottfried Heinrich Bach (* 26., ~ 27.2.1724 Leipzig, begr. 12.2.1763 Naumburg)

Nachkommen Johann Christoph Bachs:
Barbara Catharina Bach (~ 14.5.1680 Arnstadt, † 22., begr. 25.1.1709 Arnstadt)
Johann Ernst Bach (* 5., ~ 8.8.1683 Arnstadt, † 21., begr. 24.3.1739 Arnstadt)

### Arnstadt-Gehrener Linie

Heinrich Bach (* 16.9.1615 Wechmar, † 10.7.1692 Arnstadt)
∞ 16.1.1642 Arnstadt Eva Hoffmann (* 6.12.1616 Suhl, † 21.5.1679 Arnstadt)
Kinder:
Johann Christoph Bach (~ 8.12.1642 Arnstadt, begr. 2.4.1703 Eisenach)

Johann Michael Bach (~ 9. 8. 1648 Arnstadt, † 17., begr. 19. 5. 1694 Gehren)
∞ 13. 1. 1675 Arnstadt Catharina Wedemann (~ 28. 1. 1650 Arnstadt, begr. 19. 10. 1704 Gehren)
Maria Catharina Bach (~ 17. 3. 1651 Arnstadt, begr. 8. 9. 1687 Arnstadt)
∞ 19. 5. 1668 Arnstadt Christoph Herthum (* 1. 1. 1641 Angelroda, † 12., begr. 14. 2. 1710 Arnstadt)

Töchter Johann Michael Bachs:
Friedelena Margaretha Bach (~ 29. 10. 1675 Gehren, † 28. 7. 1729 Leipzig)
Anna Dorothea Bach (* 18., ~ 20. 6. 1677 Gehren)
∞ 16.(?) 10. 1701 Hans Gregor Schneider, Oberweißbach
Barbara Catharina Bach (* 13., ~ 14. 12. 1679 Gehren, begr. 27. 3. 1737 Arnstadt)
Maria Sophia Bach (* 10. 10., ~ 12. 10. 1682 Gehren)
Maria Barbara Bach (* 20., ~ 21. 10. 1684 Gehren, begr. 7. 7. 1720 Köthen)
∞ 17. 10. 1707 Dornheim Johann Sebastian Bach (1685–1750)

Literatur (chronologisch):

C. S. Terry, *The Origin of the Family of Bach Musicians*, London 1929.
K. Müller, *Bach contra Geyersbach – Bach und der Chor*, in: Johann Sebastian Bach und Arnstadt. Zur Arnstädter Bachfeier am 8. und 9. April 1935. Sonderbeilage des Arnstädter Anzeigers/Unsere Heimat, Jg. 2 Nr. 11, S. 52 f.
A. Bach, *Die Bache in Arnstadt. Nach Aufzeichnungen von Archivar H. Albrecht-Arnstadt bearb. von –*, in: Bach'scher Familienverband für Thüringen. Mitteilungsblatt, Jg. 2 Nr. 2/3, Arnstadt (Dezember) 1938.
F. W. Reichardt, *Die Bache in Thüringen*, in: Bach in Thüringen. Gabe der Thüringer Kirche an das Thüringer Volk zum Bach-Gedenkjahr 1950, Berlin 1950, S. 147–189.
W. Martini, *Die Gehrener Bache*, in: Johann Sebastian Bach in Thüringen. Festgabe zum Gedenkjahr 1950, hrsg. von H. Besseler und G. Kraft, Weimar 1950, S. 214–216.
F. W. Lappé, *Die Bach-Familien im Spiegel Arnstädter Kirchenbücher*, in: Arnstädter Bachbuch. Johann Sebastian Bach und seine Verwandten in Arnstadt, hrsg. von K. Müller und F. Wiegand. Zweite, verbesserte und erweiterte Auflage, Arnstadt 1957, S. 140 bis 156.
K. H. Frickel, *Genealogie der Musikerfamilie Bach. Daten, Fakten, Hypothesen*, Niederwerrn 1994.
H. Kock, *Genealogisches Lexikon der Familie Bach, bearb. und aktualisiert von R. Siegel*, Gotha 1995.
H. Brück, *Die Erfurter Bach-Familien von 1635 bis 1805*, BJ 1996, S. 101–131.
M. Hübner, *Frauen der Bach-Familie*, Altenburg 2021.

# Quellenkritische Anmerkungen zu J. S. Bachs Soli für Violine und für Violoncello[1]

Von Andrew Talle (Evanston/Illinois)

*Hans-Joachim Schulze gewidmet*

Die Sonaten und Partiten für Violine solo (BWV 1001–1006) und die Suiten für Violoncello solo (BWV 1007–1012) zählen zu Bachs zentralen Werken. Generationen von Geigern und Cellisten dienten sie als Grundbaustein ihres Übungsrepertoires. Den versiertesten Virtuosen galt die Einspielung dieser Werke auf Tonträger als Meßlatte von größter persönlicher und beruflicher Bedeutung. Und für jeden Komponisten, der es seither gewagt hat, Werke für ein Melodieinstrument *senza basso* zu schreiben, war diese Musik Inspiration und monumentales Vorbild zugleich.

Abgesehen von der Erarbeitung Kritischer Ausgaben hat die Musikwissenschaft diesem Repertoire bisher allerdings vergleichsweise wenig Aufmerksamkeit geschenkt. Das generelle Interesse an Informationen zu Geschichte und Kontext dieser Musik übersteigt seit langem die verfügbaren Daten und offenbart eine Lücke, die des Öfteren mit Hypothesen von geringer Glaubwürdigkeit gefüllt wurde.[2] Seit Hans-Joachim Schulze im Jahr 1979 die Ergebnisse seiner Untersuchungen zu Anna Magdalena Bachs Abschriften der Solissimo-Kompositionen für Violine und Violoncello veröffentlichte, sind praktisch keine substantiellen neuen Erkenntnisse zur frühen Geschichte dieser Werke im Druck erschienen.[3] Zwar haben auch andere Autoren neue Gedanken zur Entstehung von Bachs Stücken für ein unbegleitetes Melodieinstrument vorgestellt, doch hält – wie ich im folgenden zu belegen versuche – keine dieser Hypothesen einer eingehenden Prüfung stand. Ziel des vor-

[1] Ich danke Kristina Funk-Kunath, Tanja Kovačević, Brian Stewart, Yo Tomita und Maria Wagler für ihre Unterstützung bei den hier präsentierten Forschungsarbeiten.

[2] Die Diskussion eines besonders krassen Beispiels findet sich bei A. Talle, *Who Was Anna Magdalena Bach?*, in: Journal of the Riemenschneider Bach Institute 51/1, (März 2020), S. 139–171, speziell S. 144–149; deutsche Fassung: *Wer war Anna Magdalena Bach?*, BJ 2020, S. 293–322, speziell S. 297–302.

[3] H.-J. Schulze, *Ein „Dresdner Menuett" im zweiten Klavierbüchlein der Anna Magdalena Bach. Nebst Hinweisen zur Überlieferung einiger Kammermusikwerke Bachs*, BJ 1979, S. 45–64, speziell S. 45–50. Der Text wurde teilweise erneut abgedruckt in Schulze Bach-Überlieferung, S. 97–100. Hinweise auf verläßliche Forschungsarbeiten von Yo Tomita und Tanja Kovačević zur Rezeption von Bachs Violin-Soli im späteren 18. Jahrhundert finden sich weiter unten. Zudem hat Clemens Fanselan in seiner unten genannten Dissertation einige unbekannte Quellen des späteren 18. Jahrhunderts nachgewiesen und beschrieben.

liegenden Beitrags ist es daher, eine Reihe weit verbreiteter Fehlinformationen zu den Quellen dieser Musik zu widerlegen und einige neue Erkenntnisse zu ihrer Rezeption beizusteuern.

Ich verwende in diesem Text die Quellensigel, die Peter Wollny (Violin-Soli, 2014) und ich selbst (Cello-Suiten, 2016) als Herausgeber der *Neuen Bach Ausgabe revidierte Edition* den Quellen zugewiesen haben.[4] Handschriftliche Quellen, die bisher noch kein Quellensigel haben, werden mit ihrer aktuellen Bibliothekssignatur zitiert, Editionen werden nach ihrem Herausgeber benannt. Hier ein tabellarischer Überblick:

Sonaten und Partiten für Violine

| Quellen-sigel | Signatur | Schreiber | Datierung |
|---|---|---|---|
| A | *P 967* | J. S. Bach | 1720 |
| B | *P 268* | A. M. Bach | 1727–1731? |
| C | *P 267* | ? | 1720–1730? |
| D | *P 804* (Fasz. 22) | J. P. Kellner | 1726 |
| E | *P 968* | ? | 1720–1730? |
| M | GB-Mp, *BRm812Ba31* | ? | ≤1779 |
| O | A-Wst, *MH 16561* | ? | ≤1779 |
| P | D-LEm, *Poel. mus. Ms. 31* | J. A. Kuhnau | 1723 |
| Q | D-SWl, *Mus. 942* | J. P. T. Nehrlich | 1789 |
| – | A-Wgm, *P IX 66983* | ? | 1750–1799? |

Suiten für Violoncello

| Quellen-sigel | Signatur | Schreiber | Datierung |
|---|---|---|---|
| A | *P 269* | A. M. Bach | 1727–1731? |
| B | *P 804* (Fasz. 40) | J. P. Kellner | 1725–1727? |
| C | *P 289* | J. N. Schober und unbekannt | 1760–1768? |

4 NBArev 3 (P. Wollny, 2014); NBArev 4 (A. Talle, 2016).

| Quellen-sigel | Signatur | Schreiber | Datierung |
|---|---|---|---|
| D | A-Wn, *Mus. Hs. 5007* | ? | 1790–1800? |
| E | Paris: Janet & Cotelle (Edition) | L.-P. Norblin (Hrsg.) | 1824? |
| [F] | Verschollen | J. S. Bach | 1715–1720? |
| [G] | Verschollen | ? | 1730–1750? |
| H | B-Br, *II. 4085* | J. S. Bach | 1728–1731? |
| – | Leipzig: Probst (Nachdruck von E) | L.-P. Norblin (Hrsg.) | 1825? |
| – | Leipzig: Breitkopf & Härtel | J. J. F. Dotzauer (Hrsg.) | 1826? |

## J. S. Bachs nahezu makelloses Autograph der Violin-Soli

Die zuverlässigsten Daten zur Entstehung von Bachs Musik für unbegleitete Streichinstrumente finden sich auf der Titelseite der Violin-Quelle A, dem Autograph der Sonaten und Partiten für Violine. Dort heißt es: „Sei Solo. | a | Violino | senza | Baßo | accompagnato. | Libro Primo. | da | Joh: Seb: Bach. | ao. 1720." Auf diesem kurzen Text fußt der generelle Konsens, daß die Violin-Soli in Köthen komponiert wurden, wo Bach zwischen 1717 und 1723 als Kapellmeister von Fürst Leopold von Anhalt-Köthen (1694–1728) wirkte. Das für den Titel verwendete Papier (Weiß 50) wurde im böhmischen Joachimsthal hergestellt und es steht zu vermuten, daß Bach es während seiner im Gefolge von Fürst Leopold unternommenen Reise nach Karlsbad (Mai bis Juli 1720) gekauft und bereits dort mit der Reinschrift begonnen hat. Unmittelbar nach seiner Rückkehr nach Köthen erfuhr Bach, daß seine Frau Maria Barbara (1684–1720) während seiner Abwesenheit gestorben war; die beiden waren fast dreizehn Jahre verheiratet und hatten sieben Kinder. Da das auf Bachs Autograph vermerkte Jahr (1720) dem Todesjahr Maria Barbaras (Beisetzung am 7. Juli 1720) entspricht, gab es seither immer wieder Spekulationen, daß ihn seine Trauer zu den Violin-Soli inspiriert haben könnte.[5] Allerdings handelt es sich bei dem Autograph um eine ungewöhnlich sorgfältige Reinschrift; es weist keinerlei Spuren des Schaffensprozesses auf. Zudem deuten die

[5] Siehe H. Thoene, *Johann Sebastian Bach. Ciaccona – Tanz oder Tombeau. Verborgene Sprache eines berühmten Werkes*, in: CBH 6 (1994), S. 14–81.

Komplexität und Vollkommenheit der Musik auf eine lange Genese; es erscheint daher eher plausibel, daß die Violin-Soli bereits geraume Zeit vor Maria Barbaras Tod entstanden und nicht erst in der zweiten Jahreshälfte 1720 konzipiert und kalligraphisch niedergeschrieben wurden.

Niemand hat bisher bemerkt, daß Bach das Autograph zwar 1720 vollendete, jedoch mindestens eine signifikante musikalische Korrektur erst einige Zeit nach dem Trocknen der Tinte vorgenommen wurde. Im ersten Satz der Sonate in g-Moll (BWV 1001/1) schrieb Bach auf der letzten Zählzeit von Takt 7 zunächst eine Achtelnote, die mit acht 32stel-Noten verbunden war. Diese Lesart ist offensichtlich inkorrekt, da sie den rechnerischen Wert eines Viertelschlags überschreitet. Um all diese Noten einer einzigen Zählzeit zuzuordnen, hätte Bach anstelle der acht 32stel-Noten acht 64stel-Noten schreiben müssen. Zu einem späteren Zeitpunkt erkannte der Komponist (oder jemand anderes, der Zugang zu Violin-Quelle A hatte) dieses Versehen und ergänzte den fehlenden Balken. Die Korrektur wurde mit hellerer, eher grauer Tinte und auf recht unkonventionelle Weise ausgeführt – nicht oberhalb des 32stel-Balkens sondern unterhalb des Achtel-Balkens.[6]

Diese kleine Korrektur verrät nichts über die Entstehung der Werke, bietet aber wichtige Erkenntnisse zu ihrer Rezeption. In fünf aus dem 18. Jahrhundert überlieferten Abschriften des Autographs ist die Berichtigung nicht enthalten. Im folgenden präsentiere ich die fragliche Passage (T. 7–8) zunächst wie sie im Autograph erscheint (Quelle A), sodann in zwei Handschriften, die die Korrektur enthalten (Quellen B und P), und in den fünf Handschriften, in denen diese fehlt (Quellen C, D, E, Q und A-Wgm, *P IX 66983*):

A – mit Korrektur in grauer (anstelle von schwarzer) Tinte unterhalb des Balkens auf Zählzeit 4 von T. 7

B – (A post correcturam)

[6] Eine ähnlich unkonventionelle Notation findet sich einige weitere Male im Verlauf des Satzes (T. 14, 18, 21); in diesen Fällen wurden die eigenwillige Balkung allerdings mit derselben Tinte ausgeführt, die auch in der übrigen Handschrift verwendet wurde. Lediglich der 64stel-Balken in T. 7 scheint erst nach Vollendung der Handschrift ergänzt worden zu sein.

C – (A ante correcturam)

D – (A ante correcturam)

E – (A ante correcturam)

P – (A post correcturam)

Q – (A ante correcturam)

A-Wgm, *P IX 66983* – (A ante correcturam)

Für einen Kopisten ist diese Korrektur aufgrund ihrer unkonventionellen Ausführung kaum zu übersehen. Wir können daher sicher sein, daß diejenigen Handschriften, die diese Passage in ihrer unkorrigierten Form präsentieren (C, D, E, Q und A-Wgm, *P IX 66983* beziehungsweise deren Vorlagen) kopiert wurden, bevor der 64stel-Balken in A ergänzt wurde. Da die Korrektur sowohl in der in den späten 1720er Jahren von Anna Magdalena Bach angefertigten Quelle B[7] erscheint als auch in der im Mai oder Juni 1723 von Johann Andreas Kuhnau (geboren 1703) kopierten Quelle P,[8] ist offensichtlich, daß C, D, E, Q und A-Wgm, *P IX 66983* (beziehungsweise deren Vorlagen) zwischen Juli 1720 und Juni 1723 entstanden sein müssen, während A erst danach – aber ebenfalls noch vor Juli 1723 – korrigiert wurde.

Quelle A verblieb wahrscheinlich bis 1750 in Bachs Besitz. Unmittelbar nach seinem Tod scheint sie sich einige Zeit in Berlin befunden zu haben.[9] Tanja Kovačević und Yo Tomita haben überzeugend dargelegt, daß A als direkte Vorlage für die Anfertigung von Quelle O diente, die im mittleren 18. Jahrhundert auf in Berliner Handschriften häufig verwendetem Papier der Papiermühle Eichhorst kopiert wurde. Auf der Titelseite von O vermerkte der anonyme Schreiber „Posses: Hering“, vermutlich ein Hinweis darauf, daß die Kopienahme im Auftrag des Berliner Musikers und Musikalienhändlers Johann Friedrich Hering (1724–1810) erfolgte.[10] Quelle O ihrerseits diente als Vorlage für M, die von ihrem ersten bekannten Besitzer am 18. Mai 1779 erworben wurde; mithin muß auch O vor diesem Datum entstanden sein. Hering und C. P. E. Bach standen in dessen Berliner Zeit in persönlichem Kontakt, und auch nachdem Bach 1768 nach Hamburg zog, setzten sie ihre Freundschaft durch regelmäßigen Briefverkehr fort. Es erscheint mithin durchaus plausibel, daß der zweitälteste Bach-Sohn Hering (oder einem für Hering arbeitenden Kopisten) Zugang zu dem Autograph verschaffte.

Irgendwann in der zweiten Hälfte des 18. Jahrhunderts kam Quelle A anscheinend in den Besitz von C. P. E. Bachs Halbbruder Johann Christoph Friedrich Bach, der von 1749 bis 1795 in Bückeburg als Hofmusiker wirkte. Auf der Innenseite des Umschlags findet sich ein Vermerk von J. C. F. Bachs Tochter Christina Louisa Bach (1762–1852): „Louisa Bach | Bückeburg | 1842“. Die zu dieser Zeit bereits achtzigjährige pensionierte Lehrerin verfügte wohl kaum über ausgedehnte Verbindungen zur Musikwelt; man wäre daher geneigt anzunehmen, daß die Handschrift zusammen mit anderen Materialien aus dem Nachlaß ihres Vaters bereits 1795 in ihren Besitz kam; wie Peter

---

[7] Siehe BJ 1979, S. 45–50 (H.-J. Schulze).

[8] Zur Begründung der ungewöhnlich präzisen chronologischen Einordnung von Kuhnaus undatierter Abschrift siehe Peter Wollnys Diskussion in NBArev 3, S. 248.

[9] Siehe T. Kovačević und Y. Tomita, *Neue Quellen zu Johann Sebastian Bachs Violinsoli (BWV 1001-1006). Zur Rekonstruktion eines wichtigen Überlieferungszweigs*, BJ 2009, S. 66.

[10] Zu J. F. Hering siehe P. Wollny, *Ein „musikalischer Veteran Berlins“ – Der Schreiber Anonymus 300 und seine Bedeutung für die Berliner Bach-Überlieferung*, in: Jahrbuch SIM 1995, S. 80–113.

Wollny bemerkt hat, suggeriert jedoch die explizite Nennung des Jahres 1842, daß sie A erst in diesem Jahr erwarb.[11]
Eine Prüfung der betreffenden Kirchenbücher ergibt, daß eine mögliche Vorbesitzerin von Quelle A am 17. Januar 1842 in Bückeburg verstarb, nämlich die „verwitwete Conzertmeisterin Ulrica Louise Wagny“ (1771–1842). Den Ehemann der Witwe Wagny, Pierre Ange Wagny (* um 1765, † vor 1842)[12] beschreibt Ernst Ludwig Gerber als einen „braven Virtuosen auf der Klarinette und Violine, vormals in Diensten des Landgrafen von Hessenphilippsthal, ist 1798 als Musikdirector nach Bückeburg an Bachs Stelle berufen worden.“[13] In Wirklichkeit übernahm Wagny bereits im Oktober 1795 als Nachfolger von Franz Christoph Neubauer (* um 1760, † 11. 10. 1795) die Stelle des Bückeburger Konzertmeisters,[14] kam mithin nur ein knappes Jahr nach J. C. F. Bachs Tod nach Bückeburg und könnte das Autograph aus dem Nachlaß des verstorbenen Kapellmeisters oder von einem von dessen zahlreichen Musikerkollegen vor Ort erworben haben. Wagny übernahm zumindest inoffiziell auch die Aufgabe eines höfischen Musikbibliothekars und wurde 1799 mit der Aufgabe betraut, ein Inventar der Musikalien im Bückeburger Schloß anzufertigen.[15] Vor diesem Hintergrund erscheint das folgende Szenario plausibel: Quelle A befand sich zum Zeitpunkt von Wagnys Tod in dessen Besitz und ging mit dem Erbe an seine Witwe über.[16] Nachdem im Januar 1742 auch diese verstorben war, übergaben die Verwalter ihres Erbes das Autograph an die Enkelin des Komponisten, Christina Louisa Bach, die zu dieser Zeit noch in Bückeburg lebte.
Die weitere Provenienz von Quelle A ab 1842 (oder vielleicht eher 1852, dem Todesjahr von C. L. Bach) bis etwa 1890, als sie von Wilhelm Rust (1822–1892)

---

11 NBArev 3, S. 243.

12 Ich danke Claudia Ressler und Marion Wolthusen vom Niedersächsischen Landesarchiv, Abteilung Bückeburg für ihre Unterstützung bei der Suche nach biographischen Materialien zu Wagny in den Kirchenbüchern und anderen Quellen.

13 Gerber NTL, Bd. 4, Sp. 420.

14 M. Strobel, *Wilhelm Friedrich Ernst Bach als Kammercembalist, Kapellmeister und Musiklehrer der Königinnen Friederike Luise und Luise: Beleuchtung seines Wirkens innerhalb der preußischen Hofmusik*, in: Krisen- und Blütezeiten. Die Entwicklung der Königlich Preußischen Hofkapelle von 1713 bis 1806, hrsg. von L. van der Hoven 2017 (Kulturgeschichte Preußens – Colloquien. 6; https://perspectivia.net//publikationen/kultgep-colloquien/6), Absatz 36.

15 D-BÜC, *F 2, Nr. 728*: „Alphabetisches Verzeichnis sämtlicher im Schlosse in Bückeburg befindlicher alter und neuer Musikalien (Partituren), aufgenommen vom Konzertmeister Wagny“.

16 Eine Sammlung von Dokumenten zum Nachlaß von Ulrike Louise Wagny (D-BÜC, *L 20, C 164*) enthält bedauerlicherweise weder ein Inventar noch werden Notenmaterialien oder Musikinstrumente erwähnt.

erworben wurde, liegt im Dunkeln. Im 19. Jahrhundert war sie Herausgebern von Bachs Violin-Soli jedenfalls nicht zugänglich. Die erste Ausgabe, die unmittelbar auf dem 1720 entstandenen Autograph des Komponisten basiert, erschien 1908.[17] Wie ich allerdings im folgenden darlegen werde, gehen sämtliche heute greifbaren Handschriften und frühen Ausgaben der Violin-Soli auf Quelle A zurück. Im Gegensatz zu den seit den 1950er Jahren kursierenden Theorien gibt es keine einzige Quelle, die eine frühere Fassung dieser Musik überliefert.

## Der Schreiber einer Handschrift, die für den Butterladen bestimmt war

Bevor A um das Jahr 1890 auftauchte, galt allgemein C als die maßgebliche Quelle der Violin-Soli. Philipp Spitta hielt sie sogar für ein Autograph. Auch Alfred Dörffel (1821–1905), der Herausgeber des 1879 erschienenen betreffenden Bandes der BG, war der Ansicht, daß C weitgehend von der Hand des Komponisten (oder aber der seiner Frau) stammte. Dörffel bemerkte zudem, daß die Handschrift einige unreife Notationsübungen enthielt, in denen er die Schriftzüge Wilhelm Friedemann Bachs (1710–1784) zu erkennen glaubte.

Wie sich herausgestellt hat, waren Dörffels Identifizierungen nicht korrekt; seine Behauptung, daß an der Erstellung der Handschrift mehrere Schreiber mitwirkten, trifft hingegen zu. Nach meiner Zählung sind in Quelle C insgesamt vier unterschiedliche Schreiber nachweisbar:

Schreiber 1: Sonata I (BWV 1001); Partita I (BWV 1002); Sonata II (BWV 1003); Partita II (BWV 1004); Sonata III (BWV 1005)

Schreiber 2: Einige rudimentäre Notationsübungen auf einer ursprünglich leeren Seite innerhalb der Fuga von Sonata III (BWV 1005/2). Schreiber 2 notierte den ersten Takt von jeder Zeile und legte damit die Übung als pädagogisches Projekt an.

Schreiber 3: Die letzten zwölf Takte der Ciaccona aus Partita II (BWV 1004/5); Schreiber 3 ergänzte auch die von Schreiber 2 angelegte Übung, wie man es von einem Schüler erwarten würde. Das Schriftbild von Schreiber 3 läßt vermuten, daß dieser nicht viel mehr als etwa zehn Jahre alt war.

Schreiber 4: Partita III (BWV 1006)

[17] J. S. Bach, *Sonaten und Partiten für Violine allein,* hrsg. von J. Joachim und A. Moser, Berlin 1908.

Wenn diese Schreiber nicht zur Bach-Familie gehörten, um wen handelte es sich dann? Das bekannteste Detail von Quelle C ist eine Notiz unten auf der Titelseite; sie lautet: „Dieses von Joh. Sebast. Bach eigenhändig geschriebene treffliche Werck, fand ich unter altem, für den Butterladen bestimmten Papier, in dem Nachlasse des Clavierspielers Palschau zu St: Petersburg 1814. Georg Pölchau.“[18] Eine genaue Untersuchung der Handschrift bestätigt diese Behauptung: Schreiber 2 ist niemand anderes als Johann Gottfried Wilhelm Palschau (1741–1813).[19]

Über Palschaus frühe Jahre ist kaum etwas bekannt, außer daß er in Kopenhagen aufwuchs und als eine Art Wunderknabe am Klavier galt. Bereits der Dreizehnjährige war ein großer Liebhaber von Bachs Musik, die er während einer Konzerttournee nach London im Januar 1754 ausgiebig zu Gehör brachte.[20] Im Verlauf seiner Karriere als Virtuose unternahm der Clavierspieler ausgedehnte Reisen, doch in den 1760er Jahren hatte er seinen Wohnsitz in Berlin. 1771 nahm er Unterricht bei Johann Gottfried Müthel (1728–1788) in Riga, und 1777 ließ er sich in St. Petersburg nieder. Schreiber 3 war anscheinend ein Schüler des Klaviervirtuosen. Wie Palschau in den Besitz von Quelle C kam, bleibt ungeklärt.

Die Identität von Schreiber 4 ließ sich nicht eruieren. Seine ausgesprochen gefestigte Handschrift deutet allerdings auf große professionelle Erfahrung. Das von Schreiber 4 benutzte Papier wurde in derselben Mühle hergestellt wie das von Palschau für die Abschrift eines weiteren Bach-Werks verwendete; es ist mithin zu vermuten, daß die beiden eine Zeitlang in derselben Stadt lebten.[21] Daß es sich dabei um Berlin handelte, suggeriert der Umstand, daß sich ähnliche Wasserzeichen auch in Quellen finden, die mit der Musiksammlung von Prinzessin Anna Amalia von Preußen (1723–1787) in Verbindung stehen.[22] Auch wenn wir keine Gewißheit haben, ist anzunehmen, daß es sich bei der von Schreiber 4 für seine Kopie von BWV 1006 verwendeten Vorlage um die – heute verschollene – Abschrift von Schreiber 1 handelte.[23] Vielleicht

---

[18] NBA VI/1 Krit. Bericht (G. Haußwald, 1958), S. 15.

[19] Vgl. beispielsweise die Schriftzüge von Schreiber 2 mit denen in der Palschau sicher zugewiesenen Kopie der Toccata BWV 538 in *P 275*.

[20] R. Kaiser, *Palschaus Bach-Spiel in London. Zur Bach-Pflege in England um 1750*, BJ 1993, S. 225–229.

[21] Palschaus Kopie von BWV 538 (*P 275*) ist auf Papier geschrieben, das aus der Papiermühle „De Bonsem“ in Koog aan de Zaan (Holland) stammt, deren Besitzer von 1774 bis 1816 Jan Kool († 1816) war. Siehe LBB 8 (W. Enßlin, 2006), S. 672 (WZ 191), 674 (WZ 211) und 680 (WZ 257).

[22] *Am.B. 70*. Siehe NBA VI/1 Krit. Bericht, S. 21 und 28.

[23] Diese Vermutung basiert auf der Beobachtung, daß sowohl Schreiber 1 als auch Schreiber 4 Bachs Trillerzeichen (tr) durch „+“-Symbole ersetzten. Da die einzelnen Sonaten und Partiten in *P 267* ursprünglich separate Faszikel bildeten, wäre es ein

war die von Schreiber I erstellte Vorlage beschädigt worden und Schreiber 4 wurde beauftragt, eine neue Abschrift anzufertigen.
Tanja Kovačević und Yo Tomita ist aufgefallen, daß C zu einem nicht näher bestimmbaren Zeitpunkt für eine Korrektur von M herangezogen wurde.[24] Neben dem in ihrem Aufsatz erwähnten inkorrekten Akkord[25] weisen die beiden Quellen dieselben Artikulationsbögen[26] sowie eine Reihe falsch plazierter Noten auf.[27] Diese Lesarten wurden in M mit Bleistift als Korrekturen eingetragen, wahrscheinlich nachdem Poelchau C erworben hatte und die Quelle 1814 nach Berlin zurückgekehrt war. Alfred Dörffel bemerkte 1879 als erster, daß der Hauptkopist von Quelle C zur Auflösung von Kreuzen (#) häufig Erniedrigungszeichen (♭) anstelle von regulären Auflösungszeichen (♮) verwendete – eine Praxis, die in den 1720er Jahren bereits als veraltet galt.[28] Günter Haußwald konstatierte im Jahr 1958, daß Bach diese Gewohnheit um 1715 aufgab; er mutmaßte, daß Schreiber 1 möglicherweise als Vorlage einen einige Jahr vor dem Autograph von 1720 entstandenen Entwurf benutzte. Er erkannte allerdings, daß diese Hypothese kaum zu belegen war und verfolgte sie daher nicht weiter.[29] Clemens Fanselau hingegen griff diese Argumentation im Jahr 2000 bereitwillig auf und rechnete vor, daß der Schreiber von Quelle C zur Auflösung von Kreuzen in 75 % der Fälle ein ♭ und nur in 25 % der Fälle ein ♮ verwendete. Er schloß hieraus, daß Bach die Violin-Soli mit großer Wahrscheinlichkeit im Jahr 1715 oder davor – also in seiner Weimarer Zeit – komponierte.[30]
Eine genaue Untersuchung von Quelle C läßt allerdings keinen Zweifel, daß sie auf Quelle A basiert. Schreiber 1 (beziehungsweise der erste Schreiber in

Leichtes gewesen, die ursprüngliche Abschrift von BWV 1006 gegen eine neue auszutauschen.

24 Siehe BJ 2009, S. 65 (T. Kovačević und Y. Tomita). Kovačevićs und Tomitas Vermutung, daß die Nummern neben den Satztiteln in Quelle M den Seitenzahlen in Quelle C entsprechen, kann nicht als Beleg für eine Verbindung zwischen den beiden Quellen herangezogen werden, da dies nur zum Teil zutrifft. Bei BWV 1001 ist dies zwar meist der Fall, bei anderen Werken (z. B. BWV 1005) allerdings nicht.

25 BWV 1001/2 (T. 28).

26 BWV 1001/2 (T. 66, 78).

27 BWV 1001/2 (T. 90); BWV 1002/6 (T. 15).

28 BG 27, S. XV.

29 NBA VI/1 Krit. Bericht, S. 27 f.

30 C. Fanselau, *Mehrstimmigkeit in J. S. Bachs Werken für Melodieinstrumente ohne Begleitung*, Sinzig 2000, S. 319–330. Fanselaus Theorie wurde von manchen Bach-Forschern akzeptiert, siehe zum Bespiel D. Sackmann, *Triumph des Geistes über die Materie. Mutmaßungen über Johann Sebastian Bachs „Sei Solo a Violino senza Basso accompagnato“ (BWV 1001–1006) mit einem Seitenblick auf die „6 Suites a Violoncello Solo“ (BWV 1007–1012)*, Stuttgart 2008, S. 29 f. Ernsthaft in Frage gestellt wurde sie allerdings von Peter Wollny in NBArev 3, S. 244 f.

der Überlieferungskette, die C von A trennt) übernahm getreu redundante Akzidenzien (und versäumt es, die fehlenden zu ergänzen),[31] ungewöhnliche Bögen,[32] charakteristische Unisono-Angaben,[33] Zeilenwechsel,[34] seltsam gesetzte Balken[35] und andere klanglich irrelevante Eigentümlichkeiten der Notation.[36] Außerdem übernahm der Kopist mehrere offensichtlich genuine Fehler des Autographs.[37] Besonders aufschlußreich ist, daß C den Einfluß mehrdeutiger Passagen in der in A enthaltenen Notation offenbart. Der Schreiber übersah einen Balken, weil dieser im Autograph durch eine Notenzeile verdeckt ist,[38] deutete ein zu einer Note im Autograph gehöriges Auflösungszeichen irrtümlicherweise als ein Erniedrigungszeichen zu einer benachbarten Note[39] und schrieb eine weitere Note eine Stufe zu hoch, weil der Notenkopf im Autograph ungewöhnlich groß geraten war.[40] Einige dieser Fälle seien durch die folgenden Beispiele belegt:

BWV 1002/3 (T. 57–59): Der Zeilenwechsel in A (T. 58) macht sich in C bemerkbar

A

[31] BWV 1001/3 (T. 17), BWV 1001/4 (T. 16, 66), BWV 1003/2 (T. 169, 200), BWV 1005/2 (T. 199, 230) und BWV 1005/4 (T. 18, 28).

[32] BWV 1003/2 (T. 270), BWV 1003/3 (T. 19) und BWV 1003/4 (T. 64).

[33] BWV 1003/2 (T. 258), BWV 1003/2 (T. 280) und BWV 1004/5 (T. 13).

[34] BWV 1004/2 (enthält ausnahmslos Zeilenwechsel, die mit denen im Autograph identisch sind, darunter drei mitten im Takt).

[35] BWV 1001/1 (T. 21) und BWV 1002/3 (T. 58, wo der Schreiber die durch einen Zeilenwechsel im Autograph bedingte Balkung von 4 + 2 Noten übernimmt, obwohl in Violin-Quelle C an dieser Stelle kein Zeilenwechsel stattfindet).

[36] BWV 1001/3 (T. 18, wo die Notenhälse von einem geschwungenen Bogen erst abwärts und dann aufwärts gehalst sind), BWV 1003/2 (T. 138, wo die obere Note a" deutlich vor der tieferen Note dis" plaziert ist, obwohl beide gleichzeitig erklingen).

[37] BWV 1002/1 (T. 23, falscher Rhythmus), BWV 1003/1 (T. 5, falscher Rhythmus), BWV 1003/3 (T. 25, fehlende Triolen-Bezeichnung), BWV 1004/4 (T. 32, fehlendes Auflösungszeichen auf dem abschließenden c') und BWV 1005/1 (T. 39, falscher Rhythmus).

[38] BWV 1003/1 (T. 21, wo der Schreiber versäumte, zwischen e" und dis" den 64stel-Balken einzufügen).

[39] BWV 1003/2 (T. 68, wo der Schreiber b' anstelle von h' schrieb und sich damit offenbar von dem Warnungsakzidens zu g' verwirren ließ).

[40] BWV 1005/4 (T. 14).

C

BWV 1003/1 (T. 5–6): A und C enthalten in T. 5 auf Zählzeit 3 denselben inkorrekten Rhythmus

A

C

BWV 1005/4 (T. 13–16): Irritiert von dem überdimensionierten Notenkopf in A (T. 14, Zählzeit 2) hat der Schreiber von C die Note f'' irrtümlich als g'' interpretiert

A

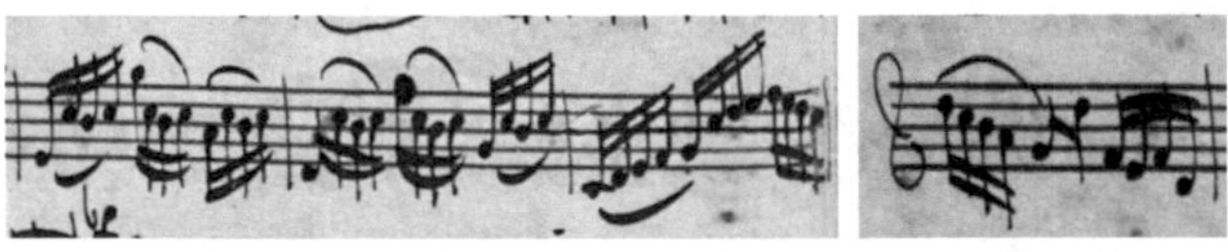

C

Es ist undenkbar, daß so viele Fehler und klanglich irrelevante Eigentümlichkeiten der Notation von Violin-Quelle A bereits in einem verschollenen Entwurf dieser Werke enthalten gewesen sein sollen, der Violin-Quelle C als Vorlage gedient haben könnte. Vielmehr ist offensichtlich, daß der Hauptschreiber von C das Autograph A (oder eine Abschrift davon) irgendwann im Jahr 1720 oder später als Vorlage benutzt hat. Die zu dieser Zeit bereits anachronistische Neigung, Kreuze durch ♭ aufzulösen, sollte nicht als der Versuch einer absolut getreuen Kopie einer Vorlage interpretiert werden, sondern als das Bemühen des Schreibers, diese Musik mit seiner bevorzugten Notationspraxis in Einklang zu bringen.[41] In mindestens zwei Fällen tauschte Schreiber 1 irrtümlich Auflösungszeichen gegen Erniedrigungszeichen aus, wo es gar keine Kreuze zu tilgen galt, und verdarb damit Bachs harmonisches Gefüge.[42]

Peter Wollny hat die Vermutung geäußert, daß es sich bei Schreiber 1 um Georg Gottfried Wagner (1698–1756) handeln könnte, der von 1712 bis 1719 die Thomasschule besuchte, anschließend an der Universität Leipzig studierte und sodann als Kantor nach Plauen ging, wo er den Rest seines Berufslebens verbrachte.[43] Wollny stützt sich auf verschiedene eigenhändige Schriftstücke Wagners (beglaubigte Proben seiner Notenschrift sind leider nicht überliefert) sowie auf Bachs generelle Bewunderung für dessen Begabung als Geiger.[44] Gerbers Bemerkung, Wagner habe „12 Violinsolos" komponiert,[45] ist in unserem Zusammenhang ohne Belang, da der Begriff „Solo" im 18. Jahrhundert allgemein auch für Werke mit Continuo-Begleitung verwendet wurde. Wie bereits erwähnt, fehlt in Quelle C die Korrektur in BWV 1001/1 (T. 7). Sollte Wagner also C in Leipzig angefertigt haben, hätte er wahrscheinlich das korrigierte Autograph als Vorlage benutzt – genau wie J. A. Kuhnau im Jahr 1723.

Ein eher in Frage kommender Kandidat ergibt sich aus einer Beobachtung von Ulrich Siegele aus dem Jahr 1956, die seither nicht weiter beachtet worden ist. Siegele fiel auf, daß der Hauptschreiber von C auch in der Abschrift einer „Sonata à Violino Solo e Basso per il Cembalo" in der Musiksammlung der Grafen von Schönborn-Wiesentheid vorkommt.[46] Das Werk ist ohne Komponistennamen überliefert und seine Zuschreibung an Bach wurde in den 1950er Jahren heiß diskutiert. Wolfgang Schmieder hielt die Sonate für hin-

---

41 Dasselbe läßt sich in Bezug auf Verzierungen (Trillerzeichen im Autograph werden in C regelmäßig in +-Symbole verwandelt) und freistehende Sechzehntelnoten beobachten (Sechzehntelnoten mit Doppelfähnchen im Autograph werden in C häufig in verschnörkelte Sechzehntelnoten mit einfachem Fähnchen verwandelt, eine weitere altmodische Praxis, der Schreiber 1 hier akribisch folgte).

42 BWV 1004/2 (T. 22).

43 NBArev 3, S. 244 f.

44 Dok I, Nr. 14–17.

45 Siehe Gerber ATL (1790), Sp. 756: „Obgleich von seinen Werken nichts gedruckt worden ist; so sind doch um die Mitte dieses Jahrhunderts viele Kirchenstücke, Oratorien, Ouvertüren, Conzerten und Trios, auch 12 Violinsolos, beliebt genung und in mehrerer Liebhaber Händen gewesen."

46 D-WD, *AW 114*. Siehe U. Siegele, *Noch einmal: Die Violinsonate BWV 1024*, BJ 1956, S. 125.

reichend charakteristisch, um ihr eine BWV-Nummer zuzuweisen (BWV 1024), Rolf van Leyden veröffentlichte eine Edition und einen begleitenden Aufsatz.[47] Siegele hingegen argumentierte anhand des stilistischen Befunds, daß es sich keinesfalls um eine Komposition von J. S. Bach handeln könne. Die Frage der Autorschaft ist bis heute ungeklärt, aber Siegele lag sicherlich richtig in seinem Urteil, daß BWV 1024 und Quelle C von derselben Hand stammen.[48]

Die in Wiesentheid überlieferte Abschrift von BWV 1024 wurde zu einem unbekannten Zeitpunkt von dem Amateur-Cellisten und Musikaliensammler Graf Rudolf Franz Erwein von Schönborn (1677–1754) erworben.[49] Fritz Zobeley, der die gräfliche Bibliothek katalogisiert hat, hat vermutet, daß die Quelle von dem sächsischen Geiger und Komponisten Johann Gottfried Vogler (1691–nach 1733) nach Wiesentheid gebracht wurde.[50] Zobeley bietet über die schlichte Tatsache hinaus, daß Vogler Wiesentheid im Februar des Jahres 1724 besuchte, zwar keine weiteren Belege, seine Vermutung ist aber trotzdem ernstzunehmen.

Vogler wurde am 23. Januar 1691 in Altenberg getauft und besuchte später die Kreuzschule in Dresden.[51] Von 1716 bis 1720 war er an der Leipziger Neukirche als Organist angestellt. In dieser Zeit war er auch intensiv in die Geschehnisse an der Leipziger Oper involviert, wo er als Manager, Orchestermusiker und Komponist wirkte. Zudem leitete er in seiner Leipziger Zeit auch das von Johann Friedrich Fasch begründete Collegium musicum. Im Dezember 1718 hatte er einen Gastauftritt am Köthener Hof, wo er unmittelbar mit

---

[47] J. S. Bach, *Sonate c-Moll für Violine und Generalbaß (BWV 1024)*, hrsg. von R. van Leyden, Basel [ca. 1950]; R. van Leyden, *Die Violinsonate BWV 1024*, BJ 1955, S. 73–102.

[48] Der Debatte um die Zuschreibung von BWV 1024 habe ich hier nur die Bemerkung hinzuzufügen, daß J. G. Pisendel, der gelegentlich als Alternative zu J. S. Bach vorgeschlagen wurde, das Werk sicherlich nicht komponiert hat. Pisendel ist der Schreiber der einzigen weiteren Quelle von BWV 1024 (D-Dl, *Mus. 2-R-3,2*); hier handelt es sich aber eindeutig um die Abschrift des Werks eines anderen Komponisten, nicht um die Niederschrift einer eigenen Komposition.

[49] Der erste Band von Fritz Zobeleys *Die Musikalien der Grafen von Schönborn-Wiesentheid*, Tutzing 1967, enthält einige Anmerkungen zu den Schreibern; eine systematische Studie steht jedoch noch aus.

[50] Ebenda, S. X.

[51] Freundlicher Hinweis von Andreas Glöckner. Zu Voglers Biographie siehe E. Noack, *Musikgeschichte Darmstadts vom Mittelalter bis zur Goethezeit*, Mainz 1967, S. 178, 209, 211, 240; A. Glöckner, *Die Musikpflege an der Leipziger Neukirche zur Zeit Johann Sebastian Bachs*, BzBF 8 (1990), S. 77–82; D. Kirsch, *Lexikon Würzburger Hofmusiker vom 16. bis zum 19. Jahrhundert*, Würzburg 2002, S. 208 f.; und M. Maul, *Barockoper in Leipzig (1693–1720)*, Freiburg 2009, S. 40, 308–311, 328, 512, 549 f., 554, 998, 1162.

J. S. Bach zusammenarbeitete.[52] Nachdem er sich hoch verschuldet hatte, verließ er Leipzig im Herbst 1719 abrupt, um seinen Gläubigern zu entkommen. Ende des Jahres kehrte er in die Stadt zurück, gab sein Amt an der Neukirche allerdings im Mai 1720 auf und erhielt nur einen Bruchteil des ihm zustehenden Gehalts, „weil einige Instrumenta, so der Kirche gehörig, noch nicht herbey geschaffet worden."[53] Im Sommer 1721 wurde Voglers Oper *Ulysses* (eine geringfügig überarbeitete Fassung seiner *Penelope*, die 1717 in Leipzig uraufgeführt worden war) in Hamburg inszeniert, wahrscheinlich mit seiner direkten Beteiligung.[54] Im September 1721, kurz nach der Hamburger Opernaufführung, erhielt Vogler ein Honorar für einen Gastauftritt am Greizer Hof.[55] Johann Joachim Quantz (1697–1773) hat einen Besuch am Würzburger Hof im Oktober 1723 beschrieben, wo „Vogler, ein nicht unbekannter Violinist", als „Concertmeister" diente.[56] Es gibt Hinweise darauf, daß Vogler im Jahr 1723 vom Würzburger Hof Unterstützung für Studien in Italien erhielt, anscheinend trat er seine Reise jedoch nie an.[57] Wie bereits erwähnt, gehörte Vogler zu einer Gruppe von Musikern, die am 19. Februar 1724 in Wiesentheid vor Graf Rudolf Franz Erwein von Schönborn spielten.[58] Im April 1724 verfaßte Christoph Graupner einen Brief an den Darmstädter Hof, in dem er um die Anstellung eines „treffliche[n] Violist[en] in Leipzig" bat.[59] Bei dem genannten Musiker handelte es sich offenbar um Johann Gottfried Vogler, der im April 1725 offiziell in die Darmstädter Hofkapelle aufgenommen wurde, später aber für seine seit Oktober 1724 geleisteten Dienste noch ausstehende Zahlungen erhielt. Zwischen diesen beiden Daten – Oktober 1724 und April 1725 – hatte Vogler einen weiteren Gastauftritt in Köthen: Ein auf den 10. Februar 1725 datierter Eintrag im Rechnungsbuch des Hofes vermerkt eine

---

[52] Dok II, Nr. 93. Friedrich Smend (1893–1980) behauptet, daß Vogler für eine zweite Aufführung in Köthen am 8. April 1719 entlohnt wurde, dies scheint jedoch ein Irrtum zu sein, da das Honorar in dem betreffenden Rechnungsbuch (Landesarchiv Sachsen-Anhalt, Abteilung Dessau, *Z 73* [Köthener Kammerrechnungen 1718/19]) nicht erscheint. Siehe Smend, *Bach in Köthen*, Berlin 1951, S. 153.

[53] Glöckner (wie Fußnote 51), S. 80.

[54] J. Mattheson, *Der musikalische Patriot*, Hamburg 1728, S. 190; Maul (wie Fußnote 51), S. 997 f.

[55] H.-R. Jung, *Musik und Musiker im Reußenland*, Weimar 2007, S. 88.

[56] F. W. Marpurg, *Historisch-Kritische Beyträge zur Aufnahme der Musik*, Bd. 1, Berlin 1755, S. 221 f.

[57] Kirsch (wie Fußnote 51), S. 208.

[58] F. Zobeley, *Rudolf Franz Erwein Graf von Schönborn und seine Musikpflege*, Würzburg 1949, S. 49.

[59] Noack (wie Fußnote 51), S. 209. Möglicherweise waren die beiden Musiker einander in Leipzig begegnet, wo Graupner sich im Januar 1723 anläßlich seines Probespiels für das Amt des Thomaskantors aufhielt.

Zahlung von 50 Reichstalern „an dem frembden Musico Vogler wegen gelieferten Musicalien und daß er sich höhren laßen".[60] Im Mai 1725 wurde in Würzburg ein Antrag Voglers (um die Fortsetzung oder Erneuerung seiner Anstellung?) von offizieller Stelle abgelehnt, „indeme Er bey voriger regierung bekandlich viele gelder zum reißen bekommen, die noch ohnverrechnet geblieben, zugeschweigen, daß Er noch eine kostbahre geigen zu restituiren hette".[61] Am 26. Februar 1726 schrieb Graf Rudolf Franz Erwein von Schönborn aus Frankfurt am Main an seinen Bruder Friedrich Karl von Schönborn (1674–1746), Domprobst in Würzburg:

Der Monsr. Vogler höhre sitzet noch zu wien und wird dieses männgen, der sehr gut im l'orquestro ist, seinen gebrauch nach sich verschuldet haben, und da es noch länger mit Ihm dauert, er sorglich umb seinen Dienst zu Darmstadt kommen dörffte, aber weillen Er nit ohngleich gewitziget ist, kann ihme noch ein mehreres nicht schadten.[62]

Am 17. Juni 1729 schrieb Christoph Graupner an Johann Friedrich Armand von Uffenbach (1687–1769):

Mons. Voglern habe letztlich persuadirt dero Hauß zu besuchen, weilen ich wußte, daß Ew. Wohlgeb. ihn noch nicht gehöret, zweifle nicht, daß er nicht solte contentiret haben, weilen er auf seinem Instrument starck auch ein gut Musicalische judicium hat. Voritzo woll er von hier weg, wo aber hin, hat er mir noch nicht vertrauen wollen.[63]

Zu diesem Zeitpunkt befand Vogler sich wahrscheinlich auf dem Weg nach Frankfurt am Main. Die letzte bekannte Erwähnung dieses unsteten Musikers ist seine Entlassung aus den Diensten am Darmstädter Hof am 1. August 1733.

Brian Stewart hat in seinem unveröffentlichten Katalog der Telemann-Quellen in der Darmstädter Universitätsbibliothek die Meinung vertreten, daß Vogler mit einem von Stewart als „Kopist B" bezeichneten Schreiber identisch ist, der für eine große Zahl von Handschriften mit Kammermusik nicht nur von Telemann, sondern auch von Johann Friedrich Fasch (1688–1758) und Johann David Heinichen (1683–1729) verantwortlich ist.[64] Stewarts Argumentation

---

[60] Landesarchiv Sachsen-Anhalt, Abteilung Dessau, *Z 73* (Köthener Kammerrechnungen 1724/25), S. 27 (10. Februar 1725). Siehe auch Smend (wie Fußnote 52), S. 154.

[61] Kirsch (wie Fußnote 51), S. 208.

[62] Zobeley, *Rudolf Franz Erwein Graf von Schönborn* (wie Fußnote 58), S. 53.

[63] Noack (wie Fußnote 51), S. 211.

[64] Stewarts 1988 angelegter Katalog zu den Telemann-Quellen in der Darmstädter Universitätsbibliothek (D-DS) ist noch unveröffentlicht; der Autor hat mir jedoch freundlicherweise seine Notizen zugänglich gemacht. Folgende Handschriften weist Stewart (ganz oder teilweise) „Kopist B" (= J. G. Vogler?) zu: 1. Werke von Tele-

basiert auf dem Umstand, daß „Kopist B" anscheinend längere Zeit in Darmstadt lebte, jedoch gelegentlich Papier aus Sachsen verwendete. Wasserzeichen in anderem von „Kopist B" benutzten Papier tauchen auch in einigen von Christoph Graupners Handschriften mit geistlichen Kantaten auf, die dieser in den Jahren schuf, in denen Vogler als Mitglied der Hofkapelle diente (1725–1733).[65]

Die Schriftmerkmale in Quelle C und der Wiesentheider Abschrift von BWV 1024 sind praktisch nicht zu unterscheiden.[66] Die Schriftzüge in den Darmstädter Quellen unterscheiden sich ein wenig von denen in den genannten Kopien, speziell in der Ausrichtung der abwärts kaudierten Noten.[67] Insgesamt aber überwiegen die Ähnlichkeiten die Unterschiede bei weitem und es ist durchaus plausibel, daß beide Handschriftengruppen von derselben Person angefertigt wurden. Die Unterschiede ließen sich als der von dem Schreiber unternommene Versuch erklären, seine Schreibgewohnheiten an den zu jener Zeit am Darmstädter Hof vorherrschenden ‚Hausstil' anzugleichen.[68]

---

mann: *Mus. ms. 1033/2*; *1033/4*; *1033/5*; *1033/6*; *1033/8*; *1033/9*; *1033/12*; *1033/13*; *1033/22a*; *1033/24b*; *1033/25a*; *1033/30c*; *1033/37*; *1033/38a*; *1033/40*; *1033/43a*; *1033/44b*; *1033/46*; *1033/50*; *1033/56a*; *1033/63*; *1033/71*; *1033/73*; *1033/79*; *1034/3b*; *1034/4a*; *1034/5*; *1034/6b*; *1034/7a*; *1034/8*; *1034/10*; *1034/11*; *1034/13*; *1034/14*; *1034/16a*; *1034/18*; *1034/20a*; *1034/30a*; *1034/31*; *1034/34*; *1034/40*; *1034/43*; *1034/44* (ich selbst kann in diesem Manuskript keine Schriftzüge von Stewarts „Kopist B" erkennen); *1034/46*; *1034/47*; *1034/49*; *1034/58*; *1034/61*; *1034/85*; *1034/97*; *1042/3*; *1042/10*; *1042/12*; *1042/22*; *1042/23*; *1042/24*; *1042/25*; *1042/26*; *1042/27*; *1042/33*; *1042/34*; *1042/36*; *1042/40*; *1042/41*; *1042/42*; *1042/43*; *1042/44*; *1042/45*; *1042/46*; *1042/53*; *1042/55*; *1042/60*; *1045*. 2. Werke von Fasch: *Mus. ms. 297/3* und *1229*. 3. Werke von Heinichen: *Mus. ms. 240/9*; *240/12*; *240/15*; *240/16*. Den von Stewart ermittelten Handschriften kann ich ein „Quartet" von Johann Pfeiffer (1697–1761) hinzufügen: D-DS, *Mus. ms. 862/2*.

[65] Steven Zohn schloß sich in seiner Dissertation Stewarts Identifizierung vertrauensvoll an, hat diese seither allerdings mit größerer Vorsicht behandelt. Siehe Zohn, *The Ensemble Sonatas of Georg Philipp Telemann: Studies in Style, Genre, and Chronology*, Diss. Cornell University, 1995, S. 599, 602; und ders., *Music for a Mixed Taste: Style, Genre, and Meaning in Telemann's Instrumental Works*, Oxford 2008, S. 19, 179 f., 524.

[66] Siegeles Einschätzung, nach der die Entstehung von Quelle C und der Wiesentheider Abschrift von BWV 1024 (D-WD, *AW 114*) Jahre auseinanderliegen, teile ich nicht. Siehe BJ 1956, S. 125 (U. Siegele).

[67] In den Quellen C und D-WD, *AW 114* sind die Halbenoten mittig und die schwarzen Noten links gehalst, während in den Darmstädter Handschriften beide rechts gehalst sind.

[68] Wie die Handschriften von Christoph Graupner (1683–1760), Anton Eberhard Helffmann († 1751), Johann Samuel Endler (1694–1762) und anderen, die in den 1720er Jahren am hessischen Hof beschäftigt waren, präsentieren die „Kopist B" zuge-

Es ist vielleicht aufschlußreich, daß Stewarts „Kopist B" dieselbe ungewöhnliche Vorliebe verrät, Kreuze mittels b aufzulösen, wie sie auch der Schreiber von D-WD, *AW 114* und von Quelle C pflegt.[69] Die Annahme, daß Vogler für alle diese Kopierarbeiten verantwortlich war, unterstützt auch der Wasserzeichen-Befund. Quelle C und die Abschrift in Wiesentheid sind auf Papier geschrieben, das im sächsischen Zittau hergestellt wurde. Ähnliches Papier wurde auch von „Kopist B" und dessen engen Mitarbeitern in Darmstadt verwendet.[70]

Eine Probe von Voglers Handschrift, die mir Peter Wollny freundlicherweise zugänglich gemacht hat, bietet weitere Unterstützung für diese Hypothese.[71] In seiner Funktion als Organist der Leipziger Neukirche bestätigte Vogler am 26. Oktober 1718, daß er die Grundsätze des orthodoxen lutherischen Glaubens beachte. Leider enthält das Dokument nur wenige Wörter in lateinischer Schrift, die mit den Satztiteln in den musikalischen Quellen verglichen werden können. Eine absolut sichere Bestätigung oder Widerlegung der von mir vorgeschlagenen Schreiberidentifizierung ist daher erst dann möglich, wenn sich eine umfangreichere Schriftprobe findet. Alle derzeit zugänglichen Belege deuten jedoch darauf hin, daß J. G. Vogler der Schreiber der Darmstädter und Wiesentheider Handschriften sowie – und das ist für unsere Argumentation hier am wichtigsten – von Quelle C ist.

Wenn Vogler tatsächlich der gesuchte Schreiber ist, dürfte er seine Darmstädter Abschriften zwischen 1725 und 1733 angefertigt haben. Da die Schriftzüge in diesen Quellen sich wesentlich von denen in Quelle C und dem Wiesentheider Manuskript unterscheiden, ist anzunehmen, daß die beiden Sammlungen mit einem zeitlichen Abstand von mindestens einem Jahr ent-

---

schriebenen Darmstädter Handschriften einheitlich rechts kaudierte weiße und schwarze Noten.

69 Beispiele finden sich in D-DS, *Mus. ms.1033/5*; *1042/12*; *1042/53* sowie D-WD, *AW 114*.

70 Das Wasserzeichen „Z im Doppelkreis, innerhalb des Doppelkreises die Umschrift ZITTAV" findet sich in D-WD, *AW 114* sowie in D-DS, *Mus. ms. 1042/30* (geschrieben von Johann Samuel Endler, einem engen Mitarbeiter von Stewarts „Kopist B"). Ähnliches Papier benutzten der Hauptschreiber von Violin-Quelle C und Stewarts „Kopist B" für die Abschriften D-DS, *Mus. ms. 1033/2* und *1033/44b*. Das in all diesen Handschriften verwendete Papier stammte aus der Papiermühle Zittau, deren Besitzer ab 1727 Christian Friedrich Schaffhirt war. Siehe Zohn, *The Ensemble Sonatas of Georg Philipp Telemann* (wie Fußnote 65), S. 598 (Wasserzeichen 11a) und S. 611 f. (Wasserzeichen 42). Siehe auch NBA VI/1 Krit. Bericht, S. 28.

71 D-LEsta, *Konsistorium Leipzig 20021, Nr. 151* (*Subscriptio derer Visitations Articul von denen Schulmeistern und Kirchnern in der Inspection Leipzig de ao 1627 [–1835]*), fol. 100 r. Zu dieser Quelle siehe Dok III, S. 630 f.

standen sind.[72] Vermutlich ließ Vogler seine Abschrift von BWV 1024 in Wiesentheid zurück, bevor seine Beziehungen zur Familie von Schönborn sich verschlechterten; er wird diese Handschrift ebenso wie Quelle C also zwischen 1720 und 1725 angefertigt haben.

Den zeitgenössischen Dokumenten zufolge war Vogler ein außerordentlich begabter Geiger und umtriebiger Musikalienhändler; mithin ist davon auszugehen, daß er großes Interesse daran hatte, Bachs Violin-Soli zu besitzen. Wenn er direkten Zugang zum Autograph hatte, kopierte er Quelle C wahrscheinlich zwischen Juli 1720 und Juli 1723, bevor Bach die fehlerhafte Stelle in Takt 7 des Kopfsatzes der ersten Sonate korrigierte. Bach und Vogler kannten einander bereits 1718, als sie in Köthen gemeinsam musizierten. Wie oben erwähnt, führte Vogler seine Oper *Ulysses* im Sommer 1721 in Hamburg auf; vielleicht hielt er sich bereits im November 1720 in der Stadt auf, als Bach sein Probespiel für das Amt des Organisten an der Jacobi-Kirche absolvierte.[73] Offenbar befaßte Bach sich auf dieser Reise mit den Violin-Soli; Johann Mattheson veröffentlichte später die Themen der Fugen aus den Sonaten in a-Moll und C-Dur (BWV 1003/2 und 1005/2), vielleicht nachdem er in Hamburg Bachs Improvisationen über diese Themen gehört hatte.[74] Sollte Vogler nicht das Autograph sondern eine Sekundärquelle als Vorlage benutzt haben, könnte er Quelle C auch bei seinem Besuch in Köthen im Februar 1725 angefertigt haben. Es ist anzunehmen, daß er dort in den Musikaliensammlungen von Bachs vormaligen Kollegen Zugang zu verschiedenen Kopien des unkorrigierten Autographs hatte.

## Der Neffe des Komponisten als Kopist der Soli für Violine und Cello?

Quelle D ist eine Abschrift der Violin-Soli von der Hand des Orgelvirtuosen Johann Peter Kellner (1705–1772) und wie folgt datiert: „Franckenhayn. d. 3 Jul. | 1726“. Zu dieser Zeit war Kellner 21 Jahre alt, frisch verheiratet und in dem nur einen kurzen Spaziergang von seiner Heimatstadt Gräfenroda entfernten thüringischen Dorf Frankenhain als Organist angestellt.

Seit den 1950er Jahren haben verschiedene Musikwissenschaftler die These vertreten, daß Kellners Abschrift auf einen heute verschollenen Entwurf zurückgehe, der älter war als Quelle A und daher Einblicke in den ursprünglichen

---

[72] Ein Indiz, daß *P 267* und D-WD, *AW 114* früher entstanden sind als die Darmstädter Handschriften, ist die häufigere Verwendung von einteiligen Sechzehntelfähnchen, einer recht altmodischen Form, die in den Darmstädter Quellen nur selten auftaucht.

[73] Dok II, Nr. 102.

[74] Dok II, Nr. 408.

Kompositionsprozeß gewährte.[75] Diese Annahme basiert auf dem Umstand, daß Quelle D eine etwas gekürzte Fassung wiedergibt; in Kellners Abschrift fehlen verschiedene Passagen aus der „Ciaccona“ von Partita II (BWV 1004/5)[76] und den Fugen der ersten und dritten Violinsonate (BWV 1001/2 und 1005/2).[77] Am nachdrücklichsten setzte sich 1985 Russel Stinson für diese Position ein. Stinson erkannte zu Recht, daß die fehlenden Takte in der „Ciaccona“ einen ungeschickten Versuch Kellners reflektieren, den Satz zu kürzen. Andererseits argumentiert er, daß die vergleichbaren Auslassungen Kellners in den beiden Fugen authentische Frühfassungen dieser Werke wiedergeben.

Eine genaue Untersuchung führt jedoch zu dem Resultat, daß es sich bei sämtlichen radikal gekürzten Stellen um eigenmächtige Eingriffe Kellners handelt. Stinsons musikalische Argumente für die Authentizität von Kellners bizarren Lesarten sind keinesfalls überzeugend.[78] Am leichtesten läßt sich seine Behauptung, Kellners Vorlage übermittle eine Version dieser Musik aus der Zeit vor 1720, mit paläographischen Belegen widerlegen: Quelle D geht sicher auf A zurück. Beiden Handschriften gemein ist die große Zahl redun-

---

[75] NBA VI/1 Krit. Bericht, S. 34–44; H. Braunlich, *Johann Peter Kellner's Copy of the Sonatas and Partitas for Violin Solo by J. S. Bach*, in: Bach: The Quarterly Journal of the Riemenschneider Bach Institute 12/2 (1981), S. 2–10; R. Stinson, *J. P. Kellner's Copy of Bach's Sonatas and Partitas for Violin Solo*, in: Early Music 13 (1985), S. 199–211; ders., *The Bach Manuscripts of Johann Peter Kellner and His Circle*, Durham 1989, S. 55–70. Dieser Hypothese haben sich Fanselau (wie Fußnote 30), S. 323 und Sackmann (wie Fußnote 30), S. 16–18 angeschlossen, außerdem Z. Szabó, *Problematic Sources, Problematic Transmission: An Outline of the Edition History of the Solo Cello Suites by J. S. Bach*, Diss. Sydney Conservatorium of Music, 2016, S. 83–92. Peter Wollny ist der Meinung – ohne auf die Argumente von Stinson und anderen näher einzugehen –, daß Kellners abweichende Lesarten „kaum als authentische Alternativen gewertet werden“ können; siehe NBArev 3, S. 245.

[76] In Kellners Abschrift von BWV 1004/5 fehlen T. 21–24, 89–120, 126–140, 177–216 und 241–244.

[77] In Kellners Abschrift von BWV 1001/2 fehlen T. 35–41; in BWV 1005/2 fehlen T. 188–200, 256–270 und 277–354.

[78] Stinsons stärkstes Argument betrifft die Fuge von Sonata I (BWV 1001/2), doch selbst dieses ist recht schwach. Die von Kellner am Anfang von Takt 42 (Taktzählung nach Quelle A) präsentierte Lesart ist nicht nur aufgrund „unserer gründlichen Vertrautheit mit der autographen Fassung“ zu beanstanden, sondern weil es sich um ein musikalisches Zerrbild handelt. Es ist unvorstellbar, daß Bach diese neue Passage mit einem Sextakkord begonnen hätte anstatt mit einer korrekten Bestätigung der neuen Tonika d-Moll, zumal jede betonte Taktzeit der Sequenz, die an dieser Stelle anhebt, den Grundton des folgenden gebrochenen Akkords auf einer leeren Saite präsentiert.

danter Warnakzidenzien beziehungsweise deren Fehlen an analogen Stellen,[79] ferner finden sich in beiden ein charakteristischer Bogen,[80] eine verdächtige Unisono-Stelle[81] und andere klanglich nicht relevante Eigenheiten.[82] Quelle D teilt mit dem Autograph auch einige Fehler, darunter fehlende Akzidentien[83] und inkorrekte Rhythmen.[84] Am aussagekräftigsten ist aber, daß Kellner – oder vielmehr der erste Schreiber in der Überlieferungskette, die die Violin-Quellen A und D verbindet – sich von der Notation in einer Passage des Autographs verwirren ließ: Ein von einer Notenlinie verdeckter Balken blieb unbemerkt und wurde daher ausgelassen[85]; ferner erscheinen Töne, die Bach ungewöhnlich hoch oder tief plazierte, in Kellners Abschrift einer Ton zu hoch oder zu tief[86] – hierzu einige Beispiele:

BWV 1001/1 (T. 1–2) – Das g' in Quelle A ist in T. 2, Zählzeit 3 auf mißverständliche Weise zu tief angesetzt und wurde daher irrtümlich als f' gelesen.

A

D

[79] BWV 1001/4 (T. 115); BWV 1003/2 (T. 200); BWV 1005/4 (T. 18).

[80] BWV 1003/4 (T. 64).

[81] BWV 1003/2 (T. 258).

[82] BWV 1003/2 (T. 138, wo die obere Note a" deutlich vor der tieferen Note dis" plaziert ist, obwohl beide gleichzeitig erklingen).

[83] BWV 1003/2 (T. 86); BWV 1004/4 (T. 32).

[84] BWV 1003/1 (T. 5); BWV 1003/3 (T. 25).

[85] BWV 1003/1 (T. 21).

[86] BWV 1001/1 (T. 2); BWV 1005/4 (T. 14).

BWV 1004/4 (T. 32–33) – Bachs auffällige Auslassung eines Auflösungszeichens zur letzten Note von Takt 32 (c') findet sich auch in D

A

D

BWV 1005/4 (T. 13–16) – In A ist das f'' auf Zählzeit 2 von Takt 14 zu hoch angesetzt und wurde daher irrtümlich als g'' gelesen.

A

D

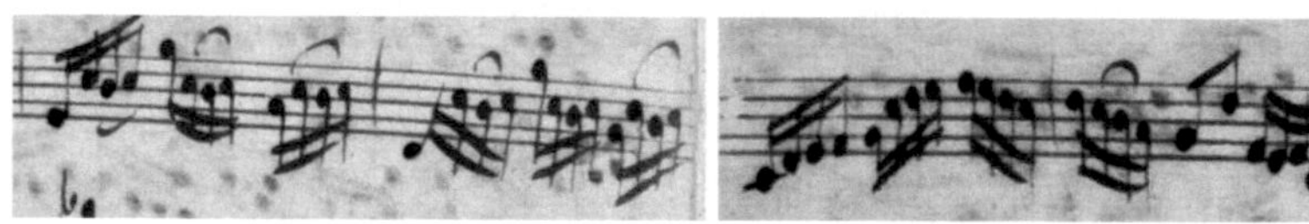

Kellners Abschrift bietet keinerlei Einblicke in Bachs Kompositionsprozeß, verrät uns aber einiges über die Rezeptionsgeschichte der Violin-Soli.
Wie konnte Kellner im Sommer 1726 nicht nur Zugang zu einer Abschrift des Autographs von 1720 finden, sondern seine Vorlage auch noch ausleihen und in der Bequemlichkeit seines eigenen Hauses kopieren? Frankenhain (383 Einwohner im Jahr 1819)[87] war kaum der Ort, den jemand mit einer Abschrift von Bachs Violin-Soli im Gepäck zufällig passierte. Ich könnte mir als mögliches Szenario vorstellen, daß Kellner seine Vorlage von Johann Bernhard Bach

[87] G. A. von Witzleben und K. H. A. von Witzleben, *Geschichte des Geschlechts von Witzleben*, 2 Bde., Berlin 1880, Bd. 1, S. 235.

(1700–1743), der in der Literatur zur Unterscheidung von einem älteren Verwandten mit demselben Namen als „der Jüngere“ bekannt ist. J. B. Bach d. J. wuchs in Ohrdruf auf und genoß ab etwa 1715 den Unterricht seines Onkels J. S. Bach in Weimar. 1717 zog er mit nach Köthen, um dort seine Ausbildung fortzusetzen, kehrte aber vor März 1721 nach Ohrdruf zurück, um offiziell die Nachfolge seines verstorbenen Vaters – J. S. Bachs ältestem Bruder Johann Christoph Bach (1671–1721) – als Organist an der dortigen Michaeliskirche anzutreten. Ohrdruf ist zu Fuß nur etwa zwei Stunden von Frankenhain entfernt. Bedenkt man, daß es für einen aufstrebenden Virtuosen wie Kellner vor Ort sicherlich an Anregungen mangelte, ist anzunehmen, daß er diesen Fußmarsch recht häufig auf sich nahm. Hans-Joachim Schulze hat als erster bemerkt, daß Kellner direkten Zugang zu zwei Handschriften hatte, die sich in den 1720er Jahren im Besitz Johann Bernhard Bachs befunden haben müssen – dem sogenannten Andreas-Bach-Buch und der Möllerschen Handschrift.[88] Wenn Kellner diese Quellen aus der Bachschen Familienbibliothek in Ohrdruf zur Verfügung standen, so ist anzunehmen, daß auch andere Handschriften für ihn erreichbar waren, einschließlich einer Abschrift der Violin-Soli.[89]

Bachs Neffe kommt auch als der Schreiber von Kellners Vorlage in Betracht. J. B. Bach d. J. diente von Januar bis März 1719 als offizieller Notist am Köthener Hof; er übernahm das Amt von einem Vorgänger, der seinen Posten verlassen hatte („cassiret“ in der Formulierung eines höfischen Rechnungsführers). Nachdem er drei Monate sein Gehalt bezogen hatte, sei J. B. Bach, so derselbe Rechnungsführer, „auch abgegangen“.[90] In der Forschung wird generell angenommen, daß der junge Mann damit seine Studien bei seinem Onkel beendete. Es erscheint plausibel, daß J. B. Bach sich unverhofft gezwungen sah, nach Ohrdruf zurückzukehren und für seinen Vater einzuspringen, der vielleicht bereits an der Krankheit litt, die zwei Jahre später zu seinem Tod führte. Daß er im März 1721 dann der Nachfolger seines Vaters wurde, verleiht dieser Vermutung zusätzliche Glaubwürdigkeit.

---

[88] D-B, *Mus. ms. 40644* und D-LEm, *III.8.4.* Siehe Schulze Bach-Überlieferung, S. 30–56, speziell S. 35 und 39. Siehe auch R. Hill, *The Möller Manuscript and the Andreas Bach Book: Two Keyboard Anthologies from the Circle of the Young Johann Sebastian Bach*, Diss. Harvard University, 1987, S. 378–381. Schulze hat zudem bemerkt, daß J. B. Bach und Kellner um diese Zeit mindestens einen gemeinsamen Schüler hatten; siehe Schulze Bach-Überlieferung, S. 83 f.

[89] Stinson nimmt an, daß Kellner wahrscheinlich einige seiner Vorlagen aus Ohrdruf bezog, diskutiert aber nicht die Rolle J. B. Bachs als möglicher Verbindung nach Weimar und/oder Köthen. Siehe Stinson, *The Bach Manuscripts of Johann Peter Kellner* (wie Fußnote 75), S. 18 f.

[90] Landesarchiv Sachsen-Anhalt, Abteilung Dessau, *Z 73* (Köthener Kammerrechnungen 1718/19), S. 33.

Sollte Johann Bernhard Bach tatsächlich der Schreiber der Handschrift gewesen sein, die Kellner als Vorlage diente, dann muß er diese 1720 oder später von Quelle A kopiert haben. Diese Hypothese wäre aber unhaltbar, wenn er Köthen im März 1719 endgültig verlassen hätte. Aber vielleicht kehrte er im März 1719 gar nicht nach Ohrdruf zurück. Vielleicht besuchte er stattdessen eine andere Stadt oder einen anderen Hof, wie es reisende Musiker häufig taten. Vielleicht gab er seine Verpflichtungen als Kopist aber auch aus Gründen auf, die nichts mit möglichen Reisen zu tun hatten. Was immer der Grund hierfür gewesen sein mag, es ist durchaus vorstellbar, daß J. B. Bach sich in der zweiten Hälfte des Jahres 1720 (noch oder wieder) in Köthen aufhielt, daß er Quelle A in dieser Zeit kopierte und seine Abschrift mit nach Ohrdruf zurückbrachte, als er im März 1721 offiziell die Nachfolge seines Vaters antrat. In diesem Fall hätte Kellner die im Besitz von J. B. Bach d. J. befindliche Abschrift der Violin-Soli dann im Sommer 1726 ausgeliehen, sie in Frankenhain kopiert und damit Quelle D geschaffen.

Prinzipiell wäre auch möglich, daß Kellners Vorlage von dem Bruder J. B. Bachs erstellt wurde – Johann Heinrich Bach (1707–1783), der von 1724 bis mindestens 1727 die Leipziger Thomasschule besuchte. Einige der Bachschen Kompositionen, die Kellner in den 1720er Jahren kopierte, wurden mit großer Wahrscheinlichkeit von J. H. Bach aus Leipzig nach Ohrdruf gesandt oder gebracht. Hier wäre etwa an die Inventionen und Sinfonien BWV 772–801 zu denken, die Kellner (indirekt) nach dem Autograph von 1723 abschrieb, sowie an die erste Cembalo-Partita BWV 825, die 1726 in Leipzig im Druck erschien. Johann Bernhard Bach kann diese Werke nicht von Köthen mitgebracht haben, da sie zum Zeitpunkt seiner Abreise noch nicht existierten. Wenn J. H. Bach Quelle A allerdings in dem Zeitraum abschrieb, der zwischen seiner Ankunft in Leipzig im Jahr 1724 und Kellners Kopienahme im Jahr 1726 lag, warum enthält Quelle D dann nicht Bachs Korrektur in Takt 7 von BWV 1001/1? Wie bereits erwähnt, wurde diese Korrektur offenkundig vor Juli 1723 in das Autograph eingetragen. Es wäre natürlich möglich, daß J. S. Bach schon bald nach Vollendung seines Autographs von 1720 eine Zweitkopie herstellen ließ, daß der betreffende Takt in dieser Handschrift unkorrigiert blieb und J. H. Bach diese Abschrift und nicht A selbst als Vorlage benutzte. Eine viel einfachere Erklärung ist jedoch, daß J. B. Bach das unkorrigierte Autograph irgendwann in der zweiten Hälfte des Jahres 1720 in Köthen kopierte und seine Abschrift später im selben Jahr oder Anfang 1721 mit nach Ohrdruf nahm.

## Eine eigenwillige Verbindung: Kellner und Nehrlich

Eine weitere Handschrift, von der vermutet wurde, daß sie eine vor 1720 entstandene Fassung der Violin-Soli überliefern könnte, ist eine Abschrift der ersten Sonate (BWV 1001), die 1789 von Johann Peter Theodor Nehrlich (1770–1817) angefertigt wurde und die in der Literatur als Quelle Q bekannt ist.[91] Peter Wollny hat in anderem Zusammenhang nachgewiesen, daß Nehrlich Quellen aus dem Nachlaß von Bachs Kollegen und entferntem Verwandten, dem Weimarer Stadtorganisten Johann Gottfried Walther (1684–1748), erworben hat[92]; die oben erwähnte Vermutung wäre also im Prinzip plausibel. Die Hypothese daß die Vorlage von Quelle Q eine vor 1720 entstandene Fassung von BWV 1001 überliefert, stützt sich auf ein einziges Akzidens – ein Kreuz, das in dem Andante (BWV 1001/3) vor einem f' steht.[93] Dieses Kreuz erscheint weder im Autograph noch in irgendeiner anderen Quelle, ist harmonisch jedoch durchaus sinnvoll. Wir sollten daher die Möglichkeit zumindest erwägen, daß J. S. Bach das Zeichen in einen früheren Entwurf eintrug, es dann aber zu übernehmen versäumte, als er den Satz in Quelle A erneut niederschrieb.

Bei der Bewertung der Authentizität dieser Lesart können wir den Umstand nicht ignorieren, daß Nehrlichs Abschrift an zahlreichen Stellen mehr oder weniger korrumpiert ist. Bei den meisten Abweichungen vom Autograph handelt es sich offensichtlich schlicht um Kopierfehler. Eine Durchsicht dieser zahlreichen fehlerhaften Lesarten führt jedoch eindeutig zu dem Ergebnis, daß Nehrlichs Notentext wie jede andere überlieferte Handschrift der Violin-Soli von dem Autograph von 1720 abstammt. Ein im Autograph fehlendes Vorzeichen fehlt auch in Nehrlichs Abschrift;[94] Bachs eigenwillige Unisono-Notation wird irrtümlich als zwei unterschiedliche Noten gedeutet,[95] und zwei von Bach sehr tief auf der Notenlinie eingetragene und damit nicht eindeutig zu lesende Noten erscheinen in Nehrlichs Handschrift einen Ton zu tief.[96] Im Licht dieser zahlreichen Fehldeutungen und offensichtlichen Verbindungen zum Autograph erweckt das harmonisch plausible Vorzeichen im Andante den Eindruck, als wäre es ein Produkt der musikalischen Intuition von Nehrlich oder dem Schreiber einer Zwischenquelle. In der Tat sieht das Vorzeichen so aus, als wäre es vom Schreiber eingeschoben worden. Wenn das fis' in der Mitte des Taktes korrekt ist, dann hätte derjenige, der das Kreuz ergänzte, vor dem letzten f' im selben Takt ein Auflösungszeichen einfügen müssen. Was

[91] NBArev 3, S. 248 f.

[92] NBA IV/11 Krit. Bericht (P. Wollny, 2004), S. 180–184.

[93] BWV 1001/3 (T. 9).

[94] BWV 1001/2 (T. 86).

[95] BWV 1001/2 (T. 74).

[96] BWV 1001/1 (T. 2).

immer sein harmonischer Wert sein mag, das fis' ist eindeutig als vom Schreiber – und nicht vom Komponisten – stammend zu interpretieren.
Es ist bemerkenswert, daß Nehrlichs Abschrift der Violin-Soli mit Kellners Kopie eine Reihe von falschen Lesarten teilt. Allerdings kopierte Nehrlich Kellners Handschrift offensichtlich nicht direkt – sein Manuskript enthält die von Kellner ausgelassenen Passagen[97] –, also müssen die beiden eine gemeinsame Vorlage verwendet haben, die jünger als das Autograph war. In dreizehn Fällen sind die in den Quellen D und Q enthaltenen Fehler identisch,[98] und in fünf weiteren Fällen irrten Nehrlich und Kellner an denselben Stellen, schufen aber unterschiedliche Lesarten; dies läßt vermuten, daß die Notation in der von beiden benutzten Quelle an den besagten Stellen unklar war.[99] Hierzu im folgenden einige Beispiele:

BWV 1001/2 (T. 26–29) – D und Q haben in T. 28, Zählzeit 3, dieselbe falsche Baßnote.

A

D

Q

[97] Das auffälligste Beispiel findet sich in BWV 1001/2 (T. 34–41).

[98] BWV 1001/1 (T. 2, 19, 20), BWV 1001/2 (T. 29, 44, 67, 86, 88), BWV 1001/3 (T. 4, 13), BWV 1001/4 (T. 14, 26, 54).

[99] BWV 1001/1 (T. 6, 7), 1001/2 (T. 29, 62, 93).

BWV 1001/2 (T. 42–44) – D und Q haben in T. 44, Zählzeit 2, dieselbe falsche Note (e' statt es').

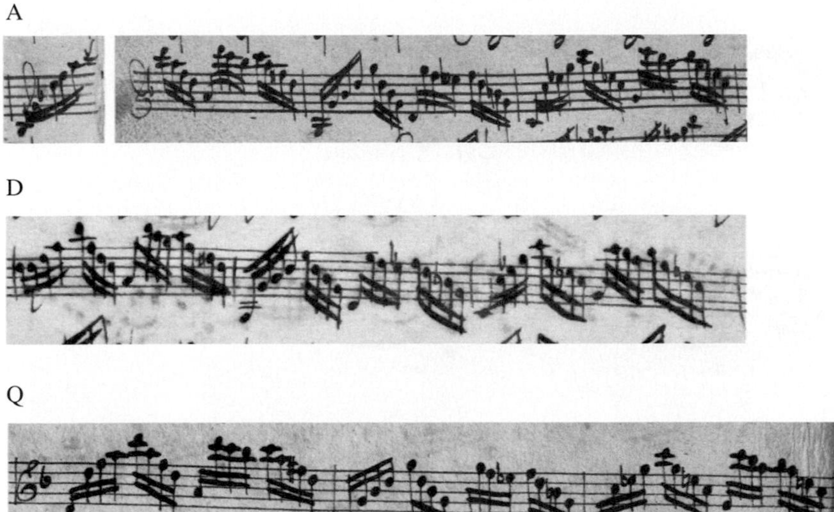


BWV 1001/2 (T. 85–88) – D und Q haben am Ende von T. 88 dieselbe falsche Note.

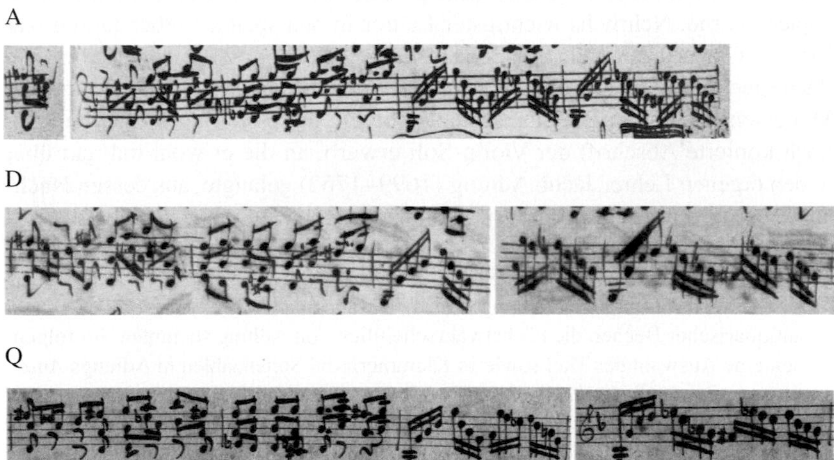

BWV 1001/4 (T. 13–16) – D und Q haben in T. 14 dieselbe falsche Note (g'' anstelle von f'').

A

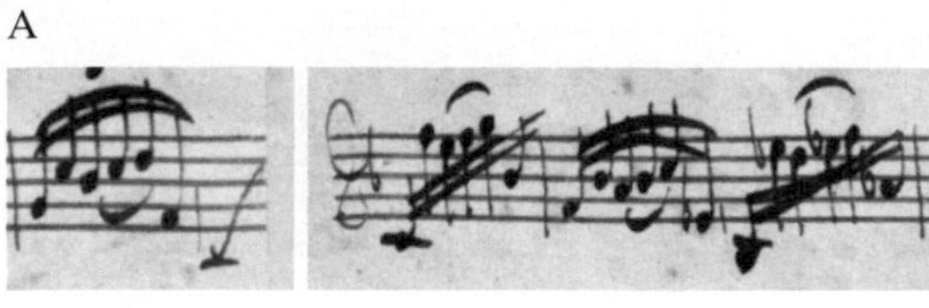

D

Q

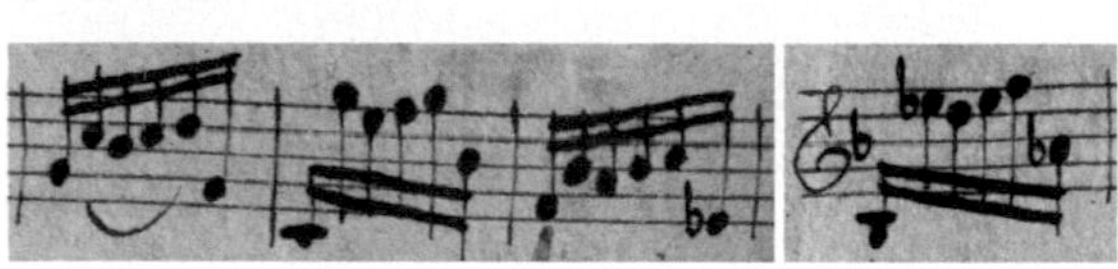

Ich habe weiter oben argumentiert, daß die Vorlage von Quelle D möglicherweise zwischen Mitte 1720 und Anfang 1721 von Johann Bernhard Bach d. J. kopiert wurde. Nehrlichs wichtigster Lehrer in den späten 1780er Jahren war Johann Christian Kittel (1732–1809), der Zugang zu einer Reihe von Bach-Quellen aus Ohrdruf hatte, darunter dem Andreas-Bach-Buch und die Möllersche Handschrift.[100] Es ist anzunehmen, daß Kittel auch die von J. B. Bach kopierte Abschrift der Violin-Soli erwarb, an die er wohl indirekt über seinen eigenen Lehrer Jacob Adlung (1699–1762) gelangte, aus dessen Nachlaß er auch einige andere Musikalien übernahm.[101] Johann Bernhard Bach

[100] Hill (wie Fußnote 88), S. 382–387.

[101] Der 1809 veröffentlichte Katalog von Kittels Nachlaß enthält eine Reihe seltener antiquarischer Bücher, die höchstwahrscheinlich von Adlung stammten. Im folgenden eine Auswahl der Titel sowie in Klammern die Seitenzahlen in Adlungs *Anleitung zu der musikalischen Gelahrtheit*, Erfurt 1758, und die Losnummern im *Verzeichniß derjenigen Musikalien und musikalischen Schriften aus dem Nachlasse des verstorbenen Hrn. Organist Kittel in Erfurt*, Erfurt 1809: Johann Philipp Bendeler, *Organopoeia, oder Unterweisung*, Frankfurt und Leipzig 1690 (Adlung, Sp. 337; Kat. Kittel, Nr. 802); Johann Georg Neidhard, *Sectio canonis harmonici*, Königsberg 1724 (Adlung, S. 276; Kat. Kittel, Nr. 810); Gioseffo Zarlino, *De tvtte l'opere*, Venedig 1588/89 (Adlung, S. 255, 285, 305; Kat. Kittel, Nr. 845). Der letztgenannte

ist der einzige Ohrdrufer Bach, der in Adlungs *Anleitung zu der musikalischen Gelahrtheit* einen eigenen Eintrag erhielt: „Bach (Joh. Bernhard) Organist in Ordruff, allwo sein Vater Organist und Schulcollege gewesen, ein Bruder des Herrn Bachs in Leipzig; er starb 1742 [recte 1743], und setzte gut, doch habe ich nicht viel davon gesehen.“[102] Kittels Musikaliensammlung enthielt zwei Klavierkonzerte in e-Moll und F-Dur sowie eine Ouvertüre in A-Dur mit der Zuweisung „Bach, (Joh. Bernh.)“.[103] Höchstwahrscheinlich gehörten diese Stücke zu dem Wenigen von Johann Bernhard Bach d. J., das Adlung kannte.[104] Über Bachs „6 Sonaten und Partien ohne Baß“ schrieb Adlung übrigens: „Es sind eigentlich *violini soli senza basso,* 3 Sonaten, und 3 Partiten, lassen sich aber auf dem Clavier sehr wohl spielen.“[105] Der Titel, den er für diese Werke verwendete, ähnelt eher dem von Kellners Abschrift aus dem Jahr 1726 – und damit wohl auch dem auf der Titelseite der verschollenen Handschrift, die Quellen D und Q als Vorlage diente – als demjenigen von Quelle A. Schließlich sei noch erwähnt, daß der Erfurter Musikdirektor Georg Peter Weimar (1734–1800), Nehrlichs erster Lehrer, im Jahr 1785 über die „Bache“ in Erfurt schrieb, daß sie „sämtlich von der Familie unserer großen Bache aus Ordurff [sic] abstammen“. Daraus läßt sich ableiten, daß Ohrdruf in Erfurt als Quelle der Bachschen Musik eine zentrale Rolle spielte – obwohl die dortige Geschichte der Familie Bach nicht weit in die Vergangenheit zurückreichte.[106]

---

Titel ist besonders aufschlußreich, da Kittels Bibliothek nur die ersten drei von vier Bänden enthielt und Adlung (S. 285) schrieb, „der 4te Band ist nicht musikalisch“, womit er indirekt begründete, warum dieser in seiner Sammlung fehlte.

[102] Adlung (wie Fußnote 101), S. 766.

[103] Kat. Kittel, Nr. 447 und 448.

[104] Ulrich Leisinger (*Johann Christian Kittel und die Anfänge der sogenannten späteren thüringischen Bach-Überlieferung*, in: Bach und seine mitteldeutschen Zeitgenossen. Bericht über das internationale musikwissenschaftliche Kolloquium Erfurt und Arnstadt 13. bis 16. Januar 2000, hrsg. von R. Kaiser, Eisenach 2001, S. 235–251, speziell S. 243) ist der Auffassung, daß der Name „Bach, (Joh. Bernh.)“ in Kittels Katalog auf Johann Bernhard Bach d. Ä. (1676–1749) aus Eisenach und nicht auf Johann Bernhard Bach d. J. aus Ohrdruf zu beziehen ist. Adlung nennt in seinen gedruckten Schriften allerdings den älteren J. B. Bach ausschließlich im Zusammenhang mit Orgelchorälen („Seine Chorale sind nicht schwer, aber doch ganz fein“), während er J. B. Bach d. J. als Komponisten von Werken für besaitete Tasteninstrumente erwähnt – ein Repertoire, das den Einträgen in Kittels Nachlaßverzeichnis eher entspricht; vgl. Adlung (wie Fußnote 101), S. 689, 766.

[105] Dok III, Nr. 695.

[106] G. P. Weimar, *Von dem Zustand der Music in Erfurt, auf der guten und schlimmen Seite betrachtet*, in: Magazin der Musik 2 (26. Januar, 1785), S. 392–417, speziell S. 410.

## Eine weitere bemerkenswerte Verbindung: Kellner und Dotzauer

Auf Kellner geht auch eine Abschrift der Cello-Suiten zurück, die in der Literatur als Cello-Quelle B bekannt ist. Die Titelseite lautet: *Sechs Suonaten | Pour le Viola de Basso. | par Jean Sebastian | Bach: || pos. | Johann Peter Kellner*. Kellners Schriftzüge in dieser Quelle gleichen denen in seiner Abschrift von Bachs Violin-Soli aus dem Jahr 1726; mithin wurden auch die Cello-Suiten wohl um diese Zeit kopiert. Es ist anzunehmen, daß die Cello-Quelle B auf ähnliche Weise entstand wie die Violin-Quelle D. Johann Bernhard Bach d. J. fertigte demnach eine Abschrift der Cello-Suiten in Weimar oder Köthen an und brachte sie 1720 oder 1721 nach Ohrdruf. Um das Jahr 1726 nutzte Kellner diese Abschrift als Vorlage für seine Anfertigung von Cello-Quelle B.
Heute ist keine autographe Handschrift von Bachs Cello-Suiten mehr greifbar – außer der Bearbeitung für Laute von BWV 1011 (BWV 995; Cello-Quelle H). Hans Eppstein hat 1990 die Vermutung geäußert, daß Kellners Cello-Quelle B eine frühere Fassung überliefert als die übrigen aus dem 18. Jahrhundert stammenden Abschriften (Cello-Quellen A, C und D) und die Erstausgabe (Cello-Quelle E).[107] Diese Hypothese hat sich – ähnlich wie Stinsons Überlegungen zu Kellners Violin-Quelle D – als überraschend einflußreich erwiesen, obwohl sie eigentlich kaum überzeugend ist.[108] Zahlreiche gemeinsame Notationsgepflogenheiten und Fehler belegen eindeutig, daß sämtliche erhaltenen Quellen der Cello-Suiten – einschließlich Kellners Cello-Quelle B – auf eine einzige (autographe?) Handschrift zurückgehen, die in der Literatur als Cello-Quelle [F] bekannt ist. Den überlieferten Cello-Quellen A, B, C, D und E gemeinsam sind zum Beispiel ein auffällig fehlendes Auflösungszeichen,[109] unkonventionelle Balkung,[110] klanglich irrelevante Eigentümlichkeiten der Notationsweise[111] sowie rhythmische Irrtü-

[107] NBA VI/2 Krit. Bericht (H. Eppstein, 1990), S. 18–26.

[108] Siehe zum Beispiel Fanselau (wie Fußnote 30), S. 272; Z. Szabó, *Precarious Presumptions and the "Minority Report" – Revisiting the primary sources of the Bach Cello Suites*, in: BACH: Journal of the Riemenschneider Bach Institute 45/2 (2014), S. 1–33; ders., *Remaining Silhouettes of Lost Bach Manuscripts? Re-evaluating J. P. Kellner's Copy of J. S. Bach's Solo String Compositions*, in: Understanding Bach 10 (2015), S. 71–83; und ders., *Problematic Sources* (wie Fußnote 75).

[109] BWV 1009/4 (T. 21).

[110] BWV 1011/1 (T. 23–24)

[111] BWV 1009/7 (T. 73 [Viertelnote] versus T. 75 [Achtelnote]); BWV 1010/4 (T. 5, 24 [Achtelnoten] versus T. 6, 7, 14, 16, 18 [punktierte Achtelnoten] versus T. 2, 4, 9, 10, 19, 22, 23, 25, 26, 27, 29 [Viertelnoten]). Zugegebenermaßen weicht Kellners Handschrift in BWV 1010/4 (T. 18, 24) zweimal ab, aber diese Abweichungen sind weniger zahlreich als die Übereinstimmungen und lassen sich leicht auf die notori-

mer.[112] Jedes dieser Beispiele ließe sich ausführlich diskutieren; ich möchte mich hier allerdings auf einen bemerkenswerten Fall beschränken, den Eppstein nicht erwähnt. Die musikalische Geste, mit der das Prélude der fünften Cello-Suite (BWV 1011/1) beginnt – eine Viertelnote, gebunden an eine Sechzehntelnote, auf die elf weitere Sechzehntel folgen – erklingt insgesamt dreimal (T. 1, 10, 17). In den beiden ersten Fällen (T. 1, 10) sind die elf Sechzehntel mit einem Bogen versehen. Nur beim dritten Mal (T. 17) sind sie mit zwei separaten Bögen ausgestattet (drei + acht Noten). Es gibt keine zwingende musikalische Begründung für diese Abweichung. Und tatsächlich hat der Komponist in seiner eigenhändigen Bearbeitung für Laute (Cello-Quelle H) auch beim dritten Mal alle elf Sechzehntel gebunden, genau wie beim ersten und zweiten Mal.[113] Die plausibelste Erklärung hierfür ist, daß in Cello-Quelle [F] – von der sämtliche überlieferten Quellen abstammen – in der Mitte von Takt 17 ein Zeilenwechsel stattfand. Wegen dieses Zeilenwechsels wurde der Bogen, der sich über alle elf Sechzehntel hätte erstrecken sollen, geteilt. Die Kopisten der Cello-Quellen A, B, C, D und E schrieben sämtlich in Takt 17 zwei anstelle von einem Bogen, obwohl dies in ihren eigenen Vorlagen nicht durch Zeilenwechsel suggeriert wurde. Hätte Bach selbst eine weitere Kopie dieser Musik angefertigt, dann wären die Zeilenwechsel an anderer Stelle gewesen, wie sie es in seiner Lautenbearbeitung ja tatsächlich auch sind.[114]

Wenn Cello-Quelle B auf Cello-Quelle [F] zurückgeht, warum unterscheiden sich die Lesarten dieser Abschrift dann an manchen Stellen so radikal von denen in A, C, D und E? Wie im Fall von Violin-Quelle D sind die singulären Lesarten von Cello-Quelle B das Resultat von Johann Peter Kellners weidlich dokumentierter Nachlässigkeit und seiner Neigung, die Musik während des Kopierens willkürlich zu verändern. Wenn Kellner bemerkte, daß er einen Fehler gemacht hatte, strich er diesen manchmal aus und kopierte die Passage erneut.[115] In anderen Fällen hingegen ließ er seine Kopierfehler stehen und paßte die Musik an diese an, indem er sie entsprechend umschrieb. Ein solcher Fall findet sich in Takt 6 und 7 des Menuetts der zweiten Cello-Suite (BWV 1008/5). Es handelt sich bei dieser Passage um die auffälligste von Kellners

sche Nachlässigkeit des Schreibers zurückführen. Weitere Beispiele sind die gleichermaßen uneinheitlichen Rhythmen am Ende der Reprisen in BWV 1007/3 (T. 18, 42), BWV 1009/2 (T. 12, 24), BWV 1009/3 (T. 40, 84), BWV 1010/3 (T. 26, 64), BWV 1011/2 (T. 18, 36), BWV 1011/3 (T. 12, 24) und BWV 1012/3 (T. 28, 72).

[112] BWV 1011/2 (T. 1 vs. 19); BWV 1012/2 (T. 15).

[113] Weitere individuelle Abweichungen in der Artikulation dieser Figur (z. B. Quellen D und E in T. 1 sowie Quellen B und H in T. 10) sind meiner Meinung nach mit hoher Wahrscheinlichkeit der Nachlässigkeit des jeweiligen Schreibers geschuldet.

[114] Spuren eines weiteren Zeilenwechsels scheinen sich in BWV 1008/2 (T. 9, zwischen Zählzeit 3 und 4) zu finden.

[115] Sieh zum Beispiel BWV 1010/1 (T. 59).

alternativen Lesarten, und sie hat viele Musiker und Forscher davon überzeugt, daß Kellners Abschrift unmöglich auf Cello-Quelle [F] beruhen kann.[116] Eine genauere Untersuchung führt jedoch zu einer wesentlich einfacheren Erklärung. Während Kellner Takt 5 kopierte, rutschte sein Blick versehentlich eine Zeile tiefer: Indem er sich an der letzten Zählzeit von Takt 6 orientieren wollte (eine Viertelnote c'), landete er bei derselben Note auf der letzten Zählzeit von Takt 13. Dann ergänzte er irrtümlich das tiefe e, um mit dem c' (wie in Takt 13) einen Doppelgriff zu bilden; anschließend kopierte er die ersten beiden Zählzeiten von Takt 14, wobei er die ganze Zeit dachte, er sei gerade dabei, Takt 7 zu kopieren. Als er dann nach drei Takten seinen Fehler bemerkte, entschied er sich dagegen, das bereits Geschriebene zu tilgen oder auszustreichen. Stattdessen wandelte er die beiden verbleibenden Viertelnoten in seiner Vorlage in Achtelnoten um und zwängte diese in die letzte Zählzeit von Takt 7. Was als eine virtuose alternative Lesart erscheint, ist also tatsächlich der Versuch eines Schreibers, einen blamablen Fehler zu kaschieren.

Nun zu der zweiten bemerkenswerten Verbindung. Die von Justus Johann Friedrich Dotzauer (1783–1860) besorgte Ausgabe der Cello-Suiten, die um 1826 bei Breitkopf & Härtel in Leipzig erschien, lehnt sich eng an die Erstausgabe (Cello-Quelle E) des französischen Cellisten Louis-Pierre Norblin (1781–1854) an, die um das Jahr 1824 bei Janet & Cotelle in Paris erschien und 1825 von dem Verlagshaus Probst in Leipzig erneut aufgelegt wurde. Wie Eppstein erkannt hat, handelt es sich bei Dotzauers Ausgabe nicht einfach um einen Wiederabdruck des bei Janet & Cotelle veröffentlichten Notentexts; vielmehr berücksichtigte er eindeutig Lesarten einer weiteren handschriftlichen Quelle. Doch welcher? Die meisten Korrekturen, die Dotzauer in Norblins Edition vornahm, finden sich in mehreren der überlieferten Handschriften (das heißt, in einer Kombination von Cello-Quellen A, B, C, D und/oder H). Allerdings weisen Dotzauers Korrekturen eine besonders nahe Verwandtschaft mit Kellners Quelle B auf. Insgesamt 17 Korrekturen entsprechen Lesarten, die ausschließlich in B enthalten sind, und sechs von diesen sind als besonders eindeutige Belege dafür zu werten, daß die Handschrift, zu der Dotzauer Zugang hatte, eng mit Kellners Kopie verwandt war.[117]

[116] Dieses Beispiel ist ein besonderer Favorit von Zoltán Szabó, der es zur Unterstützung seiner Hypothese heranzieht, daß Kellners Handschrift auf „eine vom Komponisten stammende reifere Fassung der Suiten" zurückgeht „als die, auf die die anderen Kopisten Zugriff hatten". Siehe Szabó, *Precarious Presumptions* (wie Fußnote 108), S. 19; ders., *Remaining Silhouettes* (wie Fußnote 108), S. 75, 82; und ders., *Problematic Sources, Problematic Transmission* (wie Fußnote 75), S. 69 f.

[117] Siehe BWV 1007/2 (T. 19), BWV 1007/3 (T. 25), BWV 1007/6 (T. 3), BWV 1008/6 (T. 8), BWV 1009/2 (T. 5), BWV 1009/6 (T. 4), BWV 1010/1 (T. 16; T. 56–58 Bogensetzung), BWV 1011/2 (T. 9–10 Bogensetzung; T. 19), BWV 1011/5 (T. 4)

Eppstein und andere waren der Meinung, daß Dotzauer für seine Korrektur von Norblins Edition direkt auf B (oder eine Abschrift davon) zurückgriff.[118] Allerdings können einige von Dotzauers Korrekturen unmöglich auf B zurückgehen, da sie Passagen emendieren, die Kellner gar nicht kopiert hat. Kellners Wiedergabe der Gigue aus der fünften Suite (BWV 1011/7) bricht nach Takt 9 ab, doch Dotzauer nahm auch in den Takten 28, 33 und 49 Korrekturen vor, die nicht aus dem Zusammenhang erschlossen werden können. Diese entsprechen allerdings den Lesarten der Cello-Quellen A, C, D und H, mithin dürften sie völlig legitim sein. Die logische Schlußfolgerung ist daher, daß Dotzauer direkten Zugang nicht zu Cello-Quelle B (oder einer Abschrift hiervon) hatte, sondern vielmehr zu einem Vorgänger dieser Quelle. Es ist anzunehmen, daß es sich bei Dotzauers Quelle um einen weiteren Abkömmling von Kellners Vorlage handelte oder gar direkt um diese Vorlage selbst.

Dotzauer wuchs in Hildburghausen auf, wo er im Alter von sechzehn Jahren ein Kompositionsstudium bei Johann Caspar Rüttinger (1761–1830) aufnahm, der in der Herzoglichen Hofkapelle als zweiter Violinist und als Organist an der Waisenhauskirche wirkte sowie „am Seminar in Hildburghausen" Tasteninstrumente, Violine und Continuo unterrichtete. In jungen Jahren hatte Rüttinger bei Johann Christian Kittel in Erfurt studiert.[119] Wie bereits erwähnt, erwarb Kittel wahrscheinlich die Handschrift, die Kellner als Vorlage für Violin-Quelle D verwendet hatte; Kittel seinerseits scheint seinem Schüler J. P. T. Nehrlich 1789 erlaubt zu haben, die Handschrift als Vorlage für Violin-Quelle Q zu benutzen. In dem hier vorgeschlagenen Szenario war Kittel auch der Besitzer der Abschrift der Cello-Suiten, die Kellner als Vorlage diente. Irgendwann zwischen 1775 und 1785 erlaubte er seinem Schüler Rüttinger, diese zu kopieren. Rüttinger brachte sodann seine eigene Abschrift mit nach Hildburghausen und stellte sie um das Jahr 1800 seinem Schüler Dotzauer zur Verfügung. Entweder erwarb Dotzauer die Handschrift von Rüttinger, oder er benutzte sie als Vorlage für eine weitere Kopie. Sodann korrigierte er Norblins Ausgabe nach dieser Quelle und veröffentlichte um 1826 seine eigene Edition.

Bedenkt man die lange Überlieferungskette, so wäre eine Häufung von Fehlern zu erwarten, doch bei den rund 150 Korrekturen, die Dotzauer in Cello-Quelle E vornahm, handelt es sich überwiegend um Tilgungen. Er entfernte systematisch einen Großteil von Norblins Aufführungsanweisungen (Dynamik, Tempo und Fingersätze) – wahrscheinlich weil diese nicht in seiner

---

und besonders BWV 1008/2 (T. 9), BWV 1008/3 (T. 21), BWV 1009/1 (Tempoangabe „Presto"), BWV 1009/1 (T. 79), BWV 1011/5 (T. 4), BWV 1012/1 (T. 95).

118 NBA VI/2 Krit. Bericht, S. 34. Szabó, *Problematic Sources* (wie Fußnote 75), S. 81, 186–194.

119 I. Ullrich, *Hildburghäuser Musiker. Ein Beitrag zur Musikgeschichte der Stadt Hildburghausen*, Hildburghausen 2003, S. 45 f., 53.

handschriftlichen Vorlage enthalten waren. Auch eine große Zahl von Verzierungen tilgte er aus Norblins Edition, entweder weil er sie ebenfalls nicht in seiner Quelle vorfand oder weil sie ihm stilistisch unangemessen erschienen. Gelegentlich überwog sein Wunsch, den Notentext zu entrümpeln, die Treue zu seiner Vorlage und er löschte auch eine Reihe von Verzierungen, die in einigen oder gar allen übrigen handschriftlichen Quellen erscheinen, einschließlich Cello-Quelle B.[120]

Dotzauers Bogensetzung unterscheidet sich ebenfalls häufig von der, die Norblin vorschlägt. Er verließ sich offensichtlich auf das, was ihm als Cellist natürlich erschien. In einigen Fällen aber scheint er Lesarten übernommen zu haben, die er in seiner Redaktionsvorlage vorfand. Diese Passagen enthalten nicht-intuitive Bögen, die auffällig mit denen in anderen Quellen übereinstimmen, besonders mit denen in Kellners Cello-Quelle B.[121]

Sowohl Kellners Abschrift als auch Dotzauers Edition sind ausgesprochen fehlerhaft und wir können bei einzelnen Lesarten nicht sicher sein, ob sie die Intentionen des Komponisten reflektieren. Wenn aber Lesarten in Kellners Abschrift mit Dotzauers Korrekturen in Norblins Edition übereinstimmen, so ist anzunehmen, daß sie einander bestätigen. Damit können wir bis zu einem gewissen Grad ihre gemeinsame Vorlage rekonstruieren, die wahrscheinlich von Johann Bernhard Bach d. J. in den Jahren angefertigt wurde, als er bei dem Komponisten studierte.

## Schlußfolgerungen

Von Bachs Soli für Violine und für Violoncello existieren keine Frühfassungen. Sämtliche bekannten Quellen für die Violin-Sonaten und -Partiten gehen auf das Autograph des Komponisten aus dem Jahr 1720 (Violin-Quelle A) zurück und sämtliche bekannten Quellen für die Cello-Suiten auf eine einzige verschollene Handschrift (Cello-Quelle [F]), die vielleicht ebenfalls autograph war. Bedenkt man, daß Kompositionen für solistische Violine beziehungsweise Violoncello zu dieser Zeit eher ungewöhnlich waren und die in diesen Werken bewiesene Kunstfertigkeit selbst Bachs üblichen hohen Anspruch noch übertrifft, ist anzunehmen, daß die Soli eine lange Reifezeit durchliefen, mit ausgedehnten Phasen systematischen Ausprobierens. Der Umstand, daß weder Entwürfe noch Alternativfassungen überliefert sind, ließe

[120] Siehe BWV 1007/2 (T. 8, 21), BWV 1007/4 (T. 5, 10), BWV 1007/6 (T. 8, 10, 18, 20), BWV 1008/4 (T. 4, 8, 16), BWV 1011/2 (T. 13), BWV 1011/3 (T. 23).

[121] Siehe BWV 1007/1 (T. 1–22), BWV 1007/2 (T. 13), BWV 1010/1 (T. 56–58), BWV 1011/2 (T. 9–10).

sich dahingehend interpretieren, daß der Komponist dieses Projekt weitgehend privat betrieb.
Während Bach die Violin-Soli in der Zeit ihrer Entstehung also anscheinend zurückhielt, gibt es Anzeichen dafür, daß sie sehr gefragt waren, sobald er sie 1720 der Öffentlichkeit zugänglich machte. In den ersten drei Jahren nach Vollendung des Autographs entstanden nicht weniger als vier dokumentierte Abschriften von Violin-Quelle A (C, E und A-Wgm, *P IX 66983* sowie die verschollene gemeinsame Vorlage von D und Q). In Anbetracht der mageren Überlieferungslage für Musikhandschriften aus dieser Zeit ist anzunehmen, daß zahlreiche weitere in dieser kurzen Periode entstandene Kopien verlorengingen.
Und schließlich haben die hier präsentierten Forschungsarbeiten die frühe Rezeptionsgeschichte von Bachs Musik für unbegleitete Violine und Violoncello um einige neue Namen bereichert. Der Geiger Johann Gottfried Vogler ist mit großer Wahrscheinlichkeit der Schreiber von Violin-Quelle C. Johann Bernhard Bach d. J. hat vermutlich die Vorlagen geschrieben, die Kellner für seine Abschriften der Violin- und der Cello-Soli verwendete. Kellners Vorlagen gingen anscheinend in den Besitz von Jacob Adlung und sodann von J. C. Kittel über, der sie wiederum seinen Schülern J. P. T. Nehrlich und J. C. Rüttinger zur Verfügung stellte. Anfang des 19. Jahrhunderts befand sich Bachs 1720 angefertigtes Autograph wahrscheinlich im Besitz von Pierre Ange Wagny. Wir können nicht wissen, wie sich all diese Musiker Bachs Solo-Werke musikalisch aneigneten, aber die Kenntnis ihrer Namen liefert uns immerhin eine Basis für weitere Fragen.

Übersetzung: *Stephanie Wollny*

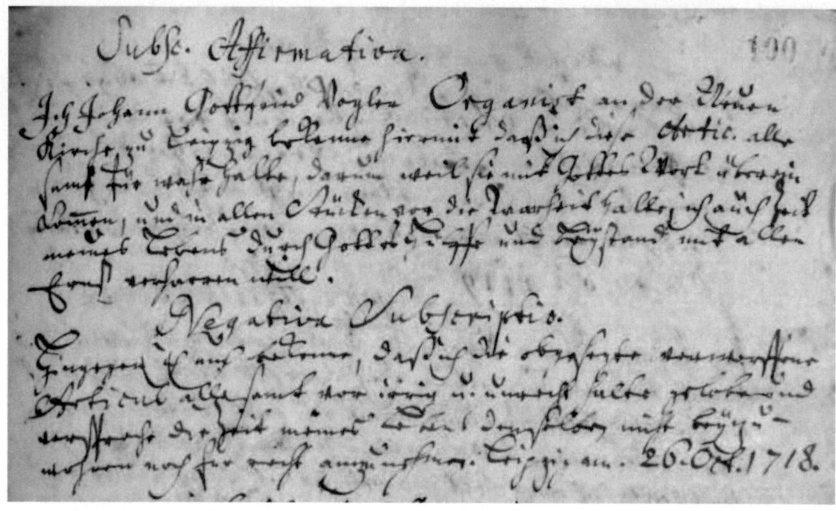

Subsc. Affirmativa. 100

Ich Johann Gottfried Vogler Organist an der Neuen Kirche zu Leipzig bekenne hiermit daß ich diese Artic. alle samt für wahr halte, dann weil sie mit Gottes Wort übereinkommen, und in allen Stücken vor die Warheit halte, ich auch bey meinem Leben durch Gottes Hülffe und Beystand mit allem Ernst verharren will.

Negativa Subscriptio.

Dagegen ich auch bekenne, daß ich die obgesetzte verworffene Articul allesamt vor irrig u. unrecht halte, selbige verwerffe dergestalt meines Theils dieselben nicht beyzupflichten noch für recht anzunehmen. Leipzig am 26. Oct. 1718.

Abb. 1: D-LEsta, *Konsistorium Leipzig 20021, Nr. 151 (Subscriptio derer Visitations Articul von denen Schulmeistern und Kirchnern in der Inspection Leipzig de ao 1627[–1835])*, fol. 100 r.

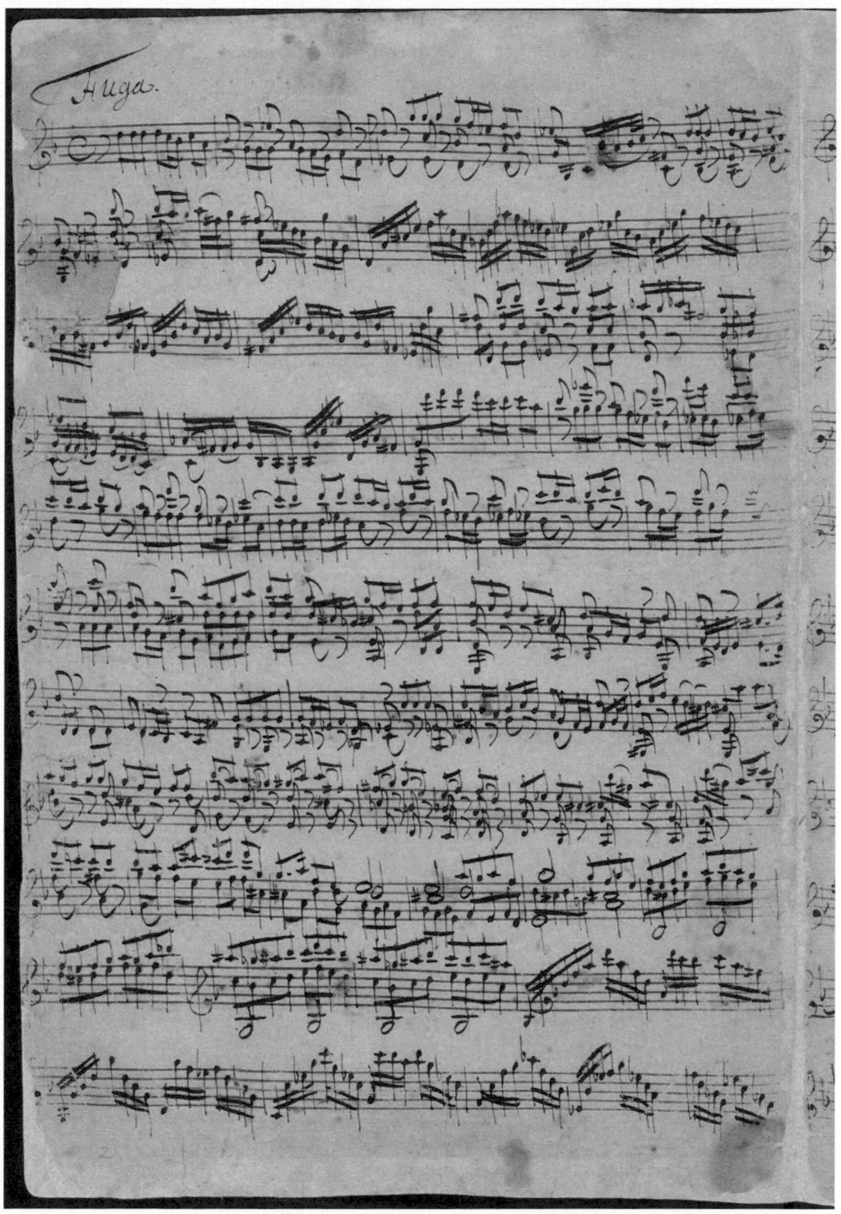


Abb. 2: D-B, *Mus. ms. Bach P 267* (BWV 1001/2, T. 1–46)

Abb. 3: D-WD (*Musikaliensammlung der Grafen von Schönborn/ Gemeinnützige Stiftung Schloß Weißenstein Pommersfelden*), *AW 114* (BWV 1024/2, T. 159–169 und BWV 1024/3, T. 1–19).

Abb. 4: D-DS, *Mus. ms. 1045* (TWV 42:d4/2, T. 28–58 und TWV 42:d4/3, T. 1–28)

# Untersuchungen zu Bachs Rezitativ-Parodien

Alexander Grychtolik (Weimar)

Obwohl Bachs Parodietechnik gern als ein „Lieblingsobjekt“[1] der Bach-Forschung bezeichnet wird, blieben Untersuchungen speziell zu Rezitativ-Parodien bislang ein Randthema.[2] Nicht nur der im Vergleich zu Arien, Chor- und Instrumentalsätzen viel stärker formalisierte Rezitativ-Stil, sondern auch die spärliche Quellenlage macht diese musikalische Form zu einem scheinbar weniger attraktiven Studienobjekt von Bachs Parodiepraxis. Dabei bieten detaillierte Untersuchungen zu Rezitativ-Parodien einen recht unmittelbaren Einblick in Bachs Kompositionswerkstatt[3] und tragen somit auch zum besseren Verständnis speziell seines Kantatenschaffens bei. Die hier dargelegten Untersuchungen lassen ein heterogenes Bild mit sehr unterschiedlichen Formen bezüglich Art und Umfang der Revision erkennen, für die die Einteilung in „dichterische“ und „kompositorische“ Parodien[4] nicht taugt. Das Spektrum reicht von der unveränderten Übernahme des musikalischen Materials über rhythmisch-melodische Detailveränderungen und die Einfügung neuer Einleitungs-, Mittel- oder Schlußteile bis hin zur völligen Umstrukturierung der Vorlage, von der mitunter nur noch der harmonische Verlauf erhalten bleibt. Es muß wegen der großen Überlieferungslücken jedoch darauf hingewiesen werden, daß selbst eine umfassende Darstellung zu überlieferten beziehungsweise nachgewiesenen Parodiebeziehungen letztlich nur einen vagen Einblick zu diesem Thema zu geben vermag:[5]

---

[1] W. Neumann, *Über Ausmaß und Wesen des Bachschen Parodieverfahrens*, BJ 1965, S. 63–85, hier S. 63.

[2] Für die Anregung zu diesem Aufsatzthema sei Peter Wollny an dieser Stelle gedankt.

[3] Siehe etwa R. L. Marshall, *The Compositorical Process of Johann Sebastian Bach. A Study of the Autograph Scores of the Vocal Works*, Band 1 und 2, Princeton 1972.

[4] Neumann (wie Fußnote 1), S. 72f. Siehe auch H.-J. Schulze, *Bachs Parodieverfahren*, in: Die Welt der Bach-Kantaten, hrsg. von C. Wolff und T. Koopmann, Stuttgart/Kassel 2006, Bd. II, S. 167–187.

[5] Vgl. die Übersicht zu Parodieverwandtschaften bei Neumann (wie Fußnote 1), S. 65–71.

| Umfang der Parodie | Enthalten in Parodiepaar (BWV) |
|---|---|
| Weitgehende Übernahme von Komposition und Dichtung | 210 a/1*) – 210/1<br>173 a/5 – 173/5<br>184 a/1 – 184/1?<br>80 a/2, 5 – $80^{II}$/3, 6 |
| Weitgehende Übernahme der Komposition mit vollständiger Neudichtung | 134 a/1, 3, 7 – $134^{I}$/1, 3, 5<br>194 a – 194?<br>173 a/1 – 173/1<br>248 a/4, 6* – 248/62, 64<br>66 a/1, 3 – 66/2, 4?<br>210 a/9*) – 210/9<br>249 a/4 – 249 b/4?<br>207 a/8 – 207/8<br>205/2, 4, 6, 10 – 205 a/2, 4, 6, 10*)<br>205 a/8, 12, 14 – 205/8, 12, 14? |
| Kompositorische und dichterische Umarbeitung | $134^{I}$/1, 3, 5 – $134^{II}$/1, 3, 5<br>30 a/8 – 30/9 |
| Kompositorische Umarbeitung mit vollständiger Neudichtung | 207 a/2 – 207/2<br>248 a/2* – 248/57<br>36 c/9 – 36 a/9? – 36 b/9<br>190 a/2, 6 – 190/2, 6? |

*) Unvollständig überliefert

## I. Weitgehende Übernahme von Komposition und Dichtung

Neben der lückenhaften Quellenlage mag auch Bachs Bestreben nach fortwährender Verbesserung[6] ein wesentlicher Grund dafür sein, daß nur wenige unveränderte Übernahmen von Rezitativen in neue Werkfassungen nachweisbar sind. Umso instruktiver sind die überlieferten „Minimaleingriffe" in Dichtung und Komposition, weil sie eine ungewöhnlich klare Intention des Komponisten erkennen lassen.

Ein anschauliches Beispiel bildet der Eingangssatz der fragmentarisch überlieferten Huldigungskantate „O angenehme Melodei" BWV 210 a, bei der es sich um eine vermutlich für Anna Magdalena Bach komponierte, höchst virtuose und in ihrer Länge beispiellose Solokantate handelt. Die überlieferte Gesangstimme wurde nach ihrer Erstaufführung am 12. Januar 1729 für mindestens zwei weitere Aufführungsanlässe umgearbeitet, indem lediglich der

[6] Schulze, *Bachs Parodieverfahren* (wie Fußnote 4), S. 183.

Name und die Standesbezeichnungen des entsprechenden Widmungsempfängers[7] neu eingetragen wurden.[8] Diese Wiederverwendung mag als Indiz dafür gelten, daß es sich bei BWV 210 um ein als festes Repertoirestück handelte und daß die in der Parodiefassung, die Hochzeitskantate „O holder Tag, erwünschte Zeit" BWV 210, überlieferten Instrumentalstimmen nach Möglichkeit unverändert wiederverwendet werden sollten. Der Vergleich zwischen der Gesangsstimme von BWV 210a und BWV 210 weist auf konkrete kompositorische Probleme beim Parodievorgang hin. So unterscheiden sich beide Fassungen im einleitenden Accompagnato-Rezitativ nicht nur in kleinen, auf die Silbenbetonung und Interpunktion rücksichtnehmenden Details, sondern an einer zentralen Stelle auch sehr grundlegend. Der symbolisch intendierte, aufwärtsführende Nonensprung in Takt 8 auf „Himmel" erschien mit dem neuen Text nicht mehr glaubwürdig, so daß Bach diese Passage in eine melodisch konventionellere Form überführte:

Beispiel 1: Satz 1, Takt 8 und Takt 9 von BWV 210a/BWV 210a

Möglicherweise sollte der Nonensprung ursprünglich erhalten bleiben und das an dieser Stelle gesungene Schlüsselwort „Himmel" durch das im Affektgehalt passende „Gott" ersetzt werden, jedoch war kein Platz für die Änderung der Textverteilung. Der unbekannte Dichter hatte beim Verfassen des neuen Textes die musikalische Vorlage vielleicht nicht vorliegen.

Die Osterkantate „Erhöhtes Fleisch und Blut" BWV 173 geht – wie die weiter unten ebenfalls abgehandelten Kantaten BWV 134, 184, 194 und 66 – auf einen einst wohl recht umfangreichen Köthener Fundus zurück, den der

---

7 Herzog Christian von Sachsen-Weißenfels, Joachim Friedrich Reichsgraf von Flemming und ein nicht direkt genannter „Gönner", hinter dem sich der Berliner Arzt Georg Ernst Stahl verbirgt (siehe hierzu M. Maul, *„Dein Ruhm wird wie ein Demantstein, ja wie ein fester Stahl beständig sein". Neues über die Beziehungen zwischen den Familien Bach und Stahl*, BJ 2001, S. 7–22)

8 Die Namen der jeweilig vorangegangenen Widmungsempfänger wurden durch Rasuren retuschiert. Siehe dazu: A. Schering, *Kleine Bach-Studien*, BJ 1933, S. 30–71, sowie NBA I/39 Krit. Bericht (W. Neumann, 1977), S. 99–102; ferner H. Tiggemann, *Unbekannte Textdrucke zu drei Gelegenheitskantaten J. S. Bachs aus dem Jahre 1729*, BJ 1994, S. 7–22, hier S. 7–9 und 11–14 (Faksimile).

Thomaskantor vor allem im ersten Leipziger Jahr als en-bloc-Parodie für Kirchenkantaten wiederverwendete. Der Rückgriff auf Köthener Gelegenheitswerke wird nicht nur als Bachs Bestreben gedeutet, seine musikalischen Schöpfungen als geistliches Repertoire überdauern zu lassen und weiterzuentwickeln, sondern auch als Anzeichen für Zeitknappheit. Vor allem bei mehreren aufeinanderfolgenden Festtagen mit jeweils einer Kantatenaufführung bedeutete dieses Vorgehen für Dichter, Komponist und Kopisten eine nicht unwesentliche Entlastung. Im Falle der Osterkantate BWV 173 wurde dieses Vorgehen so weit getrieben, daß beim zweiten der beiden auf BWV 173a basierenden Rezitative lediglich eine punktuelle Textrevision erfolgte, die angesichts einer als ansonsten passend empfundenen Vorlage möglicherweise von einem beauftragten Kopisten oder sogar von Bach selbst durchgeführt wurde:

| BWV 173a/5: | BWV 173/5: |
|---|---|
| Durchlauchtigster, den Anhalt Vater nennt | Unendlichster, den man doch Vater nennt |

Daß dieses Rezitativ ab Takt 6 in ein kunstvolles Arioso übergeht, mag Bachs Bestreben um eine mögliche Wiederverwendung bestärkt haben. Hans-Joachim Schulze vermutete, daß die Kantaten BWV 184 und BWV 194 eine ähnliche Werkgeschichte haben und bei ihnen nur einzelne Schlüsselworte ausgetauscht wurden.[9] Immerhin nutzte Bach bei der am 30. Mai 1724 in Leipzig aufgeführten Kantate „Erwünschtes Freudenlicht“ (BWV 184) nachweislich Köthener Stimmenmaterial.[10] Der verschollene Ursprungstext für eine Neujahrs- oder Geburtstagsfeier für Fürst Leopold von Anhalt-Köthen könnte sich mit einer kleinen Textrevision am Satzbeginn (zum Beispiel „Jahr“ statt „Bund“) dargeboten haben (siehe Beispiel 2).[11]

Wie das gezeigte Beispiel des nahezu identischen Parodiepaars BWV 173a/5 – BWV 173/5 weist Satz 3 von BWV 184 ein kunstvolles Arioso (Sopran statt Tenor) auf, dessen Text im Kern eine Köthener Dichtung sein könnte. Immerhin würde er für einen calvinistischen Fürstenhof nicht unpassend erscheinen (siehe Beispiel 3).[12]

---

[9] Schulze K, S. 274.

[10] Bei dem Kopisten handelt es sich vermutlich um den Organisten der Köthener Agnuskirche Emanuel Leberecht Gottschalck (gest. 1727).

[11] Zu diesem Rezitativ aus BWV 184a siehe NBA I/35 Krit. Bericht (A. Dürr, 1964), S. 138, sowie NBA I/14 Krit. Bericht (A. Dürr, 1963), S. 171.

[12] Die Continuo-Stimme stammt noch aus Köthen (Kopist vermutlich Gottschalck). Satz 5 der Vorlage BWV 184a wurde durch einen Choral ausgetauscht, aber in den Stimmen nicht gestrichen (vielleicht für andere Wiederverwendung Leipzig als Glückwunschmusik für anderen Adressaten vorgehalten).

Beispiel 2: Beginn Rezitativ Satz 1 von BWV 184/184a

Beispiel 3: BWV 184/3, Takte 22–24

Eine möglicherweise noch in die Weimarer Zeit zurückreichende Parodiebeziehung liegt bei der in mehreren Fassungen überlieferten Leipziger Kirchenkantate BWV 80 vor. Die Texte der beiden Rezitative (Satz 3 und 6) gehen auf Salomon Francks *Evangelisches Andachts-Opffer* (Weimar 1715) zurück, und auch das musikalische Material scheint aus der Weimarer Zeit (BWV 80a)

zu stammen,[13] denn (1) zeigen die Rezitative stilistische Merkmale aus Bachs Weimarer Zeit (vgl. zum Beispiel BWV 152, BWV 162, auch BWV 31), (2) sind in beiden Rezitativen Arioso-Einschübe (als begünstigendes Kriterium für eine Übertragung) vorhanden, insbesondere in Satz 3 (siehe Beispiel 4), und (3) weisen auch die angrenzenden Arien einen zur verschollenen Weimarer Vorlage identischen Text auf, was für eine en-bloc-Übernahme spricht. Lediglich am Beginn des Duetts (BWV 80a/5 bzw. BWV 80/7) erfolgte eine offensichtlich liturgisch bedingte Textrevision:[14]

| BWV 80a | BWV 80 |
|---|---|
| Wie selig ist der Leib, der, Jesu, dich getragen? | Wie selig sind doch die, die Gott im Munde tragen |

Beispiel 4: BWV 80/3, Takte 13–15

## II. Weitgehende Übernahme der Komposition mit vollständiger Neudichtung

Einer der markantesten Fälle für rein dichterische Rezitativ-Parodien ist die Frühfassung der Kantate „Ein Herz, das seinen Jesum lebend weiß" BWV 134[I], die auf die für den Neujahrstag 1719 bestimmte Köthener Serenata „Die Zeit, die Tag und Jahre macht" BWV 134a zurückgeht. Auch hier war Bach bestrebt, das Köthener Aufführungsmaterial wiederverwenden zu können, wobei sich die Neujahrsthematik von Hunolds Textvorlage für den neuen Anlaß (3. Ostertag 1724) anbot. Bach muß die lediglich durch den Continuo begleitete Alt-Arie für den Leipziger Aufführungskontext als unpassend empfunden haben und strich sie mitsamt ihres vorangehenden Rezitativs (Sätze 5 und 6). Die übrigen Rezitative versah er mit einem neuen Text.[15] Neben kleinen metrischen Anpassungen nahm er analog zu BWV 210 lediglich

[13] Vgl. Dürr St 2, S. 45 f. und 64; sowie NBA I/8.1–2 (C. Wolff, 1998), S. 91 f.
[14] BWV 80a war ursprünglich für die Passionszeit (Sonntag Oculi) bestimmt.
[15] Siehe auch Schulze K, S. 189 f.

punktuelle, bildsymbolisch motivierte Änderungen im Notentext vor, die von höchster kompositorischer Effizienz zeugen: So wurde in Satz 3 die exponierte Lage des Wortes „Himmel" im Hinblick auf das neue Schlüsselwort „Hölle" um eine Oktave nach unten transponiert, wobei der dadurch entstehende, überraschende Septimensprung die tiefe Lage tonmalerisch wirkungsvoll unterstreicht:

Beispiel 5: Tenorstimme Satz 3 Takt 10f. von BWV 134a/BWV 134[I]

Die auf die Worte „diesen Grenzen" gesungene Passage, deren hohe Lage (g') die großen Weiten des Anhalt-Köthenischen Herrschaftsraums darstellt, bleibt zwar erhalten, jedoch wird sie diminuiert. Die dabei entstehende *Circulatio*, mit der Bach zum Beispiel auch Flüsse darstellt,[16] illustriert dabei das fließende Blut des gekreuzigten Jesus:

Beispiel 6: Tenorstimme Satz 3 Takt 13–14 von BWV 134a/BWV 134[I]

Bei der Neutextierung[17] bewahrte der unbekannte Dichter nicht nur Hunolds Reimschema, sondern an mehreren Stellen blieb auch die Köthener Textvorlage erhalten, weil sie für den kirchlichen Aufführungskontext als passend empfunden passend:

[16] Siehe BWV 207a/2 (Notenbeispiel 19).

[17] Alfred Dürr nimmt Bach sogar als Dichter der neuen Textfassung an; siehe NBA I/35 Krit. Bericht, S. 91.

| BWV 134a | | BWV 134 | |
|---|---|---|---|
| Satz 3 | „Zu deinem Heil, zu seinem Ruhm“ | Satz 1 | „Zu deinem Heil, zu seinem Ruhm“ |
| Satz 7 | „zu vieler Tausend Wohl und Lust, die unter seiner Gnade wohnen“ | Satz 5 | „zu aller Herzen Trost und Lust, die unter seiner Gnade trauen“ |
| Satz 7 | „an ihnen deine Güt und Treu“ | Satz 5 | „und preiset deine Huld und Treu“ |

Gelegentlich blieb zumindest die Thematik des Textes erhalten, was die bereits bei BWV 210 beobachtete Wahrung des musikalischen Affektzusammenhangs ermöglichte:

| BWV 134a/3 | BWV 134/3 |
|---|---|
| „Noch flieht alles Mordgetümmel“ | „Denn dieses kann die Feinde fällen“ |

Als weiteres Beispiel für dieses Vorgehen kann die Orgelweihkantate „Höchsterwünschtes Freudenfest“ (BWV 194) aus dem Jahre 1723 gelten, die mit Ausnahme des Schlußchorals eine en-bloc-Parodie des Köthener Kantatenfragments BWV 194a darstellt. Der nicht speziell für eine Orgelweihe ausgerichtete Text des Eingangschores und der Arien von BWV 194 könnte analog zu BWV 184 mit dem Austausch weniger Worte in seine ursprüngliche Gestalt als Köthener Glückwunschkantate zurückgeführt werden.[18] Da die Texte der fünf Rezitative jedoch stärker auf die geistliche Thematik Bezug nehmen,[19] stellen sie wohl dichterische Neuschöpfungen auf der Grundlage von Köthener Textschablonen dar. Dafür spricht insbesondere Satz 9 als Dialog zwischen Sopran und Baß („Kann wohl ein Mensch zu Gott im Himmel steigen? / Der Glaube kann den Schöpfer zu ihm neigen“), der an ähnliche Duett-Einschübe in Köthener Rezitativen (BWV 66a/3 und 173a/5) erinnert.

Ein anderer aufschlußreicher Fall ist der Eingangssatz der bereits erwähnten Osterkantate „Erhöhtes Fleisch und Blut“ BWV 173. Daß die Zeitknappheit für die Bearbeitung der Köthener Vorlage BWV 173a groß gewesen sein muß, belegen die im Partiturautograph erhaltenen Revisionseintragungen für die Leipziger Kirchenfassung. Während die Streicherbegleitung dieses Rezitativs vollständig übernommen wird, gestaltet Bach die Gesangstimme bis auf die zwei Eingangs- und Schlußtakte unter Wahrung des Harmonieverlaufs um:

[18] Schulze K, S. 630.

[19] Ebenda.

Beispiel 7: Sopran- beziehungsweise Tenor-Stimme, BWV 173a und BWV 173, Satz 1, Takt 3–7

Wie schon bei BWV 210 und BWV 134 erfolgte hier eine punktuelle Anpassung bei den im Affektgehalt konträren Schlüsselwörtern, wobei das übernommene Streicher-Accompagnato ohnehin nur geringen Spielraum für eine Neugestaltung zuließ. So fällt in BWV 173 zunächst die Abwärtsführung der Gesangstimme hin zum neuen Wort „Erde“ in Takt 3 auf: In der hohen Lage (fis’’) entsprechend der Vorlage würde diese Konstellation bildsymbolische Widersprüche hervorrufen, ebenso in Takt 4 die ursprünglich abwärts geführte Dreiklangsfigur hin zum Wort „stellt“ und in Takt 5 die ursprüngliche Geste der „tiefen“ Verbeugung („biegen“), die in der Parodiefassung in eine gegenteilige, höhere Lage („Höchsten Kind“) überführt wurde. Der stilistisch auffällige Oktavsprung in der Parodiefassung zu Takt 6 hin war der entscheidende Kunstgriff Bachs, das in Takt 5 bereits etwas abgenutzte d’’ („zu werden“) in Takt 6 mit neuer Wirkung nochmals erklingen zu lassen und die anschließende Koloratur beibehalten zu können. Dadurch konnte auch der tonartlich passende Übergang zur folgenden Arie erhalten bleiben.

Darüber hinaus existieren unvollständig überlieferte Parodiepaare, bei denen aufgrund des en-bloc-Charakters und eines vergleichbaren Entstehungskontextes von einer weitgehenden Übernahme der Komposition auszugehen ist. Ein Fall hierfür ist die verschollene, am 10. Dezember 1718 aufgeführte Geburtstags-Serenata „Der Himmel dacht auf Anhalts Ruhm und Glück“ BWV 66a, die wenige Wochen vor der bereits erwähnten Neujahrs-Serenata BWV 134a im Köthener Schloß erklang. Wie jene wurde das musikalische Material von BWV 66a in die Osterkantate „Erfreut euch, ihr Herzen“ BWV

66 überführt. Lediglich eine für den kirchlichen Aufführungskontext anscheinend als ungeeignet empfundene Arie (Satz 6) nebst ihrer angrenzenden Rezitative wurde gestrichen.[20] Fraglich bleibt, wie stark dabei in die musikalische Struktur der übernommenen Rezitative eingegriffen wurde, auch wenn sie sogar ein identisches Reimschema aufweisen. Denn im ersten Rezitativ der Kirchenkantate (BWV 66/2) erscheint die tief einsetzende Streicherlage zum Schlüsselwort „Grab“ zwar plausibel, jedoch nicht zum ursprünglichen „Himmel“ von Hunolds Dichtung, wenn man Bachs bildsymbolisch geleitete Vorgehensweise berücksichtigt:

Beispiel 8: Beginn Rezitativ BWV 66 mit hypothetischer Textfassung BWV 66 a (kursiv)

Denkbar wäre, daß Bach die Streicherbegleitung in den ersten beiden Takten ursprünglich in einer höheren Lage notiert hatte und für die Leipziger Oster-

[20] F. Smend, *Bach in Köthen*, Berlin 1951, S. 34 ff.; siehe auch NBA I/35 Krit. Bericht, S. 59–61.

kantate überarbeitete.[21] Andererseits spricht der Schluß des Rezitativs gegen eine vollständige Neukomposition. Er erscheint in beiden Textfassungen äußerst plausibel, vor allem die sich an den musikalischen Höhepunkt („Jubelfest") anschließende Streichermotivik der Schlußkadenz, die den harmonischen Anschluß zur folgenden Arie (A-Dur) bildet:

Beispiel 9: Ende Rezitativ BWV 66 mit hypothetischer Textfassung BWV 66 a (kursiv)

Ebenso muß das folgende Rezitativ (BWV 66/4) noch weitgehend eine Köthener Komposition sein. Der im Secco-Stil gehaltene erste Abschnitt bis Takt 22 ist nicht nur im Reimschema mit Hunolds Vorlage identisch, auch die erste Zäsur (Kadenz in BWV 66) erfolgt an gleicher Stelle. Die zwei in der Parodiefassung fehlenden Verszeilen können durch die Alliteration (fünffaches „Mein") entstanden sein und müssen eine Umgestaltung des Mittelteiles (Streichung einiger Takte) nach sich gezogen haben:

| BWV 66 a/3 | BWV 66/4 |
|---|---|
| *Fama* (Sopran?)<br>Die Klugheit auf dem Thron zu sehn,<br>Und Tugenden, wie sie im Purpur gehn,<br>Ja Gnad und Huld, die Land und Leut erquicken,<br>Bei der Gewalt des Zepters zu erblicken<br>Hab' ich der großen Burg beschaut. | Tenor<br>Bei Jesu Leben freudig sein<br>Ist unsrer Brust ein heller Sonnenschein.<br>Mit Trost erfüllt auf seinen Heiland schauen<br>Und in sich selbst ein Himmelreich erbauen,<br>Ist wahrer Christen Eigentum. |

[21] Auf eine mögliche Lagenanpassung des Rezitativ-Beginns weist das ungewöhnliche Motiv in den hohen Streichern am Ende von Takt 2 hin, das zu der für Streicher-Accompagnati üblicheren Mittellage der Folgetakte vermittelt.

| BWV 66a/3 | BWV 66/4 |
| --- | --- |
| Ich bin umsonst zu manchem Thron geflogen<br>Der nur auf Weh und Ach gebaut.<br>Kaum, daß ich hier den edlen Hof bezogen,<br>So lebt mein Wunsch; dies Kleinod treff ich an; | Doch weil ich hier ein himmlisch Labsal habe,<br>So sucht mein Geist hier seine Lust und Ruh, |
| Man hat von jener Sternen-Bahn<br>Der Klugheit, Tugend, Gnad' und Güte,<br>Die Macht und Hoheit anvertraut. | Mein Heiland ruft mir kräftig zu:<br>Mein Grab und Sterben bringt euch Leben,<br>Mein Auferstehn ist euer Trost. |
| O Fürst, von fürstlichem Gemüte!<br>Wie herrlich, wohl und fest<br>Hast Du den Fürsten-Stuhl gesetzet!<br>Der Grund ist Gott, der ihn nie wanken läßt,<br>Der dich, o Fürst, nach seinem Sinn ergetzet. | Mein Mund will zwar ein Opfer geben,<br>Mein Heiland, doch wie klein,<br>Wie wenig, wie sogar geringe<br>Wird es vor dir, o großer Sieger, sein,<br>Wenn ich vor dich ein Sieg- und Danklied bringe. |

In dem folgenden Arioso mit gehendem Baß, das mit seinen heiteren Affekten doch eher dem Hunoldschen Ursprungstext nahekommt, sind es bildsymbolische Details, die eine musikalische Übernahme sehr nahelegen, wie die geradezu schwebende Koloratur auf „tragen":

Beispiel 10: BWV 66/4, T. 37 bis 40 mit hypothetischer Textfassung BWV 66a/3 (kursiv)

Sopran
es hält ihn noch der Tod in Ban - - - - - - - - - - - - - - - (den)
*sein Lob zu al - len Völ - kern tra - - - - - - - - - - - - - - - (gen)*

Auch der folgende Secco-Abschnitt ab Takt 53 muß mit BWV 66a in einer Parodiebeziehung stehen. Der unbekannte Dichter übernahm sogar das einleitende „Wie" aus Hunolds Text. Der im Rezitativ-Stil bei Fragen übliche phrygische Halbschluß (Takt 55) bekräftigt den mit der ohnehin identischen Textstruktur naheliegenden Verdacht, daß in BWV 66/4 eine weitere Köthener Komposition vorliegt (siehe Beispiel 11).

Bleibt die Kürzung bei BWV 66/3 wegen fehlender Quellen eine Hypothese, so ist das letzte Accompagnato der bereits erwähnten Huldigungskantate BWV 210a ein überlieferter Fall für Rezitativ-Erweiterungen. Der etwas

Beispiel 11: BWV 66/4, Takt 53 bis 55 mit hypothetischer Textfassung BWV 66a (kursiv)

53
Soprano
Läßt wohl das Grab die To - ten aus?
Ist die - ses ein so selt-sam Ding?
Alto
Wie, darf noch Furcht in ei - ner Brust ent - stehn?
Wie, find ich dich, Glück-se - lig - keit, all - hier?
Continuo

längere Text der Hochzeitskantate machte den Einschub von sechs Takten notwendig, wobei das Accompagnato-Schema (Beispiel 12) für den neuen Mittelteil die nötige Anpassungsfähigkeit hatte.[22] Zwei weitere Hinweise, daß dieses Accompagnato-Schema bereits in der Vorlage existierte, mögen die zur folgenden Arie identische Instrumentalbesetzung (als einziges Satzpaar in Tutti-Besetzung) sowie das ähnliche Wechselnoten-Motiv sein. Dadurch konnte auch die dramaturgisch herausgehobene Stellung dieses Rezitativs als *Scena ultima* erhalten bleiben.

Beispiel 12: Takt 1 der Accompagnato-Begleitung von BWV 210/9

Flauto traverso
Oboe d'amore
Violino I
Violino II
Viola

Ein anderes Beispiel, bei dem neben der Textstruktur vor allem die dramaturgische Bedeutung eine musikalische Übernahme plausibel erscheinen läßt, ist das erste Rezitativ der Festmusik für den Leipziger Festungsgouverneur und Bach-Förderer Joachim Friederich Graf von Flemming (BWV 249b),[23]

[22] Siehe auch NBA I/39 Krit. Bericht, S. 99–102.

[23] „Verjaget, zerstreuet, zerrüttet, ihr Sterne" (*Die Feier des Genius*). Zur Parodieabhängigkeit siehe auch F. Smend, *Neue Bach-Funde*, in: Archiv für Musikforschung 7 (1942), S. 1–16, hier S. 4–7.

die auf die ein Jahr ältere „Schäferkantate" BWV 249a aus dem Jahre 1725 zurückgeht. Während die letzten drei Rezitative für Flemmings Festmusik offensichtlich neu vertont wurden,[24] so ist das in seiner Textstruktur identische Vokalquartett wohl übernommen worden.[25]

| BWV 249a/4 („Schäferkantate") | BWV 249b/4 („Die Feier des Genius") |
|---|---|
| *Damoetas:*<br>Was hör ich da? | *Genius:*<br>Was hör ich hier? |
| *Menalcas:*<br>Wer unterbricht uns hier? | *Mercurius:*<br>Wer störet unsre Lust? |
| *Damoetas:*<br>Wie? Doris und die Sylvia? | *Genius:*<br>Minerva und Melpomene? |
| *Sylvia:*<br>So glaubet ihr,<br>Daß eure Brust allein<br>Voll Jauchzen und voll Freude? | *Minerva:*<br>So meinet ihr,<br>Daß jetzt nun eure Brust<br>Der Sammelplatz der Freuden? |
| *Doris:*<br>Und daß wir beide<br>Jetzt ohne Wonne sollen sein? | *Melpomene:*<br>Und daß uns beiden<br>Nicht gleicher Trieb von Herzen geh? |

Das Rezitativ thematisiert das überraschende, als *Tafel-Music*[26] einst effektvoll inszenierte Auftauchen der Schäferinnen Doris und Sylvia im vorangehenden, auf Vergils zehnte Ekloge anspielenden Wettgesang der Hirten Menalcas und Damoetas, das sich dem Publikum ohne ein entsprechend

[24] Die drei neu komponierten Rezitative wurden dem älteren Stimmenmaterial der Fassung als Schäferkantate sicherlich nur als Einlageblätter beigefügt.

[25] Friedrich Smend stellte fest, daß die „Schäferkantate" BWV 249a gegenüber dem 1725 in einer ersten Frühfassung aufgeführten Oster-Oratorium ein äußerst schlüssig angelegtes Werk sei, jenes hingegen zahlreiche dramaturgische Widersprüche und Sonderheiten aufweise, die in der Parodie begründet sind. Vielleicht waren jene Widersprüche eine Motivation, mit der textlich und musikalisch nahezu identischen Glückwunschkantate BWV 249b nochmals an diese gelungene Werkfassung anzuknüpfen. Siehe dazu: *Joh. Seb. Bach Schäferkantate „Entfliehet, verschwindet, entweichet, ihr Sorgen". Erstmalig herausgegeben von Friedrich Smend. Generalbaß-Aussetzung und Recitative von Hermann Keller*, [Basel] 1943, Nachwort S. 68–72, hier S. 71.

[26] C. F. Henrici (genannt Picander), *Ernst-Scherzhaffte und Satyrische Gedichte. Erster Theil*, Leipzig, 1727, ²1732, ³1736, S. 4–7.

nachgeschaltetes Rezitativ nicht erklären würde. Vor dem Hintergrund, daß die mythologischen Figuren sowie deren Arientexte nur eine leichte Abwandlung der Schäferkantate darstellen, muß der Satz vor allem auch wegen seiner dramaturgischen Bedeutung für eine Wiederverwendung prädestiniert gewesen sein.
Tatsächlich erhaltene Rezitativ-Parodien aus der mittleren Leipziger Zeit finden sich in der Huldigungskantate „Auf, schmetternde Töne der muntern Trompeten“ BWV 207a zum Namenstag von König August III. von Polen. Das dem Schlußchor vorangestellte Accompagnato-Rezitativ (Quartettbesetzung) wird neben punktuellen metrischen Anpassungen lediglich an einer einzigen Stelle gegenüber der etwa zehn Jahre jüngeren, für den Leipziger Professor Gottlieb Korte bestimmten Fassung als Glückwunschkantate „Vereinigte Zwietracht der wechselnden Saiten“ BWV 207 verändert, nämlich bei der neuen Alliteration „Sachsen und Sarmaten“. (Bei Sarmatien handelt es sich um eine antike Bezeichnung des Gebietes von Polen-Litauen, mit der die Herrschaft August III. ideell an das Römische Kaisertum anknüpfen soll.) Die kompositorische Hervorhebung der erst im Vorjahr formal dem Herrschaftsbereich Augusts einverleibten „Sarmaten“[27] scheint eine geradezu politische Dimension gehabt zu haben:[28]

Beispiel 13: Sopranstimme Satz 8, Takt 32–34 von BWV 207 und BWV 207a

Ähnlich effizient wird Bach bei der im Vorjahr zur Krönung August III. komponierten Festmusik „Blast Lärmen, ihr Feinde! verstärket die Macht“ BWV 205a verfahren sein, die eine weitgehende en-bloc-Parodie der Kantate „Zerreißet, zersprenget, zertrümmert die Gruft“ BWV 205 darstellt und deren metrisch identische Rezitative (Satz 2, 4, 6 und 10) anscheinend keine größeren Umarbeitungen erfuhren.

---

[27] Die Annektierung erfolgte im Rahmen des Polnischen Thronfolgekriegs (1733 bis 1738).

[28] Die Festmusik wurde im Zimmermanschen Caféhaus aufgeführt und war somit Teil der offiziellen Feierlichkeiten für den König.

Werner Neumann postulierte, daß die drei verbleibenden Rezitative der Krönungskantate (Sätze 8, 12 und 14) Neukompositionen gewesen sein müßten.[29] Vor allem die Abweichungen in der Textlänge (Sätze 8 und 14) und die offenbare Transposition des Duetts (Satz 13) sprechen für diese Annahme. Natürlich hätte eine Neukomposition keinen größeren Aufwand für Bach dargestellt,[30] doch sollen die folgenden Ausführungen zeigen, wie wenige kompositorische Handgriffe nötig gewesen wären, um auch diese drei Sätze aus BWV 205 zu übernehmen. Vor allem der Entstehungskontext der Krönungskantate legt die Vorgehensweise nahe, Änderungen nach Möglichkeit nur in das Stimmenmaterial der Vorlage einzufügen.[31] Die zusätzliche Textzeile in Satz 8 könnte durch einige eingeschobene beziehungsweise revidierte Takte in der Continuo-Stimme ermöglicht werden. Ab dem Wort „Wohlan!" liegt eine auffallende Kongruenz in der Textstruktur vor: Kleinere Abweichungen in der Silbenanzahl könnten ohne größeren kompositorischen Aufwand (zum Beispiel Unterbringung zusätzlicher Silben durch Umwandlung von Achtel- in Sechzehntelnoten) in der vielleicht ohnehin neu anzufertigen Gesangstimme ausgeglichen worden sein:

| BWV 205/8 („Äolus-Kantate") | BWV 205 a/8 („Krönungskantate") |
|---|---|
| Alt<br>So willst du, grimmger Aeolus,<br>Gleich wie ein Fels und Stein<br>Bei meinen Bitten sein? | Alt<br>Der Kur-Hut wird vor heute abgelegt,<br>Und da mein Fürst auch Kron und Purpur trägt,<br>So können wir mit gutem Grunde hoffen,<br>Es steh uns nun der Weg zu größrer Gnade offen. |

[29] NBA I/37 Krit. Bericht (W. Neumann, 1961), S. 13.

[30] Zu dieser Option, die bei vermuteten Rezitativ-Parodien immer berücksichtigt werden muß, siehe Schulze K, S. 182.

[31] Angesichts des ungewissen Ausgangs der Kämpfe mag für Bach zunächst fraglich gewesen sein, ob diese Festmusik überhaupt zur Aufführung kommen würde. Vieles spricht daher für eine kurzfristige Vorbereitung unter größerem Zeitdruck, vor allem der Umstand, daß in dem bei Breitkopf gedruckten Textheft die genaue Tageszahl des Aufführungsdatums freigelassen wurde. Im Partiturautograph von BWV 205 hat sich beim Eingangschor zudem Bachs Texteintragung der Parodiefassung erhalten. Warum diese am Beginn des Satzmittelteils dann aber abbricht, ist nicht klar. Siehe auch NBA I/37 Krit. Bericht, S. 7–14.

| BWV 205/8 („Äolus-Kantate“) | BWV 205 a/8 („Krönungskantate“) |
|---|---|
| Sopran<br>Wohlan! Ich will und muß<br>Auch meine Seufzer wagen,<br>Vielleicht wird mir,<br>Was er, Pomona, dir<br>Stillschweigend abgeschlagen,<br>Von ihm gewährt. | Sopran<br>Wohlan! So will ich mich<br>Auch jetzt zu deinem Throne wagen,<br>Und dir in Untertänigkeit,<br>Bei dieser höchst beglückten Zeit,<br>Des Geistes treue Regung sagen;<br>Doch, ich will lieber schweigen. |
| [Sopran, Alt]<br>Wohl! Wenn er gegen mich/dich<br>sich gütiger erklärt. | [Sopran, Alt]<br>Doch nein!/Nein, nein! er wird sich<br>gegen mich/dich<br>als wie ein Vater zeigen. |

Auch das von Sopran und Alt gesungene Ende dieses Rezitativs läßt sich mühelos mit der ähnlich gestrickten Textfassung der Krönungskantate verbinden (Beispiel 14): Sinnvoll wäre diese Übernahme auch deshalb gewesen, weil der harmonisch passende Übergang zur folgenden, in E-Dur stehenden Arie erhalten geblieben wäre:

Beispiel 14: Takte 12 bis 15 aus BWV 205/8 mit hypothetischer Textunterlegung nach BWV 205 a/8

12
ich will lie-ber schwei-gen. Doch nein! Er wird sich ge-gen mich als wie ein Va - ter zei-gen.
Nein, nein! Er wird sich ge-gen dich als wie ein Va - ter zei-gen.

Ebenso verhält es sich bei Satz 12, der eine auffallende Kongruenz in der Textstruktur zwischen beiden Fassungen aufweist. Die zusätzlichen Silben werden wohl analog zu Satz 8 durch kleinere Umarbeitungen (etwa metrische Anpassungen) untergebracht worden sein:

| BWV 205/12 („Äolus-Kantate“) | BWV 205a/12 („Krönungskantate“) |
|---|---|
| [Sopran, Alt, Tenor]<br>[Was Lust! Was Freude! Welch<br>Vergnügen!]<br>Entstehet in der Brust,<br>Daß sich nach unsrer Lust<br>Die Wünsche müssen fügen. | Sopran, Alt, Tenor<br>Ihr Söhne, laßt doch künftig lesen,<br>was euch Augustus Guts getan,<br>damit die Nachwelt sehen kann,<br>sein Ruhm sei Kronen-wert gewesen. |

| BWV 205/12 („Äolus-Kantate“) | BWV 205a/12 („Krönungskantate“) |
|---|---|
| Tenor<br>So kann ich mich bei grünen Zweigen<br>Noch fernerhin vergnügt bezeigen. | *Tenor*<br>Dein König wird, ohn´ Ansehn der Personen,<br>Fleiß und Gelehrsamkeit belohnen. |
| Alt<br>So seh ich mein Ergötzen<br>An meinen reifen Schätzen. | *Alt*<br>So viele Tropfen heilig Öl<br>bei seiner Salbung heute fließen,<br>so viele Huld soll auch dein Musenchor genüßen. |
| Sopran<br>So richt ich in vergnügter Ruh<br>Meines Augusts Lustmahl zu. | *Sopran*<br>Nun trifft es ein,<br>was ich schon längst gedacht:<br>Augustus kann mit Recht ein Gott der Erden sein. |
| Alt, Tenor<br>Wir sind zu deiner Fröhlichkeit<br>Mit gleicher Lust bereit. | Alt, Tenor<br>Wir bleiben billig bei dir stehn,<br>und wollen, gleichwie du, des Königs Ruhm erhöhn |

Am offensichtlichsten erscheint die Parodieabhängigkeit wiederum im letzten, von Alt und Tenor gemeinsam gesungen Textabschnitt. Die Neutextierung erscheint auch ohne jegliche kompositorische Änderung musikalisch plausibel:

Beispiel 15: Takte 21 bis 23 aus BWV 205/12 mit hypothetischer Textunterlegung nach BWV 205 a/12

Beim Vergleich der Texte zu Satz 14 fallen der Ausruf („Ja, ja!“ / „Wohlan!“) und die Erwähnung der „Spitzen“ des Helikon-Gebirges in beiden Fassungen auf, was für die Wahrung des Affektzusammenhangs und der harmonisch-melodischen Struktur analog BWV 134 spricht:

| BWV 205 (Äolus-Kantate“) | BWV 205 a („Krönungskantate“) |
|---|---|
| Sopran | *Sopran* |
| Ja, ja! ich lad euch selbst zu dieser<br>Feier ein:<br>Erhebet euch zu meinen Spitzen,<br>Wo schon die Musen freudig sein<br>Und ganz entbrannt vor Eifer sitzen. | Wohlan! Wir wollen uns mit viel<br>Ergötzen<br>Auf meines Berges Spitzen setzen;<br>Ein jeder Musensohn<br>nimmt euch mit tausend Freuden au f. |
| Auf! lasset uns, indem wir eilen, | Ihr Winde! Fliegelt euren Lauf;<br>Ihr sollt, was jetzt der Sachsen Musen<br>singen, |
| Die Luft mit frohen Wünschen teilen! | vor unsers Königs Throne bringen. |

Der zweite Abschnitt des Rezitativs scheint wegen der zusätzlichen Textzeile eine Erweiterung analog zu Satz 8 erfahren zu haben, denn der Affektzusammenhang ist auffallend ähnlich („eilen“ und „Lauf“ sowie „Luft“ und „Winde“). Gerade die Schlußtakte eignen sich nicht nur wegen des harmonisch passenden Anschlusses an den in D-Dur stehenden Folgesatz, sondern scheinen auch hinsichtlich der aufsteigenden Koloratur musikalisch plausibel:

Beispiel 16: Takte 10 bis 12 aus BWV 205/14 mit hypothetischer Textunterlegung nach BWV 205 a/14

## III. Kompositorische und dichterische Umarbeitung

Die Rezitative dieser Gruppe zeichnen sich durch umfangreiche musikalische Neugestaltung aus, wohingegen der Text weitestgehend übernommen wurde. Zwei erhaltene Leipziger Kantaten demonstrieren dieses für Bach sonst eher ungewöhnliche Vorgehen: Zunächst ist es die bereits erwähnte Osterkantate „Ein Herz, das seinen Jesum lebend weiß“ BWV 134, deren Wiederaufführung im Jahre 1731 Anlaß für die Neukomposition von drei Rezitativen (BWV $134^{\mathrm{II}}$) bot. Offensichtlich befriedigten Bach die aus der Köthener Serenata (BWV 134a) eilig übernommenen Rezitative von 1724 (BWV $134^{\mathrm{I}}$) nicht mehr. Auf den ersten Blick stellen die Rezitative der zweiten Leipziger Fassung Neuschöpfungen dar; an mehreren Stellen blieben jedoch Spuren der älteren Fassung erhalten. Ob es sich um zufällige Überschneidungen handelte oder um bewußte Übernahmen, ist schwer zu beurteilen. So behielt Bach in den ersten zwei Takten des Eingangsrezitativs die Tonart und die Melodiestruktur mit der Klimax hin zu „lebend" bei. Lediglich der erste Harmoniewechsel wurde von Takt 1 Mitte („Herz") auf den Beginn von Takt 2 („Jesum") verschoben. Dadurch konnte das zentrale Wort „Jesum" gegenüber der Leipziger Frühfassung stärker herausgehoben werden:

Beispiel 17: Beginn von Satz 1 zu BWV 134[I] und BWV 134[II]

Natürlich hätte Bach diesen Einstieg auch gänzlich anders komponieren können, allerdings erschien ihm die Vorlage an dieser Stelle nicht unbrauchbar gewesen zu sein, insbesondere wenn man eingrenzende Parameter wie Stimmumfang, mögliche Eröffnungsmodelle und die Tonart des vorangehenden Satzes berücksichtigt.

Der weitere Verlauf des Rezitativs unterscheidet sich in beiden Fassungen stark voneinander, lediglich die Kadenz in Takt 5 wird als gedankliche Zäsur beibehalten, ferner die Schlußtonart (B-Dur) zur Gewährung eines harmonisch passenden Übergangs zur folgenden Arie. Die im Secco-Stil komponierte Schlußpassage „Wie freuet sich ein gläubiges Gemüte" (Alt) wird in ein Arioso mit bewegter Continuo-Stimme und Triolenmotivik auf „freuet" überführt, so daß dieses Rezitativ eine differenziertere und wirkungsvollere *Conclusio* erhält:

Beispiel 18: Satz 1, Takte 5 bis 7 von BWV 134[I] und BWV 134[II]

Die Eingangs- und die Schlußtonart (g-Moll und Es-Dur) des folgenden Rezitativs wurden in der zweiten Leipziger Fassung im Hinblick auf die vorgegebenen Tonarten der angrenzenden Arien beibehalten. Bach änderte aber nicht nur die Harmonie- und Melodieführung, sondern auch die Wortbetonungen in der Gesangsstimme hin zu einer „glatteren", sich stärker an der Textmetrik ausrichtenden Version, die an einigen Stellen gleichzeitig zur rhetorischen Schärfung und tieferen theologischen Textausdeutung beiträgt:

| Betonungen in der Fassung von 1724 | Betonungen in der Fassung von 1731 (*Änderungen hervorgehoben*) |
|---|---|
| Tenor: | Tenor: |
| Wohl dir, Gott hat an dich gedacht, | Wohl dir, Gott hat an dich gedacht, |
| O Gott geweihtes Eigentum; | O Gott ge**weihtes** Eigen**tum**; |
| Der Heiland lebt und siegt mit Macht | Der **Hei**land lebt und **siegt** mit Macht |
| Zu deinem Heil, zu seinem Ruhm | Zu deinem Heil, zu seinem Ruhm |
| Muß hier der Satan furchtsam zittern | Muß hier der Satan furchtsam zittern |
| Und sich die Hölle selbst erschüttern. | Und sich die Hölle selbst erschüttern. |
| Es stirbt der Heiland dir zu gut | Es stirbt der **Hei**land dir zu **gut** |
| Und fähret vor dich zu der Höllen, | Und fähret **vor** dich zu der Höllen, |
| Sogar vergießet er sein kostbar Blut, | So**gar** vergießet er sein kostbar Blut, |
| Daß du in seinem Blute siegst, | Daß du in **seinem** Blute **siegst**, |
| Denn dieses kann die Feinde fällen | Denn dieses **kann** die Feinde fällen |
| […] | […] |

Mit einem ähnlichen Ziel der sprachlichen Glättung und differenzierteren Textausdeutung arbeitete Bach die Betonungen im neu komponierten Satz 5 um:

| Betonungen in der Fassung von 1724 | Betonungen in der Fassung von 1731<br>(Änderungen hervorgehoben) |
|---|---|
| Tenor:<br>Es schließe deine Hand uns ein,<br>Daß wir die Wirkung kräftig schauen,<br>Was uns dein Tod und Sieg erwirbt<br>Und daß man nun nach deinem Auferstehen<br>Nicht stirbt, wenn man gleich zeitlich stirbt,<br>Und wir dadurch zu deiner Herrlichkeit eingehen. | Tenor:<br>Es schließe **dei**ne Hand uns **ein**,<br>Daß wir die Wirkung kräftig schauen,<br>Was uns dein Tod und Sieg erwirbt<br>Und daß man nun nach deinem **Auf**erstehen<br>Nicht stirbt, wenn man gleich zeitlich **stirbt**,<br>Und wir da**durch** zu deiner Herrlichkeit eingehen. |

Zudem änderte Bach die Textverteilung zwischen den Sängern in der Passage „Was in uns ist, erhebt dich, großer Gott, und preiset deine Huld und Treu". In der Spätfassung wird sie nicht mehr analog zur Köthener Serenata vom Tenor, sondern vom Alt gesungen. Das erscheint zutiefst einleuchtend, denn das Pronomen in der folgenden Verszeile „Dein Auferstehen macht sie wieder neu" bezieht sich auf das „großer Gott" der vorangegangenen Passage. Der ursprüngliche Besetzungswechsel hatte einen unlogischen Bruch herbeigeführt:

| Textaufteilung in der Fassung von 1724 | Textaufteilung in der Fassung von 1731<br>(Änderungen hervorgehoben) |
|---|---|
| Tenor:<br>Was in uns ist, erhebt dich, großer Gott,<br>Und preiset deine Huld und Treu; | Alt:<br>Was in uns ist, erhebt dich, großer Gott,<br>Und preiset deine Huld und Treu; |
| Alt:<br>Dein Auferstehen macht sie wieder neu<br>[…] | Dein Auferstehen macht sie wieder neu<br>[…] |

Bach vertonte die vom Alt gesungene abschließende Zeile „Drum sei dir Preis und Dank gegeben" ursprünglich im Secco-Stil. In der Fassung von 1731 verwandelte er diese Passage in ein kurzes Arioso, womit er den Satz beschließende Lobpreis stärker herausgearbeitete.

Ein anderer Fall ist Satz 8 der Kantate „Freue dich, erlöste Schar" BWV 30, die auf die Kantate „Angenehmes Wiederau" BWV 30a aus dem Jahre 1737 zurückgeht. Nicht nur der Text dieses Rezitativs wurde zur Hälfte aus der ein Jahr älteren Vorlage übernommen, sondern auch der Harmonieverlauf ist zwischen beiden Fassungen auffallend ähnlich. Hier liegt gewissermaßen ebenfalls eine kompositorische Parodie vor:[32]

| Takt | 1 | 2 | 3 | 4 | 5 | 6 | 7 | 8 | 9 | 10 | 11 | 12 | 13 |
|---|---|---|---|---|---|---|---|---|---|---|---|---|---|
| Tonart BWV 30a/8 | fis | fis/cis | fis | A | Fis | Fis/h | D | H | e/(a)H | e | D | G/C | D/G |
| Tonart BWV 30/9 | Cis | Cis | fis | A | A | A/Fis | Fis | Fis | Fis/h | h/D | D | G/C/a | D/G |

## IV. Kompositorische Umarbeitung mit vollständiger Neudichtung

Je mehr in ein Rezitativ eingegriffen wurde, desto schwerer läßt sich die Grenze zwischen Parodie und Neukomposition ziehen. Zudem ist die Anzahl möglicher kompositorischer Lösungen gerade im Rezitativ-Stil begrenzt: Wie bei BWV 173/1 aufgezeigt wurde, können punktuelle Ähnlichkeiten zwischen Vorlage und Parodie auch dem stilistischen Korsett geschuldet sein. Ein Grenzfall zwischen kompositorischer Neuschöpfung und Übernahme mag das erste Rezitativ der bereits angeführten Festmusik zum Namenstag von König August III. von Polen (BWV 207a) sein. Der in der Vorlage BWV 207 zunächst im Secco-Stil komponierte Satz wird in der Festmusik für August III. scheinbar neu vertont, doch ist die Ähnlichkeit zwischen beiden Werkfassungen am Satzbeginn sehr hoch: Die Wellen imitierende *Circulatio*-Motivik der Continuo-Stimme ist lediglich eine Auffüllung der älteren Continuo-Stimme, deren harmonischer Verlauf fünf Takte lang identisch ist. Die Frage ist, inwieweit Bach sich durch die etwa zehn Jahre ältere Vorlage im Sinne einer kompositorischen Parodie inspirieren ließ, denn sie ist verhältnismäßig konventionell gehalten. Plausibler erscheint, daß formale Aspekte wie die Tonart des Eingangschors, ähnliche Textmetrik und der Stimmumfang den gestalterischen Spielraum schlichtweg so einengten, daß hier eine eher zufällige Übereinstimmung vorliegt:[33]

---

[32] Vgl. NBA I/29 Krit. Bericht (F. Rempp, 1984), S. 57 ff.

[33] Die beiden übrigen Rezitative (Satz 4 und 6) wurden bei der Neufassung für August III. vollständig neu komponiert, was die These einer zufälligen Ähnlichkeit stützt. Daß von Satz 4 zumindest die Disposition als Duett (Sopran/Baß) übernommen

Beispiel 19: Takte 1 bis 6 aus BWV 207/2 und 207 a/2

Ein weiteres Beispiel für dieses Vorgehen bildet der dritte Satz aus dem VI. Teil des Weihnachts-Oratoriums (BWV 248/56), der auf eine fragmentarisch überlieferte Kantate unbekannter Bestimmung (BWV 248 a/2) zurückgeht.[34] Die Vokalstimme dieses Accompagnato-Rezitativs hat sich im Mitlesesystem der Orgelstimme teilweise erhalten. Die Tilgungen offenbaren, daß sowohl in der Gesangsstimme als auch in der Instrumentalbegleitung ab Takt 9 eine weitgehende Neugestaltung vorgenommen wurde. Weil das auf den Eingangssatz (in D-Dur) folgende Accompagnato-Rezitativ entsprechend in fis-Moll begann, mußte der im Weihnachts-Oratorium dazwischen eingefügte Evangelien-Bericht (BWV 248/55) ebenfalls in D-Dur enden: Bach hätte solche

wurde, mag jedoch ein Hinweis auf die zunächst nur als dichterische Parodie geplante Neufassung sein. In Satz 6 ist lediglich die Schlußtonart in beiden Fassungen identisch (G-Dur), offensichtlich um einen harmonisch passenden Übergang zu dem in G-Dur stehenden Folgesatz zu gewährleisten.

34 Siehe Neumann (wie Fußnote 1).

wiederholenden Schlußtonarten bei zwei aufeinander folgenden Rezitativen ansonsten wohl vermieden. Ein bemerkenswertes Detail ist zudem der im Weihnachts-Oratorium um eine Viertelnote vorverlegte Wechsel von fis-Moll nach A-Dur mit dem kühnen Septimensprung in der Sopran-Stimme, wodurch das analog zur Vorlage auf einen unbetonten Schlag (Zählzeit 4) gesungene Wort „falsche“ zumindest harmonisch-melodisch hervorgehoben werden konnte:

Beispiel 20: Takte 7 bis 9 aus BWV 248 a/2 und BWV 248/56 (jeweils ohne Streicherbegleitung)

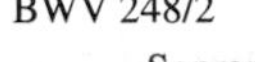

BWV 248/56

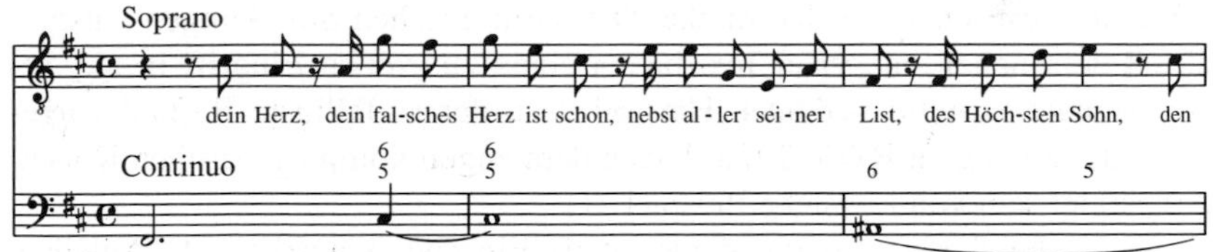


Auch die übrigen Rezitative der Kantate BWV 248a sind in den VI. Teil des Weihnachts-Oratoriums (BWV 248/61 und 63) offensichtlich übernommen worden:[35] Satz 8 mit der stimmungsvollen Begleitung des Oboen-Paares[36] und Satz 10 mit der auffälligen Quartettbesetzung. Es muß bei dieser en-bloc-Parodie neben der Wiederverwendung des Stimmenmaterials auch darum gegangen sein, die dramaturgische Disposition zu erhalten.

Die weltlichen Fassungen der Adventskantate „Schwingt freudig euch empor“ BWV 36 bilden ebenfalls ein höchst anschauliches Beispiel dafür, wie Bach bei den Umarbeitungen kompositorische Ideen freiwillig oder unfreiwillig übernahm. Es geht um folgende Vorlagen:

---

[35] Siehe NBA II/6 Krit. Bericht (W. Blankenburg und A. Dürr, 1962), S. 215 und 218.

[36] Die Oboen-Stimmen aus BWV 248 a/8 sind verschollen, aber da Continuo- und Gesangsstimme im Weihnachts-Oratorium identisch sind, kann davon ausgegangen werden, daß auch die Oboen-Stimmen schon vorhanden waren.

| Werkfassung | Bestimmung und Jahr |
|---|---|
| „Schwingt freudig euch empor" BWV 36c | Zum Geburtstag eines Lehrers (April/Mai 1725)[37] |
| „Steigt freudig in die Luft" BWV 36a (verschollen) | Zum Geburtstag von Charlotte Friederike Amalie, Fürstin von Anhalt-Köthen (30. November 1725)[38] |
| „Die Freude reget sich" BWV 36b (unvollständig erhalten) | Wahrscheinlich zum Geburtstag von Johann Florens Rivinus (um 1737/38) |

Während sämtliche Rezitativsätze der Erstfassung BWV 36c bei späteren Überarbeitungen neu komponiert wurden, sind die rezitativischen Einschübe im Schlußchor von BWV 30b und BWV 30c auffallend ähnlich: Hier scheinen sowohl die besondere Kürze als auch die Vorgaben der angrenzenden Chorabschnitte eine kompositorische Parodie begünstigt zu haben. Bach übernahm sowohl den harmonischen Verlauf als auch die Melodiestruktur der Vorlage BWV 36c, wobei aber das Streicher-Accompagnato im ersten Rezitativ-Einschub gestrichen werden mußte. Die harmonischen Streckungen entsprechend dem neuen, längeren Text hätten einen zu großen Eingriff in die Accompagnato-Struktur bedeutet. Hier sei dazu der auffälligste Befund vorgestellt, der analog zu BWV 207a/2 auch dem engen kompositorischen Korsett geschuldet sein könnte (siehe Beispiel 21).
Wenn sich bei der Neufassung der Rezitativ-Einschübe musikalische Anleihen aus der Vorlage BWV 36c anboten, so müßte das auch für die verschollene Köthener Fassung BWV 36a gelten. Immerhin sind deren Einschübe in ihrer Textstruktur auffallend ähnlich und es lagen nur wenige Monate zwischen beiden Aufführungen.

[37] Wiederaufführung vielleicht am 9. April 1731 zum 40. Geburtstag des Thomasschulrektors Johann Matthias Gesner. Der ursprüngliche Widmungsempfänger dieser Kantate ist bislang nicht ermittelbar, siehe H.-J. Schulze, *Rätselhafte Auftragswerke Johann Se*bastian Bachs. Anmerkungen zu einige*n Kantatentexten*, BJ 2010, S. 69–93, hier S. 74–79.

[38] Die 1727 in Picanders *Ernst-Schertzhafften und Satyrischen Gedichten* veröffentlichte Dichtung zu dieser verschollenen Kantate nennt zwar 1726 als Aufführungsjahr, jedoch wird als Anlaß das erste Geburtstagsfest der Fürstin als Gemahlin Leopolds vermerkt. Tatsächlich aber hatten sich Leopold und Friederike bereits am 27. Juni 1725 vermählt und Friederikes erster Geburtstag als „Durchlauchtigste Fürstin zu Anhalt-Cöthen" wäre ein Jahr zuvor, am 30. November 1725, gewesen. Wahrscheinlich handelt es sich um einen Druckfehler.

Beispiel 21: Takt 32–35 aus BWV 36c/8 (ohne Streicherbegleitung) und Takt 32–34 aus BWV 36b/8

Ein anderer Fall von möglicherweise parodierten Rezitativ-Einschüben ist der zweite Satz der Kantate zur 200. Wiederkehr der Augsburger Konfession (BWV 190a), von der nur der Text erhalten ist. Zwar singt der Chor analog zur Vorlage „Singet dem Herrn ein neues Lied“ BWV 190 die beiden Eingangszeilen aus dem Lutherlied „Herr Gott, dich loben wir“ (was für eine Parodiebeziehung dieser Chorabschnitte spricht), allerdings unterscheiden sich die Texte zwischen beiden Fassungen hinsichtlich Länge und Inhalt so stark, daß von einer umfangreicheren musikalischen Neugestaltung auszugehen ist:

| Text Rezitativ-Einschübe BWV 190/2 (1724) | Text Rezitativ-Einschübe BWV 190a/2 (1730) |
|---|---|
| Gott, daß du unser Hort<br>Und unser Heiland bist. | Daß du mit diesem neuen Jahr<br>Uns neues Glück und neuen Segen schenkest<br>Und noch in Gnaden an uns denkest. |

| Text Rezitativ-Einschübe BWV 190/2 (1724) | Text Rezitativ-Einschübe BWV 190 a/2 (1730) |
|---|---|
| Mit Jauchzen gehen wir fort<br>Und suchen, Herr, dein Angesicht,<br>Denn deine Gnade reicht,<br>So weit der Himmel ist,<br>Und deine Wahrheit reicht,<br>So weit die Wolken gehen. | Daß deine Gütigkeit<br>In der vergangnen Zeit<br>Das ganze Land und unsre werte Stadt<br>Vor Teurung, Pestilenz und Krieg<br>behütet hat. |
| Daß noch dein helles Licht<br>In unserm Lande scheint.<br>O! Gott, wie groß ist deine Güte,<br>Die es so treu mit Kindern meint!<br>Vergiß das liebende Gemüte<br>Mein Zion, ja! Vergiß es nicht. | Denn deine Vatertreu<br>Hat noch kein Ende,<br>Sie wird bei uns noch alle Morgen neu.<br>Drum falten wir,<br>Barmherzger Gott, dafür<br>In Demut unsre Hände<br>Und sagen lebenslang<br>Mit Mund und Herzen, Lob und Dank. |

Zudem existieren weiterc Fälle möglicher Rezitativ-Parodien mit umfangreichen kompositorischen Umgestaltungen, die angesichts des fehlenden Quellenmaterials aber einen äußerst hypothetischen Charakter haben müssen und deshalb hier nicht behandelt werden sollen.[39]

***

Wie in den vorangegangenen Abschnitten dargelegt, existiert ein breites Spektrum von Rezitativ-Parodien in Bachs Kantatenschaffen. Auch im Vergleich zu seinen Zeitgenossen stellen sie ein eher ungewöhnliches Phänomen dar. Eine klare Abgrenzung zwischen kompositorischer Parodie und Neukomposition fällt mitunter schwer, da der formalisierte Rezitativ-Stil, Bachs Personalstil und sonstige Anforderungen der Parodievorlage den Lösungsraum mitunter so weit einschränkten, das ähnliche kompositorische Ergebnisse erzielt wurden. Zusammenfassend lassen sich – trotz der lückenhaften Überlieferungssituation – zumindest einige Bedingungen für Bachs Leipziger Zeit feststellen, die in ihrem jeweiligen Zusammenwirken Rezitativ-Parodien begünstigten:

1. Rezitative werden sehr häufig im Rahmen einer en-bloc-Parodie übernommen: entweder als vollständige Kantate oder als zusammenhängender Abschnitt mehrerer Einzelsätze. Dieses Vorgehen ist vor allem bei einer ähnlichen

[39] Vgl. D. Gojowy, *Zur Frage der Köthener Trauermusik und der Matthäuspassion*, BJ 1965, S. 86–135.

beziehungsweise vergleichbaren Bestimmung der Musik zu beobachten. Bei einigen der eher sparsamen Textrevisionen kann Bach selbst als Dichter angenommen werden.

2. Die Parodie eines einzelnen Rezitativs wird begünstigt durch hohe kompositorische Komplexität (umfangreiche Vokalbesetzung beziehungsweise Instrumentalbegleitung) und durch die dramaturgisch enge Verzahnung zu angrenzenden, gleichfalls parodieabhängigen Sätzen beziehungsweise Satzabschnitten. Bei Rezitativen im Secco-Stil begünstigten eingeschobene Ariosi oder Duett- und Terzett-Besetzung eine musikalische Parodie.

3. Die in unterschiedlichem Ausprägungsgrad überlieferte Rezitativ-Parodie ist Ausdruck einer arbeitsökonomisch intendierten Vorgehensweise Bachs. Bei verdichtetem Aufführungskalender oder kurzfristig anberaumten Anlässen trug sie dazu bei, das Herstellen von neuem Aufführungsmaterial auf ein Minimum zu reduzieren.

# Johann Sebastian Bachs „Große Passion“ – neue Überlegungen zu ihrer Vorgeschichte*

Von Andreas Glöckner (Leipzig)

Infolge mangelhafter Quellenüberlieferung stellt uns die Vorgeschichte der Matthäus-Passion in vielerlei Hinsicht vor Rätsel. Während von der späteren, in den Jahren 1736 und 1742 aufgeführten Fassung sowohl Partiturautograph (*P 25*) als auch Originalstimmen (*St 110*) überliefert sind, besitzen wir von einer zweifellos älteren undatierten Fassung lediglich eine aus der Zeit nach 1750 stammende Partiturabschrift (*Am.B. 6/7*). Als deren Kopist war zunächst Bachs Schüler und nachmaliger Schwiegersohn Johann Christoph Altnickol angenommen worden. Die Handschrift wurde 1972 von Alfred Dürr als kommentiertes Faksimile in Band II/5a der NBA vorgelegt. Spätere Schriftuntersuchungen von Peter Wollny haben ergeben, daß die Partiturkopie nicht von Altnickol selbst, sondern von einem Kopisten (und Schüler?) aus Altnickols unmittelbarem Umkreis angefertigt worden ist.[1] Es handelt sich hierbei um Johann Christoph Farlau, der die Handschrift – kaum vor 1755, vielleicht im Auftrage seines Lehrers und möglicherweise unter Heranziehung des verschollenen Autographs – hergestellt hat.[2] Ob seine Abschrift etwa im Kontext mit einer Leipziger Wiederaufführung des Werkes entstand, war bislang nicht zu klären.

1. Farlaus Partiturabschrift unterscheidet sich durch einige signifikante Abweichungen von der späteren, uns vertrauten Fassung des Jahres 1736: So erscheint am Ende des ersten Teils nicht jener großangelegte Choralchor „O Mensch, bewein dein Sünde groß“, sondern der vierstimmige Choral

---

* Erste Überlegungen zu einer hypothetischen Erstfassung der Matthäus-Passion wurden von mir bereits im Jahre 2003 im Vorwort zum Notenband NBA II/5 b (S. V–VII) und im zugehörigen Kritischen Bericht (S. 32–35) vorgestellt. Einen Neuansatz zur Frage des Parodieverhältnisses zwischen der Matthäus-Passion und der Köthener Trauermusik bietet Burkhard Stauber mit seinem unlängst erschienenen Beitrag *1727 oder 1729? Zur Entstehungsgeschichte der Matthäuspassion BWV 244 und der Köthener Trauermusik BWV 244a*, in: Mf 73 (2020), S. 235–258. Staubers Erkenntnisse haben mich bewogen, die Frage nach der Frühfassung noch einmal ausführlicher zu erörtern. Für einen diesbezüglichen Gedankenaustausch bin ich Klaus Hofmann (Göttingen) und Hans-Joachim Schulze (Leipzig) mit besonderem Dank verbunden.

1 P. Wollny, *Tennstedt, Leipzig, Naumburg, Halle – Neuerkenntnisse zur Bach-Überlieferung in Mitteldeutschland*, BJ 2002, S. 36–47.

2 NBA II/5 b Krit. Bericht (A. Glöckner, 2004), S. 10, 22–25.

„Jesum laß ich nicht von mir" – in logischer Anknüpfung an den vorausgegangenen Bibeltext „Da verließen ihn alle Jünger und flohen". Der spätere Satzaustausch hatte zur Folge, daß der erste Teil nunmehr mit einem *Exordium* beschlossen wird. Denn mit diesem Choralchor war 1725 die zweite Fassung der Johannes-Passion eingeleitet worden. Insofern erweist sich Bachs ursprüngliches Konzept zum Abschluß des ersten Teils als das dramaturgisch schlüssigere.

Farlaus Kopie zeigt aber noch andere Abweichungen: So ist die Arie der *Tochter Zion* „Ach! nun ist mein Jesus hin!" (Satz 30) dem Baß und nicht dem Alt zugewiesen. Das Baß-Accompagnato „Ja freilich will in uns das Fleisch und Blut" (Satz 56) und die anschließende Arie „Komm, süßes Kreuz" (Satz 57) sind mit einer Laute anstelle einer Gambe besetzt. Der Choral „Es dient zu meinen Freuden" (Satz 17), im Partiturautograph von 1736 nur als getilgter Verweis aber ohne Notentext enthalten,[3] fehlt aus nicht erkennbaren Gründen ganz; vielleicht wurde er beim Abschreiben lediglich übersehen.[4]

In der durch Farlaus Abschrift überlieferten Fassung ist das Prinzip der Doppelchörigkeit noch nicht mit aller Konsequenz umgesetzt. Der Generalbaß erscheint auf einem System; erst in der Partitur von 1736 wurde er getrennnt, also auf zwei Systemen notiert. Mit diesem Eingriff hat Bach die Doppelchörigkeit auch auf den Basso continuo konsequent übertragen und beide Chöre mit einer eigenen Generalbaßstimme versehen.

Der Kustos der Thomaskirche Johann Christoph Rost notierte in seinen Aufzeichnungen zur Passionsaufführung von 1736, sie habe „mit beyden orgeln" stattgefunden.[5] Damit bezog er sich wohl zum einen auf die Hauptorgel der Westempore und zum anderen auf die sogenannte Schwalbennest-Orgel auf der kleinen Empore über dem Triumphbogen vor dem Altarraum der Thomaskirche.[6] Die transponierte Orgelstimme für den zweiten Chor wurde 1736 demzufolge wohl von einem ebenfalls auf der Westempore befindlichen Orgelpositiv ausgeführt. Bei der nachweislich letzten Wiederaufführung der Passion am Karfreitag (23. März) 1742[7] wurde anstelle dieser zweiten Continuo-Orgel ein Cembalo eingesetzt. Die Verstärkung des Cantus firmus „O Lamm Gottes, unschuldig" erfolgte vom Rückpositiv der Hauptorgel mit dem Register *Sesquialtera*.

---

[3] Der Eintrag weist auf die ältere (beziehungsweise ursprüngliche) Lesart für diesen Satz. Offenbar befand sich an dieser Stelle in der von Farlau benutzten Vorlage ebenfalls lediglich ein Verweis, den der Schreiber nicht zu deuten wußte.

[4] NBA II/5 b Krit. Bericht, S. 47 f.

[5] Dok II, Nr. 180.

[6] Freundlicher Hinweis von Hans-Joachim Schulze. Die Schwalbennest-Orgel wurde 1740 abgetragen, ein Teil der Pfeifen 1742 von Johann Scheibe für die Orgel in der Leipziger Johanniskirche wiederverwendet.

[7] Zur Datierung dieser Aufführung siehe BJ 2002 (P. Wollny), S. 29–33.

2. Mit hinreichender Sicherheit wissen wir nur, daß die Passion – wie aus der genannten Mitteilung von Rost hervorgeht – am Karfreitag (30. März) des Jahres 1736 in der Thomaskirche erklang. Lange Zeit galt das Jahr 1729 als deren Entstehungsdatum, bis 1975 erstmals auch das Jahr 1727 in den Fokus der Bach-Forschung rückte.[8] Ungeachtet dessen blieb die Vorgeschichte des Werkes weitgehend ungeklärt. So wissen wir nicht, ob Bach vielleicht schon am Karfreitag 1726 zunächst eine eigene Passion darzubieten geplant, beziehungsweise mit deren Komposition bereits begonnen hatte. Zumindest bleibt es fraglich, ob er von Anfang an die um 1712 in Weimar musizierte (häufig Reinhard Keiser zugeschriebene, aber wahrscheinlich von dessen Vater Gottfried Keiser stammende) Markus-Passion wiederaufzuführen geplant hatte.[9] Möglicherweise war bereits im Jahr zuvor (1725) der Versuch, eine neue (eigene) Passionsmusik zu komponieren, durch den Ausfall des Textdichters oder aufgrund anderer Umstände gescheitert.[10]

Im Blick auf Bachs Schaffenschronologie stellt sich die Frage: Hatte er seiner 1724 komponierten Johannes-Passion tatsächlich erst im Jahre 1729 eine weitere (eigene) Passion folgen lassen? Zwar waren von 1723 bis 1726 drei Kantatenjahrgänge komponiert worden, ein vierter Zyklus um 1729 vielleicht im Entstehen.[11] Daher wäre eine zweite (Leipziger) Passionsmusik Bachs eigentlich schon in den Jahren vor 1729 zu erwarten.

3. Ein Dreh- und Angelpunkt in der Diskussion bleibt also die Frage, inwieweit Bach im Frühjahr 1729 auf eine ältere, bereits vorhandene, wie auch immer konzipierte Passionsmusik zurückgegriffen beziehungsweise diese zum Teil wiederverwendet hat. Anlaß zu Überlegungen hinsichtlich der Vorgeschichte der Passion gibt nach wie vor der fragmentarische Eintrag zur Arie „Mache dich, mein Herze, rein" (Nr. 65) in einer Viola-Stimme des D-Dur-Sanctus (BWV[3] 232[III]), die zum Osterfest (13. April) des Jahres 1727 neu ausgeschrieben wurde. Ob diese Arie bereits zu jener Zeit (1727) der Passion oder einem anderen (älteren) Werk angehörte, läßt sich nicht mit Gewißheit sagen. Gleiches gilt auch für die Arien „Geduld! Wenn mich falsche Zungen stechen." (Nr. 35), „Gebt mir meinen Jesum wieder!" (Nr. 42) und „Können Tränen meiner Wangen" (Nr. 52). Zumindest bleiben Zweifel, ob Text und

---

[8] Siehe J. Rifkin, *The Chronology of Bach's Saint Matthew Passion*, in: Musical Quarterly 61 (1975), S. 360–387.

[9] Zum Verfasser dieser Passion siehe C. Blanken im Vorwort ihrer Edition *„Kaiser". Markus-Passion. Als Pasticcio von Johann Sebastian Bach (Leipzig um 1747) mit Arien aus Georg Friedrich Händels „Brockes-Passion"; für Soli (SATB), Coro (SATB), 2 Oboen, 2 Fagotte, 2 Violinen, 2 Violen und Basso continuo*, Stuttgart 2012.

[10] Siehe dazu U. Leisinger, *Die zweite Fassung der Johannes-Passion 1725. Nur ein Notbehelf?*, in: LBB 5, S. 29–44, speziell S. 31–33.

[11] In welcher Vollständigkeit dieser Zyklus vorgelegen hat, ist freilich nicht abschließend geklärt.

Musik ursprünglich zusammengehörten und somit schon zur Erstfassung der Matthäus-Passion gehörten.[12] Alle drei Sätze erscheinen nicht in der Trauermusik „Klagt, Kinder, klagt es aller Welt" BWV 244a. Vor allem die Tenor-Arie Nr. 35 erweckt den Anschein, als wäre sie aus einer älteren Vorlage hervorgegangen. Wohl mit der Einsicht, daß die Textunterlegung in der Frühfassung der Arie stellenweise noch verbesserungswürdig war, hat Bach diese 1736 tiefgreifend umgearbeitet.[13] Ähnliches gilt auch für die Baß-Arie Nr. 42: Bachs Bemühen um eine sinnfällige Textierung[14] ist selbst in der Fassung von 1736 noch zu beobachten.

4. Im Frühjahr 1729 stand Bach vor der enormen Herausforderung zur Aufführung von zwei großangelegten Kompositionen innerhalb von nur drei Wochen: am 23. März und 24. März der Musik anläßlich der Gedächtnispredigt für Fürst Leopold in der reformierten Stadtkirche St. Jakob zu Köthen[15] und am 15. April der Passion im Karfreitags-Vespergottesdienst in der Thomaskirche zu Leipzig. Mit der im März 1729 erfolgten Übernahme eines der beiden Leipziger Collegia musica war er erstmals in der Lage, derart ambitionierte Kompositionsvorhaben umsetzen zu können. Defizite bei der instrumentalen und vokalen Besetzung ließen sich von nun an leichter kompensieren.

Mit seinem personell gut aufgestellten Collegium musicum konnte er beispielsweise am 6. Juni 1729 die opulent besetzte Sinfonia seiner Pfingstkantate „Ich liebe den Höchsten von ganzem Gemüte" BWV 174 den Leipziger Gottesdienstbesuchern präsentieren. Selbst bei einfacher (solistischer) Besetzung aller Instrumentalstimmen waren hierzu 20 Musiker erforderlich. Mit den regulär verfügbaren vier Stadtpfeifern, drei Kunstgeigern und einem Gesellen sowie vielleicht einigen Thomasalumnen und Privatschülern wäre eine solche Aufführung wohl kaum zu realisieren gewesen.

Für die Darbietung der doppelchörigen Matthäus-Passion waren annähernd 60 Mitwirkende erforderlich, sofern nicht jede Stimme einzeln besetzt worden ist. Aus späteren Jahren wissen wir, daß bei der Aufführung der alljährlichen

---

12 Vgl. dazu die Ausführungen in NBA II/5 Krit. Bericht (A. Dürr, 1974), S. 112.

13 Vgl. vor allem die Umarbeitungen in T. 11–12, 21–25, 34–36, 42.

14 Vgl. in *Am. B. 6/7* die Textwiederholungen in T. 45–53 „gebt mir meinen Jesum wieder, meinen Jesum wieder, gebt mir meinen Jesum wieder, gebt mir meinen Jesum wieder, meinen Jesum wieder". In *St 110* heißt es in T. 42–48 dagegen: „gebt mir meinen Jesum, meinen Jesum, gebt mir meinen Jesum wieder, meinen Jesum gebt mir wieder".

15 Der erste Teil erklang am 23. März 1729; die Teile 2 bis 4 am Folgetag (24. März). Der zweite Teil begann mit einem Chor auf den Psalmtext „Wir haben einen Gott, der da hilft". Dieser war auch die Textgrundlage für die Gedächtnispredigt am 24. März 1729.

Passionsmusik stets beide Chöre der Schola Thomana mitgewirkt haben.[16] Es ist gut denkbar, daß dies schon seit langem so praktiziert wurde. Organisatorisch war dies insofern kein Problem, da zeitgleich zur musizierten Passion keine weitere Figuralaufführung von den Thomanern zu bewältigen war.

Für die bevorstehenden Darbietungen in der Kirche St. Jacob zu Köthen (Trauermusik) und der Thomaskirche zu Leipzig (Passionsmusik) war es notwendig, die aufwendigen Vorbereitungen praktikabel zu koordinieren. Seit Wilhelm Rust[17] wissen wir, daß Bach mindestens zehn Sätze der Passion ebenfalls in jener doppelchörigen Trauermusik verwendete. Die Parodiebeziehungen zwischen beiden Werken konnten allerdings nie abschließend geklärt werden.[18] Die entscheidende Frage blieb: Sind die betreffenden zehn Sätze der Matthäus-Passion Originalkompositionen und die der Trauermusik lediglich Adaptionen, oder ist die Komposition der Trauermusik der Passion vorausgegangen und jene zehn Sätze dann mit neuem Text (in Form einer „Zweitverwertung“) in diese übernommen worden?

Daß die Parodierichtung in Bachs Schaffen nicht ausschließlich von einer weltlichen zu einer geistlichen Fassung erfolgte, ist am Beispiel der Kantate BWV 36 ersichtlich. Deren letzte nachweisbare Fassung aus dem Jahre 1735 (BWV 36b) war wiederum eine weltliche. Zwei weltliche und zwei geistliche Fassungen sind dieser jedoch vorausgegangen.

Einen neuen Denkanstoß bezüglich dieser Frage bietet nunmehr Burkhard Stauber mit seinem eingangs erwähnten Beitrag zur Frage des Parodieverhältnisses zwischen der Matthäus-Passion und der Köthener Trauermusik.[19] In akribischen Textvergleichen und Analysen zum Wort-Ton-Verhältnis kommt der Verfasser zum Ergebnis, daß lediglich vier Arien der Trauermusik als Neukompositionen anzusehen sind. Als umfangreicher erweist sich hingegen der

[16] Siehe A. Glöckner, *Dokumente zur Geschichte des Leipziger Thomaskantorats vom Amtsantritt Johann Sebastian Bachs bis zum Beginn des 19. Jahrhunderts*, Leipzig 2018, S. 279 (Thom Dok X/B 4). In einer Diskussion über die notwendige Anzahl von freien Tagen für die Alumnen erläutert der Vorsteher der Thomasschule Carl Gottfried Winckler 1774 das alljährliche Probenprozedere für die Passionsmusik: „daß wenn am grünen Donnerstag ein ganzer Feÿertag bleibet, hinlängliche Zeit für beÿde Chöre zur Musik-Probe auf den Charfreÿtag vorhanden ist“. Zumindest zu dieser Zeit sind beide Chöre der Schola Thomana zur Passionsaufführung am Karfreitag zusammengeführt worden.

[17] Vgl. BG 20/2, Vorwort, S. VIII–XII (1873).

[18] Zur Diskussion der Entstehungsgeschichte und der Prioritätsfrage vgl. auch F. Smend, *Bach in Köthen*, Berlin 1951, S. 76 ff.; H.-J. Schulze, Besprechung von K. Geiringer, *Die Musikerfamilie Bach, Leben und Wirken in drei Jahrhunderten*, München 1958, in: BzMw 2 (1960), S. 84 f.; D. Gojowy, *Zur Frage der Köthener Trauermusik und der Matthäuspassion*, BJ 1965, S. 86–134; Dürr Chr 2, S. 95; Rifkin (wie Fußnote 8).

[19] Mf 73 (2020), S. 235–258.

Bestand an Arien, die eigens für die Matthäus-Passion komponiert worden sind. Eine Frühfassung im Jahr 1727 schließt Stauber allerdings aus. Indizien dafür werden von ihm übergangen beziehungsweise zu wenig gewichtet.

5. Das betrifft insbesondere folgende Fakten: Daß die für den Karfreitag 1729 zur Aufführung vorgesehene Passionsmusik in irgendeiner älteren Fassung schon existiert haben dürfte – beziehungsweise als Vorlage für diese benötigt wurde – ergibt sich aus Bachs Nachbemerkung im Brief vom 20. März 1729 an seinen vormaligen Schüler Christoph Gottlob Wecker in Schweidnitz: „Mit der verlangten *Passions Musique* wolte gerne dienen, wenn sie nicht selbsten heüer benöthiget wäre".[20] Man wird Bach nicht unterstellen wollen, er hätte sich einer Schutzbehauptung bedient, weil er eine andere Passion nicht aus den Händen geben wollte.[21]

Bach mußte nicht nur einmal erfahren, daß ihm verliehene Aufführungsmaterialien nicht zurückgesandt wurden. Belegt ist dies etwa im Fall des D-Dur-Sanctus (BWV[3] 232[III]), dessen Aufführungsstimmen er dem Böhmischen Grafen Franz Anton von Sporck ausgeliehen,[22] von diesem aber offenbar nicht zurückerhalten hatte. So, oder so ähnlich erging es Bach wohl auch im Fall seiner Johannes-Passion: Für die Karfreitag 1725 geplante Wiederaufführung – wenn auch in veränderter Fassung – konnte er bei der Herstellung des Aufführungsmaterials nur auf die noch vorhandenen Stimmendubletten aus dem Vorjahr zurückgreifen. Die Erststimmen von 1724 waren – weil wahrscheinlich verliehen oder anderweitig aus den Händen gegeben – nicht verfügbar. Offenbar hatte Bach im Vorfeld der Passionsaufführung 1725 zunächst keine sofortige Wiederverwendung der Johannes-Passion geplant, weswegen er das Stimmenmaterial vorerst nicht benötigte. Mußte er unerwartet umdisponieren, weil sein Plan der Neukomposition einer Passion aus zeitlichen oder anderweitigen Gründen nicht zu realisieren war? Zu denken wäre beispielsweise an den plötzlichen Ausfall des Textdichters.[23]

Ein gewichtiges Argument für das Jahr 1727 als Erstaufführung der Matthäus-Passion ist die Tatsache, daß Picander seine Libretti in der Regel zeitversetzt und nicht umgehend publizierte.[24] Im Fall der Matthäus-Passion hätte er ausnahmsweise die Texte zu einer Komposition veröffentlicht, die nahezu zeitgleich zur Erstaufführung gelangt war. Für die Herstellung des äußerst aufwendigen Textdruckes war ein entsprechend langer Vorlauf erforderlich. Picanders Passionslibretto dürfte demzufolge wohl eher – zumindest schon

---

[20] Vgl. Dok I, Nr. 20.

[21] Außer der Johannes-Passion (BWV 245) kämc gegebenenfalls die sogenannte „Weimarer" oder „Gothaer" Passion (BC D 1) oder die Reinhard Keiser zugeschriebene und wohl seinem Vater Gottfried Keiser zuzuschreibende Markus-Passion in Frage.

[22] *P 13, Fasz. 1*: „Die Parteyen sind in Böhmen bey Graff *Sporck*:"

[23] Leisinger (wie Fußnote 10).

[24] Rifkin (wie Fußnote 8).

vor der Fastenzeit des Jahres 1729 – entstanden sein. Zu diesem Zeitpunkt könnte Bachs Konzept einer Neufassung seiner Passion – zumindest in groben Zügen – vorgelegen haben. Verzichtete Picander in seinem Textdruck auf eine Jahresangabe, weil sein Passionslibretto zum Teil von 1729, aber partiell bereits vom Jahr 1727 stammte? Mehrere seiner Texte hätten demnach schon vor 1729 existiert.

Im Gegensatz zur Veröffentlichung des Textes der Markus-Passion (mit lediglich sechs Arien nebst Eingangs- und Schlußchor) wurden im Fall der Matthäus-Passion lediglich die madrigalischen Texte (für 10 Accompagnati, 13 Arien, ein Duett, sowie Eingangs- und Schlußchor), jedoch nicht das vollständige Evangelium abgedruckt. Dies geschah wohl mit Rücksicht auf die außergewöhnliche Länge der Passion und im Hinblick auf die damit verbundenen Herstellungskosten.

6. Der eben erwähnte Christoph Gottlob Wecker wurde am 15. Dezember 1723 an der Leipziger Universität immatrikuliert. Er gehörte als Mitglied zu Johann Gottlieb Görners Collegium Musicum. Am 6. Februar 1727 war er an der Musik anläßlich der Gedächtnispredigt für Johann Christoph von Ponickau in Pomßen beteiligt. Am 26. Februar 1727 verfaßte Bach für ihn ein Empfehlungsschreiben anläßlich seiner Bewerbung um die Kantorenstelle in St. Jacobi in Chemnitz.[25] Diese blieb erfolglos. Zu jener Zeit weilte Wecker demnach noch in Leipzig und dürfte zu den Mitwirkenden der Passionsaufführung am 11. April 1727 in der Thomaskirche gehört haben. Dies mag ihn auch bewogen haben, von Bach 1729 das Aufführungsmaterial zu erbitten.

Es wurde mehrfach bezweifelt, daß Wecker das Aufführungsmaterial der doppelchörigen Matthäus-Passion habe ausleihen wollen, weil er diese unter den lokalen Bedingungen in Schweidnitz nie hätte darbieten können. Weder die Größe der Kirche noch die zur Verfügung stehenden Musiker vor Ort wären dafür geeignet gewesen. Daher hätte er von Bach eine andere, weniger aufwendig besetzte Passion erhalten wollen.[26] Im Blick auf die Kirchengröße ist diese Argumentation jedoch irreführend: Der mächtige Sakralbau der (heutigen) Friedenskirche zu Świdnica (Schweidnitz) wäre durchaus geeignet zur Aufführung einer größer besetzten Passionsmusik. Dennoch bleibt fraglich, ob Wecker auf die Aufführung einer doppelchörigen Passionsmusik von annähernd drei Stunden Dauer reflektiert habe. Der personelle, organisatorische und finanzielle Aufwand wäre außergewöhnlich groß gewesen.

---

25 Dok I, Nr. 18.

26 Siehe dazu vor allem A. Dürr, *Die Entstehungsgeschichte der Matthäuspassion*, in: J. S. Bach, Matthäuspassion BWV 244. Vorträge der Sommerakademie J. S. Bach 1985, hrsg. von U. Prinz, Kassel 1990 (Schriftenreihe der Internationalen Bachakademie Stuttgart. 2.), S. 81 f.

7. Bisher gingen die Verfechter einer Erstfassung im Jahr 1727 davon aus, daß diese bereits in der uns bekannten Gestalt mit zwei Chören und zwei Orchestern, aber mit nur einer Generalbaßstimme existiert habe. Nicht in Betracht gezogen wurde jedoch eine unbekannte, etwas kleiner besetzte, vielleicht einchörige – und möglicherweise auch kürzere – Fassung des Werkes. Eine solche Frühfassung wäre gewissermaßen ein Pendant zum Kantatensatz „Nun ist das Heil und die Kraft" BWV 50. Klaus Hofmann hat mit plausiblen Argumenten dargelegt, daß der grandiose Doppelchor vermutlich auf einer einchörigen Erstfassung basiert.[27]

Offenbar verkörpert Farlaus Partiturabschrift die Fassung von 1729 mit ihrer noch nicht vollständig ausgereiften Doppelchörigkeit. Denn der Continuo ist auf einem System notiert und folglich von nur einer Orgel auszuführen. Die Hinzuziehung einer separaten Orgel [wohl eines Orgelpositivs] für den zweiten Chor erfolgte erst 1736 mit der Aufteilung des Basso continuo auf zwei Chöre. Erst damit war die Doppelchörigkeit durchgängig realisiert. Auch die Aufteilung der Chöre erwies sich 1729 noch nicht als endgültig: So ist die Alt-Arie „Erbarme dich!" (Nr. 39) im Gegensatz zur Spätfassung dem II. Chor, die darauffolgende Baß-Arie „Gebt mir meinen Jesum wieder" (Nr. 42) aber dem I. Chor zugeordnet.

Gehen wir davon aus, daß bereits vor 1729 eine – wie auch immer konzipierte – Erstfassung der Passion existierte, dann konnte Bach dem Ansinnen Weckers schon deshalb nicht nachkommen, weil er 1729 Teile des Aufführungsmaterials für eine erweiterte Neufassung selbst benötigte.

In vergleichbaren Fällen hat Bach bei der erweiterten oder modifizierten Neufassung älterer Werke das vorhandene Notenmaterial soweit als möglich wiederverwendet – allein schon aus arbeitsökonomischen Gründen. Das zeigt die Herstellung des Aufführungsmaterials von Fassung II der Johannes-Passion (1725), bei der Bach – wie schon erwähnt – die noch existierenden Aufführungsstimmen vom Vorjahr heranzog. Neu eingerichtet hat er die vier vokalen Ripien-Stimmen sowie die Dubletten für Violino I und II nebst dem Continuo, während die Erststimmen der Fassung 1724 ihm offenbar nicht mehr zur Verfügung standen.

Für eine erstmalige Darbietung des Werkes im Jahre 1727 könnte noch folgender Umstand sprechen: Nicht – wie bisher angenommen – erst 1736, sondern bereits 1727 wurde die kleine sogenannte Schwalbennest-Orgel in der Thomaskirche von dem Orgelbauer Zacharias Hildebrandt wieder instandge-

[27] K. Hofmann, *Bachs Doppelchor „Nun ist das Heil und die Kraft" (BWV 50). Neue Überlegungen zur Werkgeschichte*, BJ 1994, S. 59–73. William H. Scheide hält ebenfalls eine einchörige Erstfassung des Satzes für wahrscheinlich, sieht in dem Doppelchor aber eher eine Fremdbearbeitung aus späterer Zeit, siehe BJ 1982, S. 81–96.

setzt.[28] Zur Ausführung des Cantus firmus „O Lamm Gottes, unschuldig" im Eingangschor war das separat aufgestellte Instrument somit verfügbar. Womöglich wurde die Reparatur sogar eigens für die Passionsaufführung 1727 vorgenommen.[29] Daß Rost die zweite Orgel für 1727 wie auch für 1729 nicht erwähnt, mag allerdings irritieren. War ihm der Einsatz des Instrumentes entgangen, oder wurde der Cantus firmus in Satz 1 vielleicht noch auf der großen Orgel gespielt?

8. Für die Annahme, die in Farlaus Abschrift überlieferte Fassung könnte auf einer älteren Vorlage basieren,[30] spräche zudem die Beobachtung, daß einige doppelchörige Turbae der Passion sich ohne nennenswerte Eingriffe auf eine einchörige Version zurückführen lassen.[31] Diese Chöre weisen zwar einen drei- bis viertaktigen doppelchörigen (achtstimmigen) Beginn auf, gehen aber sogleich in einen vierstimmigen Vokalsatz über.

---

[28] Stadtarchiv Leipzig, ohne Signatur, *Rechnung / der / Kirchen zu St Thomæ / in Leipzig / Von Lichtmeße Anno 1727. / bis Lichtmeße Anno 1728*, S. 41: „dem Orgelmacher [...] 15. thl. Zacharias Hildebrandten vor 8. Register in den kleinen Orgelwerck in brauchbaren Stand zusezen, ingl. vor Reise-Kosten. No. 47.". Hildebrandt weilte zur fraglichen Zeit im nahegelegenen Liebertwolkwitz. Die Orgel war von Johann Scheibe bereits sechs Jahre zuvor repariert und somit spielbar gemacht worden. Stadtarchiv Leipzig, ohne Signatur, *Rechnung / der / Kirchen zu St Thomæ / in Leipzig / Von Lichtmeße Anno 1720. / bis Lichtmeße Anno 1721*, S. 42: „Dem Orgelmacher Johann Scheiben [...] 9 fl. 3 gl. Demselben vor Reparirung der kleinen Orgel welche gantz unbrauchbar gewesen [No.] 51. Vgl. auch A. Schering, *Johann Sebastian Bachs Leipziger Kirchenmusik. Studien und Wege zu ihrer Erkenntnis*, Leipzig 1936, S. 54 f.

[29] Leider sind die Belege zu den in der Fußnote 28 genannten Rechnungsbüchern nicht erhalten und die Orgelreparaturen somit nicht exakt zu datieren. Immerhin aber schrieb Zacharias Hildebrandt am 2. Februar 1727 an den Organisten Johann Friedrich Rahm in Sangerhausen, er könne wegen des kalten Winterwetters nicht vor Ostern (1727) dorthin übersiedeln. Ulrich Dähnert geht davon aus, daß die Reparatur der „Schwalbennest-Orgel" vor der Abreise nach Sangerhausen – also noch vor Ostern 1727 – ausgeführt worden ist und Bach möglicherweise den Auftrag dafür vermittelt hatte. Vgl. Dähnert, *Der Orgel- und Instrumentenbauer Zacharias Hildebrandt*, Leipzig und Wiesbaden 1962, S. 56.

[30] Hans Grüß vertritt die Ansicht, daß die Trauermusik BWV 244a in wesentlichen Teilen der Passion vorausgegangen ist. Vgl. dessen Beitrag, *Eine neue Hypothese zur Entstehung der Matthäus-Passion und weitere quellenkundliche Anmerkungen zu den Trauermusiken BWV 198 und BWV 244a*, in: LBB 5, S. 59–68.

[31] Zur Frage der pseudohaften Doppelchörigkeit habe ich mich bereits 2003 im Kritischen Bericht NBA II/5b, S. 33 f. und im Vorwort des Notenbandes S. VI geäußert. Thematisiert wurde diese Frage unmittelbar darauf auch von Daniel Melamed in seinem Beitrag *The Double Chorus in J. S. Bach's St. Matthew Passion BWV 244*, in: JAMS 57 (2004), 1, S. 3–50.

Dies betrifft folgende Sätze:

Nr. $58^{b}$ „Der du den Tempel Gottes zerbrichst“
Nr. $58^{d}$ „Andern hat er geholfen“
Nr. $66^{b}$ „Herr, wir haben gedacht“

Lediglich fünf Turbae weisen hingegen eine echte Doppelchörigkeit auf:

Nr. $4^{b}$ „Ja nicht auf das Fest“
Nr. $36^{b}$ „Er ist des Todes schuldig!“
Nr. $36^{d}$ „Weissage, wer ists, der dich schlug?“
Nr. $41^{b}$ „Was gehet uns das an?“
Nr. $53^{b}$ „Gegrüßet seist du, der Jüden König“

Elf weitere Turba-Chöre sind ohnehin durchgängig vierstimmig:

Nr. $4^{d}$ „Wozu dienet dieser Unrat?“
Nr. $9^{b}$ „Wo willst du, daß wir dir bereiten, das Osterlamm zu essen?“
Nr. $9^{e}$ „Herr, bin ich's?“
Nr. $38^{b}$ „Wahrlich, du bist auch einer von denen“
[Nr. $45^{a}$ „Barrabam!“][32]
Nr. $45^{b}$ „Laß ihn kreuzigen!“
Nr. $50^{b}$ „Laß ihn kreuzigen!“
Nr. $50^{d}$ „Sein Blut komme über uns und unsre Kinder“[33]
Nr. $61^{b}$ „Der rufet dem Elias!“
Nr. $61^{d}$ „Halt! laß sehen, ob Elias komme und ihm helfe?“
Nr. $63^{b}$ „Wahrlich, dieser ist Gottes Sohn gewesen“

Freilich hätte sich bei einigen Turbae ein doppelchöriger Vokalsatz vor allem aus dramaturgischen Gründen nicht angeboten; so im Fall der Chöre der Jünger Jesu: „Wozu dienet dieser Unrat?“ (Nr. $4^{d}$), „Wo willst du, daß wir dir bereiten, das Osterlamm zu essen?“ (Nr. $9^{b}$) und „Herr, bin ich's?“ (Nr. $9^{e}$).
Carl Philipp Emanuel Bach hat etliche Sätze (Turbae, Choräle und Rezitativ-Passagen) der Matthäus-Passion seines Vaters im Jahre 1769 in ein Passions-Pasticcio (H 782) übernommen.[34] Die doppelchörigen Turbae „Der du den Tempel Gottes zerbrichst“ (Nr. $58^{b}$) und „Andern hat er geholfen“ (Nr. $58^{d}$)

[32] Dieser Satz weist nur eine Pseudo-Achtstimmigkeit auf. Sopran I (fis'') und Tenor II (fis') sowie Baß I (dis') und Baß II (dis) gehen in Oktaven, Alt I und Sopran II (c'') sowie Tenor I und Alt II (a') in unisono zusammen. Hier dürfte ursprünglich ein rein vierstimmiger Satz zugrunde gelegen haben.

[33] Chorus I und Chorus II gehen in unisono!

[34] Eine Zusammenstellung der für H 782 aus BWV 244 übernommenen Sätze enthält die Einleitung zu CPEB:CW IV/4.1 (U. Leisinger, 2008), S. xiii–xiv.

wurden dabei zu einchörigen Sätzen umgewandelt. Ob dies im Wissen geschah, daß die Chöre ursprünglich ohnehin nicht doppelchörig angelegt waren, bleibt eine zumindest erwägenswerte Frage. Der zweitälteste Bach-Sohn bearbeitete beide Sätze auf höchst pragmatische Weise, indem er am Satzbeginn den zweiten Chor vokaliter, den unmittelbar darauf einsetzenden ersten Chor rein instrumental ausführen ließ. Da beide Vokalchöre bereits nach drei beziehungsweise vier Takten in unisono zusammengehen, war eine weitergehende Bearbeitung nicht erforderlich. Unter den Hamburger Aufführungsbedingungen ließ sich eine mit zwei Chören und zwei Orchestern besetzte Passionsmusik normalerweise nicht darbieten.[35]

9. In Picanders Textdruck von 1729 ist der Eingangschor „Kommt ihr Töchter, helft mir klagen" als „Aria" für „die Tochter Zion und die Gläubigen" bezeichnet und unverkennbar in der Form eines Dialogs angelegt. Ob Bach die *Tochter Zion* bereits in der Erstfassung mit vier Vokalisten personifiziert hatte, wäre zumindest zu hinterfragen. Seltsamerweise enthält die von Johann Friedrich Agricola angefertigte (und Johann Christoph Farlaus Partiturabschrift vorgeheftete) Librettokopie für denselben Satz die Überschrift „Chor | der Töchter [sic!] Zion | der Gläubigen". Wahrscheinlich hat der Bach-Schüler den vierstimmigen Vokalsatz mit der Bezeichnung „Tochter" als unzutreffend angesehen.

Es ließe sich mithin darüber spekulieren, ob dieser Satz zunächst als Aria mit dem Chor der Gläubigen angelegt war und erst im Zusammenhang mit einer ersten Umarbeitung (1729) in eine Fassung für zwei Chöre (aber noch nicht mit zwei separaten Continuo-Gruppen) umgewandelt worden ist.

Ein ähnlicher Fall der Überarbeitung wäre dann der ursprünglich (1725) als Duett konzipierte dritte Satz („Kommt, eilet und laufet") des Oster-Oratoriums (BWV 249). Erst in späteren Jahren (um 1743/46) wurde dieser in einen vierstimmigen Chorsatz umgewandelt. Dramaturgisch war dies allerdings unlogisch, da die beiden zum Grab eilenden Jünger (Petrus und Johannes) nun plötzlich Zuwachs von zwei weiteren Personen erhalten hatten.

Das Dialog-Prinzip des Eingangschors wiederholt sich an folgenden Stellen der Passion:

Nr. 19 „O Schmerz! Hier zittert das gequälte Herz", in Picanders Druck bezeichnet als *Zion und die Gläubigen.*

Nr. 20 „Ich will bei meinem Jesum wachen" = *Aria a Duetto.*

---

[35] Für die Passionsaufführung 1769 standen C. P. E. Bach außer den Instrumentalisten ohnehin nur sechs Sänger zur Verfügung. Dieses Ensemble hatte in den fünf Hauptkirchen reihum zu musizieren. Sopran und Baß waren mit je zwei Sängern besetzt, Alt und Tenor lediglich mit je einem. Siehe CPEB:CW IV/4.1, S. XV.

Nr. 27a „So ist mein Jesum nun gefangen“ = *Aria à I. | Zion und die Gläubigen.*
Nr. 30 „Ach! nun ist mein Jesus hin!“ = *Aria. | Die Gläubigen, und Zion.*
Nr. 59 „Sehet, Jesus hat die Hand uns zu fassen ausgespannt“ = *Aria. à Duetto | Zion und die Gläubigen.*
Nr. 67 „Nun ist der Herr zur Ruh gebracht“ = *Zion, und die Gläubigen.*

Mit Ausnahme von Nr. 19 und Nr. 67 sind es Arien mit Chor. Wäre das nicht auch für die ursprüngliche Fassung des ersten Satzes – zumindest konzeptionell – denkbar, als Arie der Tochter Zion mit den Gläubigen? Der Schlußchor ist in Farlaus Partiturabschrift mit *Schluß-Aria* überschrieben, bei Picander hingegen *Aria Tutti. | Chor.*

Im Vorwort des Textheftes zu Felix Mendelssohn Bartholdys denkwürdiger Wiederaufführung der Matthäus-Passion mit der Berliner Singakademie am 11. März 1829 bemerkte sein Lehrer Carl Friedrich Zelter: „So ward auch diese Musik, in zwei Theilen, zwischen welchen die Nachmittagspredigt statt fand, zur Charfreitagsvesper im Jahre 1729 in der Thomaskirche zu Leipzig aufgeführt“ und kommentierte weiterhin in einer Fußnote: „Ob diese Aufführung die allererste gewesen? besagt der alte Kirchentext des genannten Jahres nicht“. Unklar bleibt somit, ob Zelter mit dem „alten Kirchentext“ einen verschollenen Separatdruck vom Karfreitag 1729 meinte, oder ob er – was eher anzunehmen ist – nichts anderes als Picanders *Ernst-Scherzhaffte und Satÿrische Gedichte, Anderer Theil* mit dem bekannten Abdruck des Passionslibrettos seinerzeit in den Händen hatte. Dieser erschien zur Ostermesse 1729. Der Aufführungsvermerk „am Char-Freytage bey der Vesper in der Kirche zu St. Thomä“ ist hier – wie schon gesagt – ohne Jahreszahl geblieben. Bei einer ersten genaueren Durchsicht der 2001 von Kiew nach Berlin zurückgeführten Bestände der Sing-Akademie zu Berlin war der gesuchte Separatdruck von 1729 – sofern er 1829 überhaupt noch existiert hat – nicht auffindbar. Dagegen befand sich das Textheft der Berliner Passionsaufführung von 1829 und weitere Texthefte aus den nachfolgenden Jahren unter den wieder verfügbaren Quellen. Da der Ostern 1729 erschienene Abdruck Picanders – von zwei Ausnahmen (Satz 1 und Satz 19) abgesehen – keine Choralverse enthält, ist auch nicht ersichtlich, welcher Satz den ersten Teil („Vor der Predigt“) beschließen sollte. Der Choralchor „O Mensch, bewein dein Sünde groß“ war es aber sicherlich nicht, sondern – wie in Farlaus Abschrift – der vierstimmige Choral „Jesum laß ich nicht von mir“.

10. Die Matthäus-Passion enthält in den beiden uns überlieferten Fassungen insgesamt 24 kontemplative Sätze (Chöre, Accompagnati und Arien). Gegenüber den beiden anderen Passionen nach Johannes und Markus hat Bach diesen somit ein unverhältnismäßiges Übergewicht verliehen. Der Markus-Passion mit zunächst nur sechs Arien (in der Fassung von 1731) wurden spä-

testens 1744 zwei weitere Arien hinzugefügt. Offenbar hatte Bach den Mangel an kontemplativen Sätzen damit kompensieren wollen.
Erfolgte 1731 die Reduzierung von kontemplativen Sätzen im Fall der Markus-Passion, weil dies – etwa von Seiten der Geistlichkeit, des Konsistoriums oder von anderer Seite – verlangt oder zumindest nahegelegt worden war? Daß die 1729 aufgeführte Matthäus-Passion mit ihrer Gesamtlänge von wenigstens drei Stunden[36] nicht nur regen Zuspruch, sondern durchaus auch das Gegenteil erfahren haben könnte, ist vielleicht nicht nur reine Spekulation. Zumindest wäre zu fragen, ob eine figurale Passionsmusik mit einer derartigen Überlänge unter den damaligen Zuhörern durchweg ungeteilte Bewunderung und Begeisterung auslöste, oder ob sie nicht doch den Widerstand herausgefordert hat – vor allem unter den Vorgesetzten bei Kirche, Stadt und Schule. Als der Universitätsprofessor Johann Florens Rivinus am Karfreitag (26. März) 1728 mit ausdrücklicher „Concession“ des Kurfürsten in der Kirche St. Pauli eine Passionspredigt im Vespergottesdienst stiftete,[37] wurde von ihm kategorisch verordnet, „daß vor der Predigt 2. Sterbe oder *Passions*-Lieder, und 2. dergl. nach der Predigt, unter einer *doucen Music*,[38] ohne alles *figurir*en“ abgesungen werden sollen „damit die ganze Gemeinde zugleich mit singen könnte“.[39] Es gab also in der Tat Vorbehalte gegen die figurale Passionsmusik, vor allem wenn sie (wie im Fall der Matthäus-Passion) derart auszuufern drohte.
11. Nach all dem bisher Gesagten stellt sich die Frage, ob eine „Urfassung“ der Matthäus-Passion eher die Länge von einer der beiden anderen Passionen hatte und erst 1729 durch die Hinzunahme zusätzlicher Arien und Accompagnati zur „Großen Passion“ erweitert wurde. Dies wäre dann im Zusammenhang mit der Komposition der vierteiligen Köthener Trauermusik erfolgt und es geschah vor dem Hintergrund der Verfügbarkeit von zusätzlichen Musikern nach der Übernahme des Collegium musicum.
Nicht gänzlich auszuschließen wäre auch, daß Bach die Passionsgeschichte zunächst nicht in voller Länge vertonte, wie es etwa in der 1726 aufgeführten

---

[36] Ob die zumeist recht bewegten Tempi gegenwärtiger Darbietungen den damaligen entsprachen, erscheint mir eher zweifelhaft. Selbst für die am 31. März 1833 erfolgte Aufführung mit der Sing-Akademie zu Berlin ist auf der Titelseite (D-Bsa, *SA 5133*) eine Konzertdauer von 18.30 bis 21.00 Uhr handschriftlich vermerkt. Außer dem stark gekürzten Passions-Evangelium erklangen lediglich 7 Accompagnati, 3 Arien, Eingangs- und Schlußchor sowie der Choralchor „O Mensch bewein dein Sünde groß“.

[37] Das von Rivinus gestiftete Kapital betrug 120 Taler.

[38] Unter einer stillen Musik.

[39] Stadtarchiv Leipzig, *Acta die hiesige Paulinerkirche betr., Tit. VII C (F) 24*, fol. 204 r–205 r.

Markus-Passion von [Gottfried] Keiser der Fall ist.[40] Dies war grundsätzlich bei den in Hamburg musizierten Passionsmusiken üblich. In Carl Philipp Emanuels Bachs Matthäus-Passion für 1769 (und in allen anderen nachfolgenden Fassungen des Werkes) beginnt der Passionsbericht erst an der Stelle „Da kam Jesus mit ihnen zu einem Hofe“.[41]
Die nachfolgende Übersicht zeigt, welche Arien der Matthäus-Passion wohl als Parodie und welche allem Anschein nach als Originalkompositionen anzusehen sind. Bezüglich der Sätze 6, 8, 13, 20, 23, 39, 49, 57 und 68 beziehe ich mich auf die Analysen von Burkhard Stauber.

Nr. 6 „Buß und Reu“: Parodie
Nr. 8 „Blute nur, du liebes Herz!“: Parodie
Nr. 13 „Ich will Dir mein Herze schenken“: Originalvertonung
Nr. 20 „Ich will bei meinem Jesu wachen“: Solostimme original, Chorpartien wohl Parodie
Nr. 23 „Gerne will ich mich bequemen“: Originalvertonung
Nr. 27a „So ist mein Jesus nun gefangen“: nicht in der Trauermusik enthalten, Originalvertonung
Nr. 30 „Ach! nun ist mein Jesus hin!“: nicht in der Trauermusik enthalten, Originalvertonung
Nr. 35 „Geduld! wenn mich falsche Zungen stechen“: nicht in der Trauermusik enthalten, vielleicht nicht original, sondern einem unbekannten Werk entlehnt.
Nr. 39 „Erbarme dich, mein Gott“, Originalvertonung
Nr. 42 „Gebt mir meinen Jesum wieder!“: nicht in der Trauermusik enthalten, vielleicht nicht original, sondern einem unbekannten Werk entlehnt.
Nr. 49 „Aus Liebe will mein Heiland sterben“: Parodie. Diese Arie mit dem vorhergehenden Accompagnato-Rezitativ „Er hat uns allen wohlgetan“ könnte erst 1729 in die Passion nachträglich eingefügt worden sein.[42] Denn der Übergang von der Textstelle „Was hat er denn Übels getan?“ (Pilatus) erfolgt har-

[40] Diese beginnt erst an der Stelle „Und da sie den Lobgesang gesprochen hatten“.

[41] Die Hamburger Passionsaufführungen sollten auf rund eine Stunde Dauer begrenzt bleiben.

[42] Nachträglich eingeschoben wurde beispielsweise auch die Arie „Himmel reiße, Welt erbebe“ in der zweiten Fassung der Johannes-Passion (1725). Nur hier erscheint mir der Anschluß an die vorausgegangene Choralstrophe „Ich, ich und meine Sünden“ inhaltlich unlogisch. Die Arie ist textlich und dramaturgisch am ehesten vorstellbar im direkten Anschluß an die Bibelstelle „Und siehe da, der Vorhang im Tempel zerriß in zwei Stück von oben an bis unten aus. Und die Erde erbebte, und die Felsen zerrissen“ (Mt 27,51–52). Die Arie war ursprünglich wohl anders positioniert. Bach hat sie – vermutlich aus dramaturgischen Erwägungen heraus – bei einer erneuten Aufführung konsequenterweise wieder entfernt.

monisch und modulatorisch nahtlos zur nächsten Passage „Sie schrien aber noch mehr und sprachen:“ (Evangelist).

Nr. 52 „Können Tränen meiner Wangen“: vielleicht nicht Originalvertonung, sondern einem älteren unbekannten Werk entlehnt
Nr. 57 „Komm, süßes Kreuz, so will ich sagen“: Originalvertonung
Nr. 60 „Sehet, Jesus hat die Hand, uns zu fassen ausgespannt“: nicht in der Trauermusik enthalten, Originalvertonung
Nr. 65 „Mache dich, mein Herze rein“: vielleicht Originalkomposition, beziehungsweise einem älteren unbekannten Werk entlehnt
Stauber vernachlässigt den Eintrag in der Viola-Stimme zum Sanctus (BWV $232^{III}$), weswegen er den Satz als genuin für die Trauermusik ansieht.
Nr. 68 „Wir setzen uns mit Tränen nieder“: Originalvertonung

*

## Fazit

12. Meines Erachtens weisen Staubers Analysen zum Wort-Tonverhältnis viel eher auf eine Passions-Fassung, die bereits vor 1729 existiert haben könnte und die sowohl für die doppelchörige Matthäus-Passion als auch für die Trauermusik als – wie auch immer geartete – Vorlage gedient hat. In Ermangelung weiterer Quellen wäre es verfrüht, präzisere Aussagen darüber treffen zu wollen. Und schon gar nicht sollte der Versuch unternommen werden, sie als Anregung für eine der vielen „Rekonstruktionen“ heranzuziehen. Mein Anliegen ist lediglich, die Diskussion noch einmal neu zu beleben. Denn allem Anschein nach hatte Bachs „Große Passion“ eine viel kompliziertere und wohl längere Vorgeschichte, als wir uns heute vorstellen. Als die „Große Passion“ war sie im Verständnis der Schüler und Söhne Bachs ein Pendant zur „Großen Catholischen Messe“ von 1749 und damit ein Werk, das Bach in Gestalt jener 1736 erstellten einzigartigen Schönschriftpartitur der Nachwelt und mit seinem persönlichen Bekenntnis zum originalen Bibeltext hinterlassen wollte.

# Wer schrieb die Sonate g-Moll BWV 1020? Neue Überlegungen zu einer alten Streitfrage

Von Jürgen Samtleben (Hamburg)*

Die früher Johann Sebastian Bach zugeschriebene Sonate in g-Moll, überliefert in der Besetzung mit Violine und obligatem Cembalo, findet heute im einschlägigen Schrifttum keine eindeutige Zuordnung.[1] Hatte sie in der ersten Ausgabe des BWV von 1950 noch eine Nummer im Hauptteil erhalten, so wanderte sie in der zweiten Ausgabe von 1990 (BWV$^2$) in den Anhang der Bach „fälschlich zugeschriebenen" Stücke. Zeitweise wurde sie als Werk von Carl Philipp Emanuel Bach angesehen, doch wird diese Ansicht heute nur noch von wenigen Forschern vertreten.[2] Es ist also offen, wer als Komponist dieser Sonate anzusehen ist. Das hat ihrer Beliebtheit jedoch keinen Abbruch getan; davon zeugen zahlreiche Ausgaben und eine kaum überschaubare Zahl von Tonaufnahmen, auch in der Bearbeitung für verschiedene andere Instrumente. Während der Autor der Sonate ungewiß erscheint, herrscht doch heute weitgehend Einigkeit, daß es sich – trotz der Überlieferung als Violinsonate – in Wirklichkeit um eine Flötensonate handelt. Bereits Philipp Spitta hatte dies angenommen, weil die Stimmung der Sonate ganz dem Charakter der Flöte entspreche.[3] Später hat Leo Balet zur Begründung angeführt, daß die Melodiestimme die G-Saite der Violine nicht nutzt und auch keine Doppelgriffe enthält.[4] Zwingend ist dieses Argument nicht; so hat Jane Ambrose darauf aufmerksam gemacht, daß die meisten der gesicherten Violinwerke Bachs ohne Doppelgriffe auskommen und einige auch auf den Einsatz der G-Saite verzichten.[5] Was aber entscheidend für diese Ansicht spricht, ist die enge Verbindung

---

* Der Aufsatz basiert auf meiner Studie *Eine Flötensonate von Johann Sebastian Bach – oder von wem sonst? Ein Beitrag zum Streit um den Autor der Sonate g-Moll BWV 1020*, Düren 2020 (im folgenden zitiert als: Samtleben, *Flötensonate*), enthält aber auch weiterführende Gedanken.

[1] Als „Sonate voller Rätsel" bezeichnet sie P. Holtslag im CD-Booklet zu: *Bach a Cembalo obligato e Travers solo. Sonatas for flute & harpsichord BWV 1020, 1030–1033* (P. Holtslag/K. Haugsand), Heckenmünster 2016 (Aeolus), S. 11.

[2] Näheres dazu unten in Abschnitt V.

[3] Spitta I, S. 729.

[4] *Joh. Seb. Bach (1685–1750), Sonate G-Moll für obligates Cembalo und Flöte*, hrsg. von L. Balet, Hannover 1931 (Nagels Musik-Archiv. 77.), S. 2.

[5] J. Ambrose, *The Bach Flute Sonatas: Recent Research and a Performer's Observations*, in: Bach. Journal of the Riemenschneider Bach Institute 11/3 (1980), S. 32–45, hier S. 38.

mit der Flötensonate Es-Dur BWV 1031, die darauf hindeutet, daß beide Sonaten als „Werkpaar" geschaffen wurden.
Für Wilhelm Rust, den Herausgeber dcr Werke in der BG, war nicht zweifelhaft, daß beide Sonaten von J. S. Bach stammen, und diese Meinung hat sich bis in die Mitte des 20. Jahrhunderts gehalten.[6] Erst danach setzte sich dann die Ansicht durch, daß deren Stil nicht dem überkommenen Bach-Bild entspreche und einer späteren Generation zuzurechnen sei.[7] Zwar haben sich gewichtige Stimmen dafür eingesetzt, daß jedenfalls die Es-Dur-Sonate aus der Feder J. S. Bachs stamme, ohne aber diese Ansicht auf die g-Moll-Sonate zu übertragen.[8] Dies spiegelt sich auch in der NBA, deren 2006 erschienener Band VI/5 zwar die Es-Dur-Sonate, nicht aber die g-Moll-Sonate enthält.[9] Nur wenige Autoren haben sich dagegen in dieser Zeit dezidiert dafür ausgesprochen, auch die g-Moll-Sonate als Werk von J. S. Bach anzuerkennen. Diese Aussagen sind freilich nur auf das musikalische Gefühl gestützt und enthalten keine nähere Begründung.[10] Daß tatsächlich gute Gründe für diese Ansicht sprechen, soll im folgenden näher dargelegt werden. Eine eingehende Prüfung und Neubewertung der Quellen ist dafür unumgänglich. Insbesondere wird es aber darum gehen, die stilistischen Argumente zu überprüfen, die gegen dic Autorschaft J. S. Bachs angeführt werden.

## I.

Die Sonate liegt in drei Abschriften vor; ein Originalmanuskript ist nicht erhalten.[11] Das wohl älteste und insgesamt verläßlichste Manuskript stammt aus dem Nachlaß von Johannes Brahms und wird im Archiv der Gesellschaft der Musikfreunde in Wien unter der Signatur XI 36271 (NBA VI/5, S. 87: Quelle B) verwahrt.[12] Als Komponist ist auf der Titelseite und auf der Violin-Stimme „C. P. E. Bach" angegeben. Als Schreiber konnte der Hamburger Tenorist Johann Heinrich Michel ermittelt werden, der viele Jahre als Kopist

---

6 BG 9 (1860), S. XIII–XXVI, hier S. XXV.

7 Siehe bei Samtleben, *Flötensonate* S. 23–32.

8 Nähere Nachweise ebd. S. 1, Fußnote 6.

9 Zur Begründung siehe NBA VI/5 Krit. Bericht (K. Hofmann, 2006), S. 87 f.

10 Ambrose (wie Fußnote 5); H. Vogt, *Johann Sebastian Bachs Kammermusik*, Stuttgart 1982, S. 27.

11 Außer Betracht bleibt hier das „Naumburger Manuskript", erwähnt von Gustav Scheck im Hüllentext zu seiner Aufnahme für die Archiv Produktion der Deutschen Grammophon (13 039 AP, 1957). Dabei handelt es sich um einen bloßen Irrtum.

12 Siehe die Quellenbeschreibung bei C. Blanken, *Die Bach-Quellen in Wien und Alt-Österreich. Katalog*, Hildesheim 2011, Bd. 1 (LBB 10), S. 320 f.

für C. P. E. Bach tätig war.[13] Dessen Autorschaft wurde daher aufgrund dieser Umstände lange als gesichert angesehen.[14] Demgegenüber haben Ulrich Leisinger und Peter Wollny darauf hingewiesen, daß die Sonate weder in C. P. E. Bachs Nachlaß-Verzeichnis noch im Katalog der Bachschen Auktion von 1789 verzeichnet ist und daß auch das Manuskript keinerlei Korrekturen oder Eintragungen von seiner Hand enthält, die darauf hindeuten, daß es sich in seinem Besitz befunden hätte. Sie gehen vielmehr davon aus, daß es sich bei diesem Manuskript um eine unautorisierte Kopie handelt, da Michel auch für andere Auftraggeber als Kopist gearbeitet hat.[15] Nach allem kann dieses Manuskript nicht als Beleg für die Autorschaft von C. P. E. Bach dienen.
Die zweite Quelle stammt aus der Sammlung von Johann Gottfried Schicht (1753–1823, Thomaskantor seit 1810), einem Enkelschüler von J. S. Bach, und wird in der Berliner Staatsbibliothek unter der Signatur *P 1059* verwahrt (NBA VI/5, S. 87: Quelle A).[16] Sie trägt auf dem Umschlag die Zuschreibung „Del Sign. Bach", die auch im Notenteil wiederholt wird. Dieses Manuskript, dem gegenüber der Wiener Quelle einige Takte fehlen und das auch sonst einige offenkundige Fehler enthält, hat als Vorlage sowohl für die BG als auch für die erste Einzelausgabe von Balet gedient.[17] Wie *P 1059* in den Besitz von Schicht gelangt sein mag, ist ungeklärt. Nach Yoshitake Kobayashi hat Schicht einen großen Teil seiner Musikalien von Breitkopf bezogen.[18] Es ist also denkbar, daß es sich dabei um dieselbe Handschrift handelt, die im Breitkopf-Katalog von 1763 als „Sonata del Sigr. C. P. E. Bach" angezeigt ist.[19] Diese Anzeige könnte sich leicht dadurch erklären, daß der Verlag das nur mit dem Namen Bach bezeichnete Manuskript C. P. E. Bach zuordnete, der zu dieser Zeit viel bekannter war als sein Vater (und eher einen Verkaufserfolg versprach). Ebenso ist es aber auch möglich, daß Schicht das Manuskript in den Beständen der Thomasschule aufgefunden hat, wo es abschriftlich tradiert worden war. Es ist wohl anzunehmen, daß Schicht, der sich damals besonders für das Schaffen seines großen Vorgängers einsetzte, dieses Manuskript als ein Werk von J. S. Bach angesehen und bewahrt hat.

[13] Vgl. TBB 1, S. 24.

[14] Y. Kobayashi, *Neuerkenntnisse zu einigen Bach-Quellen an Hand schriftkundlicher Untersuchungen*, BJ 1978, S. 43–60, hier S. 52.

[15] U. Leisinger und P. Wollny, *„Altes Zeug von mir", Carl Philipp Emanuel Bachs kompositorisches Schaffen vor 1740*, BJ 1993, S. 127–204, hier S. 195.

[16] Siehe TBB 2/3, S. 59.

[17] Balet (wie Fußnote 4). Bereits Rust hatte in der BG einige Ergänzungen vorgenommen, die Balet in seiner Ausgabe übernimmt.

[18] Kobayashi (wie Fußnote 14), S. 53.

[19] Siehe *The Breitkopf Thematic Catalogue. The Six Parts and Sixteen Supplements 1762–1787*, hrsg. von B. S. Brook, New York 2003, Sp. 126.

Besondere Beachtung verdient in diesem Zusammenhang das dritte Manuskript, das von dem Wiener Kopisten Anton Werner um die Mitte des 19. Jahrhunderts angefertigt wurde und unter der Signatur *P 471* ebenfalls in der Berliner Staatsbibliothek verwahrt wird (NBA VI/5, S. 87: Quelle C).[20] Dieses Manuskript, das von dem Wiener Konservatoriums-Professor Josef Fischhof und später mit dessen Sammlung von der Preußischen Staatsbibliothek erworben wurde, trägt die Aufschrift „comp: da G.[iovanni] Seb. Bach". Es wird jedoch allgemein als bloße Abschrift von Quelle A angesehen, weil ebenso wie dort bestimmte Takte fehlen und auch sonst vielfach Übereinstimmung besteht; der Hinweis auf J. S. Bach wird deshalb als willkürliche Hinzufügung des Kopisten betrachtet.[21] Eine genauere Betrachtung der beiden Manuskripte zeigt allerdings signifikante Unterschiede. So enthält Quelle A in der Cembalo-Stimme verschiedene Fehler, die sich nicht in C finden.[22] Zahlreiche Fehler sind in A mit Tinte oder Bleistift korrigiert. Während die mit Tinte korrigierten Stellen in Quelle C korrekt sind, zeigt sie bei den Bleistiftkorrekturen regelmäßig die unkorrigierte Version. Nur die in A mit Bleistift korrigierte Stelle im dritten Satz (Takt 6, 1. Zählzeit: 16tel- statt Achtelpause in der Violine) ist in C richtig wiedergegeben. Im ersten Satz (Takt 21) enthalten beide Manuskripte die gleiche Korrektur (letztes Sechzehntel im Cembalodiskant *g'* statt *a'*), was bei einer reinen Abschrift unverständlich wäre. Ferner sind die in Quelle A mit Wiederholungszeichen versehenen Takte (1. Satz, Takt 118 f. und 121 f., 3. Satz, Takt 12 f.) in Quelle C ausgeschrieben, dafür fehlt in diesem Manuskript im letzten Takt des 3. Satzes im Baß die punktierte Viertelnote – ebenso wie in Quelle B. Schließlich ist auffällig, daß Quelle C zu Beginn des zweiten Satzes im Baß nicht wie Quelle A punktierte Viertelpausen, sondern Viertel- mit Achtelpausen enthält. Dies alles deutet darauf hin, daß die Quellen A und C auf eine gemeinsame, heute verschollene Vorlage zurückgehen, die mit Abweichungen auf unterschiedlichen Wegen überliefert wurde. Es ist somit durchaus denkbar, daß schon diese Vorlage den Namen J. S. Bachs trug, der dann in A als selbstverständlich weggelassen wurde.

---

20 Siehe TBB 2/3, S. 33; weitere Angaben bei Blanken (wie Fußnote 12), S. 753 und 863.

21 So zuerst A. Dürr im Vorwort seiner Ausgabe: *J. S. Bach. Sonate C-Dur für Flöte und Basso Continuo, Sonaten Es-Dur, g-Moll für Flöte und obligates Cembalo,* Kassel 1975, S. 2, und ihm folgend das weitere Schrifttum.

22 1. Satz, Takt 110, 2. Zählzeit, l. H. (*A* statt *G*); 2. Satz, Takt 37, 3. Zählzeit, r. H. (*c"* statt *b'*); 3. Satz, Takt 8, 1. Zählzeit, r. H. (drei 16tel statt zwei 16tel und Achtel).

## II.

Schon 1860 hatte Wilhelm Rust, der die g-Moll-Sonate als Werk von J. S. Bach ansah, dies mit der Verwandtschaft zu der von ihm ebenfalls als echt angesehenen Sonate in Es-Dur BWV 1031 begründet, „mit welcher diese in allem Technischen die grösste Verwandtschaft zeigt."[23] Ebenso hielt später Philipp Spitta dafür, daß BWV 1020 „mit der Es dur-Sonate zu gleicher Zeit verfaßt wurde": „so durchaus bis ins Einzelste übereinstimmend ist auch die Factur".[24] Auch von den Autoren, die J. S. Bach nicht für den Verfasser dieser Sonaten halten, wird überwiegend die enge Verwandtschaft der beiden Sonaten betont, die durchaus als „Werkpaar" verstanden werden.[25] Bereits die Wahl der Tonarten spricht dafür, daß beide Sonaten aufeinander bezogen sind. So steht der Mittelsatz der Es-Dur-Sonate in g-Moll (statt in c-Moll), der Mittelsatz der g-Moll-Sonate in Es-Dur (statt in B-Dur). In beiden Sonaten wird der erste Satz „auf Concertenart"[26] mit einem Cembalo-Solo als Ritornell eröffnet, und zwar mit einer durchgehenden Sechzehntelpassage, die auftaktig mit dem zweiten Sechzehntel beginnt und in einer kraftvollen Kadenz endet, an die sich eine brillante Passage anschließt. Für den weiteren Verlauf des ersten Satzes der Es-Dur-Sonate liegen zwei Analysen vor, die sich nur graduell unterscheiden. Während Jeanne Swack den Satz grob in drei vom Cembalo getragene Ritornelle und die dazwischen der Flöte zugewiesenen und vom Cembalo unterbrochenen Solo-Episoden gliedert,[27] wertet Siegbert Rampe auch solche Passagen, die nur den Anfang des Themas aufgreifen, als Ritornelle und kommt deshalb auf acht Ritornelle mit sieben Solo-Episoden.[28] Welchem dieser Modelle man den Vorzug geben will, sei hier dahingestellt – für beide läßt sich die entsprechende Gliederung auch im ersten Satz der g-Moll-Sonate nachweisen. Umgekehrt hat Dominik Sackmann eine harmonische Analyse des ersten Satzes der g-Moll-Sonate vorgelegt,[29] die sich ebenso auf den ersten Satz der Es-Dur-Sonate übertragen läßt.

---

23 BG 9, S. XXV.

24 Spitta I, S. 729.

25 Vgl. Leisinger/Wollny (wie Fußnote 15), S. 194.

26 Siehe dazu J. Swack, *On the Origins of the „Sonate auf Concertenart"*, in: JAMS 46 (1993), S. 369–414.

27 J. Swack, *Quantz and the Sonata in Eb major for flute and cembalo BWV 1031*, in: Early Music 23 (1995), S. 31–53, hier S. 33.

28 Siehe *Bachs Orchester- und Kammermusik*, Teilbd. 2, hrsg. von S. Rampe und D. Sackmann, Laaber 2013 (Das Bach-Handbuch. 5/2.), S. 153 f.

29 D. Sackmann und S. Rampe, *Bach, Berlin, Quantz und die Flötensonate Es-Dur BWV 1031*, BJ 1997, S. 51–84, hier S. 76.

Als erster hat dagegen Werner Danckert bereits 1934 die Verwandtschaft der Sonaten BWV 1020 und 1031 bestritten und nur die letztere als Werk von J. S. Bach anerkannt. Er begründete dies mit der „statischen Paraphrasierung“ als Grundprinzip der Es-Dur-Sonate im Gegensatz zur „transzendentalen, stets vorgreifenden, gestisch betonten Gestaltungsweise des g-moll-Werks“.[30] Dies versuchte er bereits in der Cembaloeinleitung der ersten Sätze mit deren vermeintlich unterschiedlicher Phrasierung zu belegen, die er jedoch falsch interpretierte.[31] Als Hauptargument diente ihm die unterschiedliche Gestalt des Flötenthemas in diesem Satz: Während es in der Es-Dur-Sonate mit dem betonten ersten Viertel beginnt („Mit festem Griff setzt es auf dem Schwerpunkt ein“), geht ihm in der g-Moll-Sonate (BWV 1020) eine Achtelpause voraus und wird daher von Danckert gestisch gedeutet („Das Flötenthema gibt sich völlig sentimentalisch, als bloße Gebärde“).[32] Eine genaue Betrachtung zeigt aber gerade die enge Verbindung dieser beiden Themen, die durch mehrere gleiche Intervallfolgen kunstvoll miteinander verknüpft sind (Beispiel 1). Dies wird allerdings durch die gegensätzliche Faktur (Dur-Moll, gerader-ungerader Takt, Volltakt-Auftakt) und die unterschiedliche rhythmische Gestaltung völlig verschleiert. Insgesamt lassen sich vier Abschnitte a–d unterscheiden, von denen a, b und d jeweils die gleiche Intervallfolge enthalten, während c die Intervallfolge umkehrt. Diese Übereinstimmung ist so frappant, daß sie nicht durch Zufall zu erklären ist. Hier war ein überlegener Geist am Werk, der an derartigen verborgenen Verbindungen seine Freude hatte. Diese Verknüpfung der Themen belegt nicht nur die einheitliche Konzeption beider Sonaten, sondern läßt auch einen Autor wie J. S. Bach vermuten. Die unmittelbare thematische Beziehung zwischen den Sätzen zeigt eine weitere Passage: Bald nach dem Einsatz der Flöte kommt es in der g-Moll-Sonate (Takt 25–31) zu einem Oktavsprung in der Flöte, der von einer Dreiklangsfigur im Cembalo umspielt wird, wobei dieses Spiel anschließend mit vertauschten Stimmen wiederholt wird. Das gleiche Muster finden wir ebenso im ersten Satz der Es-Dur-Sonate in verkürzten Notenwerten (Takt 18–20). Nach Sackmann lassen diese Takte der Es-Dur-Sonate in ihrer raffinierten Anlage ebenfalls auf einen Komponisten wie J. S. Bach schließen[33] – was dann auch für die g-Moll-Sonate gelten muß.

Auch die Mittelsätze in ihrem wiegenden 6/8- bzw. 9/8-Rhythmus entsprechen einander. Daß das Thema des Adagios der g-Moll-Sonate eine Parallele im langsamen Satz von J. S. Bachs Doppelkonzerts für zwei Violinen findet,

---

[30] W. Danckert, *Beiträge zur Bach-Kritik I*, Kassel 1934 (Jenaer Studien zur Musikwissenschaft. 1.), S. 39.

[31] Näher dazu Samtleben, *Flötensonate* S. 52–54.

[32] Danckert (wie Fußnote 30), S. 36.

[33] Sackmann/Rampe (wie Fußnote 29), S. 79.

hat bereits Spitta hervorgehoben.[34] Diese Ähnlichkeit wird besonders augenfällig, wenn man dafür Bachs Bearbeitung des Doppelkonzerts als Konzert für zwei Cembali BWV 1062 zugrunde legt (dessen Largo in der gleichen Tonart Es-Dur steht wie das Adagio der g-Moll-Sonate): Der langgezogene Melodieton steigt stufenweise abwärts, die Fortführung der Phrase endet in der Terz der Dominante und zugleich setzt die Melodiestimme im Quintabstand neu mit dem Thema ein (Beispiel 2). Dagegen meinte Danckert, daß „die Grundhaltungen der beiden Sätze außerordentlich verschieden sind, und zwar in zeitstilistischer wie in personalstilistischer Hinsicht“. Während das Largo des Doppelkonzerts auf einem festgefügten Generalbaß-Fundament beruhe, schwebe die Oberstimme des Adagios „fast gerüstlos“ auf einem nur angedeuteten Orgelpunkt, „von arpeggierenden Mittelstimmen leicht grundiert.“[35] Tatsächlich ist jedoch die Cembalo-Stimme akkordisch geprägt; dabei wird der Orgelpunkt durch die punktierten Viertel auf dem schweren Taktteil mehr als angedeutet und vom Hörer latent wahrgenommen. Es gibt genügend Beispiele, in denen J. S. Bach den Orgelpunkt in dieser Weise skizziert hat.[36] Auch im Siciliano der Es-Dur-Sonate erscheint der Grundton nur auf der ersten und vierten Zählzeit. Im übrigen bemängelte Danckert, daß die Flötenstimme in BWV 1020 sich nach ihrem Eingangston „mit einem kurzen, unverbindlichen Abstieg bis zur Terz“ begnügt und keine lineare Fortsetzung findet,[37] wobei er übersah, daß die Linie im Cembalo fortgesetzt wird (in Beispiel 2 entsprechend in Takt 4 markiert).

Schließlich sind auch die Schlußsätze der g-Moll- und Es-Dur-Sonate ähnlich angelegt, was sich schon in ihrer Zweiteilung mit jeweiliger Wiederholung manifestiert. In beiden beginnt das Cembalo mit einer Sechzehntelpassage, in die die Flöte auftaktig mit einer parallelen Figur einfällt. Dagegen weist Sackmann, der wie Danckert nur die Es-Dur-Sonate als Werk J. S. Bachs anerkennen will, auf einen vermeintlichen Unterschied zwischen den beiden Schlußsätzen hin und hält den der g-Moll-Sonate für spannungsarm: „Synkopische oder hemiolische Bildungen wie im Finale des Es-Dur-Werkes sucht man hier vergebens.“[38] Dieses Verdikt ist unverständlich, denn tatsächlich fallen im letzten Satz der g-Moll-Sonate Flöte und Cembalo bereits in Takt 2

[34] Spitta I, S. 729 (Fußnote 66).

[35] Danckert (wie Fußnote 30), S. 40. Umgekehrt meint Sackmann (wie Fußnote 29), die Flöte habe überhaupt kein eigenes Thema, sondern nur Haltetöne, und im Cembalo werde das Thema noch durch eine weitere Stimme ergänzt.

[36] Vgl. etwa das Präludium Cis-Dur aus dem Wohltemperierten Klavier II, ferner den Beginn des Präludiums in a-Moll (Takt 1–3) aus dem Wohltemperierten Klavier I, wo die Sechzehntel und Achtel im Baß als „grundierende Mittelstimme“ interpretiert werden können.

[37] Danckert (wie Fußnote 30), S. 40 f.

[38] Sackmann (wie Fußnote 29).

und 4 gemeinsam mit einer Synkope ein. Insgesamt ist der Anteil der Synkopen in beiden Sätzen etwa gleichmäßig verteilt. Hemiolische Bildungen sucht man allerdings im dritten Satz der g-Moll-Sonate vergebens, denn solche sind in einem geraden Zeitmaß ausgeschlossen. Bei der Es-Dur-Sonate steht der erste Satz im geraden Takt, der letzte im ungeraden Takt, bei der g-Moll-Sonate ist es umgekehrt. Daher lassen sich hemiolische Bildungen in der g-Moll-Sonate nur im ersten, in der Es-Dur-Sonate nur im letzten Satz finden.[39] Daß sich der dritte Satz der g-Moll-Sonate auch durch die „unbefriedigend hohe Lage der Cembalostimme" von der Es-Dur-Sonate unterscheidet, wie Sackmann meint, erweist sich ebenfalls bei näherer Betrachtung als unbegründet.

Insgesamt ergibt sich aus dieser Untersuchung das Bild, daß die Sonaten in Es-Dur und g-Moll in ihrer musikalischen Struktur parallel aufgebaut und als gleichwertige Zwillingswerke anzusehen sind. Wenn man die Es-Dur-Sonate J. S. Bach zuschreiben will, so muß dies daher ebenfalls für die g-Moll-Sonate gelten. Gewichtige Meinungen im Schrifttum gehen allerdings dahin, daß beide Sonaten nicht dem Schaffen J. S. Bachs zuzurechnen sind. Die dafür maßgebenden Argumente sind stilistischer Natur und sollen im folgenden näher überprüft werden. Dabei wird sich erweisen, daß keines dieser Argumente stichhaltig ist.[40]

## III.

Die Gründe, die gegen J. S. Bach als Autor geltend gemacht werden, gehen in ihrer allgemeinen Tendenz dahin, daß die Sonate nicht dem überkommenen Bach-Bild, sondern vielmehr dem galanten Stil der Nachfolgegeneration entspreche. Die Frage, inwieweit Bach selbst vom galanten Stil beeinflußt war, soll hier nicht vertieft werden.[41] Dagegen soll anhand des konkreten musikalischen Befundes geprüft werden, inwieweit die Elemente, die für den Ausschluß der g-Moll-Sonate aus dem Schaffen Bachs vorgebracht werden, sich auch in anderen Werken Bachs nachweisen lassen. Damit scheiden solche Äußerungen aus der Betrachtung aus, die sich nur allgemein auf den musi-

[39] Vgl. die Beispiele bei Samtleben, *Flötensonate*, S. 69.

[40] Die Widerlegung der gegen die Echtheit vorgebrachten Argumente wird als eines von drei Verfahren der stilistischen Echtheitskritik ausdrücklich hervorgehoben von K. Hofmann, *Bach oder nicht Bach? Die Neue Bach-Ausgabe und das Echtheitsproblem*, in: Opera incerta. Echtheitsfragen als Problem musikwissenschaftlicher Gesamtausgaben. Kolloquium Mainz 1988, hrsg. von H. Bennwitz, Stuttgart 1991 (Akademie der Wissenschaften und der Literatur, Abhandlungen der Geistes- und Sozialwissenschaftlichen Klasse, Jahrgang 1991, Nr. 11), S. 9–48, hier S. 41.

[41] Näheres dazu Samtleben, *Flötensonate*, S. 48–51.

kalischen Eindruck stützen. So ist etwa die Aussage, die Sonate gehöre dem galanten Stil an, weil die Melodik „galant-sentimentalisch" sei,[42] ohne eigenen Erklärungswert und eine schlichte *petitio principii*. Auch entspricht die subtile Themenverknüpfung zwischen den Sonaten (Beispiel 1) wohl kaum der einfachen und gefälligen Themenwahl des galanten Stils. Im übrigen ist auch hier zu beobachten, wie Echtheitszweifel und Unechtheitsurteile in der Bach-Forschung ungeprüft tradiert werden – „unreflektiert abgeschrieben und immer wieder paraphrasiert und variiert, ohne daß ein substantielles Argument, geschweige denn eine eigene Analyse des Sachverhalts dahinter steckte."[43]

Als Hauptargumente, die in der Diskussion seit den 1970er Jahren immer wiederkehren, lassen sich drei Elemente festhalten: „ständige Klopfbässe", akkordische Melodik und kleingliedrige Phrasenbildung.[44] Vor einer unkritischen Verwendung dieser Kriterien hat allerdings schon Klaus Hofmann auf dem Mainzer Kolloquium über Echtheitsfragen 1988 gewarnt. Besäßen wir, so Hofmann, von der Triosonate des Musikalischen Opfers nur den Notentext, aber keine Informationen über deren Schöpfer oder den Anlaß der Entstehung, so würde nach seiner Vermutung das Urteil über die Autorschaft Bachs negativ ausfallen mit eben der Begründung: „Der Stil ist eher der einer jüngeren Generation, ist bereits deutlich monodisch-homophon geprägt; ganz untypisch für Bach sind die Klopfbässe im ersten wie auch die kleingliedrige, ungewöhnlich stark von Seufzermotivik beherrschte Erfindung im dritten Satze".[45]

Es ist erstaunlich, daß Klopfbässe überhaupt als untypisch für J. S. Bach angesehen werden. Dieser Terminus wird in keinem der gängigen Musiklexika näher erläutert; das allgemeine Verständnis geht aber wohl dahin, daß damit über eine längere Zeitdauer repetierende Achtelnoten im Baß gemeint sind. Solche Passagen finden sich in zahlreichen Werken von J. S. Bach, etwa in den Brandenburgischen Konzerten (man denke nur an den ersten Satz des Sechsten Konzerts, dessen Baßstimme fast ausschließlich aus Klopfbässen besteht). Die monumentalen Eingangssätze der Matthäus-Passion und der Johannes-Passion ruhen ebenfalls weithin auf dem festen Fundament eines

---

[42] So Dürr (wie Fußnote 21), S. 3.

[43] K. Hofmann, *Zur Echtheitskritik in der Bach-Forschung. Versuch einer Bestandsaufname*, in: Bach oder nicht Bach", Bericht über das 5. Dortmunder Bach-Symposion 2004, hrsg. von R. Emans und M. Geck, Dortmund 2009 (Dortmunder Bach-Forschungen. 6.), S. 71–89, hier S. 83.

[44] So zuerst Dürr (wie Fußnote 21), S. 3; ähnlich A. M. Gurgel im Nachwort ihrer Ausgabe von BWV 1020 (Leipzig 1981) und B. Kuijken im Nachwort seiner Breitkopf-Ausgabe (Wiesbaden 2003), S. 19–22, hier S. 20; siehe auch die Autoren unten Fußnote 50, 52, 56.

[45] Hofmann (wie Fußnote 40), S. 20.

durchgehenden Klopfbasses; ferner sei auf die eindringliche Wirkung der Klopfbässe in den Arien „Erbarme dich, mein Gott" aus der aus der Matthäus-Passion (Satz 39) sowie auf die Arien „Betrachte, mein Seel" (Satz 19) und „Zerfließe, mein Herz" (Satz 35) aus der Johannes-Passion hingewiesen. Aus der Kammermusik sei hier als ein Beispiel die Gambensonate in g-Moll BWV 1029 genannt, in deren dritten Satz die linke Hand des Cembalos über längere Passagen in Achteln auf *B* (Takt 19–22) beziehungsweise *F* (Takt 23–27) verharrt. Weitere Klopfbässe finden wir in den Orgelsonaten, den Kantaten und anderen Werken.[46] Es kann also keine Rede davon sein, daß diese musikalische Figur in Bachs Schaffen fremd ist. Allerdings kommen gerade in der hier besprochenen g-Moll-Sonate solche Klopfbässe kaum vor. Längere Passagen mit repetierenden Achtelnoten im Baß enthält allein der dritte Satz; diese Repetitionen gehen aber regelmäßig nicht über einen Takt hinaus.[47] Wenn also auf die „ständigen Klopfbässe" in dieser Sonate verwiesen wird,[48] so müssen damit andere Figuren gemeint sein, etwa der 3/8-Auftaktrhythmus ♪♪♪|♩ oder Passagen, in denen der Baß stufenweise in Achtelgruppen auf- oder absteigt. Diese Figuren sind aber im Werk J. S. Bachs so verbreitet, daß sie seiner eigenen Tonsprache zugerechnet werden müssen.[49] Die Zugehörigkeit zum galanten Stil kann damit nicht begründet werden.

Das Gleiche gilt für die akkordische oder dreiklangsbetonte Melodik, die angeblich für den galanten Charakter der g-Moll-Sonate sprechen soll. Dazu schreibt Hans Eppstein, dessen Untersuchung von 1966 die Diskussion wohl am stärksten beeinflußt hat: „Nicht nur die Melodik, sondern auch das polyphone Stimmgefüge ist oft in einer Weise akkordisch angelegt, wie dies bei Bach sonst nirgendwo in ähnlichem Ausmaß vorkommt."[50] Diese Feststellung ist unrichtig. Man vergleiche dazu nur den ersten Satz der Violinsonate in G-Dur BWV 1019, in dessen ersten sechs Takten Violine und Cembalo nicht nur das polyphone Gegeneinander in unterschiedlicher Form auf die Dreiklangsfigur stützen, sondern auch im weiteren Verlauf des Satzes die jubelnde Dreiklangsseligkeit geradezu auskosten. Ähnliche Beispiele lassen sich vielfach in der übrigen Kammermusik, in den Orgelsonaten und im Wohltemperierten Klavier nachweisen.[51] Ebenso ist die Thematik der Orchesterwerke (etwa der Brandenburgischen Konzerte) häufig durch Drei-

---

[46] Siehe die Nachweise bei Samtleben, *Flötensonate*, S. 98.

[47] Siehe die Takte 52, 64, 66, 99, 117 und 119; die einzige Ausnahme findet sich in Takt 13 f.

[48] Dürr (wie Fußnote 21), S. 3.

[49] Näheres dazu mit Beispielen bei Samtleben, *Flötensonate* S. 58 und 99–102.

[50] H. Eppstein, *Studien über J. S. Bachs Sonaten für ein Melodieinstrument und obligates Cembalo,* Uppsala 1966 (Acta Universitatis Upsaliensis, Studia musicologica Upsaliensia Nova Series. 2.), S. 179.

[51] Siehe Samtleben, *Flötensonate*, S. 84.

klangsfigurationen geprägt. In diesen Zusammenhang gehört auch das oft verwendete Argument, demnach die in der g-Moll-Sonate anzutreffenden Terz- oder Sextparallelen gegen J. S. Bach als Autor sprächen.[52] Es genügt ein Blick auf den zweiten Satz der Flötensonate in A-Dur BWV 1032, um dieses Argument zu widerlegen. Weitere Beispiele lassen sich in Bachs Werk leicht finden.[53] Ob diese Parallelen auf den Einfluß des galanten Stils zurückzuführen sind oder zu Bachs eigener Tonsprache gehören, ist im vorliegenden Zusammenhang unerheblich. Eppstein selbst hat in seiner Untersuchung auf die Terz- und Sextparallelen in der Violinsonate h-Moll (BWV 1014) hingewiesen.[54] Im Kantatenwerk Bachs schreibt Alfred Dürr noch 2010 den Terzparallelen ausdrücklich einen „innigen Charakter" zu und spricht sogar von „vielfacher Terzen- und Sextenseligkeit".[55] Mit diesem Argument kann also die Autorschaft J. S. Bachs an der g-Moll-Sonate nicht ausgeschlossen werden.

Für die Zugehörigkeit der Sonate zum galanten Stil wird ferner die kleingliedrige oder kurzzügige Phrasenbildung angeführt.[56] Allgemein hat Carl Dahlhaus 1985 „die Neigung zu kurzen, faßlichen und außerdem häufig repetierten Phrasen" als Merkmal des galanten Stils hervorgehoben.[57] Dem hatte schon Friedrich Blume 1951 die „langlinige Ornamentalität" der obligaten Instrumentalstimmen bei Bach gegenübergestellt.[58] Angesprochen ist damit der barocke Fortspinnungstypus, der freilich nicht in allen Werken J. S. Bachs gleichermaßen ausgeprägt ist.[59] Was nun die g-Moll-Sonate betrifft, so beginnt sie in ihrem ersten Satz mit einem langen Ritornell über 13 Takte, in denen sich die rechte Hand „langlinig" und ornamental entfaltet. Die kurze Unterbrechung nach dem Flöteneinsatz ist dem Wechsel von Episode und

---

52 Eppstein (wie Fußnote 50); Sackmann (wie Fußnote 29); Kuijken (wie Fußnote 44).

53 Siehe etwa in der h-Moll-Messe die Sätze „Christe eleison", „Domine Deus" und „Quoniam tu solus sanctus"; im Wohltemperierten Klavier I die Präludien 12, 15 und 18; weitere Nachweise bei Samtleben, *Flötensonate*, S. 104, Fußnote 194.

54 Eppstein (wie Fußnote 50), S. 142. Auch Sackmann (wie Fußnote 29), S. 79 hebt die „sexten- und terzenhaltigen Verflechtungen" in der von ihm für echt gehaltenen Es-Dur-Sonate besonders hervor.

55 Dürr KT, S. 220 (zu BWV 154), S. 528 (zu BWV 94), S. 571 (zu BWV 77), S. 610 (zu BWV 95), S. 756 (zu BWV 167); siehe auch S. 574 (zu BWV 33).

56 Danckert (wie Fußnote 30), S. 36 f.; Eppstein (wie Fußnote 50), S. 179, ferner die Autoren oben Fußnote 44.

57 *Die Musik des 18. Jahrhunderts*, hrsg. von C. Dahlhaus, Laaber 1985 (Neues Handbuch der Musikwissenschaft. 5.), S. 30.

58 MGG, Bd. 1 (1951), Sp. 1013 (F. Blume).

59 Vgl. etwa zur „Kleingliedrigkeit" der frühen Kantaten Bachs Dürr KT, S. 27 f.; allgemein sieht J.-C. Zehnder darin ein Stilmerkmal des jungen J. S. Bach; siehe Zehnder, *Die frühen Werke Johann Sebastian Bachs: Stil – Chronologie – Satztechnik*, Basel 2009 (Schola Cantorum Basiliensis Scripta. 1.), S. 399 f.

Ritornell geschuldet. Anschließend übernimmt dann die Flötenstimme in weiteren sieben Takten die Führung wiederum mit einer weitausschwingenden Linie. Im weiteren Verlauf des Satzes wechseln weitschwingende Passagen mit kurzzeitigen Unterbrechungen, die andere Werke J. S. Bachs (wie die Orgelsonaten) aber ebenso aufweisen.[60] Auch die durchgehende Gliederung dieser Passagen in Abschnitte von jeweils geraden Takten spricht nicht gegen seine Autorschaft. Man denke nur an das f-Moll-Präludium aus dem Wohltemperierten Klavier II, das Alfred Dürr unter anderem wegen seiner „klaren Gliederung in Abschnitte von 2, 4 und 8 Takten [...] in unmittelbare Nähe des Galanten Stils der Söhnegeneration" ansiedelt[61] – es ist aber unzweifelhaft von J. S. Bach. Weitere Beispiele lassen sich unschwer in anderen Kompositionen Bachs finden.[62] Das Argument der kurzen Phrasenbildung kann daher ebenfalls nicht dazu dienen, die g-Moll-Sonate aus seinem Werk auszuschließen.

## IV.

In der Diskussion um die Echtheit der Sonate haben einige Autoren weitere Argumente für ihre Ansicht vorgebracht, J. S. Bach komme als Autor des Werks nicht in Betracht. Der Ausschluß der Sonate aus der NBA stützt sich vor allem auf die bereits genannten Untersuchungen von Werner Danckert, Friedrich Blume und Hans Eppstein. Beim Studium dieser Untersuchungen kann man sich allerdings des Eindrucks nicht erwehren, daß diese Autoren von der vorgefaßten Meinung ausgingen, daß die g-Moll-Sonate nicht von J. S. Bach stammen könne, und nachträglich dafür die Argumente zusammengesucht haben. Das zeigt sich in den genannten Untersuchungen vor allem daran, daß sie sich allein auf die g-Moll-Sonate konzentrieren, ohne überhaupt den naheliegenden Vergleich etwa mit den „echten" Flötensonaten Bachs zu unternehmen. So kritisierte etwa Danckert die Tatsache, daß die Flöte im ersten Satz der Sonate das Thema wiederholt, als „unbachsch",[63] ohne zu be-

---

[60] Beispiele bei Samtleben, *Flötensonate* S. 73.

[61] A. Dürr, *Johann Sebastian Bach, Das Wohltemperierte Klavier*, Kassel 2000, S. 334.

[62] Vgl. B. Billeter, *Bachs Klavier- und Orgelmusik*, Winterthur 2010, S. 16, zu Johann Sebastians Spätstil: „Taktgruppen zu 2, 4, 8 und 16 Takten, die vor allem in Tanzmusik und deshalb in Suitensätzen heimisch waren, breiten sich bei Bach auf Präludien, Fugen, Kanons; Sonaten- und Konzertsätze aus"; siehe auch Dürr KT, S. 140, 171 f. und 222 (zu BWV 40, 122 und 124). Auf die periodische Gliederung der Goldberg-Variationen hat R. L. Marshall hingewiesen; siehe seinen Aufsatz *Bach the Progressive: Observations on His Later Works*, in: Musical Quarterly 62 (1976), S. 313–357, hier S. 349–353.

[63] Danckert (wie Fußnote 30), S. 36.

merken, daß sich eine solche Themenwiederholung ebenso im ersten Satz der h-Moll-Flötensonate, aber auch in mehreren Violinsonaten und in anderen Werken Bachs findet. Gegen Bachs Autorschaft sollte nach Danckerts Meinung ferner die „vorwärtsweisende Motivbildung" sprechen, wofür er insbesondere solche Stellen in der Flötenstimme anführte, die auf den Schwerpunkt des nächsten Taktes zielen, aber dort durch eine Pause enttäuscht werden (1. Satz, Takt 42–44).[64] Die gleiche Struktur finden wir aber – sogar noch ausgeprägter – in der h-Moll-Flötensonate (1. Satz, Takt 65–68) sowie in anderen kammermusikalischen Werken Bachs. Als „besonders sinnfälliger Zug" für die unbachsche Satzweise diente ihm die „scharf querständige Führung" *as"/a'* in Takt 77 f. des ersten Satzes.[65] Eben denselben Querstand, nur umgekehrt und oktavversetzt *a/As*, enthält das Präludium C-Dur aus dem Wohltemperierten Klavier I in den Takten 22 f., wo der Kontrast durch den Querstand *Fis/f* noch verstärkt wird. Bekanntlich hat diese Reibung schon im 18. Jahrhundert zur Einfügung des sogenannten „Schwenckeschen Taktes" zwischen Takt 22 und 23 geführt, der die anstößige Stelle glätten sollte.[66] Auch sonst hatte Bach keine Scheu vor Querständen, wenn der musikalische Zusammenhang es verlangte.[67] Für unvereinbar mit Bachs Stil hielt Danckert ferner den langgezogenen Eingangston der Flöte im 2. Satz, dem er eine „gestische Wirkung" zuschrieb.[68] Eine solche Einführung des Soloinstruments findet sich aber häufig in der Kammermusik J. S. Bachs, etwa in den Eingangssätzen der Violinsonaten h-Moll BWV 1014 und f-Moll BWV 1018.[69] In gleicher Weise erweisen sich die übrigen Argumente Danckerts als unzutreffend, auf die hier nicht weiter eingegangen werden soll.

Auch Blume stand der Sonate offenbar nicht ganz unvoreingenommen gegenüber. In einem 1954 gehaltenen Vortrag vor der Universität Uppsala beklagte er die Zunahme angeblich von J. S. Bach stammender Werke, die „seit Abschluß der Bach-Gesamtausgabe [...] neu aufgetaucht und von entdeckungsfreudigen Herausgebern manchmal etwas bedenkenlos akzeptiert worden sind."[70] Als Beispiel dafür nannte er an erster Stelle „die beiden Flötensonaten mit Generalbaß in Es-Dur und g-moll, die man heute fast mit Gewißheit als unecht ablehnen kann." Nun handelt es sich dabei weder um Sonaten mit Generalbaß, sondern mit obligatem Cembalo, noch sind sie nach dem Abschluß der BG „neu aufgetaucht", sondern waren bereits in dieser ediert

64 Ebenda, S. 37.

65 Ebenda, S. 38.

66 Vgl. Dürr (wie Fußnote 61), S. 100 f.

67 Siehe Samtleben, *Flötensonate*, S. 61.

68 Danckert (wie Fußnote 30), S. 40.

69 Weitere Beispiele bei Samtleben, *Flötensonate*, S. 64.

70 F. Blume, *Neue Bachforschung*, in: ders., Syntagma musicologicum. Gesammelte Reden und Schriften, hrsg. von M. Ruhnke, Kassel 1963, S. 448–466, hier S. 453.

worden. Die erste Notenausgabe der g-Moll-Sonate beruhte gerade auf der Bach-Gesamtausgabe. In seinem MGG-Artikel zu J. S. Bach versuchte Blume, den Bachschen Personalstil an zehn Kriterien festzumachen und solche Werke als unecht auszuscheiden, „die keines dieser Stilmittel erkennen lassen."[71] Als Beispiele nannte er wiederum an erster Stelle die Flötensonaten in Es-Dur und g-Moll, daneben die Lukas-Passion sowie einzelne Kantaten, darunter auch solche, die von anderen Bach-Forschern durchaus als echt angesehen werden.[72] Daß die g-Moll-Sonate keines der von Blume genannten Kriterien erfüllt, wird durch eine unbefangene Untersuchung nicht bestätigt. Schon das erste Kriterium, die „Durchdringung" der Sonate „mit den Formen des Konzerts", wird durch die genannten Analysen belegt, wonach der erste Satz der g-Moll-Sonate sich in eine Abfolge von Ritornellen und Episoden gliedert. Für das weitere Kriterium der „langlinigen Ornamentalität" der Instrumentalstimmen kann ebenfalls auf die obigen Ausführungen verwiesen werden. Ein anderes Kriterium ist „die gerne bis zu den äußersten Grenzen ausgreifende Melodik".[73] Nun umfaßt der Tonumfang der Flöte jedenfalls im ersten und dritten Satz der g-Moll-Sonate den gesamten Bereich von *d'* bis *d'''*. Das entspricht in etwa dem damaligen Umfang der Traversflöte. Laut Johann Joachim Quantz war deren tiefster Ton das *d'*, der höchste „brauchbare" Ton das *e'''*,[74] das aber nicht genuin zur Tonart g-Moll gehört. Auch die in diesem Zusammenhang von Blume geforderte „Präzision des metrischen Gefüges" wird man der g-Moll-Sonate nicht absprechen können. Die weiteren Kriterien der „oft hochgespannten Alterationsharmonik" und die „Dichte der Polyphonie"[75] sind allerdings in der g-Moll-Sonate nicht zu finden. Es gibt aber genügend Werke Bachs, die ohne diese Elemente auskommen.[76] Auf die übrigen, zum Teil problematischen Kriterien Blumes soll hier nicht näher eingegangen werden.

Eppstein hat seine Argumente vorwiegend an der Es-Dur-Sonate exemplifiziert.[77] Bei näherer Betrachtung erweisen sich aber auch diese Argumente als unzutreffend. Soweit er sich zur Begründung seiner Ansicht auf die akkor-

---

[71] Blume (wie Fußnote 58), Sp. 1023.

[72] So die Kantaten BWV 146 und 150. Vgl. Dürr KT, S. 357, 852, der die Echtheitszweifel an diesen Kantaten als unberechtigt ansieht; an älterer Literatur Spitta I, S. 438–444, der BWV 150 für eine der „vollendetsten Cantaten dieser Gattung überhaupt" und BWV 146 für „eine That virtuoser compositorischer Gewandtheit" hält (Spitta II, S. 558 f.). Beide Kantaten wurden auch in die NBA übernommen.

[73] Blume (wie Fußnote 58), Sp. 1023.

[74] J. J. Quantz, *Versuch einer Anweisung die Flöte traversiere zu spielen*, Berlin 1752 (Reprint: Kassel 1992, S. 33 und 49).

[75] Blume (wie Fußnote 58), Sp. 1023.

[76] Siehe Samtleben, *Flötensonate*, S. 75.

[77] Eppstein (wie Fußnote 50), S. 179 f.

dische Harmonik der Sonaten und die darin verwendeten Terz- und Sextparallelen stützt, wurde dazu schon oben Stellung genommen. Sein Hinweis, daß sich die Sonaten durch die geringe Ausnutzung der Höhenlage der Flöte, also des Bereichs über *d'''*, von allen authentischen Flötensonaten Bachs unterscheide, wird schon die A-Dur-Sonate BWV 1032 widerlegt, wo die Flöte den Spitzenton *e'''* nur ein einziges Mal erreicht. Auch in der Triosonate des Musikalischen Opfers reicht das Spektrum nur an wenigen Stellen bis zum *es'''*.[78] Ganz unverständlich ist es aber, wenn Eppstein eine „Schlaffheit der polyphonen Arbeit" darin sehen will, daß eine der beiden Melodiestimmen sich auf einen liegenden Ton beschränkt. Diese Gestaltung ist in den Sonaten von J. S. Bach sehr häufig anzutreffen, etwa in der h-Moll-Flötensonate (3. Satz, Takt 121–123 und 127–129), aber auch in anderen Sonaten. Desgleichen lassen sich für das angeblich für Bach ungewöhnliche „kleindimensionierte" Stimmtauschverfahren oder die einfache Wiederholung zweistimmiger Episoden unter Austausch der Oberstimmen hinreichend Beispiele in anderen Bach-Sonaten finden. Im übrigen macht Eppstein verschiedene satztechnische Eigenheiten geltend, die nach seiner Meinung die Autorschaft Bachs ausschließen. Eine Auseinandersetzung mit diesen Argumenten würde den Rahmen dieses Aufsatzes sprengen.[79]

## V.

Als Ergebnis kann festgehalten werden: Die weithin akzeptierte These, derzufolge J. S. Bach als Autor der Sonate BWV 1020 nicht in Betracht kommt, hält einer Nachprüfung nicht stand. So erscheint es nach den Quellen durchaus möglich, daß das ursprüngliche Manuskript, auf das die überlieferten Quellen zurückgehen, seinen Namen trug, der dann in einer der Handschriften auf „Bach" verkürzt wurde; dabei könnte es sich um die Handschrift handeln, die später im Breitkopf-Katalog unter dem Namen seines Sohnes Carl Philipp Emanuel angeboten wurde (I). Die enge Verwandtschaft mit der Sonate BWV 1031 spricht anderseits dafür, daß das Urteil über die Autorschaft beider Sonaten nur einheitlich ausfallen kann (II). Die stilistischen Argumente, die gegen die Autorschaft von J. S. Bach an diesen Sonaten geltend gemacht werden, können nicht überzeugen, weil sich die Elemente, die angeblich für eine spätere Komponistengeneration sprechen, auch im Werk

[78] Quantz (wie Fußnote 74) hielt den Bereich oberhalb von *e'''* für kritisch. Bach hat ihn dem Flötisten nur in der Partita in a-Moll BWV 1013 und in der h-Moll-Ouvertüre nur im Double der Polonaise zugemutet. Die Verwendung einzelner Spitzentöne in der h-Moll-Flötensonate dürfte mit der Transkription aus der ursprünglichen Tonart g-Moll zusammenhängen.

[79] Siehe die Ausführungen bei Samtleben, *Flötensonate*, S. 78–83 und 93–94.

von J. S. nachweisen lassen (III–IV). Die vergebliche Suche nach einem anderen Autor liest sich bei Barthold Kuijken so: „Als Schlußfolgerung der vielen Überlegungen bleibt vorläufig, daß, wie BWV 1031, auch BWV 1020 für Vater Bach viel zu dünn, für Carl Philipp Emanuel Bach wie für die anderen Bach-Söhne untypisch und für Quantz zu gut ist. Andere Namen aus deren Generation drängen sich leider nicht auf: man würde sich freuen, diesen guten, ehrlichen Komponisten kennen zu lernen!“[80] Gesucht wird also ein Komponist, der schlechter als J. S. Bach, aber besser als Quantz komponiert und nicht zu den Bach-Söhnen gehört. Das Feld der Komponisten dieser Zeit ist gut erforscht – sollte es wirklich möglich sein, daß der wahre Komponist bisher der Aufmerksamkeit entgangen ist?
Zeitweise wurde die Sonate als Werk von Carl Philipp Emanuel Bach angesehen und fand als solches Eingang in das Werkverzeichnis von E. Eugene Helm (H. 542.5). Auch mehrere Notenausgaben und Tonaufnahmen der Sonate erschienen unter seinem Namen.[81] Die Vertreter dieser Ansicht müssen aber einräumen, daß die Sonate nicht dem Stil des reifen Carl Philipp Emanuel Bach entspricht.[82] Es wird deshalb angenommen, daß wir die Sonate „einer Periode in Philipp Emanuels Schaffen zuzurechnen haben, da er im elterlichen Hause unter dem unmittelbaren Einfluß des Vaters stand und sich noch nicht wie später seine eigene Art von Stil völlig herangebildet hatte“.[83] Auch mit den frühen Sonaten Carl Philipp Emanuels lassen sich aber keine Übereinstimmungen feststellen, wie dies bereits von Leisinger/Wollny und anderen näher begründet worden ist.[84] Vielfach wird deshalb angenommen, daß die Sonate noch im Unterricht bei seinem Vater entstanden ist, weshalb dessen Einfluß darin noch deutlich sichtbar sei.[85] Nun handelt es sich aber bei der Sonate in keiner Weise um eine Schülerarbeit, sondern nach Kuijken um „ein

---

80 B. Kuijken (wie Fußnote 44), S. 21.

81 Siehe bei Samtleben, *Flötensonate* S. 28 f.

82 Bereits E. F. Schmid, *Carl Philipp Emanuel Bach und seine Kammermusik*, Kassel 1931, S. 121, hielt die Zuweisung der Sonate an C. P. E. Bach für „aus stilistischen Gründen sehr zweifelhaft“.

83 U. Siegele, *Kompositionsweise und Bearbeitungstechnik in der Instrumentalmusik Johann Sebastian Bachs*, Neuhausen-Stuttgart 1975 (Tübinger Beiträge zur Musikwissenschaft. 3.), S. 45.

84 Leisinger/Wollny (wie Fußnote 15), S. 195 f.; L. Miller, *C. P. E. Bach's Sonatas for Solo Flute*, in: Journal of Musicology 11 (1993), S. 203-249, hier 232; Kuijken (wie Fußnote 44), S. 20. Ebenso S. Rampe, *Carl Philipp Emanuel Bach und seine Zeit*, Laaber 2014, S. 123 f.: „weil der Stil des Werkes eindeutig barock erscheint“.

85 Das erwägt bereits Dürr (wie Fußnote 21), S. 3; ebenso Miller (wie Fußnote 84), S. 233, unter Berufung auf R. L. Marshall; ausdrücklich in diesem Sinne argumentieren auch K. Kubota, *C. P. E. Bach. A Study of His Revisions and Arrangements*, Tokio 2004, S. 156, und Rampe (wie Fußnote 84), S. 124.

übersichtliches und ausgewogenes Werk eines reifen, stilsicheren Komponisten".[86] Und wenn Rampe zur Es-Dur-Sonate meint, daß ihre formale Anlage „auf einen handwerklich sehr versierten Komponisten und jedenfalls keinen Anfänger hindeutet",[87] so muß das ebenso für die g-Moll-Sonate gelten, die auf der gleichen formalen Anlage beruht. Im Übrigen hat Carl Philipp Emanuel Bach nach seinem eigenen Zeugnis seine Jugendarbeiten vernichtet, weil sie seinem eigenen Urteil nicht mehr genügten.[88] Warum sollte er ausgerechnet ein im Unterricht bei seinem Vater entstandenes Werk aufgehoben und sogar eine Abschrift davon in Auftrag gegeben haben? Liegt es da nicht näher, wenn die Sonate so deutlich die Züge des vermeintlichen Lehrers zeigt, diesen selbst als Verfasser der Sonate anzusehen? Nach allem kann die Zuschreibung der Sonate an Carl Philipp Emanuel Bach nicht länger aufrechterhalten werden. In die 1993/94 erschienene Sammlung seiner obligat begleiteten Flötensonaten wurde die Sonate daher zu Recht nicht aufgenommen.[89] Und auch aus der Gesamtausgabe seiner Werke (1995–2019) wurde sie ausdrücklich ausgeschlossen.[90]

Angeregt durch Klaus Hofmann, der den Ursprung der Flötensonate h-Moll in einem Lautentrio vermutet,[91] hat Stephan Olbertz die Ansicht vertreten, daß die g-Moll-Sonate wie auch die Es-Dur-Sonate ebenfalls auf Lautentrios zurückgeht, als deren Urheber er Carl Heinrich Graun ansieht.[92] Dieser hatte zwar im Rahmen seiner Ausbildung an der Dresdner Kreuzschule Unterricht bei dem berühmten Lautenisten Silvius Weiß, ist aber später weder als Lautenspieler noch als Lautenkomponist hervorgetreten; von seinen zahlreichen

---

86 Kuijken (wie Fußnote 44), S. 20.

87 Rampe (wie Fußnote 28), S. 153 f.

88 Siehe C. Wolff, *Carl Philipp Emanuel Bachs Verzeichnis seiner Clavierwerke von 1733 bis 1772*, in: Über Leben, Kunst und Kunstwerke: Aspekte musikalischer Biographie. Johann Sebastian Bach im Zentrum, hrsg. von C. Wolff, Leipzig 1999, S. 217–235, hier S. 222 f. In diesem Verzeichnis hat C. P. E. Bach vermerkt: „Alle Arbeiten, vor dem Jahre 1733, habe ich, weil sie zu sehr jugendlich waren, caßiret".

89 C. P. E. Bach, *Complete Sonatas for Flute and Obbligato Keyboard*, hrsg. von U. Leisinger, Bd. I–VI, Monteux 1993/94.

90 Zur Begründung siehe CPEB:CW II/3.2 (S. Zohn, 2010), S. xi–xx, hier S. xix f.

91 K. Hofmann, *Auf der Suche nach der verlorenen Urfassung. Diskurs zur Vorgeschichte der Sonate in hMoll für Querflöte und obligates Cembalo von Johann Sebastian Bach*, BJ 1998, S. 31–59 mit der Anregung, auch für die Sonaten Es-Dur und g-Moll die Lösung des Echtheitsproblems in dieser Richtung zu suchen (S. 59).

92 S. Olbertz, *Verborgene Trios mit obligater Laute? – Zu Fragen der Fassungsgeschichte und Autorschaft der Sonaten Es-Dur und g-Moll, BWV 1031 und 1020*, BJ 2013, S. 261–277.

Trios enthält keines eine Lautenstimme.[93] Dem hält Olbertz entgegen, daß wohl „eine partielle Repertoire-Gemeinschaft von Laute und Cembalo oder Lautenwerk existierte“,[94] was freilich seiner These der Umarbeitung des Lautentrios zur Cembalo-begleiteten Flötensonate die Überzeugungskraft nimmt. Olbertz selbst hat auf die „im Vergleich zum Lautenbaß schon im g-Moll-Trio relativ bewegte Streichbaßstimme“ hingewiesen, die er aber durch Grauns Violoncello-Spiel erklärt.[95] Wenn er jedoch die Sonaten als „wenig cembalistisch“[96] bezeichnet, so kann dem nicht gefolgt werden – beide Sonaten sind in der überlieferten Fassung für Cembalo ohne weiteres spielbar und musikalisch befriedigend. Dagegen hat Olbertz für die von ihm vorgelegte Rekonstruktion der Lauten-Trios[97] verschiedene Änderungen für notwendig gehalten. So wurden nicht nur die Mittelsätze in die für die Laute geeignete Tonart transponiert, sondern auch „einige wahrscheinliche Änderungen des ursprünglichen Textes rückgängig“ gemacht, „die im Zuge der Umarbeitung eines Lautentrios in eine Sonate für Flöte und Cembalo eingebracht sein dürften.“[98] Ist es da nicht wahrscheinlicher, daß die Stimmen von vornherein für die Flöte und das Cembalo konzipiert waren? Auch das von Olbertz skizzierte Szenario, auf dem die Sonate den Weg von Carl Heinrich Graun zur Familie Bach genommen haben könnte, erscheint reichlich spekulativ.[99] Insgesamt lassen sich daher gegen die Thesen von Olbertz die gleichen Bedenken geltend machen, wie sie auch schon gegen die Ansicht Hofmanns im Zusammenhang mit der h-Moll-Sonate erhoben worden sind.[100]

---

[93] Vgl. GraunWV, S. 535 ff., 610 ff. und für die zweifelhaften Werke S. 663 ff., 783 ff. und 879 ff.

[94] Olbertz (wie Fußnote 93), S. 273.

[95] Ebenda, Fußnote 54. Auch daß, anders als BWV 1020 und 1031, keines der bekannten Trios von Graun „auf Concerten-Art“ angelegt ist, hält Olbertz nicht für entscheidend und erhofft Aufschluß durch weitere Forschungen (S. 276).

[96] Ebenda, S. 262.

[97] *„Bach“, Carl Heinrich Graun (?). Zwei Sonaten für Violine, Laute und Violoncello. Sonate g-Moll BWV 1020/H 542.5, Sonate Es-Dur BWV 1031/H 545*, rekonstruiert von S. Olbertz, Wuppertal 2014.

[98] Olbertz (wie Fußnote 92), S. 266 f.

[99] Ebenda, S. 277: C. H. Graun könnte (!) das Lautentrio seinem Lehrer Silvius Weiß gewidmet, dieser es dann in Dresden mit Wilhelm Friedemann Bach, dem Geigenschüler seines Bruders Johann Gottlieb, gespielt und dieser wiederum eine Abschrift davon gefertigt und bei einem Familienbesuch nach Leipzig gebracht haben.

[100] B. Kuijken, *Weiss – Quantz/Blockwitz/Braun – Blavet – Taillart … und J. S. Bach? Kreuz- und Querverbindungen im Repertoire für Flöte solo des 18. Jahrhunderts*, in: Tibia 31/32 (2006/2007), S. 9–19, 93–100, hier S. 95 f. mit der Schlußfolgerung: „Hofmann braucht für seine These so viele rein hypothetische Einzelschritte, daß

## VI.

Nachdem sich die stilistischen Bedenken gegen die Autorschaft J. S. Bachs als unbegründet erwiesen haben, für die Autorschaft eines anderen Komponisten aber keine überzeugenden Argumente sprechen, ist davon auszugehen, daß die Sonate tatsächlich von J. S. Bach stammt, solange nicht neue Funde oder Untersuchungen diese These widerlegen. Allgemein gilt aber die von Hofmann erhobene Forderung, „daß ein Werk zweifelhafter Echtheit, das für echt erkannt wird, biographisch eingeordnet werden können muß, d. h. daß eine Zeit, ein Stilphase, eine Situation erkennbar oder wenigstens denkbar sein muß, in der der Komponist das Werk geschaffen haben könnte."[101] In diesem Zusammenhang ist zunächst auffällig, daß offenbar eine Verbindung der Sonaten in Es-Dur BWV 1031 und g-Moll BWV 1020 zu zwei Trios von Johann Joachim Quantz in Es-Dur (QV 2:18) und g-Moll (QV 2:35) für Flöte, Violine und Basse continuo besteht. Quantz hat von diesen Stücken – wie von anderen seiner Trios – auch eine Fassung für Flöte und obligates Cembalo erstellt, und diese Fassungen wurden im Breitkopf-Katalog von 1763 zusammen mit der g-Moll-Sonate BWV 1020 angeboten.[102] Siegbert Rampe hat 1993 darauf aufmerksam gemacht, daß sich sowohl in der Sonate BWV 1031 wie in der Trio-Sonate des Musikalischen Opfers thematische Anklänge an das Quantz-Trio in Es-Dur (QV 2:18) finden.[103] Auf diese Verbindungen weist auch Jeanne Swack in einem zur gleichen Zeit entstandenen Aufsatz hin, aber ebenso auf Parallelen zwischen der g-Moll-Sonate (BWV 1020) und dem g-Moll-Trio von Quantz (QV 2:35). Insbesondere betont sie in diesem Zusammenhang die gleiche Satzfolge, die Eröffnung ohne das Soloinstrument und die ungewöhnliche Wahl der Tonart Es-Dur für den Mittelsatz, ferner auch weitere Ähnlichkeiten von BWV 1020 zu den beiden Es-Dur-Werken.[104] Sie hält es deshalb für denkbar, daß die im Breitkopf-Katalog angebotenen Abschriften der Quantz-Trios und der g-Moll-Sonate BWV 1020 aus derselben Quelle stammen und möglicherweise J. S. Bach gehörten. Swack

---

das Ganze pure Spekulation bleibt: ein interessantes Gedankenspiel vielleicht, nicht viel mehr."

[101] Hofmann (wie Fußnote 40), S. 19.

[102] Siehe den Katalog oben Fußnote 19. Unter den „Trii a Clavicembalo obligato con Flauto ô Violino" sind dort auf S. 12 (Brook, Sp. 126) die Sonate BWV 1020, auf S. 13 (Brook, Sp. 127) die beiden Quantz-Sonaten verzeichnet.

[103] S. Rampe, *Quantz und das Musicalische Opfer*, in: Concerto. Das Magazin für Alte Musik 84 (1993), S. 15–23, hier S. 17 f.

[104] Swack (wie Fußnote 27), S. 31–45. Hinzuzufügen wäre noch die Zweiteiligkeit des dritten Satzes und die petite reprise am Ende des ersten sowie der beiden Teile des dritten Satzes von QV 2:35 (zu BWV 1020 vgl. Samtleben, *Flötensonate*, S. 80–83).

stellt zugleich die Vermutung auf, daß Bach sich durch die beiden Werke von Quantz zur Komposition der Sonaten Es-Dur und g-Moll habe anregen lassen.[105] Für die Es-Dur-Sonate haben Sackmann und Rampe in einer eingehenden Untersuchung überzeugend begründet, daß sie wie die Triosonate des Musikalischen Opfers mit Bachs Besuch am Berliner Hof in Verbindung steht, wobei dieser sich an dem dort gepflegten Stil und insbesondere an dem Es-Dur-Trio von Quantz (QV 2:18) orientierte.[106] Diese These kann aber gleichfalls auf die g-Moll-Sonate übertragen werden: Wenn diese Sonate, wie oben nachgewiesen, mit der Sonate Es-Dur ein eng aufeinander bezogenes Werkpaar bildet, so ist auch von einer gleichzeitigen Entstehungszeit auszugehen. Schließt man sich der These von Sackmann und Rampe an, wonach die Es-Dur-Sonate in den 1740er Jahren entstanden ist, wird man auch die g-Moll-Sonate auf diese Zeit datieren.[107] Die aufgezeigten Parallelen zu den Quantz-Trios in Es-Dur und g-Moll sprechen dafür, daß Bach sich dabei durch diese Trios oder die daraus abgeleiteten Sonaten zu seinen eigenen Sonaten inspirieren ließ. Die Sonate in g-Moll BWV 1020 läßt sich danach nicht nur stilistisch, sondern auch biographisch durchaus in das Werk J. S. Bachs einordnen.

---

[105] Ebenda, S. 45. Die dort ebenfalls erwogene Möglichkeit, daß Quantz selbst der Urheber der Sonaten BWV 1020 und 1031 ist, kann aus mehreren Gründen ausgeschlossen werden; siehe dazu Samtleben, *Flötensonate*, S. 116–121.

[106] Sackmann/Rampe (wie Fußnote 29), S. 60–66, 75 und 78–85.

[107] Ebenda, S. 75–77; die Autoren schließen diese Möglichkeit allerdings aus, weil sie zu Unrecht die Sonate „aus handwerklichen Gründen" nicht als Werk Johann Sebastian Bachs ansehen, vielmehr für eine in dessen Unterricht verfertigte Schüleraufgabe von C. P. E. Bach halten (so Rampe, wie Fußnote 84). Die dafür vorgebrachten Argumente können aber nicht überzeugen; eingehend dazu Samtleben, *Flötensonate*, S. 38 und 66–70.

Beispiel 1

BWV 1031, 1. Satz T. 9–11, Fl.

a
b
d
d
tr
c

BWV 1020, 1. Satz T. 13–16, Fl.

a
b
d
c

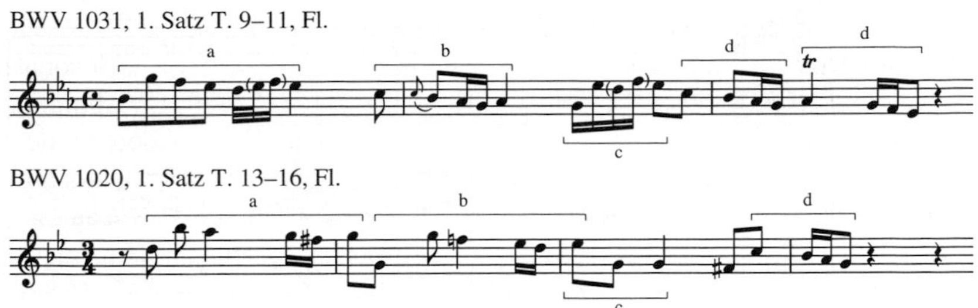

Beispiel 2

BWV 1020, 2. Satz Adagio T. 1–8

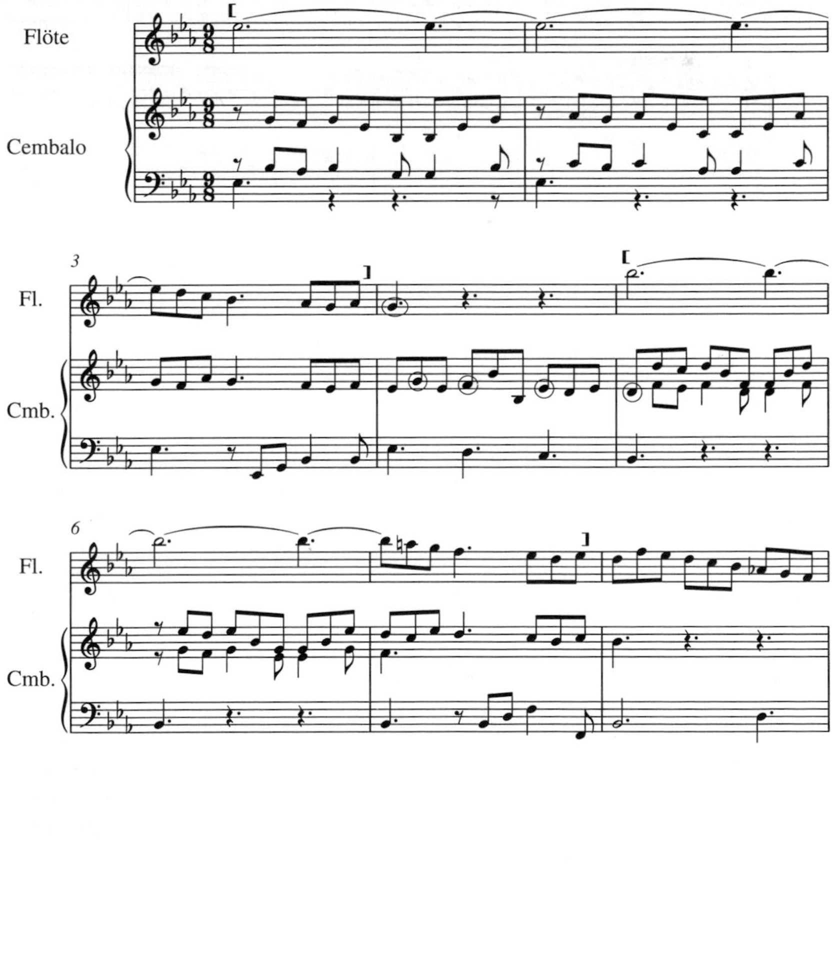

Flöte
Cembalo
3
Fl.
Cmb.
6
Fl.
Cmb.

BWV 1062, 2. Satz Largo T. 1–4

# Der Kanon in den Kompositionen Georg Philipp Telemanns
## Mit einigen Seitenblicken auf seine Verwendung bei Bach

Von Jürgen Neubacher (Hamburg)

Johann Sebastian Bachs wertschätzendes Verhältnis zum Kanon als einer kontrapunktischen Technik mit – bei kunstvoller Anwendung – hohen Ansprüchen an Komponist und Hörer manifestiert sich in zahlreichen seiner Werke: Zu nennen sind nicht nur die Widmungskanons (BWV 1072–1078, 1086) und die kontrapunktisch geprägten späten Kompositionen wie die Goldberg-Variationen (BWV 988) mit ihren 14 Anhang-Kanons (BWV 1087), die Kanonischen Veränderungen über „Vom Himmel hoch, da komm ich her" (BWV 769), das Musikalische Opfer (BWV 1079) und die Kunst der Fuge (BWV 1080), sondern auch die zahlreichen mehr oder weniger streng kanonisch ausgeführten Einzelsätze in verschiedenen Instrumental- und Vokalwerken, von denen der als notengetreuer zweistimmiger Oberstimmen-Kanon mit freier Baßbegleitung angelegte dritte Satz der Violinsonate BWV 1015, das als Spiralkanon (Canon per tonos) konzipierte Christe eleison der A-Dur-Messe BWV 234 und der Cantus-firmus-Kanon der beiden Außenstimmen (Oboe und Basso continuo) über „Ein feste Burg ist unser Gott" im Eingangschor der gleichnamigen Kantate BWV 80 nur einige der bekanntesten Beispiele sind. Keineswegs werden dagegen Telemann und sein Œuvre unmittelbar mit dem Kanon assoziiert, womit jedoch – wie die folgenden Ausführungen zeigen sollen – seine kontrapunktischen Fertigkeiten und wohl auch Interessen unterschätzt werden.

Eine tiefgründige gedankliche Beschäftigung Telemanns mit dem Kanon erfolgte um 1723 im Kontext der zwischen dem Wolfenbütteler Kantor Heinrich Bokemeyer und dem Hamburger Musiktheoretiker und Domkantor Johann Mattheson geführten Kanon-Kontroverse, die letzterer in seiner monatlich erschienenen Zeitschrift *Critica musica* publizierte.[1] Der Disput läßt sich vereinfachend dahingehend zusammenfassen, daß Bokemeyer den Kanon als die Quelle aller musikalischen Kunstfertigkeit ansah, weshalb der Kanon den Komponisten „in seiner Kunst/ auf den Gipfel" führen würde,[2] und Mattheson ihn für nicht vereinbar mit der modernen Melodielehre hielt, denn es müsse „alles harmonische Kunstwerk nur secundo; die Melodie aber/ primo loco

[1] *Die Canonische Anatomie. Oder Untersuchung derjenigen Kunst-Stücke/ und ihres Nutzens/ welche bey den Musicis Canones genennet/ und/ als was sonderbahres/ angesehen werden.* In: J. Mattheson, Critica musica, Bd. 1, Hamburg 1722/23 (Reprint: Amsterdam 1964 und Laaber 2003), S. 235–253, 257–287, 289–319, 321–365.

[2] Critica musica (wie Fußnote 1), S. 236 und 240.

stehen".[3] Dabei richtete sich Matthesons Kritik nicht gegen den Kanon als solchen, sondern gegen die Vorrangstellung, die Bokemeyer ihm zugestehen wollte.[4] Um den über mehrere Monate hinweg geführten umfangreichen Disput abzuschließen, holte Mattheson zu den Kernfragen der Auseinandersetzung Stellungnahmen weiterer Musiker ein, darunter neben Reinhard Keiser und Johann David Heinichen auch von Georg Philipp Telemann. Des letzteren „Unmaßgebliches Gutachten" läßt eine verhalten kritische Einstellung zum Kanon erkennen, insbesondere hinsichtlich dessen kompositionsdidaktischem Nutzen.[5]

Die Frage, „Ob die Canones einen Musicum poeticum auf den höchsten Gipfel der Kunst führen?", verneint Telemann mit dem Hinweis, „weil bey ihnen [den Canones] immer eine Note der anderen Gefangene ist/ so können sie sich in der Harmonie/ modulation und Melodie nicht nach Willen regen/ noch also gegen das Gehör recht gefällig bezeugen. Derowegen muß nothwendig ein besserer Weg vorhanden seyn/ der uns zu mehrer Vollkommenheit in der Kunst führet." Dazu stellt er klar, daß dabei von den eigentlichen Ka-

---

3 Ebenda, S. 239.

4 Noch während Mattheson in den Winter- und Frühjahrsmonaten des Jahres 1723 mit Bokemeyer öffentlich debattierte (die Teile 1–4 der *Canonischen Anatomie* erschienen von Januar bis April 1723) experimentierte er in seinem am 7. März 1723 im Hamburger Dom aufgeführten und vom 13. bis 30. Januar komponierten Passionsoratorium *Das Lied des Lammes* eindrucksvoll mit der Kanontechnik: Nr. 18 („Lässest du diesen los") ist ein zweigeteilter vierstimmiger Endlos-Kanon in der Unterquinte, den Mattheson im Partiturautograph zuerst verschlüsselt, das heißt einstimmig mit markierten Einsatzstellen und der Anweisung „Canon perpetuus in Hypodiapente. 4. vocum:" notierte, daran anschließend als „Solutio et distributio Canonis" in vollständiger Partitur und der Bezeichnung „Fuga consequenza"; vgl. D-Hs, *ND VI 143*, S. 21–24 [Kriegsverlust; erhalten ist eine vor 1942 angefertigte photostatische Reproduktion im Besitz der Yale University, New Haven CT, *Misc. Ms. 360*], außerdem *Johann Mattheson. Das Lied des Lammes*, hrsg. von Beekman C. Cannon, Madison/Wisconsin 1971 (Collegium musicum Yale University, 2. Serie. 3.), S. 47–57. Diesen Kanon befand um oder nach 1855 der junge Johannes Brahms für interessant genug, um ihn sich bei einer Sichtung der Matthesonschen Partiturautographen in der Bibliothek seiner Heimatstadt vollständig abzuschreiben, wobei er als Quelle festhielt: „Handschriftlich in der Hamburger Stadt-Bibliothek"; vgl. J. Neubacher, *Brahms als Benutzer der Hamburger Stadtbibliothek*, in: Internationaler Brahms-Kongreß Gmunden 1997. Kongreßbericht, hrsg. von I. Fuchs, Tutzing 2001, S. 423–436.

5 G. P. Telemann, *Unmaßgebliches Gutachten über folgende Fragen*, in: Critica musica (wie Fußnote 1), S. 358–360; Wiederabdruck in: *Georg Philipp Telemann. Singen ist das Fundament zur Musik in allen Dingen. Eine Dokumentensammlung*, hrsg. von W. Rackwitz, Wilhelmshaven 1981 (Taschenbücher zur Musikwissenschaft. 80.), S. 109–112.

nons die Rede ist „und nicht von den Fugen oder Contrapuncten/ als ihren nächsten Verwandten", die „viel Schönheit besitzen/ und zur Erlangung größrer Fähigkeit ein merkliches beytragen." Dennoch müsse ein Komponist die Eigenschaften der Kanons „verstehen" und sie „verfertigen" können, aus Gründen der Variation („der Veränderung wegen") und auch „weil sie hauptsächlich zur Kirchen-Music/ als dem alleredelsten Theile der Klinge-Kunst/ gehören". Ebenfalls verneinend antwortet er auf die Frage, „Ob sie primario das Fundament aller harmonischen Kunst sind?" Dazu würden „ganz andere Materialien" gehören, „worauf das musicalische Gebäude zu errichten ist". In diesem Gebäude wären die Kanons, bildlich gesprochen, eine Kammer, nicht aber das Fundament. Konkreter wird Telemann bei der Frage nach dem didaktischen Nutzen der Kanons („Ob der Nutzen der Canonum bey angehenden Componisten groß/ und wie groß er sonst sey?"). Auf den zweiten Aspekt der Frage bezogen stellt er fest, „daß in den simplen Canonen/ als all' unisono, von 2, 3, biß 4 Stimmen/ schon etwas herauszubringen ist/ das dem Ohr angenehm/ und dem Urtheile des Verstandes ergetzlich fällt." Dazu gehöre jedoch „ein ganzer Mann/ der von der Modulation und Melodie Meister ist/ und dadurch den Abgang der Harmonie/ als welche ihm hierinne nicht unterwürffig ist/ bemänteln kann." Anfängern aber helfe der Kanon einigermaßen, „ihre Feder geschickt" zu machen und mit der Zeit „ungezwungener" im gebundenen Satz zu werden. Weil aber „nicht zu feurige ingenia" dadurch leicht in Pedanterie verfallen könnten, sollten diese „mehr zu galanten/ als dergleichen ernsthafften Ausarbeitungen" angeleitet werden. Bemerkenswert ist der abschließende Hinweis auf Agostino Steffani, dessen stilprägende Verwendung von Imitationen und oft nur angedeuteter kanonischer Stimmführung innerhalb seiner Kammerduette Telemann offenbar mit einer besonders gefälligen Art, die Kanontechnik einzusetzen, assoziierte[6]:

> Bey dieser Betrachtung fällt mir ein: warum unter den itzigen Canonisten nur etliche wenige dem Stefani, auf seinem/ gleichsam mit Blumen bewachsenen/ Wege folgen; und hingegen so viele andere unter Dornen und Disteln herumirren? Kurz/ Canones verdienen ihr Lob; sind aber einem einzel[n]en Baume in einem grossen Walde/ oder/ wie drüben gedacht/ einem Zimmer in einem weitläuftigem Pallaste zu vergleichen.

[6] Vgl. dazu die in der folgenden Publikation edierten Beispiele: *Agostino Steffani. Twelve Chamber Duets*, hrsg. von C. Timms, Madison/Wisc. 1987 (Recent Researches in the Music of the Baroque Era. 53). Zum Kammerduett vgl. auch die Ausführungen Johann Matthesons im *Vollkommenen Capellmeister*: „Diese, insonderheit die welschen Duette, erfordern weit mehr Künste und Nachsinnen, als ein gantzer Chor von 8 und mehr Stimmen. Es muß hier allezeit ein fugirendes oder nachahmendes Wesen, mit Bindungen, Rückungen und geschickten Auflösungen anzutreffen seyn; ohne, daß der Harmonie darunter etwas merckliches abgehe"; J. Mattheson, *Der vollkommene Capellmeister*, Hamburg 1739 (Reprint: Kassel 1954), S. 345.

Während also Telemann erkennbar mit Matthesons kanonkritischer Position sympathisierte, sieht Werner Braun in Johann Sebastian Bach einen sich zum Kanon als Kunstwerk bekennenden Kommentator des Bokemeyer-Matthesonschen Kanon-Disputs.[7] Bachs 1727 in Leipzig im Druck veröffentlichten sogenannten Hudemann-Kanon (BWV 1074) versteht er als eine epigrammatisch kurze, in nur neun Noten gefaßte Demonstration der „andersgeartete[n] Kunstanschauung“ Bachs gegenüber dem Hamburger „Antipoden“.[8] Dabei ist außer einer ungefähren zeitlichen Nähe von Bachs Publikation zu derjenigen Matthesons vor allem von Bedeutung, daß der Widmungsträger des Kanons, der ab Februar 1727 an der Leipziger Universität immatrikulierte Schleswiger Jurastudent Ludwig Friedrich Hudemann, während seiner Zeit als Absolvent des Hamburger Akademischen Gymnasiums nachweislich ab September 1724 einem „melopoetischen Collegio“ Matthesons beigewohnt hatte, also als dessen Privatschüler gelten darf.[9] Bachs vierstimmiger Rätsel-

---

[7] W. Braun, *Bachs Stellung im Kanonstreit*, in: Bach-Interpretationen, hrsg. von M. Geck, Göttingen 1969, S. 106–111 und 218–220; als weitere Reaktionen auf den Kanon-Disput nennt Braun an anderer Stelle Christoph Graupners aus einem einzigen Soggetto abgeleitete 5625 Kanons (D-DS, *Mus.ms. 415*) und Gottfried Heinrich Stölzels *Practischer Beweiß, wie aus einem* [...] *Canone perpetuo in hypodiapente quatuor vocum, viel und mancherley* [...] *Canones perpetui à 4 zu machen seyn* (o. O. 1725); vgl. W. Braun, *Deutsche Musiktheorie des 15. bis 17. Jahrhunderts. Zweiter Teil: Von Calvisius bis Mattheson*, Darmstadt 1994 (Geschichte der Musiktheorie. 8/II.), S. 272.

[8] Braun, *Bachs Stellung im Kanonstreit* (wie Fußnote 7), S. 110 f.

[9] Hudemann studierte ab Oktober 1722 an Hamburgs Halbuniversität (*Die Matrikel des Akademischen Gymnasiums in Hamburg 1613–1883*, eingeleitet und erläutert von C. H. W. Sillem, Hamburg 1891, S. 96) und verblieb dort bis mutmaßlich Ostern 1725, wie sich aus seinem im Mai 1725 erfolgten Wechsel an die Universität Halle schließen läßt (*Album Academiae Vitebergensis*, jüngere Reihe, Teil 3, bearb. von Fritz Juntke, Halle 1966, S. 240). Zu Hudemann vgl. Dok I, S. 226 f., und zum Datum seines Kollegium-Besuchs siehe J. Mattheson, *Grundlage einer Ehren-Pforte*, Hamburg 1740, vollständiger, originalgetreuer Neudruck mit gelegentlichen bibliographischen Hinweisen und Matthesons Nachträgen, hrsg. von Max Schneider, Berlin 1910 (Reprint Kassel und Graz 1969), S. 209 und Anh., S. 16. Mattheson hielt nachweislich vier solcher Collegia melopoetica in den Jahren 1719, 1721, 1724 und 1727 ab, die er in einer Ankündigung des vierten Kollegiums wie folgt beschrieb: „Collegium privatissimum & didacticum, de Scientia melodica generali & speciali, d. i. von allen zur musicalis. Composition gehörigen Dingen“ (*Hamburger Relations-Courier* 1726, Nr. 199 vom 20. 12. 1726; zu den Kollegien vgl. auch Mattheson, *Ehren-Pforte*, S. 206, 207, 209 und 210); Ab- oder Mitschriften der Kollegien von 1721 und 1724 sind erhalten geblieben: *Melotheta, das ist*[:] *Der grundrichtige, nach jetziger neuesten Manier angeführte Componiste*[,] *wie derselbige in einem Collegio vorgetragen wurde*, Hamburg 1721 (D-B, *Mus. ms. autogr. theor. J. Mattheson*) und *Collegium. de scientia melodica generali habitum sub auspicio viri*

kanon scheint in Hamburg Eindruck gemacht zu haben: Mattheson diskutierte ihn gleich nach seinem postalischen Eintreffen am 18. August 1727 mit den Teilnehmern seines damaligen Kollegiums (die dabei von seinen Schülern im Unterricht gefundene Auflösung publizierte er später im *Vollkommenen Capellmeister*[10]), und Telemann veröffentlichte ihn 1729 in der 17. Lektion seines in 14tägiger Folge erschienenen *Getreuen Music-Meisters*, allerdings ohne eine Auflösung anzubieten.[11]

Auch wenn Telemann, ähnlich wie Mattheson, Bokemeyers These vom Kanon als der Quelle und dem Fundament aller musikalischen Kunstfertigkeit für überzogen hielt, bedeutet das keinesfalls, daß er dem Kanon als künstlerischem Gestaltungsmittel ablehnend gegenüberstand. In seinem Œuvre finden sich sowohl im Zeitraum vor seiner gutachterlichen Einbindung in die Kanon-Kontroverse als auch danach genügend Beispiele, die ihn als einen der Kanontechnik zugewandten und mit ihr vertrauten Komponisten ausweisen. So ist etwa im 1704 entstandenen Magnificat TVWV 9:17 das „Fecit potentiam" als Kanon zweier vokaler Baßstimmen mit Trompetenbegleitung und Basso continuo angelegt, wenn auch mit einigen Freiheiten wie abschnittsweise wechselnden Einsatzintervallen und -abständen, tonaler statt realer (intervallgetreuer) Nachahmung sowie frei kadenzierenden Abschnittsenden.[12] Doch finden sich bei Telemann nicht nur, wie bei fast allen seiner Zeitgenossen, Beispiele für eine solche freie Anwendung des Kanonprinzips, bei der die Grenzen zur Imitation oder zur Fuge oft fließend verlaufen, sondern auch strenge, das heißt notengetreue Kanons.

In einer als Einblattdruck publizierten *Nachricht von Telemannischen Musicalien, so selbiger künftig heraus zu geben entschlossen*, datierend vom 26. September 1735, hatte Telemann das Erscheinen von „Zwölf Canones von 3 oder 4 Stimmen, mit unterlegten kurzen biblischen Sprüchen; zum Gebrauch derer, so die Jugend zur Singe-Kunst anweisen, und selbige in

---

*clarissimi Joh: Matthesonii. Ao. 1724. ab Hudemanno* mit Notenbeispielen aus Telemanns *Methodischen Sonaten* und späteren handschriftlichen Ergänzungen Bokemeyers (D-B, *Mus. ms. theor. 420*); zu letzterer Quelle vgl. W. Braun, *Bachs Stellung im Kanonstreit* (wie Fußnote 7), S. 110 und 220 (Fußnote 26), sowie ders., *Musiktheorie* (wie Fußnote 7), S. 36.

[10] Mattheson, *Capellmeister* (wie Fußnote 6), S. 412 f.

[11] *Der getreue Music-Meister*, hrsg. von G. P. Telemann, Hamburg 1728–1729, S. 68.

[12] *Georg Philipp Telemann. Magnificat in C TVWV 9:17 für Soli (SATBB), Chor (SATBB), 3 Clarintrompeten, 2 Violinen, Viola und Basso continuo*, Erstdruck, hrsg. von A. Thielemann, Stuttgart 2017 (Telemann-Archiv, Stuttgarter Ausgaben); einen Hinweis auf diesen Kanon gibt Ute Poetzsch, *Das Erwecken von „allerhand Regungen" in Telemanns Kirchenmusik und die Fuge*, in: Musikalische Norm um 1700, hrsg. von R. Bayreuther, Berlin und New York 2010 (Frühe Neuzeit. 149.), S. 167–181, hier S. 174 f.

Festhaltung der Töne gewiß machen wollen" angekündigt.[13] Die Sammlung erschien noch 1735 oder Anfang 1736 im Selbstverlag unter dem Titel *Telemanns 12 Canones à 2, 3, 4* (TVWV 10:2–13) und enthält jeweils vier Kanons für zwei, drei und vier gleiche Stimmen auf Psalmenverse. Notiert sind sie einstimmig mit Angabe von Einsatz- und Schlußzeichen für die beteiligten Stimmen.[14] Vordergründig mögen diese Kanons vielleicht als konventionelle Übungsstücke für den Singunterricht erscheinen, doch genau besehen erweisen sie sich als durchaus klangschöne, melodisch und harmonisch ansprechende Kleinode, bei deren Melodiegestaltung Telemanns sprachdeklamatorische Qualitäten hervortreten.
Einen ähnlich melodiebetonten Ansatz, von Friedrich Wilhelm Marpurg später als „galante canonische Schreibart" bezeichnet, verfolgte Telemann in seinen sechs kanonischen Sonaten für zwei Traversflöten, Violinen oder Gamben (ohne Generalbaß), die er 1738 unter dem Titel *XIIX Canons mélodieux ou VI. Sonates en Duo* (TWV 40:118–123) in Paris publizierte.[15] Es handelt sich um dreisätzige Sonaten für zwei gleiche Instrumente, in denen jeder Satz als strenger Kanon ausgeführt ist. Friedrich Wilhelm Marpurg beschrieb das Verfahren im zweiten Band seiner *Abhandlung von der Fuge* am Beispiel des ersten Satzes der Sonate Nr. 2 (TWV 40:119) folgendermaßen (vgl. dazu Beispiel 1):

Aus dem bey Fig. 1. Tab. XLV. befindlichen Exempel eines länger ausgearbeiteten endlichen Canons im Einklange, wird man sehen können, wie die canonische Schreibart auf die angenehmste Art in Cammersonaten gebraucht werden könne. Wer mehrere Exempel von dieser vortreflichen Feder haben will, der schaffe sich die 1738. zu Paris gestochnen XVIII. Canons melodieux ou VI. sonates en Duo par Mons. Telemann. Die Herren Capellmeister Pebusch, Fasch und Graupner haben sich unter andern in dieser galanten canonischen Schreibart auch durch viele schöne Muster gezeiget.[16]

[13] D-Hs, *Thes. ep.: 4°: 41: 378* (Einzelblatt mit eigenhändiger Korrektur Telemanns); verzeichnet als „Katalog I" in: *Georg Philipp Telemann. Thematisch-Systematisches Verzeichnis seiner Werke (TWV). Instrumentalwerke*, hrsg. v. M. Ruhnke, Bd. 1, Kassel 1984, S. 237.

[14] RISM A/I T 398; Neuedition als *Georg Philipp Telemann. Zwölf Spruchkanons über Psalmverse TVWV 10:2–13 zu 2 bis 4 Stimmen*, hrsg. von K. Hofmann (Herbipol.), Stuttgart 2011 (Telemann-Archiv, Stuttgarter Ausgaben).

[15] G. P. Telemann, *XIIX Canons mélodieux ou VI. Sonates en Duo a Flutes traverses, ou Violons, ou Basses de Viole*, Paris 1738; Neuausgabe in: *Georg Philipp Telemann. Kammermusik ohne Generalbaß* [III], hrsg. von G. Haußwald, Kassel und Basel 1955 (TA 8).

[16] F. W. Marpurg, *Abhandlung von der Fuge*, Teil 2, Berlin 1754, S. 94 und Tafel XLV (Hervorhebung durch den Verfasser).

Das von Marpurg gewählte Beispiel zeigt typische Merkmale des galanten Stils wie anmutige Melodik, klare Strukturierung, einfache Harmonik, rhythmische Varianz und grazile Ornamentik, die Telemann hier mit der Kanontechnik auf elegante Weise zu verbinden versteht. Das Verfahren, eine vollständige Sonate satzweise in strengen Kanons auszuarbeiten, hatte Telemann bereits in Gestalt der viersätzigen B-Dur-Sonate für Bratsche oder Viola da Gamba und Basso continuo (TWV 41:B3) aus dem Jahr 1728 erfolgreich angewandt, die er in seinem *Getreuen Music-Meister* publizierte.[17] Auch die undatierte Triosonate in C-Dur für Blockflöte, Diskantgambe und Basso continuo (TWV 42:C2) ist in allen vier Sätzen als notengetreuer zweistimmiger Kanon konzipiert, wenn auch diesmal auf das Fundament einer freien Baßbegleitung gestützt und damit dem Modell der kanonischen Triosonate entsprechend, das auch Bach gelegentlich anwandte.[18] Dabei kann aus diesen kammermusikalischen Beispielen als charakteristisch für den galanten kanonischen Stil abgeleitet werden, daß als Intervallabstand der beteiligten Kanonstimmen fast immer die Prime verwendet wird, vielleicht deshalb, weil der Einklang dem Prinzip der leichten Faßlichkeit am besten entspricht.[19]

Sogar in der Gattung des oftmals gelehrt-verklausulierten und mit Sinnsprüchen angereicherten Widmungskanons hat sich Telemann mit einem Beispiel verewigt, das es aufgrund seines originellen Witzes in neuerer Zeit zu einiger Bekanntheit gebracht hat: der sechsstimmige Kanon TVWV 25:114, verknüpft mit dem Widmungsspruch „Der Noten und des Glückes Lauf | Geht bald berg-unter, bald berg-auf, | Bald springen sie, bald stehn sie still, | Doch

---

[17] *Der getreue Music-Meister* (wie Fußnote 11), S. 33+37; neben der im Titel genannten Hauptfassung in B-Dur für „Viola di Braccio ò di Gamba" und Basso continuo ermöglicht Telemann durch abweichende Schlüsselungen, Tonartvorzeichnungen und Systembenennungen sowie ergänzende Besetzungsangaben im Instrumenten-Register der Zeitschrift auch Fassungen in A-Dur für Traversflöte oder Violine und Bratsche oder Viola da Gamba (ohne Basso continuo) sowie in B-Dur für Bratsche oder Viola da Gamba und Blockflöte (ohne Basso continuo).

[18] D-DS, *Mus.ms. 1042/35*. Zum Typus der kanonischen Triosonate, in deren Kontext nicht nur der bereits erwähnte dritte Satz aus Bachs Violinsonate BWV 1015, sondern auch die *Fuga canonica in Epidiapente* aus dem *Musicalischem Opfer* (BWV 1079, Nr. 4) zu sehen sind, vgl. G. G. Butler, *Fasch and the Canonic Trio Sonata*, in: Johann Friedrich Fasch und sein Wirken für Zerbst. Bericht über die Internationale Wissenschaftliche Konferenz am 18. und 19. April 1997 im Rahmen der 5. Internationalen Fasch-Festtage in Zerbst, red. von B. Siegmund, K. Musketa und B. M. Reul, Dessau 1997 (Fasch-Studien. 6.), S. 249–262.

[19] Zu diesen und weiteren Beispielen für die Anwendung der Kanontechnik in Telemanns Instrumentalmusik vgl. auch S. Zohn, *Music for a Mixed Taste. Style, Genre, and Meaning in Telemann's Instrumental Works*, Oxford 2008, S. 406–410.

selten, wie mans haben will" (datiert „Lüneburg d. 23. Junij, 1735"; siehe Beispiel 2).[20]
Mit in halbtaktiger Abfolge auf- und absteigenden Tonleitern, Dreiklangssprüngen und vier statischen Viertelnoten malt Telemann unüberhörbar das Auf- und Ab, das Springen und den Stillstand des Glücks. Dabei erinnert das harmonisch unbewegte, nur auf dem C-Dur-Dreiklang beruhende Klanggeschehen an Bachs ähnlich beschaffenen, undatierten, möglicherweise ebenfalls für ein Stammbuch erdachten achtstimmigen Kanon „Trias Harmonica" (BWV 1072)[21], auch wenn es sich bei dieser klanglichen Analogie wohl um einen Zufall handelt, da eine gegenseitige Kenntnisnahme beider Kanons zwar nicht gänzlich auszuschließen, aber eher unwahrscheinlich ist.[22]

*

---

[20] Stammbuch des Lüneburger Studenten und späteren Professors am Collegium Carolinum in Braunschweig Conrad (Konrad) Arnold Schmid (Niedersächsisches Staatsarchiv, *STAWO VI Hs 13 Nr. 35*), S. 582; faksimiliert und mit Auflösung abgedruckt in: *Singen ist das Fundament* (wie Fußnote 5), S. 181–183; vgl. auch die Ersterwähnung bei C. Wolff, *Ein Gelehrten-Stammbuch aus dem 18. Jahrhundert mit Einträgen von G. Ph. Telemann, S. L. Weiß und anderen Musikern*, in: Mf 26, 1973, S. 217–224, hier S. 219 (mit Abbildung).

[21] Überliefert ist der Kanon nebst Beischrift lediglich in einer sekundären Quelle bei Marpurg, *Abhandlung von der Fuge* (wie Fußnote 16), Teil 2, S. 97 und Tafel XXXVII (Figur 3); vgl. Dok III, S. 52 f.

[22] Der literarisch interessierte Stammbucheigner Conrad Arnold Schmid hielt sich zwischen 1741 und 1746 in Leipzig auf, was außer durch die Immatrikulation an der Universität (19. 5. 1741) auch durch etliche Stammbucheinträge belegt ist, darunter Eintragungen von Christiana Mariana von Ziegler (12. 7. 1741, S. 250), Friederike Caroline Neuber (1. 1. 1742, S. 383) und Johann Gottlieb Görner (30. 4. 1746, S. 491), aber auch Johann Ulrich König (13. 8. 1742, S. 145) und Silvius Leopold Weiß (15. 8. 1724, S. 159 f.) in Dresden. Schon C. Wolff (wie Fußnote 20, S. 223 f.) wies auf die Möglichkeit eines ehemals enthaltenen Eintrags von Johann Sebastian Bach und das Fehlen diverser Stammbuchblätter hin, deren Herauslösung durch den späteren Stammbuchbesitzer, Schmids Schwiegersohn Johann Joachim Eschenburg, ein Korrespondenzpartner der Bach-Söhne Wilhelm Friedemann und Carl Philipp Emanuel, veranlaßt worden sein könnte. Doch müßte eine Rezeption des Telemannschen Kanons durch Bach nicht notwendigerweise über einen direkten Kontakt mit Schmids Stammbuch erfolgt sein. Der Kanon könnte ebensogut von einem der anderen Leipziger Stammbuch-Beiträger (beispielsweise Görner) kopiert worden und Bach auf irgendeine Weise zur Kenntnis gekommen sein, wie auch umgekehrt – sollte Bachs Kanon der ältere sein – Telemann auf anderen Wegen von Bachs Kanon erfahren haben könnte.

Hatte die Darstellung bis hierhin im wesentlichen nur referierenden, mehr oder weniger Bekanntes zu Telemanns Kanon-Gebrauch zusammentragenden Charakter, so soll im folgenden ein hinsichtlich des Einsatzes der Kanontechnik noch nicht in den Blick genommenes Quellenkorpus betrachtet werden, gipfelnd in einem, wenn auch unveröffentlicht gebliebenen, vokal-instrumentalen Spiegelkrebskanon: Telemanns 1743/44 in Nürnberg von Balthasar Schmid publizierter Kantatenjahrgang *Musicalisches Lob Gottes*.[23] Den Anlaß, mit neuer Perspektive auf die 72 Kompositionen der Werksammlung zu schauen, gibt ein bislang unbekannter Pränumerationsaufruf für den Druckjahrgang vom 19. April 1742. Wenngleich von Schmid verfaßt, aber erkennbar Telemanns Vorgaben folgend, umreißt er den textlich-musikalischen Aufbau der Kirchenstücke wie folgt: Jede Komposition enthalte

> 1. einen [Bibel-]Spruch, der mit Fugen und Contrapunkten ausgeführt ist, 2.) einen Choral, 3.) ein Recitativ, 4.) eine Arie, 5.) einen Choral, 6.) eine Arie, 7.) eine Wiederholung des ersten Spruchs. Die fugirende Sprüche können alle mit 2. Stimmen als Diskant und Alt, oder Tenor und Bas, oder wie es die Umstände geben, wenn es auch 2. Diskänte, und 2. Tenöre seyn solten, besetzet werden.[24]

Dementsprechend sind die Eingangssätze durchweg für zwei obligate Singstimmen mit einem Baßfundament, bestehend aus dem Basso continuo und einem daraus abgeleiteten Ad-libitum-Vokalbaß, sowie mit unterschiedlichen Optionen zur Colla-parte-Verstärkung der Singstimmen durch Instrumente angelegt. Die Charakterisierung der eröffnenden Sätze als fugiert oder kontrapunktisch weist auf ein wesentliches Merkmal des gesamten Jahrgangs hin: die in den Eingangssätzen – meist nach einer kürzeren oder auch längeren Einleitung – in unterschiedlichsten Facetten zur Anwendung kommenden polyphonen Gestaltungselemente, die den Jahrgang wie ein roter Faden durchziehen.[25] Neben zahlreichen Eingangssätzen in mehrerlei Fugen-

[23] G. P. Telemann, *Musicalisches Lob Gottes in der Gemeine des Herrn, bestehend aus einem Jahrgange über die Evangelien; für 2. oder 3. Singstimmen, Zwo Violinen, auch Trompetten und Paucken bey hohen Festen, nebst dem General-Basse*, Nürnberg 1743/44 (Digitalisat: http://digital.slub-dresden.de/id44638061X ); vgl. dazu als Neuausgabe: *Georg Philipp Telemann. Musicalisches Lob Gottes. 13 ausgewählte Kirchenmusiken zwischen 1. Advent und Michaelis nach Texten von Erdmann Neumeister*, hrsg. von J. Neubacher, Kassel 2020 (TA 62).

[24] *Hamburgische Berichte von den neuesten Gelehrten Sachen* 11, 1742, Nr. 42 vom 1. Juni 1742, S. 339–342, hier S. 339 (Hervorhebung durch den Verfasser); der Pränumerationsaufruf ist vollständig abgedruckt in TA 62 (wie Fußnote 23), S. IX f.

[25] Eine Auswahl von 32 Eingangssätzen zu Musiken des *Musicalischen Lobs Gottes* veröffentlichte Klaus Hofmann, ging allerdings nicht auf deren Formgestalt oder Satztechnik ein; vgl. *Georg Philipp Telemann. Biblische Sprüche. Motetten für*

formen[26] finden sich Sätze, die im doppelten Kontrapunkt gehalten sind,[27] darunter auch solche, in denen das Thema mit sich selbst, und zwar sowohl in augmentierter[28] als auch in diminuierter[29] Gestalt, kontrapunktiert wird. Auch ein doppelter (oder eigentlich dreifacher) Kontrapunkt, bei dem eine der beiden Stimmen zusätzlich in einer dritten Stimme simultan in der Gegenbewegung erklingt, kommt vor.[30] Des weiteren sind Eingangssätze enthalten, in denen auf unterschiedliche Weise die Imitationstechnik als kontrapunktisches Stilmittel angewendet wird.[31] Nicht zuletzt bietet der Zyklus auch 16 Eingangssätze mit jeweils einem strengen Kanon als zentralem Bestandteil (siehe dazu Tabelle 1). Der gesamte Jahrgang (gemeint sind weiterhin nur die Eingangssätze) liest sich wie ein musikalisches Kunstbuch kontrapunktischer Gestaltungsmöglichkeiten, unter denen der Kanon eine prominente Stellung einnimmt. Wie intensiv Telemann sich in diesem Jahrgang mit ungewöhnlichen kontrapunktischen Techniken auseinandersetzte, zeigt der eröffnende Satz der Kantate zum Sonntag Jubilate (vgl. Tabelle 1, Nr. 32), ein notengetreuer Umkehrungs- beziehungsweise Spiegelkanon der beiden obli-

---

*zwei- oder dreistimmigen Chor, Streichinstrumente (ad libitum) und Orgel*, hrsg. von K. Hofmann, 2 Bde., Neuhausen-Stuttgart 1973 und 1974. Indessen wies Ute Poetzsch-Seban bereits auf die kontrapunktische Vielfalt der Eingangssätze hin und erläuterte sie anhand von Beispielen, wenn auch noch ohne Kenntnis des von Telemann selbst propagierten jahrgangsumfassenden Gestaltungsprinzips für die Eingangssätze; vgl. U. Poetzsch-Seban, *Die Kirchenmusik von Georg Philipp Telemann und Erdmann Neumeister. Zur Geschichte der protestantischen Kirchenkantate in der ersten Hälfte des 18. Jahrhunderts*, Beeskow 2006 (Schriften zur mitteldeutschen Musikgeschichte der Ständigen Konferenz Mitteldeutsche Barockmusik in Sachsen, Sachsen-Anhalt und Thüringen e.V. 13.), S. 236–239.

26 Außer dem Standardfall der einfachen Fuge (zwei- oder dreistimmig) gibt es Doppelfugen (Sonntag nach Neujahr, Satz I, T. 18 ff. [im folgenden: I/18 ff.], Laetare I/29 ff., 3. Sonntag nach Trinitatis I/23 ff.), Gegenfugen (14. Sonntag nach Trinitatis I/21 ff., 16. Sonntag nach Trinitatis I/26 ff.) und auch ausgeklügelte Mischformen aus Fugen- und Kanonelementen: so zum Beispiel eine zweistimmige Fuge mit freier Baßbegleitung, die während der ersten vier Themendurchläufe streng kanonisch geführt ist (Johannis I/14–38), oder in ähnlicher Weise eine generalbaßbegleitete zweistimmige Fuge mit augmentierter erster Themenhälfte als obligatem Kontrapunkt und auch hier wieder einer nahezu streng kanonischen Stimmführung während der ersten vier Themendurchläufe (3. Advent I/61–96).

27 Palmarum (I/19 ff.), 3. Sonntag nach Trinitatis (I/23 ff.).

28 Judica (I/11 ff.).

29 4. Advent (I/23 ff.).

30 Mariae Verkündigung.

31 4. Sonntag nach Epiphanias (I/24 ff.), 20. Sonntag nach Trinitatis (I/39 ff.), 22. Sonntag nach Trinitatis (I/4 ff.).

gaten Singstimmen im Einsatzabstand von zwei Takten.[32] In der Vorstufe zur publizierten Fassung, dem Kompositionsautograph, vermerkte er am Ende des notierten und bis hierhin mit der späteren Druckausgabe übereinstimmenden Satzes (T. 44):

NB. Hiernächst können die Instrumente diesen Canon rücklings spielen, wozu der drüben stehende Baß gehöret; drauf wiederholen alle den Canon auf erstere Weise. Dieser aber mag noch, u. die gedachte Umkehrung, so oft wiederholet werden als man will.[33]

Auf der Rückseite von Blatt 1 des Autographs („drüben") findet sich dazu eine teilweise bezifferte Generalbaßstimme, gedacht als Baßfundament für die vorgesehene krebsgängige Variante des Kanons. Telemanns Erläuterung, daß „die Instrumente diesen Canon rücklings spielen" können, führt allerdings nicht per se zum richtigen, das heißt zur Baßstimme passenden Stimmverlauf. Denn obwohl der Hinweis vermutlich nicht als Rätselaufgabe gedacht war, bedarf es einigen Nachdenkens und Probierens, um die rückwärts zu spielenden Oberstimmen mit der dafür vorgesehenen Baßstimme in Einklang zu bringen. Die am Ende einfache Lösung besteht darin, daß beide Kanonstimmen bei der rückläufigen Ausführung zugleich auch gespiegelt werden müssen. Das dadurch entstehende Gefüge ist ein Spiegelkrebskanon, harmonisch gestützt von der frei hinzukomponierten Generalbaßstimme.[34] Trotz des kunstvollen, auch melodisch und harmonisch überzeugenden Kompositionsresultats entschied sich Telemann aus unbekannten Gründen gegen eine Übernahme dieser erweiterten Version in die Druckfassung und strich noch im Manuskript – wohl mit Blick auf die davon als Stichvorlage zu erstellende Abschrift – seinen Aufführungsvorschlag mitsamt der zugehörigen Generalbaßstimme wieder aus, was aber die Bedeutung dieses kontrapunktischen Meisterstücks nicht schmälert.
Unter den übrigen Eingangssätzen des Jahrgangs mit streng kanonischer Stimmführung der beiden obligaten Singstimmen gibt es in der Musik zum 21. Sonntag nach Trinitatis einen weiteren Umkehrungs- beziehungsweise Spiegelkanon, diesmal in der Unterquinte (siehe Tabelle 1, Nr. 64). Ebenfalls eine Besonderheit stellt der in zwei Abschnitten verlaufende zweistimmige Spiralkanon (Canon per tonos) mit freier Baßbegleitung im Eingangssatz zur Sexagesima-Musik dar (siehe Tabelle 1, Nr. 18): Über Themeneinsätze auf

32 Spiegelachse ist die mittlere Notenlinie. Die zweite Stimme folgt ab Takt 3 notengetreu der ersten.

33 G. Ph. Telemann, *„Wir wissen, daß denen, die Gott lieben"* (TVWV 1:1682), Kompositionsautograph (D-B, *Mus. ms. autogr. G.P. Telemann 111*).

34 Vgl. den vollständigen Abdruck des Satzes in TA 62 (wie Fußnote 23), S. 353–356.

den Tönen $b^1$, $es^2$, $as^1$, $des^2$, $ges/fis^1$, $h^1$ und $e^1$ (T. 9–36) sowie $d^2$, $g^1$, $c^1$, $f^1$ und $b^1$ (T. 46–65) wird – bei nur einer Auslassung ($a^1$) – in Quartschritten der Quintenzirkel durchschritten. Parallel dazu, jedoch losgelöst von der Kanonstruktur, moduliert der Satz zwischen den Takten 8 und 65 in unperiodisch aufeinanderfolgenden Kadenzschritten gleichfalls einmal durch den Quintenzirkel (B-Dur, Es-Dur, As-Dur, Des-Dur, Ges/Fis-Dur, H-Dur, E-Dur, [A-Dur], D-Dur, G-Dur, C-Dur, F-Dur, B-Dur), wobei A-Dur nur kurz als Durchgangsakkord tangiert wird. Diese harmonische Besonderheit des Satzes hatte schon Jacob Adlung in seiner *Anleitung zu der musikalischen Gelahrtheit* (Erfurt 1758) mit Hinweis auf eine mißglückte Aufführung des Satzes an der Erfurter Predigerkirche beschrieben, wenn auch mit irrtümlicher Zuordnung zur Musik und Perikope für den 8. Sonntag nach Trinitatis.[35] Kanonische Technik ist gleichermaßen im Eingangssatz der Musik zum 18. Sonntag nach Trinitatis ein vorherrschendes Gestaltungsprinzip. Hier ist ein freier dreistimmiger Kanon durch orgelpunktbasierte Zwischenspiele in vier Einzelabschnitte zerlegt, die harmonisch als die Abfolge Tonika – Subdominante – Dominante – Tonika aufeinander bezogen sind: zunächst in der Grundgestalt (T. 4–16), dann in die Oberquarte versetzt (T. 20–32) und schließlich zweimal als kurze Engführung des Themenkopfs (T. 36–41 und 45–50) (siehe Tabelle 1, Nr. 60).

[35] „Noch curiöser war es, als Telemann im Jahr 1744 seinen Jahrgang von Kirchenstücken zu Nürnberg in Kupfer stechen ließ, und in demselben am 8ten Sonntage nach Trinit. die falschen Propheten in Schaafskleidern durch einen völligen Quinten-Cirkel vorstellete, aus B* durch alle 12 harte Tonarten. […] Wie die Aufführung bey uns zum Predigern [an der Predigerkirche] damals abgelaufen, ist nicht nöthig zu sagen; ein jeder kann sich solches vorstellen, welcher berichtet ist, 1) daß man bey uns nichts vorher probirt, was zu musiciren ist; 2) daß unter den Helfers-Helfern die mehresten nicht weit kommen sind, was die Theorie der Musik betrifft; 3) daß bey dem ganzen Chor keiner war, ausser mir, welcher von Cirkelgängen iemals etwas gehört oder gesehen. Daher, als es vorbey, kam bald dieser, bald jener, und fragte: was war denn das? Aber die Frage war zu spät“ (J. Adlung, *Anleitung zu der musikalischen Gelahrtheit*, Erfurt 1758, S. 335 f.); vgl. dazu auch W. Hirschmann, *Erkundungen an den Grenzen der Klänge. Telemanns harmonische Innovationen*, in: Extravaganz und Geschäftssinn – Telemanns Hamburger Innovationen, hrsg. von B. Jahn und I. Rentsch, Münster und New York 2019 (Hamburg Yearbook of Musicology. 1.), S. 17–31, hier S. 17–19.

Tabelle 1: Kanons in Kantateneingangssätzen aus Telemanns *Musicalischem Lob Gottes*

Die Angaben beziehen sich jeweils auf die Kanonabschnitte der beiden obligaten Singstimmen, zu denen in allen Fällen eine selbständig geführte Generalbaßstimme tritt.

Es bedeuten: Nr. = Numerierung des Originaldrucks, rB = reale Beantwortung,
tB = tonale Beantwortung

| Nr. | Sonn- oder Festtag | TVWV | Takte des Kanonabschnitts (+ Gesamttaktzahl)/Textbeginn des Kanonabschnitts (+ gesamte Textstelle) | Einsatzintervall und -abstand |
|---|---|---|---|---|
| 12 | 1. Sonntag nach Epiphanias | 1:1628 | 24–38 (42)/„mein Leib und Seele freuen sich" (Ps. 84, 2–3) | Obersekunde (tB) / 2½ Takte |
| 17 | Septua-gesima | 1:113 | 36–51 und 51–63 (78)/„zu welchen Gott uns zuvor bereitet hat" (Eph 2, 8–10) | Oberterz mit nahtlosem Wechsel in die Unterterz (tB)/4 Takte |
| 18 | Sexa-gesima | 1:949 | 9–36 und 46–65 (99)/„selig sind, die Gottes Wort hören und bewahren" (Lk 11, 28) | Spiralkanon (Canon per tonos) (rB)/ 4 Takte |
| 20 | Invocavit | 1:1278 | 28–77 (82)/„dem widerstehet fest im Glauben" (1 Petr 5, 8–9) | Unterquinte (rB)/ 1 Takt |
| 28 | 2. Ostertag | 1:717 | 1–48 (56)/„Halt im Gedächtnis Jesum Christum" (2 Tim 2, 8) | Oberterz (tB)/ 4 Takte |
| 29 | 3. Ostertag | 1:975 | 14–39 (43)/„denn durch ihn haben wir den Zugang alle beide" (Eph 2, 17–18) | Unterquarte (rB)/ 3 Takte |
| 30 | Quasi-modo-geniti | 1:1199 | 43–67 (67)/„Durch Christum Jesum unsern Herrn" (Hebr 11, 6 + Eph 3, 11–12) | Unterquinte (rB)/ 2 Takte |
| 31 | Miseri-cordias Domini | 1:1103 | 28–65 (74)/„Und niemand wird sie mir aus meiner Hand reißen" (Joh 10, 27–28) | Obersekunde (tB)/ 3 Takte |

| Nr. | Sonn- oder Festtag | TVWV | Takte des Kanonabschnitts (+ Gesamttaktzahl)/Textbeginn des Kanonabschnitts (+ gesamte Textstelle) | Einsatzintervall und -abstand |
|---|---|---|---|---|
| 32 | Jubilate | 1:1682 | a) Druckfassung: 1–44 (44)/„Wir wissen, daß denen, die Gott lieben“ (Röm 8, 28) b) Manuskriptfassung: 1–88 (88)/„Wir wissen, daß denen, die Gott lieben“ | a) Druckfassung: Spiegelkanon in der Prime (tB)/2 Takte b) Manuskript-fassung: Spiegelkrebskanon in der Prime (tB)/ 2 Takte |
| 51 | 9. Sonntag nach Trinitatis | 1:1042 | 1–56 (64)/„Lehre uns bedenken, daß wir sterben müssen“ (Ps. 90, 12) | Unterseptime (tB)/ 1 Takt |
| 57 | 15. Sonntag nach Trinitatis | 1:1412 | 30–78 (92)/„so wird euch alles, was ihr bedürfet, zufallen“ (Mt 6, 33) | Obersexte (tB)/ 3 Takte |
| 59 | 17. Sonntag nach Trinitatis | 1:497 | 19–65 (82)/„Gottes Wort halten und Liebe üben“ (Mich 6, 8) | Unterseptime (tB)/ 4 Takte |
| 60 | 18. Sonntag nach Trinitatis | 1:347 | 4–16, 20–32, 36–41 und 45–50 (58)/„Liebe von reinem Herzen“ (1 Tim 1, 5) | Prime/3 Takte |
| 64 | 21. Sonntag nach Trinitatis | 1:848 | 35–65 (75)/„Ich will dem Herrn singen“ (Ps. 13, 6) | Spiegelkanon in der Unterquinte (rB)/ 2 Takte |
| 67 | 24. Sonntag nach Trinitatis | 1:198 | 57–100 (110)/„Deinem Namen sei ewiglich Ehre und Lob“ (Tob 3, 22–23) | Untersekunde (tB)/ 3 Takte |
| 68 | 25. Sonntag nach Trinitatis | 1:195 | 47–80 (104)/„die da haben den Schein eines gottseligen Wesens“ (2 Tim 3, 1–5) | Oberquinte (rB)/ 9 Takte |

Das in diesen Beispielen angewandte Grundmodell – einen zweistimmigen Singstimmenkanon mit freier Baßbegleitung – hatte Telemann bereits im Eingangssatz der Kantate zum 5. Sonntag nach Trinitatis „Der Segen des Herrn machet reich ohne Mühe“ (TVWV 1:309) seines 1736/37 entstandenen sogenannten Stolbergschen Jahrgangs auf Texte von Gottfried Behrndt erfolgreich erprobt: hier in der Form eines strengen Oktavkanons von Sopran/Alt als erster und Tenor/Baß als zweiter Stimme im Einsatzabstand von vier Takten mit die beiden Singstimmen oktavierend verstärkenden Violinen und frei geführtem Basso continuo.[36]

Die in den Eingangssätzen der Musiken des *Musicalischen Lobs Gottes* enthaltenen Kanons beziehungsweise Kanonabschnitte weisen im Unterschied zu den vorwiegend im galanten Stil gehaltenen Kanons in Telemanns kammermusikalischen Werken typische Merkmale des kontrapunktischen Stils auf. Dazu zählen Kanon-Soggetti, die weniger auf melodische Individualität als auf ihre Eignung, sich selbst zu kontrapunktieren, und auf Vokalität hin konzipiert sind, rhythmisch kontrastierende Gegenstimmen sowie eine durch Vorhaltsbildungen geprägte Harmonik. Dabei sind die Grenzen zur Imitation – diese jedoch in strenger (notengetreuer) Ausprägung – fließend. Dennoch verzichtete Telemann in den Kanons nicht auf eine prägnante, am Sprachrhythmus orientierte und oft wortausmalende Melodik. Man betrachte dazu in Beispiel 3 die genaue Beachtung des Sprachrhythmus und der Betonungsverhältnisse bei „so wird euch alles, was ihr bedürfet, zufallen", sodann den fallenden Dreiklang bei „(zu-)fallen" und die auf „alles" gemünzte umfangreiche Koloratur (vgl. auch Tab. 1, Nr. 57). Beispiel 4 zeigt durch Vorhaltsbildungen erzeugte Dissonanzen, die den von „sterben müssen" abgeleiteten Schmerz-Affekt illustrieren (vgl. auch Tabelle 1, Nr. 51).

*

Insgesamt läßt sich erkennen, daß Telemann die Kanontechnik ganz überwiegend im zweistimmigen, wenn auch oft durch eine frei geführte dritte Stimme angereicherten Satz anwendete. Typische Vertreter dieses Satzbildes waren die unbegleitete Duo- und die Triosonate sowie das generalbaßbegleitete Vokalduett, wie es vom mehrstimmigen Geistlichen Konzert oder dem Kammerduett Steffanischer Prägung abgeleitet sein konnte. Anscheinend ging es ihm vor allem darum, das Kanonprinzip für das Komponieren im modernen Stil nutzbar zu machen, sei es mit Resultaten, die Marpurg später als „galante canonische Schreibart" bezeichnete (siehe oben), oder mit dem Ziel einer ungekünstelten, geschmackvoll wirkenden Polyphonie. In der Vorrede des bezeichnenderweise Telemann gewidmeten ersten Teils seiner *Abhandlung von der Fuge* (Berlin 1753) formulierte Marpurg dies mit den Worten, die „Meisterstücke Ihrer Feder haben vorlängst die falsche Meinung widerleget,

[36] D-F, *Ms. Ff. Mus. 898*; vgl. mit vollständiger Transkription des Notentextes: N. Eichholz, *Georg Philipp Telemanns Kantatenjahrgang auf Dichtungen von Gottfried Behrndt. Ein Beitrag zur Phänomenologie von Telemanns geistlichem Kantatenwerk*, Hildesheim 2015 (Studien und Materialien zur Musikwissenschaft. 85), S. 279 f. und 411–413.

als wenn die sogenannte galante Schreibart sich nicht mit einigen aus dem Contrapunct entlehnten Zügen verbinden liesse".[37] Daß es Telemann tatsächlich ein Anliegen war, einen eleganten, dem Hörer Genuß statt Verdruß bereitenden Kontrapunktstil zu pflegen, wird an einer wahrscheinlich auf ihn selbst zurückgehenden Formulierung eines Musikalienverzeichnisses aus dem Jahr 1728 deutlich, auf die bereits Ralph-Jürgen Reipsch hingewiesen hat. Hier heißt es zu den vierstimmigen Eingangschören eines geplanten Zyklus mit festtäglichen Kirchenmusiken, daß er „dabey auch zeigen werde/ wie er in Fugen und Contrapuncten/ als die eigentlich das wesentliche Stück des Kirchen-Styls sind" nicht nur „eine ausnehmende Erfahrenheit besitze", sondern auch, „wie eben dieser Styl auf eine sinnlichere und erbaulichere Art gehandhabet werden könne; da derselbe bisher/ wegen der Tyranney/ so er den Ohren angethan/ und seines andern Altfränckischen Wesens wegen verdrießlich/ und beynahe gantz verbannet worden."[38]

Anders dagegen dürfte bei Bach – insbesondere in seinem Spätwerk – das Interesse am Kanon, wie auch an anderen kontrapunktischen Techniken, in dem Anspruch bestanden haben, eine große, sich ihrem Ende zuneigende kontrapunktische Tradition zusammenfassen und auf den Gipfel ihrer Entwicklung führen zu wollen.[39] Mit den eingangs genannten kontrapunktischen Werkgruppen Bachs entstand gewissermaßen ein Kompendium des strengen Satzes, das eine Fülle an Möglichkeiten zu kunstvoller kontrapunktischer Verarbeitung wie auch Verdichtung thematischen Materials vor Augen führt. Die Bach eigene planvolle Herangehensweise an selbstgewählte Problemstellungen mit einem Hang zu enzyklopädischer Durchdringung wird man bei Telemann in dieser Konsequenz vergeblich suchen. Dennoch überrascht, wie auch er im *Musicalischen Lob Gottes* kontrapunktische Techniken systematisch erkundet. Die aufgezeigten kanonischen Sätze mit ihren diversen Einsatzintervallen, -abständen und Bewegungsrichtungen stehen neben den auf andere Weise kontrapunktisch gestalteten Sätzen beispielhaft dafür.

---

[37] Marpurg, *Abhandlung von der Fuge*, Teil 1, Berlin 1753, Vorrede.

[38] „Verzeichniß der von dem Herrn Capell-Meister Telemann herausgegebenen Musicalischen Wercke", in: *Hamburgische Auszüge aus neuen Büchern, und Nachrichten von allerhand zur Gelahrtheit gehörigen Sachen*, Hamburg 1728, Teil 11, S. 819–827, hier S. 826 f. (Hervorhebung vom Verfasser); vgl. dazu R.-J. Reipsch, *Telemanns „Jahrgang ohne Recitativ"*, in: Telemann und die Kirchenmusik. Bericht über die Internationale Wissenschaftliche Konferenz Magdeburg, 15. bis 17. März 2006, anlässlich der 18. Magdeburger Telemann-Festtage, hrsg. von C. Lange und B. Reipsch, Hildesheim 2011 (Telemann-Konferenzberichte. 16.), S. 340–368, hier S. 358.

[39] Wohl im Zusammenhang hiermit steht auch die um 1741 von Bach und einem weiteren Kopisten angefertigte Stimmenabschrift von Francesco Gasparinis *Missa canonica*; vgl. *Francesco Gasparini. Missa a quattro voci, eingerichtet von Johann Sebastian Bach*, hrsg. von P. Wollny, Stuttgart 2015 (Edition Bach-Archiv Leipzig. Musikalische Denkmäler), speziell auch S. 3.

Beispiel 1 (TWV 40:119, Satz 1)

Beispiel 2 („Canon à 6.“ TVWV 25:114)

Beispiel 3 (TVWV 1:1412, Satz 1; vgl. Tab. 1, Nr. 57)

Beispiel 4 (TVWV 1:1042, Satz 1; vgl. Tab. 1, Nr. 51)

# „Vor deinen Thron tret ich hiermit“ Erwägungen zum Verständnis der Frömmigkeit bei Johann Sebastian Bach

Von Reiner Marquard (Freiburg/Br.)

*Christoph Wolff zum 80. Geburtstag*

„Mein amt, gut, ehr, freund, leib und seel“[1] nimmt der Tod. Johann Sebastian Bach sollte bereits zu Lebzeiten erfahren, was es bedeutet, einen solchen Tod sterben zu müssen. Im Frühjahr 1749 hatte sich sein Gesundheitszustand derartig verschlechtert, daß Auswirkungen auf die Arbeit seines Kantorats nicht ausbleiben und verborgen bleiben konnten.

Den 8. [Juni] ward auf Befehl E. Edlen Hochweisen Raths, dieser Stadt, welche meistens zugegen waren, auf dem großen *musical*ischen *Concert*-Saale im drey Schwanen aufm Brühl, durch Ihro *Excellenz* des Geheimbden Raths und *Premier Ministres* Grafens von Brühl *Capell Director* Herrn Gottlob Harrern, *Proba* zum künfftigen *Cantorat* zu St. Thom:, wenn der *Capell*meister und *Cantor* Herr *Sebast*: Bach versterben sollte, mit größten *Applausu* abgeleget.[2]

Ein ungeheuerlicher Vorgang, der wie im Brennspiegel offenlegt, wie belastet das Verhältnis zwischen Bach, dem Leipziger Ratskollegium[3] und der Superintendentur über all die Jahre in Teilen gewesen sein muß.[4] Bach findet noch einmal zurück und komponiert und führt auf.[5] Nach zwei erfolglosen Augenoperationen erleidet er einen Zusammenbruch und erblindet zeitweise. „Zehn Tage vor seinem Tode schien es sich gähling[6] mit seinen Augen zu bessern. [...] Allein wenige Stunden darauf, wurde er von einem Schlagflusse überfallen.“[7]

---

[1] „Vor deinen Thron tret ich hiermit“ (Strophe 12).

[2] Dok II, Nr. 584.

[3] Vgl. dazu U. Siegle, *Bachs Stellung in der Leipziger Kulturpolitik seiner Zeit*, BJ 1983, S. 7–50; BJ 1984, S. 7–43; BJ 1986, S. 33–67.

[4] Am 28. 10. 1730 schreibt Bach an Georg Erdmann, daß in Leipzig „eine wunderliche und der *Music* wenig ergebene Obrigkeit ist, mithin fast in stetem Verdruß, Neid und Verfolgung leben muß, als werde genöthiget werden mit des Höchsten Beystand meine *Fortun* anderweitig zu suchen.“; Dok I, Nr. 23.

[5] Vgl. dazu C. Wolff, *Johann Sebastian Bach*, Frankfurt/Main 2000 ([5]2014), S. 486 bis 488.

[6] „gähling“ = „plötzlich“, „jählings“; siehe H. U. Delius und M. Beyer, *Frühneuhochdeutsches Glossar*, in: Martin Luther Studienausgabe, Bd. 6, Leipzig 1999, S. 7–192, speziell S. 69.

[7] Dok III, Nr. 666 (S. 85).

Auf den folgenden Seiten beschäftigen wir uns mit der Frage, welche Gründe Bach bewogen haben könnten, sich in dieser Zwischenzeit dem geistlichen Duktus eines Liedes anzuvertrauen, das in Leipziger Gottesdiensten eher nicht gesungen wurde[8] und abgedrängt in das persönliche Tagesgebet ein regelrecht privates Dasein fristete. Die Vermutung liegt nahe, daß Bach uns mit dieser Entscheidung einen besonderen Hinweis auf den Grund seiner „Gemüths-Ergötzung" gegeben hat. In der Wahl dieser Lieddichtung von Justus Gesenius begegnet uns Bach nämlich gänzlich befreit von liturgischen Erfordernissen des Kirchenjahres und kann uns auf diese Weise einen Einblick in seine persönlichen theologischen Prävalenzen geben. Das Lied „Vor deinen Thron tret ich hiermit" erschließt insofern Erwägungen zu Bachs Frömmigkeit, die ein Leben lang angekoppelt blieb an die prägenden Eindrücke der Schulzeit. Es ist vor allem Leonhart Hütters Lehrbuch,[9] das Bach und seinen Librettisten ein solides theologisches Gerüst lieferte und eine prägende Kraft auf die Textgestaltung seiner Kantaten ausübte.[10] Mit seiner Liedauswahl erinnert er noch einmal das gesamte theologische Programm der Gotteslehre in gedichteter und gebeteter Sprache. Dabei wird ein Lied, das offensichtlich auch Bach betete, durch die Verbindung mit einem Choral zum Gesang erhoben. „Ein guter Beter muß ein guter Sänger seyn, und hinwiederum, wer ein guter Sänger seyn will, der muß vorher ein rechter Beter werden; [...] Wir sehen daher, daß fromme Leute das selten scheiden, was GOtt zusammen gefüget hat".[11]

---

[8] Das in Leipzig gebräuchliche *Neu Leipziger Gesangbuch* (1682) enthielt das Lied nicht. Auch das *Privilegirte Ordentliche und Vermehrte Dreßdnische Gesangbuch* berücksichtigt es nicht, wohl aber frühere und spätere Ausgaben; zu den in Leipzig gebräuchlichen Gesangbüchern vgl. G. Stiller, *Johann Sebastian Bach und das Leipziger gottesdienstliche Leben seiner Zeit*, Kassel 1970, S. 27; Wolff (wie Fußnote 5), S. 279.

[9] L. Hütter, *Compendium locorum theologicorum ex Scriptura sacra et libro Concordiae*, Wittenberg 1610 (und zahlreiche weitere Auflagen; Kritische Neuausgabe von J. A. Steiger, Stuttgart-Bad Cannstatt 2006. Vgl. auch M. Petzoldt und J. Petri, *Johann Sebastian Bach. Ehre sei dir Gott gesungen*, Berlin 21990, S. 35, Abbildung 33.

[10] Zur Bedeutung von Hütters *Compendium* für Bach siehe R. Marquard, *Das Lamm in Tigerklauen. Christian Friedrich Henrici alias Picander und das Libretto der Matthäus-Passion von Johann Sebastian Bach*, Freiburg 2017, 13 f. Die (Wittenberger) Bibel von Anna Magdalena Bach (1736) enthielt Hutters „Summarien/ der Biblischen Bücher". Vgl. H. Besch, *J. S. Bach. Frömmigkeit und Glaube*, Kassel 1950, S. 238, und Petzoldt/Petri (wie Fußnote 9), S. 29 (Abbildung 23) und S. 148 (Abbildungen 227 und 228).

[11] C. Marbach, *Evangelische-Singeschule. Vorbericht und Anhang, in welchem die Evangelische Singe-Schule wider Hanselmum gerettet wird*, Breslau und Leipzig 1726/1729 (Reprint: Hildesheim 1991), S. 6 f.

## „Hilf, daß ich sey von hertzen fromm“

Frömmigkeit ist seiner Bedeutung nach ein religiöser Begriff, der die Art und Weise des Verhältnisses des Glaubenden zu seinem Gott im Blick hat. „[D]ie geistliche richtung der sprache legte endlich den vorzug der gottesfurcht, pietas als der vornehmsten tugend in das wort.“[12] Gottesfurcht bedeutet nicht psychologisch eine von Angst gesteuerte Form der Gottesbeziehung, sondern meint „die grundhaltung rechter frömmigkeit“[13] im Sinne einer Ehrfurcht. Bach bevorzugte in seiner Zeit die Rede von der Gottseligkeit. „die grenze zu gottselig wird nie völlig verwischt, wenn auch die berührung in der gemeinsamen entsprechung zu lat. *pius*, *religiosus* manchmal sehr eng erscheint, besonderns unter dem einflusz von fromm, das sich im sinne von lat. *pius* seit dem 16. Jh. im begriffsfeld ‚fromm‘ durchzusetzen beginnt.“[14] Frömmigkeit ist ein kontinuierlicher Lebensvollzug konkreter Übungen einer persönlichen Glaubenspraxis von verschiedenen aufeinander bezogenen Grundformen des Glaubens. In der Tradition der Mönchsbewegung gestaltete sich die spezielle Praxis des Glaubens (πράξις) anhand von Glaubensübungen (πολιτεία[15]), die im Spätmittelalter als *meditiatio*, *oratio*, *tentatio*, *sacramenta* und *caritas* das Grundgerüst einer so verstandenen *Praxis* und *Politeia* bildeten.[16]

Das Kennwort unter den Grundformen einer solchen Praxis lautete *meditatio* und umfaßte die *lectio* (gefolgt von *meditatio*), *oratio* und *contemplatio*. Luther, dieser mönchischen Tradition erwachsen, änderte mit der Reihung entscheidend den Sinn der Übung: Das Gebet (*oratio*) als die der Lektüre der Schrift (*lectio*) und der *meditiatio* vorausgehende Sammlung führt in die *tentatio*. Damit nimmt Luther eine einschneidende Veränderung vor: die *contemplatio* entfällt geradezu und wird durch die *tentatio* ersetzt. Gotteserfahrung verlagert sich in die Begegnung mit dem Wort vom Kreuz (das heißt: Christus) und wird auf diese Weise einer anthropologisch-religiösen

---

[12] *Deutsches Wörterbuch von Jacob und Wilhelm Grimm*, 32 Bde., Leipzig 1854–1961 (künftig: DWB), Bd. IV/1.1 (1878), Sp. 240.

[13] DWB IV/1.5 (1958), Sp. 1232.

[14] Ebenda, Sp. 1237.

[15] *Politeia* ist seiner Bedeutung nach nicht nur die *civilitas* (der Bürgerstand), sondern auch die *conversatio* als die Zugehörigkeit zum Kloster und insofern der gottesfürchtige Wandel.

[16] „Methoden des Nachsinnens über der aufgeschlagenen Bibel, Beten in den vielfältigen Formen der Kirche, Erfahrungen des Glaubens im Kampf mit den Anfechtungen, das Leben mit den sieben Sakramenten, vor allem mit dem im Gottesdienst gefeierten, der Eucharistie, und die unter *caritas* zusammengefaßten Konsequenzen“; M. Seitz, *Frömmigkeit II*, in: Theologische Realenzyklopädie, 36 Bde., Berlin 1977–2004, Bd. 11 (1993), S. 674–683, speziell S. 677 (Zeile 26–29).

Lokalisierung beraubt. Wer Gott ist, klärt sich nicht in einer Gottesschau, sondern offenbart sich dem Beter im Wort der Schrift. Es ist der *Deus absconditus*, der im Leiden verborgene Gott, der zur Anfechtung führt und in der Anfechtung zum Trostanker wird. In der Anfechtung erfährt der Beter durch das Wort die Nähe Gottes. „Bewährung in der Anfechtung anstelle mystischer Gottesschau; und Ziel der *meditatio*: die Erfahrung Gottes in der Anfechtung."[17]

Martin Luther entlehnt sein Verständnis von Meditation aus der Auslegung von Psalm 1,1–2[18]: „1 Beatus vir qui non abiit in consilio impiorum et in via peccatorum non stetit in cathedra derisorum non sedit / 2 sed in lege Domini voluntas eius et in lege eius meditabitur die ac nocte".[19] Das Sinnen über dem Gesetz Gottes Tag und Nacht (Vers 2) geschieht in der Übersetzung Luthers aus „Lust": *voluntas* ist „die freie und nicht durch Furcht bewirkte, es ist die aus innerem Antrieb stammende Zuwendung zu Gott und seinem Wort."[20] Meditation ist in jedem Fall – in welcher Form sie auch betrieben werden mag – schriftgebunden. Denn ihr Gegenstand erst, die im Wort offenbare Liebe Gottes, gibt der Hinwendung an dieses Wort ihren wahren und verläßlichen Grund. Die Hinwendung ereignet sich nicht in einzelnen Akten einer ansonsten freien Existenz, sondern ist als Hinwendung der Basso continuo einer *praxis pietatis*. Meditation als Bindeglied zu *oratio* und *tentatio* bildet den Grund und das harmonische Gerüst eines frommen Lebens.

Als Bach sich des Liedes „Vor deinen Thron tret ich hiermit" erinnert, bewegt er sich frömmigkeitlich in der Tradition des lutherischen Dreiklangs von *oratio – meditatio (lectio) – tentatio*. Er bezieht sich auf ein Gebetslied (*oratio*), das die Grundwahrheiten des Glaubens (*meditatio*) trinitätstheologisch im Angesicht des Todes (*tentatio*) meditiert. Zurückgeworfen auf das Krankenbett, das ihm mehr und mehr zum Sterbebett wurde, praktizierte Bach seine Form von Politeia als die Anrufung eines unter allen Umständen barmherzigen Gottes. Die lutherische Architektur einer an den Grundwahrheiten des Glaubens orientierten *praxis pietatis* läßt sich insbesondere an Luthers Sermon von der Bereitung zum Sterben (1519)[21] nachzeichnen. In Bachs Be-

---

[17] Seitz, *Frömmigkeit* (wie Fußnote 16), S. 677, Zeile 45–48.

[18] M. Luther, *Dictata super Psalterium (1513–1515)*, in: Martin Luther Studienausgabe, Bd. 1, hrsg. von D. Korsch, Leipzig 2012, S. 39.

[19] https://www.bibelwissenschaft.de/online-bibeln/biblia-sacra-vulgata/ (7. April 2018).

[20] M. Nicol, *Meditation bei Luther*, Göttingen 21991, S. 46.

[21] M. Luther, *Sermon von der Bereitung zum Sterben (1519)*, in: D. Martin Luthers Werke, hrsg. von J. K. F. Knaake et al. (Weimarer Ausgabe), 120 Bde., Weimar 1883–2009, Abteilung Schriften (künftig: WA), Bd. 2, S. 685–697; *Martin Luther Studienausgabe*, Bd. 1 (wie Fußnote 18), S. 230–243; zitiert nach *Martin Luther. Ausgewählte Schriften*, hrsg. von K. Bornkamm und G. Ebeling, 6 Bde., Frankfurt/Main 1982, Bd. 2, S. 15–34.

sitz befand sich auch die Jenaer Luther-Ausgabe, deren erster Band Schriften von 1517–1522 enthielt. In zwanzig Artikeln entfaltet Luther eine geistliche Handreichung zur evangelischen Sterbehilfe. Der Abschied ruht geistlich darin, daß „man sich allein zu Gott richten"(*oratio*), sich Gottes Gnade („nemlich in Christus") vor Augen führen (*meditatio*) und der Zusage Gottes anbefehlen soll, „daß Christi Leben meinen Tod in seinem Tod überwunden habe, sein Gehorsam meine Sünde in seinem Leiden vertilgt, seine Liebe meine Hölle in seinem Verlassensein zerstört habe" (*tentatio*), weswegen „kein Christenmensch an seinem Ende daran zweifeln (soll), daß er nicht allein sei in seinem Sterben."[22]

Die Nähe Gottes erfährt Bach durch den persönlichen Zuspruch der Gnade im Sakrament unter Brot und Wein durch seinen Beichtvater Wolle. Der persönlichen Praxis einer so verstandenen Politeia hat immer schon der Charakter einer ‚verborgenen Übung' angehaftet, denn „wenn ihr betet, sollt ihr nicht viel plappern" (Mt 6,7), sondern – so die Einleitung Jesu zum Vaterunser-Gebet: „Wenn du aber betetest, so geh in dein Kämmerlein und schließ die Tür zu und bete zu deinem Vater, der im Verborgenen ist" (Mt 6,6), womit das Vaterunser-Gebet nach Gehalt und Form geradezu ein Prototyp einer recht verstandenen Praxis und Politeia geworden ist. Jesus selbst hebt damit „das Gebet als das Zentrum christlichen Lebens heraus", weil es – wie das Vaterunser – „allein in die rechte, nicht selbstbezogene Haltung gegenüber Gott einweisen kann."[23]

In der *oratio* („man sich allein zu Gott richten soll") liegt die entscheidende Weichenstellung. Die Pointe liegt in der Exklusivpartikel „allein". Aus gutem Grund ordnete die lutherische Orthodoxie[24] die *vocatio* (Berufung) der *regeneratio* (Wiedergeburt) vor, so daß die Rede von der *unio credentium mystica cum Deo* (mystische Einheit der Glaubenden mit Gott) nichts anderes bedeuten konnte, als die Einzeichnung der Heiligung in das rechtfertigende Handeln Gottes.[25] Recht verstandene Bekehrung als aktivische Hinwendung des Glaubenden zu Gott folgt der Berufung als einem Geschehen, das die zueignende

---

[22] *Martin Luther. Ausgewählte Schriften* (wie Fußnote 21), Bd. 2, Artikel 3 (S. 16), 10 (S. 21), 15 und 18 (S. 27 und 30). Das Gebet ist kein „Paradiesgärtlein", sondern „der Kampfplatz, auf dem das signum crucis aufgepfanzt ist" (W. von Loewenich, *Luthers Theologia crucis*, Witten 51967, S. 168).

[23] U. Luz, *Das Evangelium nach Matthäus (Mt 1–7)*, in: Evangelisch-Katholischer Kommentar zum Neuen Testament I/1, 5., völlig neubearbeitete Auflage, Neukirchen-Vluyn 2002, S. 429.

[24] Vgl. J. F. König, *Theologia positiva acroamatica (Rostock 1664)*, hrsg. und übersetzt von A. Stegmann, Tübingen 2006, S. 278 f. (Pars Tertia, § 426)

[25] Zur Lehre von der *unio mystica* vgl. Marquard, *Das Lamm in Tigerklauen* (wie Fußnote 10), S. 81–93.

Gnade voraussetzt.[26] Damit sind theologische Modelle einer *praxis pietatis* ausgeschlossen, in denen der Bedeutungsschwerpunkt nicht im Ansatz bei der Berufung (als geistliches Widerfahrnis), sondern bei der Hervorhebung der Bekehrung (als Aktion des Glaubens) liegt. Der Pietismus zeigte für das orthodoxe Luthertum hier ein Einfallstor eines synergistischen Glaubensverständnisses,[27] wenn er geradezu von einer „wahre Bekehrung" sprach,[28] die sich einer „Vollkommenheit" zu verschreiben hatte und im Kehrum dazu aufforderte, „zu vermahnen, zu trösten, zu strafen."[29] Was aber ist von einem Trost zu halten, dem die Vermahnung vorausgeht und die Strafe folgt? Bei August Hermann Francke war es die verstörende Rede vom Bußkampf, die den Eindruck nicht vermeiden konnte, der Mensch würde fleißig und heftig mitwirken, daß die Gnade auch als erkämpfte Gnade wirksam werden könne. Erst von seinem „Kniefall" an habe Francke „auch recht erkannt, was Welt sei und worin sie von den Kindern Gottes unterschieden ist."[30] Diese Unterscheidung wirkte jedoch wie eine Trennung, und aus dem anthropologischen Kerngedanken der Sünde[31] konnte leicht ein moralischer Rigorismus erwachsen, der mit Bach jedenfalls nicht zu machen war.[32]

1723 wurde von Bach die in Es-Dur notierte erste Fassung des Magnificat (BWV 243 a) zum Fest Mariae Heimsuchung komponiert, „die in ihren inneren wie äußeren Dimensionen – vor allem aber in den technischen Anforderungen – alles in Leipzig bislang Dagewesene weit in den Schatten stellte."[33] Im Frühsommer 1723 hatte Bach das bedeutende Leipziger Thomaskantorat

---

[26] „Vocatio est actus gratiae applicatricis Spiritus Sancti" = „die Berufung ist ein Handeln der zueigenden Gnade des Heiligen Geistes"; König (wie Fußnote 24), S. 282 f.

[27] Der führende Kritiker eines so verstandenen Pietismus war Valentin Ernst Löscher, der die Verflachung der lutherischen Rechtfertigungslehre beklagte; vgl. H. Friese, *Valentin Ernst Löscher. Lebensbild eines bedeutenden Theologen und zugleich ein Sitten- und Kulturgemälde der Zeit August des Starken*, Berlin 1964, S. 93.

[28] P. J. Spener, *Pia Desideria – Programm des Pietismus. In neuer Bearbeitung von Erich Beyreuther*, Wuppertal 1964, S. 26.

[29] Ebenda, S. 40, 50 und 60.

[30] A. H. Francke, *Der Bekehrungsbericht (1690/91)*, in: Kirchen- und Theologiegeschichte in Quellen, hrsg. von H. A. Oberman, A. M. Ritter und H.-W. Krumwiede, Neukirchen-Vluyn 1985–1994, Bd. IV/1, S. 63–66, speziell S. 66.

[31] Vgl. Marquard, *Das Lamm in Tigerklauen* (wie Fußnote 10), S. 67–79.

[32] Die erbaulichen Gedanken eines Tobackrauchers (BWV 515 a) oder die Kaffeekantate (BWV 211) zeigen, daß Bach eine gesunde Lebensführung nicht unbedingt mit einem entschiedenen Glauben gekoppelt sah. Liesgen jedenfalls fürchtet sich vor nichts mehr, als zu ihrer „Qual / Wie ein verdorrtes Ziegenbrätchen" zu werden. „Ach, so schenkt mir Coffee ein!" (BT 220).

[33] A. Glöckner, *Bachs Es-Dur-Magnificat BWV 243 a – eine genuine Weihnachtsmusik?*, BJ 2003, S. 37–45, speziell S. 39.

übernommen, so daß „Bach die Gelegenheit ergriff, bereits zum ersten großen kirchlichen Festtag seiner Leipziger Amtszeit mit einer umfangreichen und klangprächtigen Neukomposition aufzutreten“[34] – sozusagen mit Pauken und Trompeten. Ein solches Datum bleibt haften: „Quia respexit humilitatem ancillae suae; ecce enim ex hoc beatam me dicent“.[35] Bach kannte die Auslegung Luthers. Maria wird für Luther zum Exempel eines solchen Glaubens:

Gott hat auf mich armes, verachtetes, unansehnliches Mädchen gesehen und hätte wohl gefunden reiche, hohe, edle, mächtige Königinnen, großer Herren und Fürsten Töchter. Hätte er doch wohl können finden Hannas' und Kaiphas' Töchter, welche die obersten im Land gewesen. Aber er hat auf mich seine ganz und gar gütigen Augen geworfen und so eine geringe, verschmähte Magd dazu gebraucht, damit niemand vor ihm sich rühme, daß er dessen würdig gewesen wäre oder sei, und auch ich bekennen muß, daß es lauter Gnade und Güte ist und in gar nichts mein Verdienst und Würdigkeit.[36]

Wo das Menschsein so fundamental als Geschenk verstanden wird, kann man nicht anders Mensch sein, als daß sich der Mensch dem Menschen zum Geschenk macht. Und indem er das tut, ehrt er nicht sich selbst, sondern wahrhaft den menschgewordenen Gott.

Was ist dann Frömmigkeit?[37] Kein irgendwie gearteter frommer Heroismus,[38] kein selbst auferlegtes frommes Schicksal, sondern im Entbehren des sicheren Hafens, im Erleben des Wankens und Rutschens sich berufen zu sehen – „nicht zu einem besonders frommen, innigen oder gar schönen Beten“, sondern „einfach zum Beten!“[39] Das in Psalm 145 anklingende „Schreien“ vor Gott (Vers 19) wandelt sich angesichts der Erfahrung, im Gottesbezug behütet zu sein, in das „Loben“ seines Namens (Vers 21). Der an Christus glaubende Christ weiß sich berufen zu „seiner Befreiung aus der Angst in das Gebet“,[40]

---

34 Wolff (wie Fußnote 5), XXV.

35 BT 253.

36 M. Luther, *Das Magnificat, verdeutscht und ausgelegt 1521*, in: Martin Luther. Ausgewählte Schriften (wie Fußnote 21), Bd. 2, S. 115–196, speziell S. 138 f.

37 Ich bevorzuge bei Bach den Begriff der Frömmigkeit in Abwehr einer unterbestimmten Rede von der Spiritualität; vgl. Marquard, *Das Lamm in Tigerklauen* (wie Fußnote 10), S. 9.

38 „Nicht also ihr Gläubigsein als solches, nicht irgendein ihnen anhaftender heiliger Charakter ist es, der ihre Gemeinschaft konstituiert, sondern das Ereignis von Wort und Sakrament, wie es im Wirken des Heiligen Geistes gründet“; H. Vogel, *Gott in Christo. Ein Erkenntnisgang durch die Grundprobleme der Dogmatik*, Berlin 1951, S. 831.

39 K. Barth, *Kirchliche Dogmatik IV/3*, Zürich 1959, S. 771.

40 Ebenda, S. 770. Hans Preuß verkennt in seiner Studie über Bachs „lutherische Frömmigkeit“ (*Johann Sebastian Bach der Lutheraner*, Erlangen [1935], S. 13) die

und so wird gewiß auch in jener Abendmahlsfeier betend gesungen worden sein. In einer solchen Bekehrung (*conversio*) im Sinne einer gottvertrauenden Hinwendung ruht nach Leonhart Hütter das Geheimnis der Frömmigkeit. Sie schöpft ihre Kraft „nicht auß eigner natürlicher/ wircklicher Geschicklichkeit/ Tüchtigkeit oder Fähigkeit/ sondern auß lauter Gnaden/ durch gnädige/ kräfftige Wirckung des H. Geistes."[41]

## Gemüths-Ergötzung

Bach hat zahlreiche Werke mit einem Vorspruch versehen, der die Partitur unter ein geistliches Kennwort stellt und ihr eine besondere Signatur verleiht. Das, worum es geht, soll der „Gemüths-Ergötzung" dienlich sein.[42] Eine Sonderstellung nimmt ein Passus aus der Generalbaßlehre ein.[43] So sehr an dieser Stelle die Rede von „Gottes Ehre und Recreation des Gemüths" beziehungsweise „Ehre Gottes und zulässiger Ergötzung des Gemüths" zu Bach passen, so sehr stehen doch diese (gedoppelten) Gedankenfragmente in einem für Bach höchst untypischem Kontext. Es wäre Bach nicht in den Sinn gekommen, die Rede vom Teufel lediglich als moralische Peitsche für die Umsetzung (s)einer Theorie ins Feld zu führen („Wo dieses nicht in acht genommen wird da ists keine eigentliche Music, sondern ein Teuflisches Geplerr und Geleyer"). Der Teufel wird bemüht, um den Generalbaß und sein Harmoniegesetz auf Linie zu halten. Ohnehin geht die Wendung auf Friedrich Erhard Niedts Musicalische Handleitung (1700) zurück. Vermutlich wurde sie in Erinnerung an diverse authentische Aussprüche Bachs übernommen, um sich mit geliehener Autorität Gehör zu verschaffen; jedenfalls stammt das Dokument gewiß nicht aus der Feder oder einem Diktat Bachs.[44] Als Steig-

---

eigentliche Bedeutung Luthers für das Leben und Werk Bachs. Bach habe dem Gekreuzigten „immer wieder heldische Größe" (S. 21) verliehen und Luther wie Bach stürmen „im Glanze der aufgehenden Ostersonne [...] mit dem Auferstandenen durch Grab und Tod" (ebenda). Ein solches Frömmigkeitsverständnis kennt keine *tentatio* und hat mit Luther oder Bach nichts gemein.

41 Hütter (wie Fußnote 9), S. 198 f.

42 Dok I, Nr. 168. Vgl. ebenso Dok I, Nr. 156, 159, 160, 162, 164, 165, 169 und 172.

43 Dok II, Nr. 433.

44 So unverständlicherweise Spitta II, S. 599 und A. Schweitzer, *Johann Sebastian Bach*, Ausgabe Leipzig 1963, S. 153, sowie beiden folgend Preuß (wie Fußnote 40), S. 14. Zweifel an einer solchen Zuschreibung hatte bereits André Pirro (*J. S. Bach*, Paris 1906, S. 443); vgl. auch F. Hashagen, *Johann Sebastian Bach als Sänger und Musiker des Evangeliums und der lutherischen Reformation. Skizzen*, Wismar 1909, S. 23–26.

bügelhalter für eine Lehre vom Generalbaß aber hätte Bach nie und nimmer den Teufel bemüht. Der Teufel war für Bach ganz im Sinne Luthers „der Fürst, unter dem wir gefangen sind, Gesetz und Tod sind auch dabei“.[45] Der „Fürst dieser Welt“[46] wird deshalb so genannt, weil er in fundamentaler Opposition zur „Gnungtuung und Verdienst Christi“[47] steht. Die Ergötzung des Gemütes hat eben gerade mit dem Teufel nichts zu tun.

Im Matthäus-Evangelium (22,37[48]) heißt es in Aufnahme von 5. Mose 6,5: „Du sollst den Herrn, deinen Gott, lieben von ganzem Herzen, von ganzer Seele und von ganzem Gemüt“.[49] Herz, Seele und Gemüt stehen in einem inneren komplementären Verhältnis zueinander. 1723 bringt Bach zum 13. Sonntag nach Trinitatis die Kantate „Du sollst Gott, deinen Herren, lieben“ BWV 77 zur Aufführung. Der Evangelientext ist synoptisch zu Mt 22,37 dem Lukas-Evangelium entnommen (Lk 10, 23–37). Im Rezitativ des zweiten Satzes dichtet Johann Oswald Knauer[50]: „So muß es sein! / Gott will das Herz vor sich alleine haben. / Man muß den Herrn von ganzer Seelen / Zu seiner Lust erwählen / Und sich nicht mehr erfreun, / Als wenn er das Gemüte / Durch seinen Geist entzündt, / Weil wir nur seiner Huld und Güte / Alsdenn erst recht versichert sind.“[51] Die triadische Reihung Herz – Seele – Gemüt entfaltet wie in einem Brennspiegel die Gesamtheit des christlichen Lebens. Das a) Herz ist Sinnbild der Lebensmitte. Dem einen Gott entspricht die Hingabe des *ganzen* Lebens. Im Kleinen Katechismus (1529) antwortet Luther auf das Erste Gebot: „Wir sollen Gott ober alle ding fürchten, lieben und vertrauen.“[52]

---

45 *D. Martin Luthers Evangelien-Auslegung*, hrsg. von E. Mülhaupt, Fünfter Teil (*Die Passions- und Ostergeschichten aus allen vier Evangelien*), 3., durchgesehene Auflage, Göttingen 1961, S. 483.

46 M. Luther, *Rationis Latominae Confutatio (1521)*, in: Martin Luther Lateinisch-Deutsche Studienausgabe, Bd. 2, Leipzig 2006, S. 298, Zeile 15 f. (*princeps mundi*). Siehe auch BJ 2020, S. 180 f. (R. Marquard).

47 Hütter (wie Fußnote 9), S. 133.

48 Paraphrase nach Mk 12,30–33 und Lk 10,27.

49 In den Sach- und Worterklärungen vermerkt die Luther-Übersetzung von 2017 zu „Gemüt“: „Das Wort bezeichnet bei Luther nicht nur das Gefühl, sondern umfaßt, dem biblischen Sprachgebrauch von ‚Herz‘ folgend, auch Verstand, Vernunft, Gesinnung, Willen, Verlangen und Streben.“ Damit aber wird eine Spur gelegt, die sich eher von Paulus her im Sinne von [gr.] νοῦς und [lat.] *mens* erschließt, woraufhin die Luther-Übersetzung von 2017 – entgegen der Übersetzung von 1984 – Röm 7,23 mit „Verstand“ statt „Gemüt“ übersetzte. In Mt 22,37 ist aber von διάνοια die Rede, das die Luther-Übersetzung von 2017 mit „Gemüt“ widergibt, was dem [lat.] *anima* näher kommt als νοῦς/*mens*.

50 Schulze K, S. 392–396.

51 BT, S. 125.

52 Siehe *Die Bekenntnisschriften der Evangelisch-Lutherischen Kirche. Vollständige Neuedition*, hrsg. von I. Dingel, Göttingen 2014 (künftig: BSELK), S. 862, Zeile 6.

Die b) Seele „erwählt“ sich den Weg des Gottvertrauens und drängt als Instanz der Selbstbestimmung und Selbstverfügung auf entsprechende Lebensgestaltung. Im c) Gemüt schließlich ist die Entscheidung für eine im Glauben ruhende Lebensmitte und einer daraus folgenden Lebensgestaltung sowie einer dafür verheißenen Lebenskraft anvisiert.
Die Innigkeit der nach 5. Mose 6,5 und Mt 22,37 erforderten Gottesliebe findet nirgendwo anders ihren eigentlichen Ausdruck als im Gebet, so daß Luther 1519 in seiner Auslegung des Vaterunser-Gebets im Umkehrschluß sagen kann: „Also beschließen alle Lehrer der Schrift, daß das Wesen und Natur des Gebets sei nichts anderes, denn eine Aufhebung des Gemüths oder Herzens zu Gott.“[53] Das Gemüt, das in das Gebet führt, wird durch das Gebet „aufgehoben“. Das Gemüt ist sozusagen ein Speicher, dessen Kapazität durch das Gebet jeweils mit Lebenskraft angereichert wird. Friedrich Schlegel hat das Gemüt als die eigentliche Lebenskraft „der innern schönheit und vollendung“[54] genannt, „so ist das wesentliche des begriffes die *„einheit unseres inneren*, in der auch der geist in dem heutigen engeren sinne mit aufgeht als in einem ganzen, und zwar von der ältesten zeit her bis nahe an unsre zeit heran. Es kommt darin mit *sinn* ganz oder nahe überein, worin auch jener ursprünglichen einheit ein glücklicher ausdruck aus alter zeit her bewahrt geblieben ist bis heute“.[55]
Als Bach komponierte, kursierte Leibniz’ Rede von der „praestabilierten Harmonie“ – das Seelenhafte ist ein Wiederspiegeln des Universums.[56] Und Bach? „Hat jemals ein Tonkünstler die verstecktesten Geheimnisse der Harmonie in die künstlerische Ausübung gebracht; so war es gewiß unser Bach“[57] – eine Harmonie, die *allem* zugrunde liegt. So setzte die Sozietät der musikalischen Wissenschaft ihrem verstorbenen Mitglied ein dementsprechendes Denkmal. „Ähnlich wie seine Kollegen in der Philosophie, die den *Principia* der Weltweisheit nachgingen, sie erforschten und lehrten, suchte, erforschte und lehrte

---

53 M. Luther, *Auslegung des Vater unser für einfältige Laien (1519)*, Eisleben 1846, S. 10.

54 DWB IV/1.2 (1897), Sp. 3324.

55 Ebenda, Sp. 3300.

56 „In der Monade zeigt sich das große Ganze – was für eine Paradoxie. Die kleineste Kleinheit und die größte Größe schützt den Menschen vor dem Wahn, daß die Grenze seiner Wahrnehmung zugleich die Grenze seiner Wirklichkeit sei. Jedes Individuum trägt in sich die Spur der Unendlichkeit. Schöpferische Tätigkeit weckt den Menschen aus dem Schlummer seiner vermeintlichen Bedeutungslosigkeit. Alles ist eingebettet in diesen Ursprung und Anfang, deren Abbildung ihr Ziel und ihre Aufgabe ist“; R. Marquard, *Johann Sebastian Bach im Spannungsfeld der Leipziger Aufklärung*, in: Freiburger Universitätsblätter, Heft 214 (Dezember 2016), S. 33–56, speziell S. 37.

57 Dok III, Nr. 666 (S. 87).

Bach die Grundsätze, welche die Musik regierten, und zwar nicht nur deren physikalische, materielle und technische Seite, sondern auch ihre geistige und emotionale Dimension."[58] Der Sitz im Leben der anthropo-theologischen Harmonie ist das Gemüt, das jeweils der „erfrischung und wiedererquickung"[59] bedarf. Diese „recreation"[60] erfährt in der erwähnten Kantate (BWV 77) eine soteriologische Grundierung: „Als wenn er das Gemüte / Durch seinen Geist entzündt, / Weil wir nur seiner Huld und Güte / Alsdenn erst recht versichert sind."[61] Der Vorspruch Bachs hinsichtlich der Ergötzung des Gemütes zeichnet die für den Adressaten erbetene Lebenskraft ein in einen Gottesbezug. Erst aus diesem Gottesbezug heraus kommt es für Bach recht eigentlich zur Erhebung des Gemütes, deren liturgische und ethische[62] Pointe im konzertanten und gottesdienstlichen Lob des dreieinigen Gottes besteht wie im dementsprechenden Gottesdienst im Alltag der Welt (Röm 12,1).

## Zeit ohne Zeit

Daß die „Recreation des Gemüths" bei Bach etwas sehr viel anderes bedeuten muß als eine vordergründige Erfrischung, lehrt der Blick auf Bachs Lebensende. Am 20. Juli 1750 erlitt Bach einen Schlaganfall.[63] Er gab sich keinen falschen Hoffnungen hin und ließ nach seinem Beichtvater Christoph Wolle zur „*Priv: Commun*[ion]"[64] rufen, der ihm in dieser Funktion nahezu zehn Jahre beigestanden war. Der Archidiaconus von St. Thomae feierte mit Bach

---

58 Wolff (wie Fußnote 5), S. 332 (vgl. insgesamt S. 327–334). Vgl. C. Wolff, *Bach's Musical Universe. The Composer and His Work*, New York 2020, S. 24, sowie zur Bedeutung der „Ideenwelt der Aufklärungszeit" im Schaffen Bachs unter musikwissenschaftlichem Aspekt bei A. Dürr, *Das Bachbild im 20. Jahrhundert*, in: ders., Im Mittelpunkt Bach. Ausgewählte Aufsätze und Vorträge, Kassel 1988, S. 178–191, speziell S. 187.

59 DWB IV/1.2 (1897), Sp. 3310.

60 Ebenda.

61 BT, S. 125.

62 Die Titelseite des Orgel-Büchleins versieht Bach abschließend mit dem Vorspruch: „Dem Höchsten Gott allein zu Ehren, | Dem Nechsten, draus sich zu belehren" (Dok I, Nr. 148). Indem das Werk exklusiv Gott lobt, ist jedes daraus resultierende Werk inklusiv Gottesdienst im Alltag der Welt.

63 Zu den letzten Lebenstagen Bachs vgl. Wolff (wie Fußnote 5), S. 483–494; siehe auch C. Wolff, *The Deathbed Chorale: Exposing a Myth*, in: ders., Bach. Essays on hist life ans music, Cambridge/Mass. 1991, S. 282–294 (deutsche Fassung: *Bachs Sterbechoral. Kritische Fragen zu einem Mythos*, in: Essays in Renaissance and Baroque Music in Honor of Arthur Mendel, hrsg. von R. L. Marshall, Kassel 1974, S. 283–297).

64 Petzold/Petri (wie Fußnote 9), S. 133 und Dok II, Nr. 605.

am Mittwoch nach dem 8. Sonntag nach Trinitatis (22. Juli 1750) am Krankenbett das Heilige Abendmahl. Das Evangelium dieses Sonntages (Mt 7,15-23) mag Wolle wie Bach daran erinnert haben, welche Kämpfe sie auszuführen hatten und sich vorwerfen lassen mußten, „falsche Propheten" zu sein. Wolle hatte in seinem Vorgesetztem Salomon Deyling wegen seiner theologischen Optionen einen erbitterten streng orthodoxen Gegner und Bach war von Johann Adolph Scheibe in unverschämter Weise öffentlich wegen mangelnder akademischer Kompetenz angegriffen worden.[65] Die Epistel Röm 8,12–17 stellte demgegenüber die Glaubenden unter die Verheißung der Gotteskindschaft. „Sind wir aber Kinder, so sind wir auch Erben, nämlich Gottes Erben und Miterben Christi" (Röm 8,17).

Vielleicht erinnerte Bach sich in der Feier des Abendmahls an den Schlußchor seiner zum gleichen Sonntag 1723 komponierten Kantate „Erforsche mich Gott und erfahre mein Herz"[66]: „Dein Blut, der edle Saft / Hat solche Stärk und Kraft / Daß auch ein Tröpflein kleine / Die ganze Welt kann reine / Ja, gar aus Teufels Rachen / Frei, los und ledig machen."[67] Das kleine Tröpflein wird zum Quellgrund allen Trostes angesichts verrinnender Zeit: „So schnell ein rauschend Wasser schießt, / So eilen unser Lebenstage. / Die Zeit vergeht, die Stunden eilen / Wie sich die Tropfen plötzlich teilen / Wenn alles in den Abgrund schießt."[68] Bach war schwer erkrankt. Der Bruder Leib hatte seinen Halt verloren und war „gäntzlich über den Haufen geworfen"[69] – „wenn mir vergeht all mein Gesicht" hatte es im von Paul Eber gedichteten Choral geheißen[70] –

---

[65] Vgl. R. Marquard, *Johann Sebastian Bach im Spannungsfeld der Leipziger Aufklärung* (wie Fußnote 56), S. 34–36 und 48–51.

[66] BWV 136/6 (BT 113 f.).

[67] Strophe 9 von „Wo soll ich fliehen hin" (J. Heermann, 1630). Strophe 10 nimmt die Epistel auf: „Jetzt kann ich nicht verderben, / dein Reich muß ich ererben"; G. Wimmer, *Ausführliche Lieder-Erklärungen. Dritter Theil*, Altenburg 1749 (http://opac.sub.uni-goettingen.de/DB=1/PPN?PPN=568863526), S. 222.

[68] Satz 2 der Choralkantate „Ach wie flüchtig, ach wie nichtig" (BWV 26), BT 151 f.

[69] Dok III, Nr. 666 (S. 85). Vgl. dazu A. Kruse, *Die Grenzgänge des Johann Sebastian Bach. Psychologische Einblicke*, Berlin und Heidelberg 22014, S. 53–64 sowie D. Kranemann, *Bachs Krankheit und Todesursache: Versuch einer Deutung*, BJ 1990, S. 53–64. Bach litt an den Folgen des Diabetes Typ II. Anders als der genetisch bedingte Typ I ist der Typ II lebensstilbedingt. Risikofaktoren sind die Ausbildung einer Arteriosklerose, einer Herz-Kreislauf-Erkrankung und einer diabetischen Augenerkrankung (Retinopathie). Als Spätfolge eines Diabetes Typ II kann sich eine Polypathie einstellen. Der Nekrolog (Dok III, Nr. 666, S. 85) spricht von einem „blöden Gesicht": Bach litt unter Sehstörungen.

[70] Strophe 2 von „Herr Jesu Christ, wahr' Mensch und Gott; vgl. die gleichnamige Choralkantate BWV 127.

„so ist unser Leben, sehet!"[71] Bach wird seinen Hütter auswendig gekannt haben: Zum Abendmahl (*De coena*) wird der Schüler des *Compendiums* auf nichts als auf den „wahren/ wesentlichen Leib" Christi verwiesen, „den er für uns in den Todt gegeben."[72] Wolle und Bach feiern im Abendmahl die sakramentale Teilhabe am Leib Christi.[73]

In der Feier des Hl. Abendmahls ruht alle gedankliche und künstlerische Aktivität. Das Abendmahl tritt sozusagen zwischen Wissen und Tun. Es schafft einen Freiraum, der nur in Frömmigkeit betreten werden kann. „Frömmigkeit" – so hat Schleiermacher ausgeführt – „ist rein für sich betrachtet weder ein Wissen noch ein Thun, sondern eine Bestimmtheit des Gefühls oder des unmittelbaren Selbstbewußtseins."[74] Wir müssen die systematisch-theologischen Grundierungen der Begriffswelt von Schleiermacher nicht teilen, aber die durch seine Unterscheidung von Aktion und Selbstsein gewonnene Haltung erschließt uns den kostbaren Gedanken an das, was wir so leichthin als Frömmigkeit zu bezeichnen pflegen. Es verbietet sich, Kranksein und Sterbenmüssen religiös zu überhöhen, um das gesetzte Niveau schließlich existentiell zu unterlaufen. Zwischen religiöser Idealisierung und Selbstpreisgabe der Religion tritt nichts als die eigene Person in unmittelbarer Verantwortung. Paul Eber, der die Choralvorlage für BWV 127 gedichtet hat, hat diesen Gedanken geradezu kongenial umgesetzt; die erste Strophe benennt den Grund der Hoffnung und allen Trostes: „Herr Jesu Christ, wahr' Mensch und Gott, / Der du littst Marter, Angst und Spott, / Für mich am Kreuz auch endlich starbst, / und mir deins Vaters Huld erwarbst, / Ich bitt durchs bittre Leiden dein, / Du wollst mir Sünder gnädig sein." Schwere Dogmatik wird im gesungenen Tonfall zum performativen Trost. Der Sterbende ist eingebettet in das stellvertretende Leiden seines Heilands.

Die Versuchung liegt nahe, sich der Polypathologie Bachs mit einem vermeintlich erlaubten Einfühlungsvermögen zu ermächtigen, um mit dem Ende dieses Lebens dem Leben selbst noch einmal eine zusätzliche Bedeutsamkeit zu verleihen. Protagonisten einer solchen postumen literarischen Weihehandlung waren niemand geringere als Philipp Spitta und Albert Schweitzer. Der erstere kommentierte das berühmte von Forkel[75] berichtete Diktat: „Seine tiefsten Lebenskräfte hat er bis ans Ende einer Form geweiht, deren Inhalt

---

[71] Eingangschor der Choralkantate „Ach wie flüchtig, ach wie nichtig" BWV 26; BT 151 f.

[72] Hütter (wie Fußnote 9), S. 453.

[73] Zum Abendmahlsverständnis der Matthäus-Passion vgl. Marquard, *Das Lamm in Tigerklauen* (wie Fußnote 10), S. 107 f. (Fußnote 108).

[74] F. Schleiermacher, *Der christliche Glaube nach den Grundsätzen der evangelischen Kirche im Zusammenhange dargestellt*, 6. unveränderte Auflage, Berlin 1884, § 3, S. 6.

[75] J. N. Forkel, *Ueber Johann Sebastian Bachs Leben, Kunst und Kunstwerke. Reprint*

die Empfindung des Glücks ist, Gott in der Gemeinde loben und anbeten zu können."[76] Spitta übersieht infolge eines falschen Pathos[77] den Umstand, daß Bach sich eben gerade nicht einem Gemeindegesang[78] zugewendet hatte und auf diese Weise „Stimmung" schöpfte[79], sondern er wandte sich einem Lied zu, das in der privaten Hausandacht gebetet wurde. Das, was Gemeinde sein könnte, ist weit entfernt und infolge der herabwürdigenden Besetzungsposse des Jahres 1749 in manchen Teilen für Bach erheblich beschädigt. Bach ist im Augenblick des Abschieds vor Gott ein Privatier. Albert Schweitzer, der zweite im Bunde, verlegt die Szene in ein abgedunkeltes Zimmer. „Die letzte Zeit scheint er ganz im verdunkelten Zimmer zugebracht zu haben. Als er den Tod nahen fühlte",[80] diktierte er Altnickol die Choralbearbeitung. Was zu Beginn der Szene noch als Fiktion dargeboten wurde, wird Schweitzer unter der eigenen Ergriffenheit im weiteren Verlauf der Schilderung zur Gewißheit: „Im dunklen Zimmer, schon von Todesschatten umspielt, schuf der Meisten dieses Werk, das selbst unter den seinen einzig dasteht."[81] Spitta wie Schweitzer vermengen Kommentar, erzählerische Ausschmückung und Faktenwissen und bleiben darüber hinaus einen belastbaren Nachweis für die Notiz (Titelung des Choralvorspiels) schuldig.
Beide Autoren haben keine theologisch gefaßte Vorstellung von dem, was wir zuvor unter dem Stichwort Frömmigkeit erwogen haben. Sie greifen begrifflich zu hoch und damit vorbei. Sie sind interessiert an der Persönlichkeit und ordnen ihr einen religiösen Habitus zu. Bei Bach aber erfolgt die Bewegung gänzlich umgekehrt. Frommsein ist eine Hinwendung zum vorgeordneten Gut des Glaubens, die für ihn vor allem in seiner Vokalmusik zur Darstellung gelangt. Christian Marbach bringt 1726 in seiner *Evangelischen*

---

*der Erstausgabe Leipzig 1802*, hrsg. und kommentiert und mit Registern versehen von A. Fischer, Kassel 1999, S. 53.

[76] Spitta II, S. 701.

[77] „Ein Orgelchoral aus alter Zeit schwebte vor seiner sterbensbereiten Seele, dem er die Vollendung geben wollte" (Spitta II, S. 759). Zu Spitta vgl. Wolff, *The Deathbed Chorale* (wie Fußnote 63), S. 283 f. Preuß (wie Fußnote 40), S. 25, weiß gar über „ein seliges, friedvolles Hinüberträumen" zu berichten, und ebenso abwegig ist die Rede bei Besch (wie Fußnote 10, S. 290) von der „Todesfrömmigkeit Bachs" beziehungsweise einer „Todessehnsucht" (ebenda, S. 297). Schweitzer (wie Fußnote 44, S. 155) sprach bereits zuvor vom „Todessehnen". Auch André Pirro verfällt in Pathos: „Déjà separé des vivants, Bach chante, dans ce choral, la liberation de son esprit, sa joie de quitter le minde sensible" (*Jean-Sébastien Bach*, Paris 1906, S. 451).

[78] Spitta II, S. 701.

[79] ebenda, S. 760.

[80] Schweitzer (wie Fußnote 44), S. 202; aufgegriffen bei Hashagen (wie Fußnote 44), S. 24.

[81] Schweitzer, ebenda.

*Singe-Schule* das Singen und Beten in einen theologischen Zusammenhang als „Ausschüttung des Hertzens vor GOtt“[82] und fährt fort:

Denn das Beten mag wol eher gewesen seyn, als das Singen; sie sind beyde schöne Zwillinge GOtt geheiligter Andacht. [...] Durch das Singen schüttet der Mensch das Hertze mit vollem Halse und mit mehrer Gewalt aus; da er hingegen im Gebete gleichsam gelassener ist, und nur die gewöhnliche Stimme braucht. [...] Daß man unter dem Singen fast insgemein mehr Bewegung in seinem Hertzen fühlet, und die Andacht besser ermuntern und erhalten kann, als unter dem Gebete, in welchem die Worte offt die Empfindungen übereilen.[83]

Marbach resümiert,

daß fromme Leute das selten scheiden, was GOtt zusammen gefüget hat. Und im öffentlichen Gottesdiensts wird auch Singen und Beten allezeit verbunden; es ist auch kein Zweifel, daß dieses Band im Himmel selbst wird unzertrennet bleiben, und durch die Ewigkeit erst recht unauflöslich werden.[84]

Bach sucht nach einer Ewigkeitsvorstellung, die ihn zum Ende seines Lebens nicht quält, sondern ihm zum Trost wird. Auf der Rückseite der Titelseite des Erstdruck der Kunst der Fuge ist eine möglicherweise von C. P. E. Bach notierte Nachricht aufgeführt:

Der selige Herr Verfasser dieses Werkes wurde durch seine Augenkrankheit und den kurz darauf erfolgten Tod außer Stande gesetzet, die letzte Fuge, wo er sich bey Anbringung des dritten Satzes namentlich zu erkennen giebet, zu Ende zu bringen; man hat dahero die Freunde seiner Muse durch Mittheilung des am Ende beygefügten vierstimmig ausgearbeiteten Kirchenchorals, den der selige Mann in seiner Blindheit einem seiner Freunde aus dem Stegereif in die Feder dictiret hat, schadlos halten wollen.[85]

Wer etwas aus dem Stegreif bewerkstelligt, tut es sozusagen verwegen und *en passant*.[86] Der ans Bett verwiesene Bach ging jedoch konzentriert zu Werke. Die Choralbearbeitung hat Bach „wenige Tage vor seinem Ende seinem

[82] Marbach (wie Fußnote 11), S. 5.
[83] Ebenda, S. 6; vgl. ebenso Vorrede zum *Neuen Leipziger Gesangbuch*.
[84] Ebenda, S. 7.
[85] Dok III, Nr. 645. Nachricht übernommen von F. W. Marpurg (Dok III, Nr. 648).
[86] Vgl. DWB X/2.1 (1919), Sp. 1389. „bildlich aus dem stegreife, ohne grosze vorbereitung, ohne lange überlegung, keck, eilig, gleichsam wie der fröhliche reitersmann schnell noch etwas erledigt, auch wenn er schon im sattel sitzt und ohne abzusteigen“ (ebenda, Sp. 1390).

Schwiegersohn Altnikol in die Feder dictirt"[87] und ist uns als BWV 668 unter dem Titel überliefert: „Choral. Wenn wir in hoechsten Noethen Canto Fermo in Canto".[88] Die Melodie dieses Chorals – das muß Bach in diesem für sein Leben so dramatischen Moment in den Sinn gekommen sein[89] – konnte auch zu dem Gebetslied „Vor deinen Thron tret ich hiermit" von Justus Gesenius gesungen werden. Den ursprünglich ausgewählten Choral ließ er überschreiben: „Vor deinen Thron tret ich etc.".[90]

## „Vor deinen thron tret ich hiemit"

Justus Gesenius[91] wurde am 6. Juli 1601 in Esbeck (Kreis Alfeld) geboren. Der Vater war Pfarrer. Gesenius studierte Theologie in Helmstedt bei Georg Calixt und in Jena bei Johann Gerhard. 1628 wurde er zum Magister der Philosophie promoviert. Nach kurzer Lehrtätigkeit wechselte er in den pastoralen Dienst. 1636 wurde er Zweiter Hofprediger und Konsistorialassessor in Hildesheim und 1642 Erster Hofprediger und Superindendent Generalissimus in Hannover. 1643 wurde Gesenius in Helmstedt unter dem Vorsitz Calixts mit der Dissertation *De Igne purgatorio* zum Doktor promoviert. Gesenius nutzte sein kirchenleitendes Amt, um nach dem 30jährigen Krieg ein dar-

---

87 Forkel (wie Fußnote 75), S. 53. Forkel fügt an: „Von der in diesem Choral liegenden Kunst will ich nichts sagen; sie war dem Verf. desselben so geläufig geworden, daß er sie auch in der Krankheit ausüben konnte. Aber der darin liegende Ausdruck von frommer Ergebung und Andacht hat mich stets ergriffen, so oft ich ihn gespielt habe, so daß ich kaum sagen kann, was ich lieber entbehren wollte, diesen Choral, oder das Ende der letzten Fuge".

88 Dok III, Nr. 645. Vgl. BG 25/2 (W. Rust, 1878), S. XX f.; sowie Spitta II, S. 701 und 759 f.; Schweitzer (wie Fußnote 44), S. 202; Besch (wie Fußnote 11), S. 9 f.; F. Hamel, *Johann Sebastian Bach. Geistige Welt*, Göttingen 1951, S. 224–226; unerläßlich in der Sache, weil die Quellenlage klärend: C. Wolff, *The Deathbed Chorale* (wie Fußnote 63).

89 Vgl. Wolff (wie Fußnote 5), S. 491: „Es läßt sich nicht nachvollziehen, was sich an Bachs Sterbebett tatsächlich abspielte, aber die ‚Anmerkung' auf der Rückseite des Titels der postumen Erstausgabe der Kunst der Fuge, die den Choral unter der Überschrift ‚Wenn wir in höchsten Nöten sein' enthält, sollte nicht wortwörtlich genommen werden"; sowie ders., *The Deathbed Chorale* (wie Fußnote 63), S. 292: „The principal result is founded in the justified contention that this so-called deathbed chorale was never ‚dictated ... on the spur of the moment,' but that Bach dictated in his blindness revisions for an existing composition".

90 P 271, Faszikel 2.

91 Zu Gesenius vgl. HEKG, S. 111 f.; RGG3 2, S. 1510 f. (P. Meyer); NDB 6 (1964), S. 339 f. (H.-W. Krumwiede). Warum das Lied mitunter Bodo von Hohenberg (1604–1650) zugeschrieben wird, bleibt ein Rätsel.

niederliegendes Katechumenat zu fördern (er veröffentlichte einen im Hannoverland maßgeblichen Katechismus). 1646 erschien sein mit David Denicke zum Privatgebrauch herausgegebenes *New ordentlich Gesang-Buch/ Samt einer nothwendigen Vorrede und Erinnerung Von dessen nützlichem Gebrauch*, das 1657 in den Rang eines für den Gottesdienst bestimmten Gesangbuches gehoben wurde (Nr. 217: „Für deinen Thron tret ich hiermit").[92] Gesenius engagierte sich theologisch als Konfessionalist. 1669 erörterte er nach der Konversion von Herzog Johann Friedrich unter dem Pseudonym Timotheus Friedlieb die Schrift: *Erörterung der Frage, Warumb wilt du nicht Römisch-Catholisch werden, wie deine Vorfahren waren?* Er starb am 18. September 1673 in Hannover.

Gesenius war in der spätorthodoxen Hymnologie offensichtlich nicht unumstritten. Gabriel Wimmers nimmt in seiner vierbändiger Ausgabe der *Ausführlichen Lieder-Erklärung* (1749) im Kanon der „200. Stück der besten Lieder"[93] von Gesenius keine Notiz. Offensichtlich wird ihm „die Modernisierung alter Lieder nach den Regeln der Opitzschen Verskunst"[94] vorgehalten. Gegen das „Lieder-Aendern" ging schon Christian Marbach in seiner *Evangelischen Singe-Schule* (1726/29) vor, das durch freizügige Hinzufügungen, Weglassungen oder Umstellungen „ie länger ie ärger" wird.[95] Die gute Absicht wird in einigen Fällen nicht in Abrede gestellt (die Änderung als Erbauung zum verständigen Singen), doch es überwiegt bei den Kritikern offensichtlich die böse und eitle Absicht, sich zu den Meistern der Liedern aufzuschwingen, um die Lieder „nach ihrem eitlen Geschmacke"[96] aufzurichten. Vermessen ist die Wirkung der Änderungen, die den Eindruck nicht widerlegen können, sie würden die „ehrlichen und frommen Lieder-Dichter [...] auf solche Weise zu irrigen Lehrern machen."[97]

Gesenius hat in seinem Lied „Vor deinen Thron tret ich hiermit" in einigen Strophen Anleihen bei früheren Liederdichtern gemacht. Paul Speratus hatte

---

[92] Zitiert nach: *New ordentlich Gesang-Buch/ Samt einer nothwendigen Vorrede und Erinnerung Von dessen nützlichem Gebrauch* (1646); Text nach: *Kern und Marck Geistlicher Lieder. Oder: Vollständiges, Evangelisch-Lutherisches Märckisches Gesang-Buch, Samt einem Anhang und nöthigen Gebätern, Evangelien und Episteln, Geschichte des Leydens, Auferstehung und Himmelfahrt Christi, Dabey auch Die Zerstörung der Stadt Jerusalem, Der Catechismus Herrn Doct. Lutheri/Und Augsburgische Confession, Gott zu Ehren Und zur Kirch- und Haus-Andacht Mit sonderbarem Fleiß eingerichtet: Unter Königl.-Preuß. Allergnädigsten Privilegio in keinerley Format nachzudrucken*, Soest 1753 (Nr. 444).

[93] Wimmer (wie Fußnote 67), Theil I, Vorbericht, § 5.

[94] NDB 6 (1964), S. 340 (H.-W. Krumwiede).

[95] Marbach (wie Fußnote 11), S. 56–64, speziell S. 56.

[96] Ebenda, S. 59.

[97] Ebenda.

1523 in seinem Lied „Es ist das Heil uns kommen her“ gedichtet: „das ganz Gesetz hat er erfüllt / damit seins Vaters Zorn gestillt“ (EG 342,3). Bei Gesenius heißt es: „Das schwer gesetz für mich erfüllt, / Damit des Vaters Zorn gestillt“ (Stophe 5). Luther schrieb 1523 („Nun freut euch, lieben Christen g’mein“): „es war kein Guts am Leben mein“ (EG 341,2); Gesenius macht daraus kontrakonfliktär: „Ist etwas guts am Leben mein“ (Strophe 8). In Luthers 1539 entstandenem Lied „Vater unser im Himmelreich“ (EG 344,8): „Bescher uns auch ein seligs End“. Bei Gesenius wird daraus: „Ein seligs Ende mir bescher“ (Strophe 14). Martin Behm formulierte weit vor Gesenius: „Am Jüngsten Tag erweck den Leib“ (EKG 317,8); Gesenius hat: „Am jüngsten Tag erweck mich“ (Strophe 15).

Gabriel Wimmer bekundet in seinem Vorbericht, daß „nur der Kern unserer reinen Evangelischen Kirchen-Lieder soll vorgelegt werden. Solcher Kern, Extract und Auszug soll sich demnach auf keine andere erstrecken, als auf die, welche an den meisten, oder doch vielen Orten unserer Evangelisch-Lutherischen Kirche bekannt sind, und öffentlich gesungen werden.“[98] Die geänderten Lieder werden zu den „unlautern Liedern“[99] gerechnet. Den alten Liedern soll unter allen Umständen der Vorzug gelassen werden; empfohlen wird, neue Lieder „nicht ohne Regard des Auctoris, der Materie, des Styli, der Methodie“ [...] wohl [zu] prüfen, und aus was für einem Geist sie geschrieben werden.“[100] Die Kritik Wimmers wie Marbachs hatte sich vermutlich in der lutherischen Orthodoxie durchgesetzt. So taucht dieser Choral im gesamten Kantatenwerk auch nicht auf – als ob er die strenge Zensur der Leipziger Superintendentur für das öffentliche gottesdienstliche Gotteslob nicht hätte überwinden können. Gemessen daran, auf welch skandalöse Weise Bach im Sommer 1749 mitgespielt wurde,[101] verzichtet er auf alle einer Leipziger Orthodoxie und ihrer Obrigkeit genügenden Selbstzensur. Am Ende seines Lebens bedient er sich dieses ‚unorthodoxen‘ Chorals sozusagen privat, um seinen Trost zum Ausdruck zu bringen.[102]

---

[98] Wimmer (wie Fußnote 67), Theil I, Vorbericht, § 5.

[99] Ebenda, § 6.

[100] Ebenda.

[101] Vgl. Wolff (wie Fußnote 5), S. 483 f. Man wird wohl auch vermuten müssen, daß die Leipziger Superintendentur bei diesem demütigenden Schauspiel nicht tatenlos an der Seite stand.

[102] So greifen auch die Deutungen von Besch (wie Fußnote 10, S. 4) zu kurz, wenn er Bachs Frömmigkeit unter „einem bestimmten kirchlichen-theologischen Charakter“ angesiedelt wissen möchte. Gerade das widerlegt die Auswahl des Chorals von Gesenius. Bachs Frömmigkeit reduziert sich in der Krise ganz auf die von persönlichem Glauben getragene Privatheit, die durch die Anwesenheit des Beichtvaters den geregelten Anschluß an die kirchlich-theologische Außenwelt bewahrt, zugleich aber diese Außenwelt deutlich unterscheidet von den nun wirksam werden-

1.[103] Vor deinen thron tret ich hiemit,
O Gott! und dich demüthig bitt,
Wend dein genädig angesicht
Von mir betrübten sünder nicht.

2.[104] Du hast mich, o Gott Vater! mild
Gemacht nach deinem ebenbild.
In dir web, schweb und lebe ich,
Vergehen müst ich ohne dich.

3. Errettet hast du mich gar oft,
Gantz wunderlich und unverhoft,
Da nur ein schritt, ja nur ein haar
Mir zwischen tod und leben war.

4. Verstand und ehr hab ich von dir,
Des lebens nothdurft[105] gibst du mir,
Dazu auch einen treuen freund,
Der mich in glück und unglück meynt.

5.[106] Gott Sohn, du hast mich durch dein blut
Erlöset von der höllen glut:
Das schwer gesetz für mich erfüllt,
Damit des Vaters zorn gestillt.

6.[107] Wenn sünd und satan mich anklagt,
Und mir das hertz im leib verzagt,
Alsdann brauchst du dein mittler-amt,
Daß mich der Vater nicht verbannt.

---

den Prägekräften. Um es einfach zu sagen: Es ist überraschend und erhellend, daß Bach ein Lied wählt, das völlig ohne geistliche Drohgebärden, Gerichtsankündigungen und Höllenspuk auskommt, wohingegen in BWV 20 („O Ewigkeit, du Donnerwort") geradezu ein Höllenspektakel entfaltet wird, dessen theologische Orchestrierung sehr kirchlich – aber nicht nach Bach – klingt (BT, S. 96–98). Die Tatsache, daß Bach einen Kantatentext vertont hat, bedeutet lediglich, daß der Text des Librettos nach dem Geschmack der Superintendentur war. Es bedeutet nicht, daß das Libretto in jedem Fall nach dem Geschmack Bachs gewesen sein muß.

103 Psalm 9,5; Spr 20,28; Psalm 51,13; Hebr 4,16.

104 1. Mose 1,27; Apg 17,28.

105 „nothdurft" = „was notwendig ist", „Lebensunterhalt"; *Frühneuhochdeutsches Glossar* (wie Fußnote 6), S. 120.

106 Eph 1,7; Mt 16,18; Röm 13,10; Hes 21,22.

107 Jer 51,46; 1. Tim 2,5.

7.[108] Du bist mein vorsprach[109] allezeit,
Mein heyl, mein trost und meine freud:
Ich kann durch dein verdienst allein
Hier ruhig und dort selig seyn.

8. Gott heilger Geist, du höchste kraft,
Deß gnade in mir alles schafft:
Ist etwas guts am leben mein,
So ist es wahrlich lauter[110] dein.

9. Dein ists, daß ich Gott recht erkenn,
Ihn meinen Herrn und Vater nenn,
Sein wahres wort und sacrament
Behalt und lieb bis an mein end.

10.[111] Daß ich vest in anfechtung steh,
Und nicht in trübsal untergeh:
Daß ich im hertzen trost empfind,
Zuletzt mit freuden überwind.

11. Drum danck ich dir mit hertz und mund,
O Gott! in dieser morgen=(abend=)stund,
Für alle güte, treu und gnad,
Die meine seel empfangen hat.

12.[112] Und bitt, daß deine gnadenhand
Bleib über mir heut ausgespannt.
Mein amt,[113] gut, ehr, freund, leib und seel
In deinen schutz ich dir befehl.

13. Hilf, daß ich sey von hertzen fromm,
Damit mein gantzes Christenthum
Aufrichtig und rechtschaffen sey,
Nicht augenschein noch heucheley.

---

108 2. Tim 1,9.

109 Gleichbedeutend mit Fürsprache; vgl. DWB XII/2 (1951), Sp. 1620.

110 „lauter“ = „nichts als“; *Frühneuhochdeutsches Glossar* (wie Fußnote 6), S. 107.

111 Offenb 2+3.

112 Lk 1,66.

113 „Das jetzige *amt* drückt nun hauptsächlich den dienst, das geschäft aus, womit einer beauftragt ist“; DWB I (1854), Sp. 280.

14.[114] Erlaß mich meiner sündenschuld,
Und hab mit deinem kind gedult:
Zünd in mir glauben an und lieb',
Zu jenem leben hoffnung gieb.

15.[115] Ein seligs ende mir bescher,
Am jüngsten tag erweck mich, Herr;
Daß ich dich schaue ewiglich,
Amen, Amen, erhöre mich.

## Das Lied

Evangelische Lieddichtung ist schriftgemäß.[116] Die reformatorischen Selbstfestlegungen werden nicht unterlaufen, zumal das Lied an sich ein wesentliches Element des Gottesdienstes ist. Die nachreformatorische Theologie hatte sich aus innerevangelischen und apologetischen Konflikten hin zu einer Konfessionsbildung entwickelt, deren Abschluß die Konkordienformel bildete und deren Prägekraft auf theologische Lieddichtung und Predigt nicht hoch genug eingeschätzt werden kann.[117] So folgt das Lied einer nachvollziehbaren theologischen Systematik: Auf die (A) Eingangsstrophe entfaltet sich eine an den orthodoxen Selbstfestlegungen orientierte trinitätstheologische Entfaltung der (B) Gotteslehre: I. Gott Vater (2–4), II. Gott Sohn (5–7), III. Gott Heiliger Geist (8–10). In jeweils drei Strophen werden wesentliche Aspekte der Lehre von Gott, von Christus und vom heiligen Geist dargelegt: B I: Schöpfung (2), Errettung (3), Erhaltung (4) – B II: Stellvertretendes Leiden und Sterben (5), Mittleramt Jesu Christi (6), Rechtfertigung allein aus Gnade (7) – B III: die Kraft (8), die Erkenntnis (9), der Tröster (10). Der Schlußteil entfaltet (C) einen triadisch formulierten Dank (11: für Güte, Treue und Gnade) und vier Bitten (12: um Schutz; 13: um ein frommes Herz; 14: um Vergebung der Schuld; 15: um ein seliges Ende).

[114] Lk 12,49.

[115] Mt 10,22.

[116] Zum Schriftgebrauch bei Martin Luther und der lutherischen Orthodoxie vgl. Marquard, *Das Lamm in Tigerklauen* (wie Fußnote 10), S. 41–56.

[117] „In geistlichen Liedern ist ja der Kern heiliger Wissenschafften, und der Auszug der Gottes-Gelahrtheit, so daß man die heilsame Erkänntniß Gottes, und was ein Christ gläuben und thun, meiden und leiden solle, recht leicht durch fleißiges Singen erlernen kann"; Marbach (wie Fußnote 11), S. 133.

## Vor dem Thron der Gnade

Die Eingangsstrophe ist ein *mixtum compositum* aus Rüstgebet („Vor deinen thron tret ich hiemit"), Confiteor („O Gott! Und dich demüthig bitt") und Introitus („Wend dein genädig angesicht / Von mir betrübten sünder nicht"). Die Eingangsstrophe setzt den Glauben an einen gnädigen Gott voraus. „Gütig und treu sein behütet den König, und sein Thron besteht durch Güte" (Spr 20,28). Der Psalmbeter bittet: „Gott sei mir gnädig nach deiner Güte, und tilge meine Sünden nach deiner großen Barmherzigkeit. [...] Verwirf mich nicht von deinem Angesicht" (Ps 51,3.13). „Darum laßt uns hinzutreten mit Zuversicht zu dem Thron der Gnade, damit wir Barmherzigkeit empfangen und Gnade finden zu der Zeit, wenn wir Hilfe nötig haben" (Hebr 4,16). Das Nahen des Beters setzt die Erfahrung der Nähe Gottes voraus. Strophe 6 singt vom Mittleramt Christi. „Er heist uns zu Gott tretten, nicht im vertrauen unserer werck, sondern im vertrauen auff den hohen Priester Christum".[118]
Der Beter findet sich ein vor seinem Gott. Das Ich des Beters ist ein gläubiges Ich, das, indem es glaubt, zugleich ein über die eigene Sünde betrübtes Ich ist. Es geht hier nicht um das Eingeständnis moralischer Unzulänglichkeiten, sondern bereits im Eingang des Liedes um eine theologische Standortbestimmung (der Thron der Gnade) und eine daraus resultierende Sicht vom Menschen (betrübter sünder). Der Thron der Gnade repräsentiert die Fülle des Lebens, das von keiner Endlichkeit bedroht ist. Vor ihm steht ein betrübter Sünder. Der Thron erweist sich durch den trinitätstheologischen Verlauf des Liedes als Gnadenstuhl.[119]
Der Gnadenstuhl setzt den Gedanken der Dreifaltigkeit seit dem Mittelalter ins rechte Bild: Gott Vater hält auf dem Stuhl sitzend das Kreuz mit dem gekreuzigten Sohn, über beiden schwebt die Taube als Versinnbildlichung des Heiligen Geistes.[120] Luther hat das in 2. Mose 25,17 gebrauchte hebräische Wort *kapporät* (die goldene Deckplatte auf der Bundeslade) aufgrund seiner

---

[118] *Apologia Confessionis Augustanae*, in: BSELK, S. 302, Zeile 18 f.

[119] Gesenius dürfte das von Johann Walter 1557 gedichtete Lied „Herzlich tut mich erfreuen" (EG 148) bekannt gewesen sein. Strophe 8 lautet: „Wir werden stets mit Schalle / vor Gottes Stuhl und Thron / mit Freuden singen alle / ein neues Lied gar schön". Vgl. auch BWV 245/22 (40); BT, S. 240; sowie dazu M. Walter, *Johann Sebastian Bach. Johannes-Passion. Eine musikalisch-theologische Einführung*, Stuttgart 2011, S. 74 f.

[120] Vgl. etwa A. Dürer, *Die Dreifaltigkeit – Gnadenstuhl* (1511), in: ders., *Sämtliche Holzschnitte*, München 1976, Nr. 254. Christus ist gehalten in den Armen Gottes, dessen Mantel den toten Körper wie ein Pallium birgt. Die Augen des Vaters ruhen auf dem Sohn, dessen Augen geschlossen sind. Darüber schwebt die den Betrachter anschauende Taube als Symbol des Heiligen Geistes. Zur Linken und Rechten des Gnadenstuhls zeigen Engel die Marterwerkzeuge.

griechischen beziehungsweise lateinischen Übersetzung (ἱλαστήριον – *propriatorium*) in seinem Römerbrief-Kommentar[121] (Röm 3,25[122]; vgl. auch Hebr. 9,5) mit Gnadenstuhl wiedergegeben, weil das hebräische Wort für ‚bedecken' „im übertragenen Sinne des Alten Testaments meist in der Verwendung ‚entsühnen' gebraucht wird."[123]
Der Gnadenstuhl versinnbildlicht die Unterscheidung und Beziehung von Vater, Sohn und Geist als ein Kommunikationsgeschehen. Gott ist in sich beziehungsreich. Er ist wesentlich Liebe. Zwischen Mt 3,17 („Dies ist mein lieber Sohn, an dem ich Wohlgefallen habe") und Lk 24,46 („Vater, ich befehle meinen Geist in deine Hände") spannt sich dieses Band einer Liebe, die über sich hinausweist: Die Gemeinschaft zwischen Vater, Sohn und Geist wird zum Quellgrund der Gemeinschaft Gottes mit dem Menschen,[124] so daß das Wesen des Menschen in der Gemeinschaft von Adam und Eva diesen Beziehungsreichtum abbildet. Doch das Paradies wird zum Sinnbild „als vergiftete Quelle für die Gemeinschaft".[125] Der Mensch hat seine Bestimmung zum Leben unterlaufen. In der Stunde der Herausforderung treten Adam und Eva auseinander. Die Paradiesgeschichte beschreibt den Menschen als jemanden, „der so sehr in sich verkrümmt ist",[126] daß er nicht mehr zurückfindet in den gewohnten Lebensmodus eines uneingeschränkten Mit-Seins. Luther resümiert: „Diese Verkrümmung ist jetzt etwas, was unserer Natur anhaftet, ein natürliches Gebrechen und ein natürliches Übel."[127] Sünde muß nach Luther „ihrer Natur nach"[128] und nicht ihren Erscheinungsweisen nach betrachtet

---

[121] M. Luther, *Vorlesung über den Römerbrief (1515/16)*, in: Ausgewählte Werke, hrsg. von H. H. Borcherdt und G. Merz, Ergänzungsreihe Zweiter Band, München ³1965, S. 139.

[122] „Ihn hat Gott für den Glauben hingestellt zur Sühne" (Anmerkung in der Luther-Bibel von 2017 zur Stelle: „Luther übersetzte: zu einem Gnadenstuhl") „in seinem Blut zum Erweis seiner Gerechtigkeit, indem er die Sünden vergibt, die früher begangen wurden in der Zeit der Geduld Gottes, um nun, in dieser Zeit, seine Gerechtigkeit zu erweisen, auf dass er allein gerecht sei und gerecht mache den, der da ist aus dem Glauben an Jesus" (Röm 3,25 f).

[123] M. Noth, *Das zweite Buch Mose (Exodus)*, Göttingen 1965 (Das Alte Testament Deutsch. 5.), S. 166 f. Vgl. etwa Luther in seiner Predigt am 1. November 1523 zu Mt 18, 21–35: „Also stehet dieser gnaden stuel odder vergebung der sunde ymmer dar" (WA 12, S. 688; vgl. auch M. Luther, *Der große Katechismus*, in: BSELK, S. 1132, Zeile 11–16).

[124] Vgl. dazu Marquard, *Das Lamm in Tigerklauen* (wie Fußnote 10), S. 97 f.

[125] D. Bonhoeffer, *Ethik*, hrsg. von E. Feil, C. J. Green, H. E. Tödt und I. Tödt, München 1992 (Dietrich Bonhoeffer Werke. 6.), S. 127.

[126] Luther, *Vorlesung über den Römerbrief* (wie Fußnote 121), S. 256.

[127] Ebenda.

[128] Luther, *Rationis Latominae Confutatio* (wie Fußnote 46), S. 297, Zeile 26.

werden.[129] Sie muß ihrem „Wesen“[130] nach erkannt werden. Ihr Wesen ist die Beziehungslosigkeit. Der Inbegriff der Beziehungslosigkeit ist der Tod. Er ist das Ende aller diesbezüglichen Möglichkeiten.
Im „Orgel-Büchlein | Worinne einem anfahenden Organisten | Anleitung gegeben wird, auff allerhand | Arth einen Choral durchzuführen“,[131] mutet Bach den angehenden Organisten und Kantoren sogleich harte Kost zu: „Alle Menschen müssen sterben“ (BWV 643). Die Widmung schließt: „Dem Höchsten Gott allein zu Ehren, | Dem Nechsten, draus sich zu belehren“. Bach knüpft mit Choral und Widmung an Luthers Invokavit-Predigt (1522) an:

> WJr seindt allsampt zu(o) dem tod gefodert/ vnd wirt keyner für den andern sterben. Sonder ein yglicher in eygner person für sich mit dem tod kempffen. In die oren künden wir woll schreyen. Aber ein yeglicher mu(o)ß für sich selber geschickt sein in d(e)r zeyt des todts/ ich würd denn nit bey dir sein/ noch du bey mir. Hierjn(n) so muß ein yedermann selber die hauptstück so einen Christen belange(n)/ wol wissen vnd gerüst sein.[132]

Die Widmung Bachs liest sich in dieser Hinsicht wie ein Katechismus, daß „ein jeder muß für sich selbst geschickt sein in der Zeit des Todes“,[133] denn der „Sünde Sold ist der Tod“ (Röm 6,23). Es geht um einen widerständigen Glauben. Die Sünde sucht die Lebensmitte, das „Herz“[134]. Diese Mitte nimmt sie in Beschlag, sie schneidet vom Leben ab und tyrannisiert das Gewissen,[135]

---

[129] Die Moralisierung der Sünde ist deren Verharmlosung, weil sich das Augenmerk auf die Folgen der Sünde richtet und nicht auf deren Ursache. Im Blick auf die Folgen wird es immer zu einseitigen persönlichen Zuschreibungen oder Entschuldigungen, Relativierungen oder Dramatisierungen kommen; in keinem Fall geht es um den Kern des Gedankens, der Aussagen über das Wesen des Menschen an sich provoziert.

[130] Luther, *Rationis Latomianae Confutatio* (wie Fußnote 46), S. 297, Zeile 32.

[131] Köthen nach 1720 (Wolff, wie Fußnote 5, S. 142): Dok I, Nr. 148.

[132] *Acht Sermone D. M. Luthers von ihm gepredigt zu Wittenberg in der Fasten (Invocavitpredigten), 1522*, in: Martin Luther Studienausgabe, Bd. 2, Leipzig 2015, S. 520–558, speziell S. 530 (WA 10/3, S. 1 f.). *Martin Luther. Ausgewählte Schriften* (wie Fußnote 21), Bd. 1, S. 271: „Wir sind allesamt zu dem Tod gefordert, und keiner wird für den andern sterben, sondern jeder in eigner Person für sich mit dem Tod kämpfen. In die Ohren können wir wohl schreien, aber ein jeder muß für sich selbst geschickt sein in der Zeit des Todes: Ich werde dann nicht bei dir sein noch du bei mir. Hierin muß jedermann die Hauptstücke, die einen Christen angehen, genau wissen und gerüstet sein.“

[133] Ebenda, S. 271.

[134] Luther, *Rationis Latomianae Confutatio* (wie Fußnote 46), S. 299, Zeile 14.

[135] Vgl.ebenda, Zeile 8.

damit der Mensch „von Natur nicht wollen [kann], daß Gott ist." Vielmehr soll der Mensch wollen, „er sei Gott und Gott sei nicht Gott."[136]
In der Rede von der Sünde erschließt sich eine fundamentale Differenz zwischen dem Thron der Gnade und dem hinzutretenden Menschen. Es erschließt sich aber mit dieser Differenz sogleich eine fundamentale Versöhnung, eine Behebung dieser Differenz. Das Wissen um diese Differenz wie ihre Aufhebung kann nun nicht anders als in dieser begrifflichen Präzision zur Sprache gebracht werden, daß Gott im Verhältnis zum Menschen ein Versöhner ist und der Mensch im Verhältnis zu Gott ein Sünder. Noch einmal: Es geht nicht um Moral, es geht nicht um Auf- oder Abwertung, es geht um das Sein Gottes und das Sein des Menschen. Wer auf der einen Seite eine Antwort zu finden sucht, wird unmittelbar die andere Seite mitdenken müssen und umgekehrt. Wer über Gott etwas aussagen will, wird sogleich damit eine Aussage über den Menschen treffen. Wenn ich sage, der Mensch lebt aus dem heraus, was er tut, dann bedeutet das für die Art von Gott zu denken, daß Gott nur begrenzt eine Kraftressource für den Menschen ist. Er kann es in begrenzter Weise sein, aber nicht ganz und gar. Luther folgert: ein „Irrtum ist's zu meinen, dieses Übel könne durch Werke geheilt werden, sintemal doch die Erfahrung bezeugt, daß, wie eifrig wir auch immer gute Werke tun, diese sündhafte Lust zum Bösen zurückbleibt und keiner davon rein ist, nicht einmal ein Kind, das erst einen Tag alt ist."[137] Wenn ich aber sage, der Mensch erklärt sich nicht von seinen Werken her, dann bleibt auf der anderen Seite nur der Satz: Der Mensch lebt davon, was Gott für ihn fundamental getan hat.
So erklärt sich auch Luthers Rede vom Mensch als *simuls iustus et peccator*. So wie die Vergebung etwas Absolutes ist, weil sie dem Menschen ganz und gar zugesprochen wird, so wenig ändert sich deshalb dessen anthropologische Grundbestimmung. Er bleibt unter der Gnade. „Wundersam also und wundersüß ist Gottes Barmherzigkeit, der uns zugleich für Sünder und Nichtsünder ansieht (*simul iustus et peccator*). Zugleich bleibt die Sünde und bleibt sie nicht."[138] Sie bleibt, weil der Mensch er selbst bleibt, sie bleibt nicht, weil Gott ihm ein für allemal in Barmherzigkeit begegnet. Mit diesem Doppelaspekt bleibt ausgeschlossenen, daß der Mensch sich aus freiem Willen dazu entschließen könnte, von sich aus mit seinem Gott Frieden zu schaffen. Luther fragt rhetorisch: „Wo ist nun der freie Wille? Wo sind die, die zu behaupten wagen, wir könnten aus natürlichen Kräften einen Akt der Gottesliebe erwecken, welche Gott über alle Dinge liebt?"[139] Gottesliebe ist in diesem Fall

[136] M. Luther, *Disputatio contra Scholasticam Theologiam*, in: Martin Luther Lateinisch-Deutsche Studienausgabe, Bd. 1, Leipzig 2006, S. 22f.
[137] Luther, *Vorlesung über den Römerbrief* (wie Fußnote 121), S. 151.
[138] Ebenda, S. 150.
[139] Ebenda, S. 255.

seiner Wortbedeutung nach ein *genitivus subjectivus* (eine Liebe, die sich vom Mensch aus auf Gott hin ausrichtet und damit ein Gottesverhältnis konstituiert). Gottesliebe ist seiner theologischen Begründung jedoch ein *genitivus auctoris* (eine Liebe, die fundamental von Gott ausgeht). Indem Bach so und in dieser Weise mit dieser Eingangsstrophe als betrübter Sünder vor den Thron tritt, ist nichts weniger damit ausgesagt, als daß ein Mensch in seiner ganzen Konstitution vor seinen Gott tritt. Diese Begegnung ist allein dadurch möglich, daß Gott diesen Thron zum Gnadenstuhl erklärt hat. Indem der Mensch vor Gott tritt, ist der Friede zwischen Gott und Mensch bereits gemacht. Anders als Django,[140] der bekanntlich nach einem entsprechenden Filmtitel nie vergeben hat, vergibt Gott. Luther hat die Vergebung der Sünden als das Kostbarste angezeigt, was einem Menschen widerfahren kann.

Was also als Sünde genannt zu werden verdient, hat zuerst nichts mit dem zu tun, was wir als Moral verstehen. Moral ist die Summe der geltenden Normen, Wertstandards und Verhaltensweisen, die sich in einer Gesellschaft installiert haben. Moral ist das, was wir üblicherweise tun – verstanden als Sitte und Konvention. Schuld als moralisches Versagen gegenüber einer kulturell vereinbarten Konvention ist nicht die Sünde, in der Bach den Menschen und so sich selbst verstand. Ein Sünder war man nicht, wie man ein Komponist sein konnte, oder ein Liederdichter, ein Pfarrer oder ein Kantor. Das alles sind mögliche Anhaftungen einer Biographie, sie können aber nicht im Kern eine Aussage darüber erschließen, wer der Mensch hinter dem Kantorat ist. Für Bach war die Aussage „Ich bin ein betrübter Sünder“ eine anthropologische Grundaussage, die in sich durch keine andere Aussage überboten werden konnte, erst in Strophe 14 kann daraufhin gebetet werden: „Erlaß mir meine Sünden*schuld*“. Wenn Bach es anders hätte meinen wollen, hätte er seinen Frieden nicht mit sich finden können.

An die Eingangsstrophe fügt sich das trinitarische Gotteslob an (Strophen 2–4, 5–7, 8–10). In jeweils drei Strophen entfaltet sich das Geheimnis, „daß wir einen einigen GOTT in drey Personen/ und drey Personen in einiger Gottheit ehren/ und nicht die Personen in einander mengen/ noch das Göttliche Wesen zertrennen.“[141]

---

[140] Der Filmtitel „Gott vergibt… Django nie!“ (Originaltitel: *Dio perdona… io no!*, Italien/Spanien 1967; Regie: Guiseppe Collizi) markiert die entscheidende Differenz. Zur Zeit Bachs hatte diese Differenz Folgen im Hinblick auf das Gottes- und Menschenbild. Der Filmtitel offenbart jedoch recht eigentlich in der Verharmlosung der Vergebung deren Bedeutungslosigkeit. Ein für Bach unvorstellbarer Gedanke.

[141] Hütter (wie Fußnote 9), S. 51.

## Das Lob des dreieinigen Gottes

„Was ist dann nun GOTT?“ fragte Hütters *Compendium* den Schüler Johann Sebastian in Eisenach, Ohrdruf und Lüneburg und fragte es die Schüler der Thomasschule zur Zeit Bachs in Leipzig. Die Antwort entfaltet eine Beziehungsgeschichte: „GOTT ist ein einig/ Geistlich/ Verständig/ Ewig/ Warhafftig/ Gütig/ Keusches/ Gerechtes/ Barmhertziges Wesen/ freyes Willens/ unermeßlicher Gewalt und Weißheit: Der ewige Vater/ der den Sohn/ sein selbständiges Ebenbild/ von Ewigkeit her gezeuget: Vnd der Sohn/ das gleich ewige Ebenbild des Vaters: Vnd der H. Geist/ welcher vom Vater und Sohn von Ewigkeit her außgehet“.[142] Von Gott reden heißt in Beziehungen reden. Der eine Gott ist nicht eindimensional. „Von ihm und durch ihn und zu ihm sind alle Dinge“ heißt es im Römer-Brief des Apostels Paulus (11,36). Und damit es nicht durcheinandergeht, muß sich der christliche Glaube Klarheit darüber verschaffen, in welcher Ordnung sich hier Beziehung ereignet.

Eine Lehre von der Dreieinigkeit hatte auf drohende Mißverständnisse und Engführungen des Gottesverständnisses zu reagieren: War Gott so in sich einig und einzig (Monarchianismus), daß Christus wie der Heilige Geist lediglich eine Erscheinungsweise Gottes (Modus) waren? Dann aber hätte Christus keine Eigenständigkeit gegenüber Gott und sein Leiden und Sterben bleiben unterbestimmt. Gott kann nicht leiden. Ist das Leiden Jesu dann nur zum Schein (Doketismus) inszeniert? Umgekehrt wurde die Besonderheit Jesu hervorgehoben, der durch die Taufe am Jordan die Kraft Gottes empfangen hat (Dynamismus), die ihn von den Menschen unterscheidet. Gott ist mit der Besonderheit Jesu nicht wesenhaft verbunden, sondern er steht zu ihm in einem bestimmten Treueverhältnis (Adoptianismus). Beide Modelle repräsentieren eine Sicht auf die ‚Alleinherrschaft‘ Gottes. Dieser Monarchianismus konnte sich nicht durchsetzen, denn er versäumt die Eigenständigkeit Christi, der Dynamismus dessen Göttlichkeit. Einen anderen Weg nahm die sogenannte Logos-Christologie. Sie ist interessiert am Gedanken der Überbrückung des Abstandes zwischen dem jenseitigen Gott und der diesseitigen Welt. Im Anschluß an Joh 1,1 hielt diese Denkform „die Eigenständigkeit des Sohnes [aufrecht], ohne die Einheit und Einzigkeit Gottes zu gefährden“.[143] Offen blieb in diesem Modell die Frage, ob es eine Gleichrangigkeit zwischen Gott und Christus geben konnte. Der sogenannte Subordinatianismus spekulierte mit dem Gedanken einer Vor- und Nachordnung. Damit war im 4. Jahrhundert die Zeit reif geworden, Grundentscheidungen zu treffen, die bis heute ihre Wirkkraft entfaltet haben. Das nizänische Glaubensbekenntnis von 325

---

[142] Ebenda, S. 53.

[143] R. Leonhardt, *Grundinformation Dogmatik*, Göttingen 2001, S. 140.

und das Konstantinopolitanische Glaubensbekenntnis von 381 gehören zu den Bekenntnisgrundlagen der evangelischen Kirche.
Im Mittelpunkt der Rede von der Dreieinigkeit steht der Glaube an Jesus Christus (Röm 10,9; 1. Kor 8,6; Phil 2,11). So wie durch ihn sich Aussagen über den Menschen erschließen, so auch Aussagen über Gott. In Jesus Christus erschließen sich göttliches Wesen und menschliches Wesen. Damit es zu einer Beziehungsgeschichte kommt, muß erst einmal von Gott selbst geredet werden: Es ist eine Sache des „freyen Willens", daß Gott ein Beziehungswesen ist. Gott bildet sich in (s)einem Ebenbild Jesus Christus ab[144], welcher wesentlich (und nicht etwa teilweise oder unvollständig) Gott abbildet.[145] Der gute Hirte ist Jesus gewiß insofern als er die Seinen kennt und die Seinen ihn (Joh 10,14), doch dessen Güte ist ganz und gar verankert darin – so sagt es Jesus – „wie mich mein Vater kennt; und ich kenne den Vater" (Joh 10,15). In dem, was Jesus tut (Joh 10,11), offenbart sich der Wille Gottes. Die Rede vom Heiligen Geist schafft diesem göttlichen Willen den Weg in das Herz des Menschen. Das Wort muß ankommen können. Selbst diese Last nimmt Gott auf sich. Es hört nicht auf anzukommen, der lebendige Strom versiegt nicht. Gott steht fortwährend in Beziehung zum Menschen. Was er für uns tut, davon kündet sein Wort. Wir können ihn hören.

## Gott Vater

Gott ist frei nicht zur Willkür, sondern eben gerade jetzt frei dazu als „Barmherziges Wesen" auf Beziehung zu setzen. Und das entfaltet die Lehre von der Dreieinigkeit. Wenn der Mensch willensfähig nicht dazu in der Lage ist, sich für das Leben zu entscheiden, dann greift Gott ins Ruder und führt aus, wozu der Mensch eigentlich geschaffen worden war. Er führt es sozusagen in und an sich selber vor: Er erlöst den Menschen. Wer erlöst ist, ist losgemacht. Im Märchen kommt eine Erlösung immer auch einer Entzauberung gleich. Der Bann ist gebrochen und der Mensch ist wirklich frei. Es ist ein Geschehen, das nicht anders als von außen den Menschen trifft. Erlösung bedeutet immer ein vollumfängliches Eingreifen, das den Menschen ganz und gar passiv erscheinen läßt: Gott, der Vater, „ist aller Dinge Quelle und Brunnen, dem Sohne eignet die Weisheit, der Rat und die geordnete Austeilung, dem Geiste die Kraft und Wirksamkeit im Handeln".[146] Der dreieinige Gott (Joh 3,16) ist

[144] „Ich bin vom Vater ausgegangen und in die Welt gekommen" (Joh 15,28).

[145] „Alles, was der Vater hat, das ist mein" (Joh 16,15).

[146] J. Calvin, *Unterricht in der christlichen Religion. Institutio Christianae Religionis (1559)*, nach der letzten Ausgabe übersetzt und bearbeitet von O. Weber, Neukirchen-Vluyn 21963, S. 68.

Quelle („Denn also hat Gott die Welt geliebt"), Austeilung („daß er seinen eingeborenen Sohn gab") und Wirksamkeit („auf daß alle, die an ihn glauben, nicht verloren werden, sondern das ewige Leben haben") dieser Erlösung.
Die schöne Erklärung Calvins (die Reformatoren unterscheiden sich hier nicht im Kerngedanken) faßt den Gedanken der Trinität im Rückbezug auf die Glaubensbekenntnisse von Nicäa und Konstantinopel kongenial zusammen: (1) Vater, Sohn und Heiliger Geist sind demzufolge ihrer Göttlichkeit nach gleich, (2) sie repräsentieren in der Einheit je eine eigene Verwirklichungsform Gottes. (3) Der Gedanke der Dreieinigkeit setzt voraus, daß sich jeweilige Eigenständigkeiten auch in wirksamen Merkmalen niederschlagen, nämlich sowohl im zeitlosen Binnenverhältnis der drei Personen der Trinität, das die Art ihrer jeweiligen Durchdringung anzeigt als auch im geschichtlich wirksamen Außenverhältnis in „Schöpfung, Erhaltung und Lenkung dieser Welt".[147] So bieten die beiden ‚Werkseiten' der Trinität zwei unterschiedliche Ansichten. Die Werke der a) immanenten (innergöttlichen) Trinität sind auf die jeweiligen Personen aufgeteilt und qualifizieren die Art der jeweiligen Durchdringung (*opera trinitatis ad intra sund divisa*), die Werke der b) ökonomischen (heilsgeschichtlichen) Trinität sind zwar jeweils an eine Person der Trinität angebunden (als Schutz, Erlösung und Erquickung), bleiben aber nicht streng auf diese Person aufgeteilt, weshalb es hier nun heißen muß: *opera trinitatis ad extra sund indivisa*.
Das alles hatten die Lateinschüler in Leipzig wie Bach selbst als Schüler zu lernen. Was *persona* (Person), ὑπόστασις (hypostasis – Substanz, Verdinglichung), φύσεις (natura), *substantiae* (Substanzen)[148] trinitarisch bedeuten, war ihnen geläufig. Bedurfte es dieser komplexen Begrifflichkeiten, um Gott als Geheimnis der Welt erkennen zu können? Friedrich Schleiermacher sieht die Entwicklung der Trinitätslehre als eine Durchfahrt zwischen „zwei Tonnen": Die Lehre entfaltete sich in Abgrenzung zur jüdischen und heidnischen Gottesvorstellung. Der jüdischen Gottesvorstellung wurde unterstellt, daß der Gedanke der „Einheit des höchsten Wesens" zur Folge hatte, daß Gott „in seiner Einheit immer außer dem Menschen" blieb.[149] Als der „Ich werde sein, der ich sein werde" (2. Mose 3,14) hatte sich Gott Mose am brennenden Dornbusch offenbart. Durfte es so verstanden werden, wie Schleiermacher es verstand? Oder drückt sich in dieser Selbstoffenbarung nicht gerade die Lebendigkeit Gottes aus, in der er mit den Menschen umgeht? Als der, der sich

---

[147] „ad extra est creatio, conservatioi & gubernatio hujus Unversi [...]"; König (wie Fußnote 24), S. 64 f. und S. 68 f.

[148] Hütter (wie Fußnote 9), S. 50, 56–59, 60, 64 ff.

[149] F. Schleiermacher, Über den Gegensatz zwischen der *Sabellianischen und der Athanasianischen Vorstellung von der Trinität*, in: Friedrich Schleiermacher und die Trinitätslehre, hrsg. von M. Tetz (Texte zur Kirchen- und Theologiegeschichte, Heft 11), S. 37–94, speziell S. 37.

nicht beschreiben läßt, wie man zeitlich und räumlich eingegrenzte Phänomene unserer Welt und unseres Lebens beschreiben kann, erschließt sich der Name Gottes durch dessen Taten. 2. Mose 3,14 behauptet nicht weniger, als daß Gott seine Freiheit nicht nach dem Maß unserer Wünsche, sondern nach dem Maß seiner Freiheit einsetzt (Martin Buber). Kornelis H. Miskotte übersetzt: „Ich werde [bei euch] sein, so wie ich bei euch sein werde."[150] Dieser Name unterscheidet Gott von den Menschen und verbindet ihn zugleich mit ihnen. Der Name verweist auf die Identität Gottes und das sich in dieser Identität vermittelnde Kommen zu den Menschen.[151] In der Judenheit erweist sich dieses Kommen in den Zeichen der Heilsgeschichte, die neutestamentliche Gemeinde steht unter der gleichen Verheißung von 2. Mose 3,14, die sich exklusiv in dem Namen Jesus Christus dem Menschen vermittelt.[152] Dieser Jesus hat Anteil am Namen Gottes, so daß es in Phil 2,9 heißen kann, daß Gott ihn „erhöht und [...] ihm den Namen gegeben [hat], der über alle Namen ist". Jesus nennt diesen freien und seiner Schöpfung bleibend zugewandten Gott seinen himmlischen Vater und dieser himmlische Vater bestimmt seinen geliebten Sohn zu seinem Erben (Hebr. 1,1–3).

Johann Friedrich König schließt seine dogmatische Abhandlung über seine Lehre von der Dreieinigkeit mit einer Überbietung all dessen, was zuvor in vielen Paragraphen theologisch entfaltet worden war: Die Theologie stößt da an ihre Grenze, wo das, was sie Trinitätslehre zu nennen pflegt, in die Anbetung führt: Das Geheimnis der Trinität feiert sich im Lobpreis des Gottesdienstes. Der Gottesdienst entspricht geradezu dem Geheimnis der Trinität, denn der dreieinige Gott ist „die liebevolle Gemeinschaft gegenseitigen Andersseins. Und der christliche Gottesdienst stellt dies dar, indem er die gegensätzlichsten Menschen zu einer menschlichen Gemeinschaft gegenseitigen Andersseins in Liebe versammelt."[153]

---

[150] K. H. Miskotte, *Refomatorische Theologie*, in: Der Gott Israels und die Theologie. Ausgewählte Aufsätze, übersetzt und hrsg. von H. Stoevesandt und H.-J. Weber, Neukirchen-Vluyn 1975, S. 44–91, speziell S. 66.

[151] „Gott wird erkannt in der Selbstmitteilung seines Namens, die in der Geschichte seines Kommens sich begibt"; H.-J. Kraus, *Reich Gottes: Reich der Freiheit. Grundriß Systematischer Theologie*, Neukirchen-Vluyn 1975, S. 106.

[152] Es gibt also zwischen Judenheit und Christenheit hier keine Differenz im Sein des Erwähltseins, sondern lediglich in der Erkenntnis des Erwähltseins. Gotteserkenntnis ist in der Judenheit gekoppelt an die Heilsgeschichte des Volkes Israel, in der Christenheit an das Heilandswerk Jesu.

[153] E. Jüngel, *Der evangelisch verstandene Gottesdienst*, Referat vom 28. November 1983 auf der 8. Tagung der Sechsten Kirchensynode, Sonderdruck aus dem Wortprotokoll, Darmstadt 1983, S. 21.

## Gott Sohn

Gesenius dichtet indikativisch von Gott. Das Sein Gottes ist Milde. Der Mensch ist in diese Milde als Gottes Ebenbild einbezogen. In der rechten Unterscheidung und Zuordnung von Gott und Mensch bestimmt sich Gott und ist der Mensch bestimmt. Er ist einbezogen in das Wesen Gottes: „In dir web, schweb und lebe ich" (Strophe 2). Daß Gott dem Menschen ein naher Gott ist, erfährt sich in den bedrohlichen Momenten des Lebens (Strophe 3). In solchen Augenblicken entscheidet sich, ob der Mensch im Ereignisbruch lediglich den Bruch erlebt, oder im Erleben des Bruchs eine Gotteserfahrung macht, die als solche eine Selbsterfahrung hervorbringt. Wer im Ereignisbruch offen bleibt für Gottes- und Selbsterfahrung, bei dem findet sich eine „Tüchtigkeit",[154] die so beschaffen ist, „daß sie kann zur Bekehrung gebracht werden."[155] Deswegen bleibt die Rede vom Verstand (Strophe 4) abgekoppelt von einem Selbstbestimmungskonzept, das „auß eigner natürlicher/ wircklicher geschickligkeit/ Tüchtigkeit oder fehigkeit" meint existieren zu können; Verstand im Sinne des Liedes möchte hingegen „auß lauter gnaden/ durch gnädige kräfftige wirckung des H. Geistes"[156] wirksam werden. Verstand dient der zur Geschicklichkeit, Tüchtigkeit und Fähigkeit gebrachten Bekehrung. Fromm ist der in diesem Sinne nach-denkliche Mensch, der die ihm anvertrauten Güter („des lebens nothdurft") aus Gottes Hand empfängt. Die entscheidende Gabe ist der „treue freund", der „mich in glück und unglück meynt". Damit erweitert das Lied seinen Blick auf den guten Hirten (Joh 10,11) und also auf die Lehre von Christus.

Die traditionelle Vorstellung, daß Gott alle Menschen vor sein Gericht ruft, enthält die Drohung eines möglicherweise der Verdammnis verfallenden Lebens. Deshalb lehnten die Reformatoren die Vorstellung vom Fegefeuer (*purgatorium*)[157] ab, nach der die Seelen der Verstorbenen noch durch Strafen geläutert werden könnten und durch die Fürbitte der Gläubigen Hilfe erführen.

In der dogmatischen Ausarbeitung der Eschatologie mußte es darum gehen, diese Vorstellung mit der Rechtfertigung ‚sola fide' zu verbinden. Das „Priesterliche Ampt Christi" besteht darin, Gottes „Zorn versöhnet" zu haben und

---

154 Hütter (wie Fußnote 9), S. 199.

155 Ebenda.

156 Ebenda.

157 Das Fegefeuer (darüber war der Liederdichter promoviert worden) bezeichnet den „postmortalen Läuterungszustand der Seelen" (LMA IV, S. 328). Im Verlauf der Fegefeuer-Vorstellungen tritt im Mittelalter zur Rede von der reinigenden Wirkung des Feuers (1. Kor 3,13) „ein breites Repertoire an Qualen" (ebenda, S. 330). Hilfe sollen fromme stellvertretende Handlungen der Lebenden gewähren – was mit der reformatorischen Lehre von der Rechtfertigung nicht zu machen ist.

„uns auß der Höllen Rachen gerissen/ gewonnen/ frey gemacht/ und wiederbracht in des Vaters Huld und Gnade [...] durch sein eygen Blut [...] und hat eine ewige Erlösung gefunden.“[158] Der 36. Artikel des Hütterschen *Compendium* scheint der Ideengeber für die 5. Strophe gewesen sein. Die Rechtfertigungsbotschaft grundiert die Strophen 5–7. „Die Rechtfertigung ist Gottes Werck/ durch welches Er einen sündlichen Menschen/ der an Christum gläubet/ auß lauter Gnaden und ohne sein Verdienst von Sünden ledig spricht/ demselben Vergebung der Sünden schencket/ und die Gerechtigkeit Christo also zurechnet/ daß er nun mehr gäntzlich versöhnet/ zu einem Kind auff- und angenommen/ von der Straff und Schuld der Sünden ledig gezehlet/ und ewig seelig gemacht wird.“[159]
Es ist in diesem Zusammenhang an die Matthäus-Passion von Bach zu erinnern: Das „Lamm Gottes unschuldig“ wird „am Stamm des Kreuzes geschlachtet“ (Satz 1[160]). Das Haupt, „sonst schön gezieret mit höchster Ehr und Zier“, ist in der *unio personalis* das „Haupt voll Blut und Wunden“ (Satz 63). „Der Herr der Herrlichkeit muß schimpflich hier verderben“ (Satz 69). Der Heiland, der „aus Liebe“ sterben will (Satz 58), „fällt vor seinem Vater nieder, dadurch erhebt er mich und alle von unserem Falle hinauf zu Gottes Gnade wieder“ (Satz 28). Er „wollt der Mittler werden“ (Satz 35). Durch „sein verdienstlich Leiden“ (Satz 26) hat er „uns allen wohlgetan“ (Satz 57).[161]
In allem Reden über die Auferweckung kann doch immer nur darauf verwiesen werden, daß Gottes Selbstidentifikaktion mit dem gekreuzigten Jesus nicht mehr zurückgenommen werden kann. Dann aber ist die Auferweckung ein „uns alle betreffendes eschatologisches Ereignis“,[162] denn sie besagt, wer Gott letztlich und so am Anfang und also jetzt gegenwärtig ist. Er ist auf ewig der Immanuel, der Gott-mit-uns. Er war es, er ist es, und er wird es sein. In Gott sind Vergangenheit, Gegenwart und Zukunft als Segmente linearer Zeit-Erfahrung aufgehoben – „Zeit ohne Zeit“ (BWV 20, Satz 1), also eine Zeit, die keine zeitlichen Abfolgen auf ihr Ende hin kennt, sondern eine Zeit, in der die Zeit ganz und gar aufgehoben ist: die Ewigkeit. Ewigkeit ist

[158] Hütter (wie Fußnote 9), S. 105.

[159] Ebenda.

[160] Vgl. auch Satz 3, 25 und 44.

[161] Christian Friedrich Henrici alias Picander wandelt die Vorlage zu Satz 57 von Heinrich Müller (*Evangelisches PRÆSERVATIV wider den Schaden Josephs/ in allen dreyen Ständen*, Frankfurt und Rostock 1681) geradezu kongenial um. Aus der informativen Beschreibung „Er hat alles wohl gemacht“ wird ein performativer Akt des Bekennens „Er hat uns allen wohl gethan“. Zu Müller vgl. E. Axmacher, *„Aus Liebe will mein Heyland sterben“ – Untersuchungen zum Wandel des Passionsverständnisses im frühen 18. Jahrhundert*, Stuttgart ²2005, S. 176 f. und Marquard, *Das Lamm in Tigerblauen* (wie Fußnote 10), S. 31, 37 und 101 f.

[162] I. U. Dalferth, *Der auferweckte Gekreuzigte*, Tübingen 1994, S. 24.

als nicht das Ende von Zeit, sondern stiftet den (Neu-)Anfang von Zeiterfahren. Indem dieses Anfangen auf die Ewigkeit ausgerichtet ist, sind Amalgamierungen und Kombinierungen mit Zeiterfahrungen theologisch unmöglich.[163] „Ach daß doch jene Zeit / die ohne Zeit ist kähme / Und uns aus dieser Zeit in ihre Zeiten nähme. / Und aus uns selbsten uns / daß wir gleich köndten seyn / Wie der itzt / jener Zeit / die keine Zeit geht ein!“[164]

## Gott Heiliger Geist

Daß der Beter dieses Liedes auf die befreiende Botschaft „hier ruhig und dort selig seyn“ kann, ergötzt das Gemüt: Im Gemüt wird die Entscheidung für eine im Glauben ruhende Lebensmitte und einer daraus folgenden Lebensgestaltung einer dafür verheißenen Lebenskraft versichert. Damit übergibt das Lied innerhalb der trinitätstheologischen Betrachtung die Fackel weiter an die Aussagen über den Heiligen Geist. Die Rede vom Heiligen Geist fügt den zuvor erwogenen Gedanken nichts substantiell Neues hinzu. Umgekehrt geht es geradezu darum, die vorher dargelegte geistliche Substanz zu bewahren und bekannt zu machen. „Deß Gnade in mir alles schafft“ (Strophe 8) setzt „den menschlichen Kräfften des natürlichen freyen Willens“[165] eine Grenze. Das, worum es im Glauben „in *solidum*“ geht, „das ist/ gantz und gar/ allein der göttlichen Wirckung/ und dem heiligen Geist zuzuschreiben“.[166] Die Anspielung auf die reformatorische Exlusivpartikel[167] *sola gratia* (die

---

163 Die theologische Pointe einer solchen Sicht der Ewigkeit wurde in der Bach-Exegese jeweils gerne unterlaufen, weil es doch gar zu verlockend war, Bach für jeweiliges Zeiterfahren zu instrumentalisieren. Hans Preuß (wie Fußnote 40) etwa sieht bei Bachs Osterdienstagskantate den „deutschen Frühling“ blühen (S. 28), es rauscht „thüringisches Blut“ in Bach (S. 29) und alles in allem ist das dann „deutsche Kunst“ (ebd.); noch 1982 wurde in der DDR die Kunst des frühen 16. bis 18. Jahrhunderts schlicht zwischen Feudalabsolutismus und bürgerlicher Revolution einsortiert und der individuellen Bedeutungslosigkeit anheim gegebenen; vgl. E. Ullmann, *Barock und Aufklärung – Probleme des Stilbegriffs in der Kunstgeschichte*, in: Johann Sebastian Bach und die Aufklärung, Leipzig 1982 (Bach-Studien 7), S. 57; und im Westen Deutschlands zögerte Hans Sedlmayr in den 50er Jahren des vergangenen Jahrhunderts nicht, Bach für die Wiedergewinnung einer verlorengegangenen Mitte restaurativ zu bemühen; vgl. Marquard, *Das Lamm in Tigerklauen* (wie Fußnote 10), S. 9 f. und 111.

164 P. Fleming, *Gedancken/ über die Zeit (1642)*, in: Das Zeitalter des Barock, hrsg. von A. Schöne, München 1963 (Die deutsche Literatur. Texte und Zeugnisse. 3.), S. 211 f.

165 Hütter (wie Fußnote 9), S. 201.

166 Ebenda.

167 *Die Konkordienformel (1577)*, in: BSELK, S. 1282, Zeile 3 f.

Gnade, die in mir alles schafft, kann nicht durch Zusätze minimiert, angereichert oder überboten werden) verweist auf den alleinigen Mittler (Strophe 6) Christus, der uns begegnet in „wort und sacrament“ (Strophe 9).
Luthers Abendmahlverständnis entwickelte sich zu einer realpräsentischen Deutung der Einsetzungsworte aufgrund seines Schriftverständnisses: *Hoc est corpus meum* (das ist mein Leib – 1. Kor 11,24). Im Wortverständnis erschloß sich ihm das *sola fide* und *sola gratia* der gottesdienstlichen Abendmahlhandlung. Das Sakrament wird unter dem Wort zum Sakrament. Die griechisch sprechende Kirche hat (besonders mit Eph und Kol) das Heilsgeschehen in Christus ‚*mysterion*‘ (griechisch = Geheimnis) genannt; die Handlungen, in denen dieses Geschehen den Menschen zugeeignet wird, nannte sie dementsprechend Mysterien. Der lateinisch sprechende Kirchenvater Tertullian (um 220) verwendete dafür den Begriff Sakramente. Der Kirchenvater Augustin (354–430) definierte als Erster: Sakrament ist das sichtbare Zeichen der unsichtbaren Gnade. Kommt das Wort zum Element (also den Zeichen Wasser, Brot, Wein), so wird daraus ein Sakrament. Für Luther waren drei Momente für die Stiftung eines Sakraments konstitutiv: 1. Die von Christus eingesetzte Zeichenhandlung, die 2. gekoppelt war an den Zuspruch der Gnade und die Vergebung der Sünden, sowie 3. eine aufgrund der Zusagen orientierte Glaubenspraxis.[168]
Da Gottes Wort schöpferisch ist, wird im Sakrament die Gnade nicht nur angezeigt, sondern wirksam mitgeteilt. Nach reformatorischer Auffassung muß zum Empfang der Sakramente der Glaube hinzukommen, der die verheißenen Güter empfängt. ‚Empfangen‘ ist eine Tätigkeit, die nichts aus sich selbst hervorbringt. Empfangen ist die der Sendung des Heiligen Geists adäquate menschliche Entsprechung: Der Heilige Geist „wird in die Hertzen der Gläubigen [gesandt]/ daß er dieselben durchs Wort und die Sakrament heilige“.[169] Der Begriff ‚Mysterium‘ oder ‚Geheimnis‘ darf deshalb nicht im Sinne einer unsichtbar wirkenden Magie mißverstanden werden. Sakramente sind zwar sichtbare Zeichen der unsichtbaren Gnade, aber die Gnade (Jesus Christus) wird durch das Zeichen repräsentiert.[170]

---

[168] „Das erste ist das Sakrament oder Zeichen, das zweite die Bedeutung dieses Sakraments, das dritte der Glaube. […] Das Sakrament muß äußerlich und sichtbar sein, in der leiblichen Form oder Gestalt. Die Bedeutung muß innerlich und geistlich sein, in dem Geist des Menschen. Der Glaube muß die beiden zusammen zu Nutzen und Gebrauch bringen“; M. Luther, *Ein Sermon von dem hochwürdigen Sakrament des heiligen wahren Leichnams Christi und von den Bruderschaften* [1519], in: Martin Luther. Ausgewählte Schriften (wie Fußnote 21), Bd. 2, S. 52–77, speziell 53.

[169] Hütter (wie Fußnote 9), S. 59.

[170] „Es handelt sich also um eine vergegenwärtigende Darstellung. Vergegenwärtigende Darstellung ist das deutsche Wort für das lateinische *repraesentatio*“;

Im Abendmahl wird anschaulich, was im Wort verheißen wird. Es ist ein Zeichen oder ein Symbol. Einem Zeichen oder Symbol „ist gemeinsam, daß es etwas im Sinn hat, auf das hinzuweisen sein ein und alles ist und das doch etwas anderes ist als das ‚Zeichen' selber."[171] Wein ist nicht gleich Wein. Wein wird im Abendmahl zu einem Bedeutungsträger für eine Wahrheit, die sich dieses Elementes bedient, um sich selbst dadurch zu verdeutlichen. Luther schreibt in seinem *Großen Katechismus* (1529): Das Sakrament ist „in Gottes wort und gebot gefasstet."[172] „Das Wort ist das, daß diß Sacrament machet und unterscheidet"[173], das heißt, ohne das Wort bleiben die Elemente Wasser, Brot oder Wein das, was sie sind. Das Sakrament redet zeichenhaft von Gott, weil Gott nicht unmittelbar gegenständlich ist. Es geht um die Anschaulichkeit des Unanschaulichen. Das Zeichen partizipiert an der bezeichneten Wirklichkeit: Brot und Wein sind nicht nur Zeichen, sondern als Zeichen (lateinisch *signum*) haben sie Anteil an der bezeichneten Sache (lateinisch *res*). „In, mit und unter" den Symbolen Brot und Wein ist Christus „wirklich gegenwärtig" (Real-Präsenz).

Das Zeichen erschließt sich aber in seiner Bedeutung allein durch das Wort.[174] Im Zeichen präsentiert sich Gott, im Zeichen entzieht er sich aber auch.[175] Der Unverfügbare macht sich nicht im Zeichen verfügbar. „Was Gott ins Menschliche übersetzt, das verbirgt ihn zugleich als Gott."[176] Insofern gehört zum Zeichen immer das Deute-Wort: Der unverfügbare, freie Christus, der sich mit dem Element irdisch-geschichtlich verbindet, bleibt das Subjekt der Repräsentation auch da, wo er in Raum und Zeit durch das Sakrament zu spüren (Taufe) und zu schmecken (Abendmahl) ist.

Bach glaubte an den Gott, der in der Kraft der Selbstpreisgabe so sehr in die Nähe des Menschen rückt, daß der Mensch in ihm einen wahren Tröster erfährt „und im hertzen trost empfind / Zuletzt mit freuden überwind" (Strophe 10). Die von Bach gebetete Liedstrophe nimmt Joh 16,22 auf: „Und auch ihr habt nun Traurigkeit; aber ich will euch wiedersehen, und euer Herz soll

---

E. Jüngel, *Das Evangelium von der Rechtfertigung des Gottlosen als Zentrum des christlichen Glaubens. Eine theologische Studie in ökumenischer Absicht*, Tübingen 1998, S. 199.

171 W. Jetter, *Symbol und Ritual. Anthropologische Elemente im Gottesdienst*, Göttingen 1978, S. 27.

172 BSELK, S. 1112, Zeile 34.

173 Ebenda, S. 1134, Zeile 33 f.

174 Vgl. zum Folgenden: R. Marquard, *Karl Barth und der Isenheimer Altar*, Stuttgart 1995, S. 135. „Entscheidend ist, daß alle Zeichen unter dem Wort erst werden, was sie bedeuten" (ebenda, S. 89).

175 Ebenda, S. 127.

176 C. Link, *Das Bilderverbot als Kriterium theologischen Redens von Gott*, in: ZThK 74 (1977), S. 67.

sich freuen, und eure Freude soll niemand von euch nehmen". Dieser Trost war verankert im Kreuz[177] und erlaubte den Vorausblick auf „den Port der Ruhe [...] Da leg ich den Kummer auf einmal ins Grab, / Da wischt mir die Tränen mein Heiland selbst ab."[178] Es geht nicht um Apotheose, es ging schlicht darum, „Kraft"[179] zu empfangen.

## Dank und Bitten

Am Ende geht es immer auch noch einmal um den Anfang. Ein Dank drängt sich auf „Für alle güte, treu und gnad, / Die meine Seel empfangen hat" (Strophe 11). Es geht um das „kind" (Strophe 14), das noch einmal vor dem geistigen Auge des Sterbenden hervortritt und die damals erfahrenen Prägungen. Der Glaube reduziert sich auf das basale Gottvertrauen. Hart und übel ist Bach mitgespielt worden. „Jesus Juva und Soli Deo Gloria" – das Anfangen und Beschließen in Gottes Namen war sein Amt. Dieses Amt gibt er zurück in Gottes Hand. „Mein amt, gut ehr, freund, leib und seel / In deinen schutz ich dir befehl" (Strophe 12). Es geht um einvernehmliches Abschiednehmen, um bereitet zu sein für „ein seligs ende" (Strophe 15).

Zur Eingangsstrophe korrespondiert die letzte Zeile der Strophe 15: Was geradezu gottesdienstlich begann, findet seinen Abschluß in einer liturgischen Entlassung: „Amen. Amen, erhöre mich". Die in Wahrhaftigkeit besungene Wahrheit des Glaubens findet im (hebräischen Wort) „Amen" eine abschließende Bekräftigungsformel, die in diesem Zusammenhang an Luthers Lied zum Vater Unser (1539) erinnert: „Amen, das ist: es werde wahr. / Stärk unsern Glauben immerdar, / auf daß wir ja nicht zweifeln dran, / was wir hiermit gebeten han / auf dein Wort, in dem Namen dein. / So sprechen wir das Amen fein" (EG 344,9).

Am 28. Juli 1750 stirbt Bach. Wer gestorben ist, kann sich seine Nachrufer nicht aussuchen: „Der grose Bach, der unsre Stadt / Ja der Europens weite Reiche, / Erhob, und wenig seiner Stärcke hat, / Ist leider! Eine Leiche."[180] Ein anderer Nachrufer schießt auf seine Weise über das Ziel hinaus: „Durch seine ungemeine Kunst in der Musick hat er sich einen unsterblichen Ruhm erworben."[181] Das „S. D. G." reduziert den Menschen nicht auf eine Leiche und wehrt andererseits apotheotische Unsterblichkeitsvorstellungen ab. Der Mensch darf endlich leben. Frömmigkeit war für Bach eine intelligible und

177 „Ich will den Kreuzstab gerne tragen" (BWV 56): „Mein Anker aber, der mich hält, / Ist die Barmherzigkeit" (Satz 2).

178 BWV 56/4.

179 BWV 56/3.

180 Dok III, Nr. 666 (S. 89).

181 Dok III, Nr. 643.

affektive Resonanz auf das Wort der Schrift. Im Affektiven ist der ganze Mensch anvisiert in seiner Ergriffenheit; im Intelligiblen ist der Grund des Affektiven anvisiert. Zu einer Konkurrenz kommt es nicht. Das eine ist nicht wertvoller und tiefgründiger als das andere. Das Wort ist der Grund, von dem aus das Leben sich entfaltet. Frömmigkeit ist wie eine Tür, die beide Räume verbindet und durchlässig macht, um am Ende und so am Anfang zu einem ganz anderen Leben hindurch zu dringen. Bach hätte bereits zu Lebzeiten eher sich selbst für tot gehalten, als daß er Gott für einen toten Gott hätte halten mögen. Seine geistlichen Kantaten, seine Musik überhaupt, waren immer auch ein Protest gegen den Tod, die Sünde, das Beziehungslose und ein Bekenntnis für jenen lebendigen Gott, vor dessen Thron Bach zu treten gewiß war.

# Eine unbekannte Bach-Arie?

Die drei erhaltenen Clavier-Büchlein der Bach-Familie geben eindrucksvoll Zeugnis von Johann Sebastian Bachs persönlicher Lehrmethode und sind besondere Momentaufnahmen des privaten Musizierens am Thomaskirchhof. In jedem der drei Büchlein trägt Bach zunächst eigene Kompositionen ein, die hier meist erstmalig niedergeschrieben sind. Viele Seiten bleiben dann zunächst leer, damit sich ein musikalischer Dialog entwickeln kann. Bach korrigiert die kleinen eigenen Kompositionen der Kinder, trägt hier und da wieder selbst Stücke ein, und die Kinder füllen ihrerseits die Blätter weiter auch mit Favoritstücken anderer Komponisten.

Im ersten, 1720 in Köthen für Wilhelm Friedemann angelegten Büchlein[1] beginnt Bach mit einer Musik- und Formenlehre und erarbeitet gemeinsam mit seinem ältesten Sohn dessen erste Kompositionen. Dabei strebt er nach großen zusammenhängenden Formkomplexen (Inventionen, Präludien des Wohltemperierten Claviers). Die beiden Büchlein für Anna Magdalena (*P 224* und *P 225*), 1722 und 1725 begonnen, sind zunächst musikalische Präsente mit neuen Clavier-Suiten. Aus dem zweiten Clavier-Büchlein wird schließlich ein Familienalbum, in welches die Kinder einerseits ihre Kompositionsversuche eingetragen dürfen und andererseits die Sängerin Anna Magdalena Stücke notiert, die ihr lieb und wert sind. Auch das gemeinsame Singen und Musizieren mit den Kindern kommt nicht zu kurz. Die meisten der für das zweite Clavier-Büchlein ausgewählten Liedtexte – „Gib dich zufrieden und sei stille", „Warum betrübst du dich", „Schlummert ein, ihr matten Augen", „Wie wohl ist mir, o Freund der Seelen", „Gedenke doch, mein Geist, beizeiten", „So oft ich meine Tobackspfeife" oder auch „Bist du bei mir" – zeugen dabei von der ausgesprochen kontemplativen Haltung der Besitzerin. Unsere heutigen Fragen an einige Lieder, erscheinen in dieser Blickrichtung zweitrangig.[2] In ihrer Liedauswahl wird auf vielfältig sinnliche Art und Weise das irdische Dasein im persönlichen, christlichen Glauben und die stete Konfrontation mit dem Tod thematisiert. Da zwischen 1723 und 1733 in Leipzig sieben

[1] US-NHub, *Music Deposit 31*.

[2] Priorität hat wohl zunächst der Text. Das geistliche Lied „Gib dich zufrieden und sei stille" wurde zunächst von Anna Magdalena mit der Kirchenliedmelodie und einem Note-gegen-Note-Baß eingetragen, sodann fügt ihm Bach eine zweite – eigene – Vertonung hinzu (vertut sich dabei mit einem zu hoch liegenden Ambitus und notiert das Lied noch einmal in tieferer Lage).

Kinder Anna Magdalenas im Säuglings- oder Kindesalter starben, war der Tod ein steter Begleiter im Alltag. Und so läßt sich bei den allermeisten Liedern kaum zwischen weltlich und geistlich differenzieren; als persönliche Bekenntnisse und wohlmeinende Lebensweisheiten sind diese Lieder jenseits von Gattungsbestimmungen zu betrachten.[3]

Überhaupt bergen diese Büchlein viele Rätsel: So läßt sich für etliche der kleinen Stücke kein Komponist nachweisen; und beim ersten Clavier-Büchlein für Anna Magdalena ist ein Großteil der ursprünglich vorhandenen Seiten herausgetrennt worden, so daß aus einem Präsent mit Kompositionsniederschriften offenbar eine für Bach anderweitig benötigte wichtige Quelle wurde. Außerdem stehen die Fragen im Raum, bis zu welchem Grad auch die Töchter von dieser besonderen Art musikalischer Erziehung und Herzensbildung profitierten und ob es im Familienkreis vielleicht weitere Büchlein gab, die mittlerweile verloren sind.

Carl Philipp Emanuel besaß später die Clavier-Büchlein seiner Stiefmutter, und sein Kopist Johann Heinrich Michel fertigte – zu einem nicht bekannten Zweck – Abschriften davon an; nur die letzteren erscheinen im Nachlaßverzeichnis C. P. E. Bachs, während die Originale offenbar als familiäre Andenken gehütet und von der Öffentlichkeit ferngehalten wurden.[4] Das Nachlaßverzeichnis weist offenbar eine weitere derartige Familienquelle nach: „Ein kleines Büchlein, worinn ausser von C. P. E. auch von Johann Sebastian und Johann Christian (dem Londner) Bach verschiedene Sing- und Clavier-Compositionen eingeschrieben sind“ (NV 1790, S. 66). Das Original ist zwar mittlerweile verschollen – offenbar wurde es ebenfalls als Familienbesitz zurückgehalten –, doch scheint wiederum eine Abschrift von Michel (*P 672*) mit diesem Büchlein in engem Zusammenhang zu stehen: Unter dem Titel „Kleine Clavier-Stücke | von J. S. Bach. | C. P. E. Bach. | J. C. Bach. | J. C. F. Bach. | Altnickol“ notiert der Kopist nicht weniger als 43 kleine Kompositionen der im Titel genannten Mitglieder der Bach-Familie sowie des Schwiegersohns Johann Christoph Altnickol, darunter auch 13 bislang nicht identifizierte kleine Clavierstücke, die ebenfalls von Mitgliedern der Bach-Familie stammen könnten.[5] Inwieweit die vermutlich noch zu Lebzeiten C. P. E. Bachs angefertigte Abschrift *P 672* eine vollständige Wiedergabe des

---

[3] Im Clavier-Büchlein für Wilhelm Friedemann und im ersten Clavier-Büchlein für A. M. Bach sind insgesamt nur zwei Cantus-firmus-Bearbeitungen über Kirchenlieder („Wer nur den lieben Gott läßt walten“ BWV 691 und „Jesus meine Zuversicht“ BWV 728) vorhanden, aber keine geistlichen Lieder.

[4] D-B: *P 639* und *P 643*. Michel kopierte nicht die vollständigen Büchlein, sondern ließ unter anderem Fragmente außen vor. Siehe NBA V/4 Krit. Bericht (G. von Dadelsen, 1957), S. 18–20 und 61 f.

[5] Die Abschrift umfaßt 42 Blätter (Querformat 10,5 × 17,5 cm). Quellenbeschreibung in NBA V/12 Krit. Bericht (U. Bartels/F. Rempp, 2005), S. 314–317.

verschollenen Clavier-Büchlein ist oder lediglich eine Auswahl darstellt, kann nicht mehr festgestellt werden. Als Hofcembalist in Berlin hat er nach dem Tod des Vaters den jüngsten Halbbruder Johann Christian unter seine Fittiche genommen und dessen musikalische Ausbildung in Berlin fortgesetzt. Als dieser dann später Berlin verließ, verblieben Quellen, darunter auch solche aus dessen väterlichen Erbteil, im Besitz C. P. E. Bachs.

Wenn man die Reihenfolge der Einträge mit den erhaltenen Clavier-Büchlein vergleicht, dann zeigt auch *P 672* die dort beobachtete Anlage: Am Anfang stehen Werke des Vaters; auf die vier Präludien BWV 933, 934, 937 und 938 folgen dann abwechselnd – ohne daß Stücke erkennbar eigens für diese Abschrift sortiert worden wären – viele Stücke der Kinder (neun von J. C. Bach, fünf von J. C. F. Bach, zwei von C. P. E. Bach) sowie drei weitere von J. S. Bach.[6] Neben einer instrumentalen Aria sind es ausschließlich Menuette (einige mit Trios) und Polonaisen; eingestreut sind sodann sieben kleine Clavierstücke derselben beiden Gattungen von Altnickol.[7] Dessen Leipzig-Aufenthalt (1744–1747) und der Fokus auf Stücke von Johann Christian Bach machen es wahrscheinlich, daß wir es hier mit einem um 1745 angelegten Leipziger Clavier-Büchlein zu tun haben.[8] Vermutlich war es für den jüngsten Sohn bestimmt, der zu diesem Zeitpunkt etwa zehn Jahre alt war.

Vorgestellt werden soll nun aber die erste Komposition in *P 672*, die noch vor den vier Bach-Präludien steht und die Sammlung gleichsam mit einer „Losung", so heißt es im Text, eröffnet: die Arie „Ruhig und zufrieden sein, ist ein Paradies auf Erden". Ohne Titel oder Komponistenangabe, vorgesehen für Sopran, ein Melodie-Instrument (offenbar Violine) und Continuo, handelt es sich um eine 54 Takte umfassende Da-capo-Arie, die sich nirgendwo sonst nachweisen läßt (siehe Notenbeispiel).[9]

Ruhig und zufrieden sein,
ist ein Paradies auf Erden.
Und in sich vergnüget werden,

---

[6] Zwei Menuette aus BWV 825 (in einer besonderen Frühfassung); unter dem Titel *Polonoise. 2. J. S. Bach.* verbirgt sich die vermutlich von dem jungen Johann Christian Bach stammende Bearbeitung der Polonaise aus der h-moll-Ouvertüre BWV 1067/6 (Clavierfassung in d-Moll), die J. C. Bach 1748 auch in ein Stammbuch notierte; siehe BJ 1963/64 (H.-J. Schulze), S. 61–64.

[7] Vielleicht hatte Altnickol, der rasch nach seiner Ankunft in Leipzig im Frühjahr 1744 Kontakt zu Bach aufnahm und bis Ende 1747 in Leipzig blieb, in der Familie die Rolle eines Musiklehrers der kleineren Bach-Kinder inne.

[8] Erstmalig vermutet von H.-J. Schulze; siehe BJ 1963/64, S. 64.

[9] Erstausgabe von F. Sindermann in: *Bach. Kleine Klavierstücke aus dem Umkreis von Johann Sebastian Bach (um 1745)*, Stuttgarter Bach-Ausgaben (Stuttgart 2005), S. 5–7 (unter „Anonymus").

Beispiel: Aria „Ruhig und zufrieden sein“ (Vorlage: *P 672*)

und in sich ___ ver - gnü - get wer - den schlie - ßet
21
al - - le __ Wol - lust ein, schlie-ßet al - le,
24
schlie-ßet al - - - - - - - le Wol - lust ein.
27
31

35
in er - wünsch - ter Ein - sam-keit, in er - wünsch - ter
38
Ein-sam keit - blüht die rech - te gold - ne Zeit.
tr
42
46
Al - les schießt die Lo - sung ein: ru - hig und zu - frie - den sein,
50
ru - hig und zu - frie - den sein, ru - hig und zu - frie - den sein.

[Da Capo]

schließet alle Wollust ein.
In erwünschter Einsamkeit
blüht die rechte güldne Zeit.
Alles schließt die Losung ein:
Ruhig und zufrieden sein. (Da capo)

Im Zuge der Editionsarbeiten am neuen BWV wurde *P 672* dahingehend untersucht, ob sich hier noch unerkannte Werke J. S. Bachs verbergen könnten. Die Recherche nach dem Textautor dieser Eröffnungsarie förderte rasch einen Dichter zutage, von dem Bach einiges vertont hat: Erdmann Neumeister (1671–1756). In dessen von Christian Friedrich Hunold (Menantes) erstmals 1706 herausgegebenen Anthologie *Die Allerneueste Art, Zur Reinen und Galanten Poesie zu gelangen*[10] ist diese Arie Bestandteil der „Cantata" mit dem Textbeginn „Geliebter Platz der süßen Einsamkeit" (siehe Abbildung):

1. GEliebter Platz der süssen Einsamkeit (Rez./Accomp.?)
2. **Ruhig und zufrieden seyn (Aria)**
3. Wer fragt darnach, wenn mancher Fladder-Geist
4. Unter süssen Schmeicheleyen (Aria)
5. Ich bleibe vor mich (Aria)
6. Mein Hertz hat sich der Einsamkeit verpflichtet
7. Die Wahren schnöder Eitelkeit (Aria)
8. So wird mir alles wohl gelingen
9. Der Himmel ist bey mir zugegen (Aria)

Der überraschende Nachweis einer Neumeister-Vertonung erscheint unzeitgemäß in einer Sammlung aus der Zeit um 1745 – gerade auch in Kombination ausschließlich mit Clavierstücken. Bach vertonte geistliche Texte Neumeisters vor allem in seiner Weimarer Zeit. Einige weitere sind – in Bearbeitung – auch aus den frühen Leipziger Jahren bekannt, hingegen sind weltliche Texte in Kompositionen Bachs bislang überhaupt nicht überliefert; gleiches gilt insgesamt für die gesamte Anthologie von 1707.

Die Arie „Ruhig und zufrieden sein" trifft gewissermaßen den privaten, kontemplativen Ton aus den Liedern, die im zweiten Clavier-Büchlein von A. M. Bach versammelt sind. Im ruhigen 6/8-Takt gehalten, zeigt sie eine Faktur, die bewußt einfach gehalten, aber im Zusammenspiel von Instrumentalstimmen und Sopran dialogisch und mit kleinen besonderen Einfällen sehr fein ausge-

[10] Hamburg, G. Liebernickel, 1707 (zahlreiche Wiederabdrucke bis 1742), jeweils im Kapitel 17 „Von der Cantate" (S. 321–323), in welchem unbezeichnete Libretti zusammengefaßt sind. Daß diese sämtlich von Neumeister selbst verfaßt wurden, ist nicht sicher belegbar. In allen Drucken dieser Anthologie heißt es auf dem Titelblatt: „mit überaus deutlichen Regeln und angenehmen *Exempeln* ans Licht gestellet, von *Menantes*".

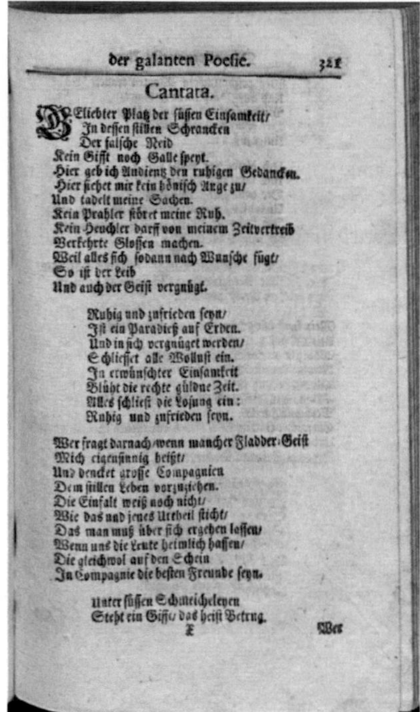

der galanten Poesie. 321

Cantata.

Geliebter Platz der süssen Einsamkeit/
In dessen stillen Schrancken
Der falsche Neid
Kein Gifft noch Galle speyt.
Hier geb ich Audientz den ruhigen Gedancken.
Hier siehet mir kein höhnisch Auge zu/
Und tadelt meine Sachen.
Kein Prahler störet meine Ruh.
Kein Heuchler darff von meinem Zeitvertreib
Verkehrte Glossen machen.
Weil alles sich sodann nach Wunsche fügt/
So ist der Leib
Und auch der Geist vergnügt.

Ruhig und zufrieden seyn/
Ist ein Paradieß auf Erden.
Und in sich vergnüget werden/
Schliesset alle Wollust ein.
In erwünschter Einsamkeit
Blüht die rechte güldne Zeit.
Alles schliest die Losung ein:
Ruhig und zufrieden seyn.

Wer fragt darnach/wenn mancher Fladder-Geist
Mich eigensinnig heißt/
Und dencket grosse Compagnien
Dem stillen Leben vorzuziehen.
Die Einfalt weiß noch nicht/
Wie das und jenes Urtheil sticht/
Das man muß über sich ergehen lassen/
Wenn uns die Leute heimlich hassen/
Die gleichwol auf den Schein
In Compagnie die besten Freunde seyn.

Unter süssen Schmeicheleyen
Steht ein Gifft/ das heist Betrug.

X Wer

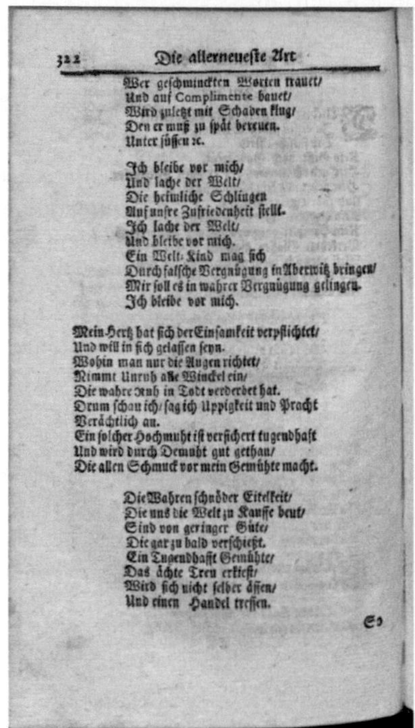

322 Die allerneueste Art

Wer geschminckten Worten trauet/
Und auf Complimente bauet/
Wird zuletzt mit Schaden klug/
Den er muß zu spät bereuen.
Unter süssen 2c.

Ich bleibe vor mich/
Und lache der Welt/
Die heimliche Schlingen
Auf unsre Zufriedenheit stellt.
Ich lache der Welt/
Und bleibe vor mich.
Ein Welt-Kind mag sich
Durch falsche Vergnügung in Aberwitz bringen/
Mir soll es in wahrer Vergnügung gelingen.
Ich bleibe vor mich.

Mein Hertz hat sich der Einsamkeit verpflichtet/
Und will in sich gelassen seyn.
Wohin man nur die Augen richtet/
Nimmt Unruh alle Winckel ein/
Die wahre Ruh in Todt verderbet hat.
Drum schau ich/ sag ich Uppigkeit und Pracht
Verächtlich an.
Ein solcher Hochmuht ist versichert tugendhaft
Und wird durch Demuht gut gethan/
Die allen Schmuck vor mein Gemühte macht.

Die Wahren schnöder Eitelkeit/
Die uns die Welt zu Kauffe beut/
Sind von geringer Güte/
Die gar zu bald verschiesst.
Ein Tugendhafft Gemühte/
Das ächte Treu erkiest/
Wird sich nicht selber äffen/
Und einen Handel treffen.

So

Abbildung
Erstdruck Libretto, [E. Neumeister], *Die Allerneueste Art, Zur Reinen und Galanten Poesie zu gelangen*, hrsg. von C. F. Hunold, Hamburg, Liebernickel, 1707), S. 321 f.

staltet ist. Die Melodiephrasen sind eher kleingliedrig und erscheinen dadurch zunächst weniger kunstvoll. Die Stimmen wechseln zwischen dem Ruhemotiv und den gebrochenen Sechzehnteln (meist komplementär in Violine und Continuo) und sind genau aufeinander bezogen. Das kurze Ruhemotiv wird in die Sechzehntel-Figurationen eingebettet (Ruhe und Zufriedenheit inmitten des Treibens der Welt).

Im Vergleich mit den Liedern im zweiten Clavier-Büchlein ist die Arie aufwendiger gestaltet. Ähnliches gilt für Bachs Beiträge zu dem 1736 erschienenen *Musicalischen Gesang-Buch* von Georg Christian Schemelli. Ein Vergleich von „Ruhig und zufrieden sein" beispielsweise mit der „Aria adagio" überschriebenen Komposition „Vergiß mein nicht, mein allerliebster Gott" BWV 505[11] zeigt, daß die Übergänge zwischen „Arien" bei Bach (zwischen

[11] Nr. 627. Anders als alle anderen Lieder hat es mit „di S. Bach, D. M. Lips." als einziges Lied eine Komponistenbezeichnung.

geistlichem Lied mit Continuo und Arien mit Instrumentalbegleitung oder großen Obligatpartien in den Instrumenten – fließend sind.
Nur wenn man „Ruhig und zufrieden sein" im Kontext der Gattung Kantate einer Vertonung über einen ähnlichen Text gegenüberstellt, fällt sozusagen eine künstlerische Differenz ins Gewicht. „Ruhig und in sich zufrieden ist der größte Schatz der Welt",[12] die erste Arie der um 1726/27 komponierten Sopran-Solokantate „Ich bin in mir vergnüget" BWV 204 setzt in etwa dieselbe Lebensweisheit in Musik und verwendet ebenfalls ein ähnlich dichotomisches Paar aus langen Notenwerten eingebettet in eine fließende Sechzehntel-Bewegung im 3/8-Takt. Jedoch erfordert die Sopranstimme hier einen sehr viel längeren Atem, zeigt einen umfangreicheren Ambitus (*d–b2*) und weitaus längere sowie komplexere Melismen; alle Stimmen in BWV 204/2 weisen hier eine maximale Flexibilität der Faktur und eine große Dichte des harmonischen Verlaufs auf.[13] Erwartungsgemäß setzt die Sopranstimme der Kantate gesangstechnisch eine professionelle Ausbildung voraus. Die Arie in *P 672* wirkt demgegenüber in all ihren Proportionen wie eine kleine Schwester, wie eine Ariette.
Betrachten wir nur einen Ausschnitt dieser Ariette, die Takte 14–26: Der sequenzierende Mittelteil des Ritornells (Klopfmotiv jeweils zweimal mit drei Achteln und Sechzehntelumspielung mit Sequenz in T. 14–15 sowie T. 17–18) wird zweimal exakt in der Singstimme aufgegriffen (Vokaleinbau T. 16–17 sowie 18–20) und kulminiert dann in allen Stimmen durch rhythmische Steigerung in der Kadenz T. 21/22). Das Klopfmotiv in T. 21 (Continuo) setzt sich über T. 22 (Singstimme) über die Sequenz (Violine, Continuo) fort. Dies sei nur als ein Beispiel für eine subtile rhythmische Dialogstruktur angeführt, die alles andere als musikalische Alltagsware ist.
Im Zusammenhang mit dem pädagogischen Impetus eines Bachschen Clavier-Büchleins sticht eine solche Arie mit ihrem mottohaften „Ruhig und zufrieden sein" heraus, und es ist schlichtweg nicht vorstellbar, daß Bach zu Beginn eines neuangelegten Büchleins für seinen jüngsten Sohn ein fremdes Werk gestellt haben könnte oder daß hier im Nachhinein und nur für die Abschrift durch Michel eine Zusammenfügung mit Polonaisen und Menuetten veranlaßt worden sein könnte.

---

[12] Für Sopran, Ob I/II und Continuo (173 Takte, 3/8-Takt).

[13] Das violintypische Spiel mit gebrochenen Sechzehntelfigurationen (versus Liegetönen) findet sich auch in der Köthener Menantes-Vertonung „Der Himmel dacht auf Anhalts Ruhm und Glück" BWV 66a (nur erhalten in ihrer geistlichen Umformung als Osterkantate „Erfreut euch, ihr Herzen" BWV 66) im Duett „Ich furchte zwar des Grabes Finsternissen" (Köthener Fassung: „Ich weiche nun/Ich weiche nicht, ich will/du sollst der Erden sagen") in A-Dur (12/8-Takt). Hier zeigt sich eine um etwa ein Vierfaches größere Dimension der Anlage.

Unter musizierpraktischem Aspekt betrachtet, ist „Ruhig und zufrieden sein" eine sehr gute Übung in kammermusikalischem Zusammenspiel.[14] Die Violin- und die Continuo-Partien sind für fortgeschrittene Anfänger spielbar, und auch der Gesangspart könnte für eines der Kinder bestimmt gewesen sein.[15] Welche spezifische „Geschichte" vielleicht hinter dieser Losungs-Arie steckt, bleibt hingegen – genauso wie bei etlichen der Einträge im zweiten Clavier-Büchlein von A. M. Bach – im Verborgenen.

Gibt es darüber hinaus Anhaltspunkte, daß „Ruhig und zufrieden sein" – ein Text, der ja seit 1707 gedruckt vorlag und viele Nachdrucke erlebte – sehr viel früherer komponiert wurde und vielleicht zu einer vollständig komponierten frühen Kantate gehörte? In diesem Fall wäre es angezeigt, sie mit frühen weltlichen Vokalkompositionen Bachs zu vergleichen, etwa einigen weniger melismatischen Arien aus der Jagdkantate BWV 208 wie „Schafe können sicher weiden" (Satz 9, für Sopran) oder „Ihr Felder und Auen, laßt grünend euch schauen" (Satz 15, für Baß). Gerade das Ritornell der Sopran-Arie aus BWV 208 ist etwas gediegener komponiert, woraus sich aber für unsere Fragestellung keine gültige Schlußfolgerung ziehen läßt.

Die unterschiedlichen Gegenüberstellungen führen folglich zu dem Schluß, daß diese Arie vermutlich als eine Komposition Johann Sebastian Bachs anzusehen ist; in den Hauptteil des BWV³ wird sie aber mangels direkter Zuschreibung schwerlich einzugliedern sein. Auf jeden Fall aber lohnt es sich, sie als lebendiges Zeugnis der einzigartigen kammermusikalischen Musizierpraxis im Hause Bachs wiederzuentdecken.

*Christine Blanken* (Leipzig)

---

14 Vielleicht handelt es sich auch um eine vereinfachende Bearbeitung für das häusliche Musizieren, denn auch die Arie „Schlummert ein, ihr matten Augen" aus der Kantate BWV 82 ist im zweiten Clavier-Büchlein für A. M. Bach ohne die Instrumentalstimmen in einer stark reduzierten Fassung überliefert.

15 Die kurzen Phrasen scheinen geradezu Rücksicht zu nehmen auf ein bei Kindern geringeres Luftvolumen.

# Zwei ikonographische Quellen für das Lied „Kraut und Rüben" aus dem Quodlibet zu Bachs Goldberg-Variationen

Die von Casper Siegfried Gähler (1747–1825) auf einer leeren Seite eines heute in der British Library befindlichen Exemplars der Goldberg-Variationen festgehaltene „mündliche Nachricht" des Bach-Schülers Johann Christian Kittel (1732–1809) bewahrt wertvolle Angaben zu den von Bach im abschließenden Quodlibet (Variatio 30) benutzten Volksliedern und gibt damit einen Schlüssel zum Verständnis des Werks. Laut Kittel waren die Melodien, von denen jeweils die ersten beiden Einsätze in der 30. Variation nachgewiesen werden, einst mit den Texten „Ich bin so lange nicht bei dir gewesen, Ruck her, Ruck her etc." und „Kraut und Rüben haben mich vertrieben etc." verbunden. Im Anschluß an diese Aufzeichnung notierte der Berliner Bibliothekar Siegfried Wilhelm Dehn (1799–1858) die vollständigen Texte der Lieder:

Ich bin so lang nicht bey dir g'west
Ruck her "–"–"
Mit einem tumpfen Flederwisch
Drüb'r her, drüb'r her, drüb'r her"

Kraut u. Rüben haben mich vertrieben
Hätt' meine Mutter Fleisch gekocht
Wär' ich länger g'blieben./ blieben.[1]

Vermutlich gab Kittel sein Wissen über die Lieder bei seinem Aufenthalt in Hamburg in den Jahren 1800 und 1801 an Gähler weiter, also mehr als fünfzig Jahre nach Bachs Tod. Dehns Zusatz dürfte aus der Zeit um 1841–1858 stammen; seine Quelle ist unbekannt. Die Zuverlässigkeit von Dehns Textfassung ist gelegentlich in Zweifel gezogen worden; auch bleibt unklar, ob Kittel mit seiner Mitteilung Bachs tatsächliche Intentionen zuverlässig wiedergab.[2]

Carl Hermann Bitter gab die Notizen in seiner Bach-Biographie wieder,[3] und in seiner revidierten und erweiterten Ausgabe von Ludwig Erks umfassender

---

[1] NBA V/2 Krit. Bericht (C. Wolff, 1977), S. 98. Zu der Identifizierung von Gähler als Schreiber der ersten Notiz siehe Dok V, Nr. C 1050 und BJ 1994, S. 171–175 (H.-J. Schulze).

[2] Vgl. H.-J. Schulze, *Notizen zu Bachs Quodlibets*, in: Schulze Bach-Facetten, S. 163 bis 170, speziell S. 169.

[3] C. H. Bitter, *Johann Sebastian Bach*, 4 Bde., Berlin [2]1881, Bd. 3, S. 157 f.

Volksliedsammlung *Deutscher Liederhort* nannte Franz Böhme das Quodlibet als Quelle für „zwei alte thüringische Volkslieder" (allerdings werden hier die Melodien nicht identifiziert, sondern das Quodlibet wiedergegeben). In dem unmittelbar vorhergehenden Eintrag präsentierte Böhme eine Melodie (einen „Uralten Reigentanz der Salzsieder in Schwäbisch-Hall"), die derjenigen von „Ich bin so lang nicht bei dir g'west" ähnelt, doch mit einem anderen Text verbunden ist: „Mei Mutter kocht mir Zwiebel und Fisch/ Rutsch her, rutsch her, rutsch her etc." Im Zusammenhang mit „Kraut und Rüben" druckte Böhme den Text eines „Tanzreims" des 18. Jahrhunderts, allerdings ohne die Melodie: „Kraut und Rüben, die haben mich vertrieben; Hätt' mir mein Mutter Fleisch gekocht, wär ich bei ihr geblieben".[4] Die erste Ausgabe des *Deutschen Liederhorts* enthielt zu keinem der drei Titel Melodien oder Texte,[5] und dasselbe gilt auch für eine nur wenig später erschienene Sammlung von Volksliedtexten.[6] Wie bereits erwähnt, nennt die revidierte Ausgabe des *Deutschen Liederhorts* als einzigen Nachweis für die „thüringischen Volkslieder" Bachs Quodlibet. Das Tanzlied aus Schwäbisch Hall war 1812 veröffentlicht worden,[7] der Liedtext zusammen mit einer Beschreibung des Tanzes bereits 1794 erschienen – zu einer Zeit, als er ungeachtet seiner altertümlichen Herkunft noch immer im aktiven Brauchtum verankert war.[8] Der Tanzreim mit dem Text von „Kraut und Rüben" soll noch 1836 in Thüringen und sogar noch bis 1860 in der Wetterau bekannt gewesen sein. Obwohl sie sich an einigen Orten erstaunlich lange hielten, scheint die Verbreitung der

4 F. M. Böhme, *Deutscher Liederhort. Auswahl der vorzüglicheren deutschen Volkslieder*, 2 Bde., Leipzig 1893, Bd. 2, S. 787. Das Quodlibet findet sich als Nr. 1046, die an „Ich bin so lang nicht bei dir g'west" erinnernde Melodie als Nr. 1045. Letztere wurde veröffentlicht von Friedrich David Gräter in *Idunna und Hermode. Eine Alterthumszeitung*, Bd. 1, Breslau 1812. Der Tanzreim „Kraut und Rüben" findet sich als Nr. 1047.

5 L. Erk, *Deutscher Liederhort. Auswahl der vorzüglichern deutschen Volkslieder*, Berlin 1856, S. XVI–XVII.

6 F. L. Mittler, *Deutsche Volkslieder. Sammlung von Franz Ludwig Mittler*, Frankfurt/ Main 1865.

7 F. D. Gräter, *Idunna und Hermode* (wie Fußnote 4). Die von Böhme und Gräter präsentierten Fassungen von „Ich bin so lang nicht bei dir g'west" weisen einige Abweichungen auf: Böhme nennt die Melodie einen „uralten Reigentanz", der auf einer Sackpfeife zu spielen sei, während Gräter sie als einen „alten Reihentanz" bezeichnet, der auf einer Querflöte ausgeführt würde. Böhme nahm zudem einige Modifizierungen der von Gräter präsentierten Melodie vor: Er änderte vielfach den Rhythmus und fügte Artikulationsbögen hinzu.

8 F. D. Gräter, *Bragur. Ein litterarisches Magazin der teutschen und nordischen Vorzeit* 3 (1794), S. 236–239. Der Autor gibt an, daß der Tanz von Querflöte und Trommel auszuführen sei und der Text niemals gesungen würde, obwohl er jedermann bekannt sei.

beiden Lieder im 19. Jahrhundert stark zurückgegangen zu sein. Bereits um 1800 waren sie etwa in Hamburg anscheinend bereits vergessen – denn warum sollte es sonst nötig gewesen sein, Kittel als Gewährsmann für Text und Melodien heranzuziehen?
Johann Nikolaus Forkel (1749–1818) berichtet über improvisierte Quodlibets bei den Bachschen Familientreffen und erläutert, daß die Liedtexte ein wichtiges Element der Belustigung waren. Bach hätte die Lieder leicht im Druck seines Werks identifizieren können, doch er entschied sich dagegen; hieraus ist wohl nichts anderes zu schließen, als daß er es Hörern oder Spielern (etwa den Familienmitgliedern) überlassen wollte, die Zitate zu erkennen. Die mehrfache Veröffentlichung von Rätselkanons und die in Bachs Zeit geläufige Verwendung von Kryptogrammen in musikalischen Werken sowie von Pseudonymen scheint anzudeuten, daß die Freude an der Aufdeckung solcher Verschlüsselungen ein wichtiger Aspekt der damaligen Kultur war.
Da Quodlibets meist keine vollständigen Melodien verwenden, Phrasen willkürlich wiederholen, sie außerhalb der regulären Abfolge präsentieren und Melodiebruchstücke aus verschiedenen Liedern oft nahtlos zusammenfügen und da Bach die traditionellen Liedmelodien für seine Zwecke verändert haben könnte, erscheint Kittels Mitteilung ziemlich unvollständig: Er verzichtete darauf, das Ende der Melodiephrasen sowie Wiederholungen anzugeben, und vor allem ignorierte er die Verwendung weiterer Melodiesegmente. Allein auf der Grundlage von Kittels Angaben oder des Quodlibets könnten wir heute also nicht mehr bestimmen, mit welchen Abschnitten der Liedmelodien – abgesehen von den in Gählers Notiz identifizierten – Bach gearbeitet hat. Und natürlich enthält das Quodlibet keinen Text, außer den von Gähler angegebenen Incipits. Wir haben also keine genaue Vorstellung davon, welche Liedfassungen Bach kannte. In jüngerer Zeit konnten einige Werke bestimmt werden, in denen die in Bachs Quodlibet zitierten Melodien ebenfalls auftauchen. Dies betrifft insbesondere das Lied „Kraut und Rüben“, das mit der Bergamasca-Melodie eng verwandt ist. In der Literatur wird häufig auf Dietrich Buxtehudes Variationszyklus „La Capricciosa“ verwiesen. „Ich bin so lang nicht bei dir g'west“ hingegen kommt in einem Werk eines seinerzeit in Dresden wirkenden Musikers vor, wobei die Verbindung zum „Großvatertanz“ oder „Kehraus“ – einem wilden Tanz, der zum Abschluß von Hochzeitsfeiern gespielt wurde – explizit angegeben ist, die frühe Kommentatoren wie Erk und Böhme nicht erwähnen.[9]

[9] Gottlob Harrer, Kapellmeister des Grafen Brühl und nachmals Bachs Nachfolger als Thomaskantor in Leipzig, schrieb 1736 eine „Sinfonia nella quale per espresso Commando e intrecciato il Baile del gran Padre, per li feste delle Nozze rip. de Sr. Barone di Stein“, die Teile der Melodie verarbeitet; siehe Schulze Bach-Facetten, S. 506 f.

Quellen für die schlichten (also nicht in größere Werkzusammenhänge eingebaute) Melodien waren seit jeher sehr selten.[10] Besondere Aufmerksamkeit dürfen daher eine Zeichnung[11] (siehe Abbildung 1) und ein Gemälde[12] von Johann Philipp von der Schlichten (Jan Philips van der Schlichten; 1681–1745) mit nahezu identischen Darstellungen beanspruchen. Von der Schlichten war Hofmaler von Kurfürst Karl Philipp von Pfalz-Neuburg (1661–1742) in Mannheim. Beide Darstellungen zeigen einen älteren Mann auf einem niedrigen Stuhl sitzend und eine Pochette spielend.[13] Nach seinen zerschlissenen Hosen und seiner ungepflegten Erscheinung zu urteilen, hat er harte Zeiten durchgemacht. War er vielleicht einmal ein höfischer Tanz-

---

10 Lediglich die bei Gräter und Böhme veröffentlichte Schwäbisch Haller Fassung von „Ich bin so lang nicht bei dir g'west“ ist als einzelnstehende Melodie überliefert.

11 J. P. von der Schlichten, *Der Bettelmusikant: Kraut und Rüben haben mich vertrieben*. [1701-45]. Feder in Braun, grau laviert, über Graphit, in brauner Federeinfassung. 25,6×19,4 cm. Herzog Anton Ulrich Museum Braunschweig (Digitalisat: http://kk.haum-bs.de/?id=z-01175; ich danke Katja Pylen für ihre Hilfe).

12 Von der Schlichten, *Der Bettelmusikant*, 1731. Öl auf Holz, 46,2×38,9 cm. Bayerische Staatsgemäldesammlungen, Alte Pinakothek, München (Digitalisat: www.sammlung.pinakothek.de/en/artwork/o5xrMBn47X). Das Gemälde gehörte einst der Galerie Mannheim, kam aber bereits 1799 in die Alte Pinakothek. Es ist signiert und mit der Jahreszahl 1731 versehen. Auf dem Bild ist leicht ein hölzerner Fußboden auszumachen, der andeutet, daß die Szene in einem Innenraum spielt. Im Gegensatz zu der Zeichnung sind die Objekte im Hintergrund deutlich erkennbar. Ich danke Berndt Ebert (Alte Pinakothek München) für seine Hilfe. Eine zweite Fassung des Bildes zeigt denselben Musiker, der auf zusammengeknülltem Papier an seinem Fuß den Rhythmus tritt, sowie ein Mädchen am Hackbrett. Dieses 1998 versteigerte Bild („Interieur mit Tanzmeister, eine Pochette en Bateau spielend“) ist vermutungsweise Johann Franz von der Schlichten (1725–1790) zugeschrieben. Auf dem vor dem Spieler auf dem Boden liegenden Notenblatt sind weder die Noten noch der Text des Lieds „Kraut und Rüben“ erkennbar.

13 Obwohl die heutigen Titel der Zeichnung und des Ölbilds den dargestellten Mann als einen Bettelmusikanten bezeichnen, bleibt doch die Frage, warum ein Bettler eine Pochette spielen sollte, also ein Instrument, das weder ein Straßeninstrument noch leicht erschwinglich war. Die ikonographische Tradition sieht für einen musizierenden Bettler denn auch normalerweise eine Drehleier vor (ich danke Laurence Libin für seine Beratung in organologischen Fragen). In der Tat ist der Musiker, auch wenn seine Garderobe verschmutzt und zerschlissen ist, deutlich besser gekleidet als Bettler in zeitgenössischen Darstellungen, und er hat auch nicht den für Bettler obligatorischen Krückstock bei sich. Insgesamt ist seine Kleidung unscheinbar, doch der Schnauzbart könnte auf eine ehemalige Zugehörigkeit zur Armee deuten (ich danke James Middleton für seine Auskünfte zu Habit und Haartracht des dargestellten Mannes).

meister? Der Hintergrund zeigt eine häusliche Szene mit einem Vogelkäfig und einer an der Wand hängenden Zeichnung, einem Korb und einem Faß mit einem Tablett, auf dem ein Krug, eine Pfeife und ein Stück Tuch liegen. Daneben erkennt man verschiedene unbenutzte Töpfe, Pfannen und Küchenutensilien auf dem Boden. Eine alte holländische Tür ist halb geöffnet und gibt den Blick auf einen weiteren Innenraum frei. Ist der Musiker vielleicht schon längere Zeit dort und spielt etwa auf einer Feier oder einer Hochzeit auf? Zu seinen Füßen liegt ein eingerissenes und beinahe kunstvoll zerknülltes Stück Papier, auf dem Noten und Text zu sehen sind, die in Richtung auf den Betrachter – nicht den Musiker – ausgerichtet sind. Das Notenblatt wirkt wie eine Erläuterung; es teilt dem Betrachter mit, was der Musiker spielt, und wir sollten daher das Lied als einen Teil der von dem Bild vermittelten Aussage verstehen. Ebenso faszinierend wie die dargestellte Szene ist das, was auf dem Bild nicht zu sehen ist. Wer ist das Publikum des Musikers? Wen blickt er an? Zeigt sein Gesicht Überraschung oder Verwirrung? Sollen wir annehmen, daß er mit seiner Pochette einer Gesellschaft zum Tanz aufspielt? Oder ist das Instrument – und vielleicht gar der Musiker selbst – aus dem angestammten Kontext herausgelöst?

Die Melodie von „Kraut und Rüben“ erscheint auf dem Bild ohne eine bezifferte Baßlinie und ohne weitere Stimmen. Sie erstreckt sich über zwei Systeme, die beide einen Violinschlüssel, aber keinerlei Schlüsselakzidenzien vorgezeichnet haben (siehe Abbildung 2). Die Melodie ist im Viervierteltakt notiert. Beispiel 1 und 2 geben die beiden Fassungen der Melodie auf der Zeichnung und auf dem Gemälde wieder. Die Notation umfaßt acht Takte – zwei viertaktige Perioden, wobei das Gemälde Wiederholungszeichen für beide Abschnitte enthält und somit die musikalische Struktur A–A–B–B festlegt.

Naturgemäß ist die Genauigkeit von Notendarstellungen auf Gemälden immer problematisch. Im vorliegenden Fall war zudem die Wiedergabe der Noten auf dem zerknüllten Papier eine maltechnische Herausforderung für den Künstler, da die Systeme nicht durchweg gerade wiedergegeben werden konnten, sondern den Knicken, Wellen und Brüchen des Papiers folgend mußten. Aus unbekannten Gründen weichen die Melodiefassungen in der Zeichnung und im Gemälde an mehreren Stellen ab, und wir wissen nicht, inwieweit beide mit ihrer Vorlage übereinstimmen. Tatsächlich betreffen die Übereinstimmungen lediglich die Hälfte der Takte (Takt 1, 4, 7 und 8). Die Takte 5 und 6 zeigen leichte Varianten (die höchste Note ist in der Zeichnung ein g, im Gemälde hingegen ein f), während die Takte 2 und 3 substantielle Unterschiede aufweisen (die Wendung in Takt 2 könnte in der Zeichnung versehentlich eine Terz zu tief eingetragen worden sein, die Wiederholung einer Note fehlt). Obwohl die Möglichkeit, zwei Fassungen derselben Darstellung miteinander vergleichen zu können, Rückschlüsse auf die Zuverlässigkeit der Wiedergabe erlaubt, bleibt doch die Beziehung zwischen den beiden Bildern unklar. War die Zeichnung eine Vorstudie für das Ölgemälde oder diente jenes als dessen Vorlage? Wurden die Noten in dem Gemälde von der Zeichnung kopiert (oder umgekehrt) oder diente eine nicht erhaltene Handschrift als Vorlage für beide?

Die hypothetische Vorlage für den Notentext in den beiden Darstellungen könnte die in Beispiel 3 wiedergegebene Melodiefassung gewesen sein. Die erste Phrase (Takt 1–2) erscheint in dem Quodlibet achtmal (je viermal in beiden Teilen), während die zweite (Takt 3–4) beziehungsweise letzte (Takt 7–8) zweimal vorkommt (je einmal in beiden Teilen). Wenn die zweite Phrase auftaucht, so geschieht dies stets als Kontrapunkt zu der ersten (in der ersten Hälfte des Quodlibets liegt die erste Phrase oben, in der zweiten die letzte). Es wäre nicht überraschend, wenn Bachs Interesse an der Melodie durch die Möglichkeit geweckt worden wäre, ihre Bestandteile simultan im doppelten Kontrapunkt zu verwenden.

Der in den bildlichen Darstellungen zu findende Text ist nahezu identisch mit dem von Gähler und Dehn wiedergegebenen. Er lautet in der Zeichnung: „Kraut und rÿben haben mich furtriben [Gemälde: vertriben] | het mein mutter fleisch gekoc[ht] | so wer ich lenger bliben“. Da es dem Maler offenbar darum ging, den Text groß und lesbar zu präsentieren, plazierte er ihn ohne Rücksicht auf die Silbenverteilung zwischen und unter die beiden Systeme, obwohl er eigentlich zu der Melodielinie des ersten Systems gehört hätte. Sollte es ursprünglich einen anderen Text für die zweite Zeile gegeben haben, so wäre dieser verloren; allerdings finden sich weder bei Gähler noch bei Dehn Hinweise auf weitere Zeilen oder Strophen. Die in der Zeichnung zu findende Orthographie könnte einen Dialekt wiedergeben oder aber bewußt Fehler enthalten, um anzudeuten, daß der Musiker, das Lied und die gesamte Szene nicht der aristokratischen Schicht angehören.

Die Zeichnung von Johann Philipp von der Schlichten war gewiß nicht Bachs Quelle, und es gibt keinen Hinweis darauf, daß er das Bild überhaupt kannte. Dennoch bietet sie kennenswerte Hinweise. So belegt die Darbietung des Liedes in betont schlichter häuslicher Umgebung, daß „Kraut und Rüben“ als volkstümliches Stück verstanden werden sollte und daß – aus Gründen, die noch zu erörtern wären – Bach die Intention verfolgte, die Sphäre der „hohen“ Kunst (Kanon, Fuge und andere in den Goldberg-Variationen verwendete Gattungen des gelehrten Kontrapunkts) mit derjenigen der „niederen“ Musik zu vermischen. Die ikonographische Verbindung von „Kraut und Rüben“ mit einer Tanzgeige zeigt darüber hinaus, daß das Lied um 1732 in Mannheim als Tanz galt – ebenso wie die originale Bergamasca in Italien. Da die von Böhme erwähnte, dem Lied „Ich bin so lang nicht bei dir g'west“ ähnelnde historische Melodie in Schwäbisch Hall ebenfalls getanzt wurde und da schließlich „Ich bin so lang nicht bei dir g'west“ selbst der „Großvatertanz“

oder „Kehraus“ im Reigen der traditionellen Hochzeitstänze war, können wir mit großer Bestimmtheit sagen, daß Bach in seinem Quodlibet zwei Tänze verwendete.[14]

*Edward C. Pepe* (San Agustinillo, Oaxaca, Mexico)

[14] Bezeichnenderweise hatte Böhme bereits 1893 in seinem Buch das Quodlibet und verwandte Lieder unter der Rubrik „Tanz- und Spiellieder“ verzeichnet.

Abb. 1: Johann Philipp von der Schlichten, *Der Bettelmusikant*.
Zeichnung in der Sammlung des Herzon-Anton-Ulrich-Museums, Braunschweig.

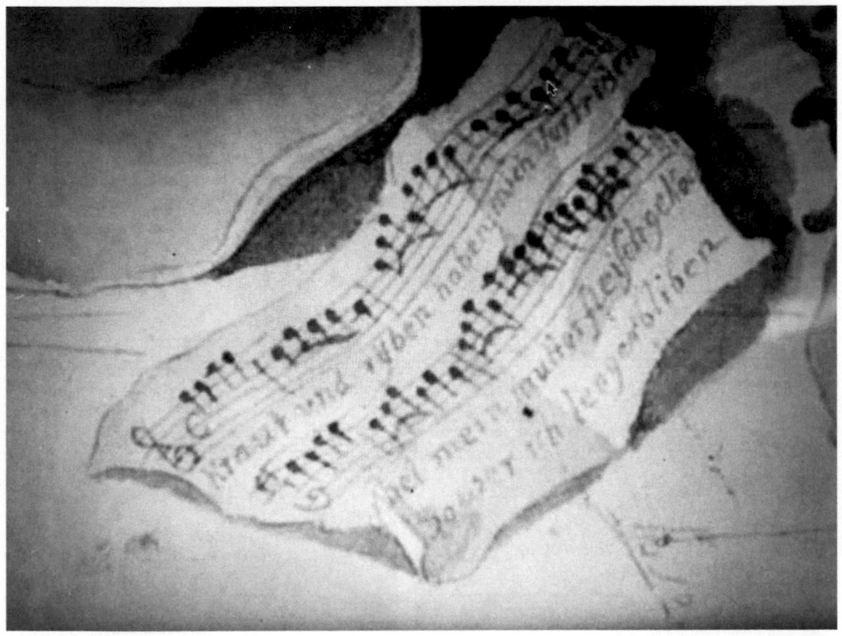

Abb. 2: Johann Philipp von der Schlichten, *Der Bettelmusikant* (Detail).

Beispiel 1: Übertragung des Notenblattes auf der Zeichnung

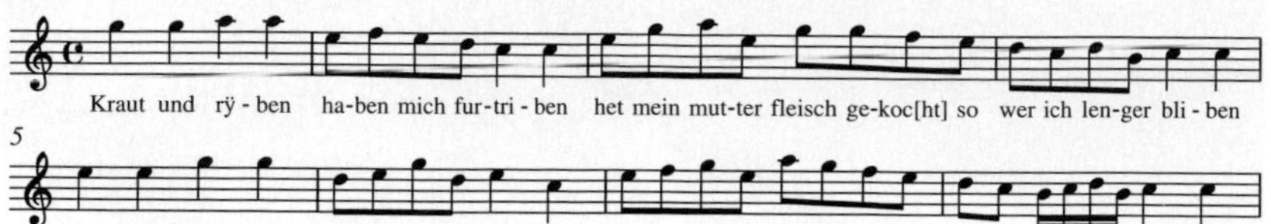
Kraut und rÿ - ben ha-ben mich fur-tri - ben het mein mut-ter fleisch ge-koc[ht] so wer ich len-ger bli - ben

Beispiel 2: Übertragung des Notenblattes auf dem Gemälde

Kraut und rÿ - ben - ha-ben-mich ver-tri - [ben] Het mein mut-ter Fleisch ge-kocht so wer ich leng-er blie - ben.

Beispiel 3: Hypothetische Vorlage

# Zur Identifizierung eines Kantatenjahrgangs von Gottfried Heinrich Stölzel im Besitz Carl Philipp Emanuel Bachs

Carl Philipp Emanuel Bach besaß, dem 1790 veröffentlichten NV zufolge (S. 86), insgesamt drei annähernd vollständige Kantaten-Jahrgänge von Gottfried Heinrich Stölzel:

Ein Jahrgang von Stölzel, mit mehrentheils ausgeschriebenen Stimmen. An diesem Jahrgange fehlen der 4te, 5te und 6te Sonntag nach Epiphanias.

Ein Jahrgang von Stölzel. Zu vielen Stücken sind ausgeschrieben Stimmen. An diesem Jahrgange fehlen: Fest Epiphanias, der 6te Sonntag nach Epiphanias, der 10te, 14te, 15te, 17te, 20te und 27te Jahrgang nach Trinitatis; und 2 Stücke sind incomplet.

Ein Jahrgang von Stölzel. Zu vielen Stücken sind ausgeschrieben Stimmen. An diesem Jahrgange fehlen: Fest Epiphanias und der 27. Sonntag nach Trinitatis.

Welche Jahrgänge gemeint waren, war bislang nur vermutungsweise zu klären. Einen konkreten Hinweis liefert das erhaltene Textheft zum Gottesdienst am Ersten Osterfeiertag 1784 in St. Petri, Hamburg.[1] Aufgeführt wurden, wie üblich, zwei Kantaten: die eine vor, die andere nach der Predigt. Die nach der Predigt erklingende Kantate, auch „zweite Musik“ genannt, stammte zumeist aus der Feder eines anderen Komponisten als die erste, stellte jedoch „in der Regel inhaltlich den Bezug zum Evangelium des jeweiligen Sonntags her.“[2] Im Gottesdienst zu Ostern 1784 erklang vor der Predigt C. P. E. Bachs „Anbetung dem Erbarmer“ BR-CPEB Fs 12, nach der Predigt die Kantate „Gelobet sei Gott, der mein Gebet nicht verwirft“ aus der Feder eines ungenannten Komponisten. Im dritten Teil wurde allein der letzte Satz der zweiten Kantate, der Choral „Vater unser im Himmelreich“, musiziert.[3] Die als „zweite Musik“ aufgeführte Kantate stammt von Gottfried Heinrich Stölzel[4] und war

---

[1] Erhalten in dem Partiturenkonvolut *P 339*.

[2] Vgl. BR-CPEB, S. 393.

[3] In Hamburg erklang am Ende des Gottesdienstes schon zu Zeiten Georg Philipp Telemanns stets noch einmal ein Auszug aus einer der beiden zuvor musizierten Kantaten.

[4] CPEB:CW VIII/3.3 (U. Leisinger, 2016), S. 381. Für die Übermittlung von Leisingers Angaben und weitere Informationen danke ich dem Kollegen Wolfram Enßlin.

bestimmt für den Sonntag Rogate.[5] Sie gehört zum vorletzten seiner überlieferten Kantatenjahrgänge (*Musicalische Lob- und Danckopfer des Friedensteinischen Zions*) von 1737/38. In der Forschungsbibliothek Gotha hat sich ein Druck[6] mit sämtlichen Texten des Jahrgangs, die allesamt Stölzel verfaßt sind, erhalten; in der Staatsbibliothek Berlin ist eine Abschrift der Kantate überliefert.[7] Wie der Textdruck und die Noten belegen, hat C. P. E. Bach die Kantate nicht in ihrer Gesamtheit übernommen, sondern lediglich deren ersten Teil, der in Gotha vor der Predigt („zur Epistel") erklungen ist: Satz I: Chor; Satz II: Rezitativ; Satz III: Duett; Satz IV: Choral. Unberücksichtigt blieb in Hamburg der zweite Teil, der „zum Evangelio" musiziert wurde: Satz V: Duett; Satz VI: Rezitativ; Satz VI = Satz I. Grund dafür dürfte gewesen sein, daß diese Kantate, wie alle übrigen des Jahrgangs auch, nicht die übliche Struktur – Eröffnung mit einem Chor, Abschluß mit einem Choral – aufweist, sondern eine völlig symmetrisch angelegte Bogenform. Im Zentrum steht der Choral, die darauffolgenden Satztypen ordnet Stölzel in umgekehrter Reihenfolge an und läßt zum Abschluß den Eingangschor wiederholen. Auf diese Weise wird den Gemeindemitgliedern die theologische Aussage des Textes, die aus jener des Chorals abgeleitet ist, noch einmal vor Ohren geführt und in ihrer Wirkung verstärkt.

Ob C. P. E. Bach den von Stölzel als Satz IV komponierten Choral übernommen hat, ist nicht sicher. Stölzel verlangte den zweiten Vers („In Jesu Namen steh ich hier") des für Rogate bestimmten Liedes „Mein Abba kömmt vor deinen Thron", dessen Text von Benjamin Schmolck stammt. Im Hamburger Textheft ist als Choraltext angegeben „Vater unser im Himmelreich". Da allerdings der von Stölzel vertonte Schmolck-Text auf dieselbe Melodie ge-

---

[5] In den selbst verfaßten Texten seiner Kantaten nimmt Stölzel jeweils direkten Bezug auf die theologische Aussage der zum betreffenden Sonntag gehörigen Evangelienlesung (vgl. *Episteln und Evangelia mit nutzbaren und erbaulichen Summarien durchs gantze Jahr* […], Dresden und Leipzig [3]1726). Daher bedeutete die ‚Umwidmung' einer Stölzel-Kantate einen starken Eingriff in deren Gesamtanlage, der mit einem Abstand von 50 Jahren und einem veränderten theologischen Verständnis bei den Wiederaufführungen in Hamburg wohl nicht mehr nachvollzogen werden konnte.

[6] D-GOl, *Cant. spir. 878*. „Friedenstein" ist der Name des Gothaer Schlosses der Herzöge von Sachsen-Gotha. Die Kantate ist die Nr. 35 dieses Jahrgangs.

[7] D-B, *Mus. ms. 21412 VI*, Fasz. 8. Die wichtigste Quelle für diesen Jahrgang ist das umfangreiche Konvolut D-B, *Mus. ms. 40370*. Alle 51 Kantaten in jenem Sammelband gehören dem Jahrgang 1737/38 an. Daneben sind insgesamt neun Kantaten dieses Jahrgangs in anderen Sammelbänden überliefert: D-B, *Mus. ms 21412 II*, *Mus. ms. 21412 III*, *Mus. ms. 21412 VI* und *Mus. ms. 21414*. Eingangschöre von einigen Kantaten finden sich überdies in *Am.B. 586* und *Am.B. 597* (je vier Sätze).

sungen werden sollte, ist es durchaus denkbar, daß C. P. E. Bach auch für den Choral auf Stölzels Vertonung zurückgegriffen hat.
Auch wenn die originalen Notenmaterialien offenbar nicht erhalten sind, besteht nach dem oben Dargelegten kein Zweifel daran, daß es sich bei dem ersten genannten Stölzelschen Kantatenjahrgang in C. P. E. Bachs Nachlaß um den Jahrgang 1737/38 handelt.
Was die im NV als fehlend bezeichneten Kantaten zum 5. und 6. Sonntag nach Epiphanias betrifft, so ist folgendes zu bedenken: Im Kirchenjahr 1737/38 gab es nur drei Sonntage nach Epiphanias.[8] Außerdem fiel das Fest der Darstellung Christi/Mariä Reinigung auf den Sonntag Septuagesimae.[9] Eine Kantate für den Sonntag Septuagesimae („Freuet euch der Barmherzigkeit Gottes") liegt vollständig in *Mus. ms. 40370* (Fasz. 12) vor, deren Eingangschor zudem in *Am.B. 597* (Fasz. 5). Die Texte für diesen und die übrigen Kantaten-Jahrgänge, zu denen er selbst die Texte beisteuerte, hat Stölzel jeweils als ‚idealen' Jahrgang konzipiert, das heißt, er berücksichtigte alle am Gothaer Hof begangenen Sonn- und Festtage, zu denen Musik erklang. Ob er dieses Konzept immer auch musikalisch umsetzte, ist bislang ungeklärt.
Im heute in Berlin vorhandenen Notenmaterial finden sich Kantaten für den 26. und 27. Sonntag nach Trinitatis, obschon es im Kirchenjahr 1737/38 nur 25 Trinitatis-Sonntage gab. Berücksichtigt man die beiden nicht benötigten Trinitatis-Kantaten sowie die zuvor genannten und ebenfalls in diesem Kirchenjahr nicht erforderlichen Kantaten für Mariae Reinigung und den 4. Sonntag nach Epiphanias, so waren von den 72 gedruckten Texten seinerzeit lediglich 68 Vertonungen erforderlich. In einer Zusammenstellung – der „Specification"[10] – aller Kompositionen von Stölzel, die 1750 erstellt und seinem Nachfolger Georg Anton Benda bei dessen Amtsantritt übergeben worden war, sind für diesen Jahrgang „69. Stücke" angegeben.[11] Welche Kantate im Hinblick auf die Anforderungen des Kirchenjahrs 1737/38 als überzählige vorhanden war, läßt sich nicht mehr rekonstruieren. Jedenfalls war C. P. E. Bach de facto im Besitz fast des gesamten Jahrgangs, der im Kirchen-

[8] Ein 6. Sonntag nach Epiphanias trat nur einmal während Stölzels Tätigkeit in Gotha auf, nämlich im Jahr 1734. Für diesen Hinweis und weitere wertvolle Informationen danke ich Marc-Roderich Pfau.

[9] Quelle: *Das evangelische Kirchenjahr* (Online: https://www.stilkunst.de/s311_ev_jahr.php; Zugriff: 16.5.2019) und *Kirchenjahrkalender* (Online: https://kirchenkalender.com; Zugriff: 16.5.2019), jeweils für das betreffende Jahr.

[10] Vgl. C. Ahrens, *„Zu Gotha ist eine gute Kapelle…". Aus dem Innenleben einer Thüringischen Hofkapelle des 18. Jahrhunderts*, Stuttgart 2009 (Friedenstein-Forschungen 4), S. 262–265, speziell S. 263. Erhalten hat sich nicht das Original, sondern eine 1778 erstellte amtliche Abschrift des Dokuments von 1750.

[11] Marc-Roderich Pfau machte mich darauf aufmerksam, daß nach seinen Erfahrungen die dortigen Angaben nicht in jedem Falle verläßlich sind.

jahr 1737/38 aufgeführt wurde. Vorhanden sind heute im Berliner Bestand noch 60 vollständige Kantaten, zudem vier Kantaten, von denen lediglich der jeweilige Eingangschor überliefert ist (zwei in Berlin,[12] zwei weitere in Zürich[13]); von sieben Kantaten existieren nur die Texte.
Daß C. P. E. Bach mehr als die oben genannte einzelne Stölzel-Kantate aus seinem Besitz in Hamburg zu Gehör brachte, hatte bereits Andreas Glöckner angenommen[14]; mittlerweile hat sich seine Vermutung bestätigt. Ulrich Leisinger konnte anhand erhaltener Texthefte die Aufführung von zwei weiteren Kantaten in den Jahren 1782 und 1786 nachweisen.[15]
Bedauerlicherweise liegen bislang keine Erkenntnisse darüber vor, wie Stölzels Kantatenjahrgänge in Bachs Hände gelangten. Dabei wäre es interessant, Gewißheit darüber zu erhalten, ob er sie aus dem Nachlaß seines Vaters übernommen oder selbst erworben hat, und, sollte letzteres der Fall gewesen sein, wann und von wem.[16] Immerhin mußte 1778 beim Weggang von Georg Benda aus Gotha ein beträchtlicher Verlust an Werken seines Amtsvorgängers festgestellt werden, darunter mehrere Kantatenjahrgänge.[17] Zudem erschienen zwischen 1753 und 1766 in der Zeitung *Wöchentliche Gothaische Anfragen und Nachrichten* mehrere Verkaufsanzeigen von Noten, unter anderem von vollständigen Kantatenjahrgängen Stölzels.[18]

*

[12] *Am.B. 568* (Fasz. 6 und 7). Die Handschrift enthält ausschließlich die Eingangssätze von Stölzel-Kantaten. Vgl. hierzu C. Ahrens, *Bemerkungen zu den Kantaten des Jahrgangs X (1737/38) von Gottfried Heinrich Stölzel in der Sammelhandschrift Mus.ms 40370 der Staatsbibliothek Berlin – Preußischer Kulturbesitz* (Onlineversion: https://www.db-thueringen.de/receive/dbt_mods_00039299).

[13] „Lasset fröhlich sein und miteinander rühmen" zum 3. Ostertag (CH-Zz, *Mus. Car XV 264 (241): 2* und „Gott fähret auf mit Jauchzen" zu Christi Himmelfahrt (CH-Zz, *Mus. Car XV 264 (241): 28a*). Für diese Hinweise sei Herrn Dr. Heinrich Aerni, Zürich, gedankt.

[14] Vgl. hierzu A. Glöckner, *Ein weiterer Kantatenjahrgang Gottfried Heinrich Stölzels in Bachs Aufführungsrepertoire?*, BJ 2009, S. 95–115, hier S. 99 f.

[15] Vgl. U. Leisinger (wie Fußnote 5), S. 281 f. Stölzels Kantaten erklangen jeweils als Nr. 2, die Kantaten Nr. 1 stammten von C. P. E. Bach.

[16] Vgl. die Überlegungen von P. Wollny zur Provenienz des Stölzelschen Notenmaterials (*„Bekennen will ich seinen Namen". Authentizität, Bestimmung und Kontext der Arie BWV 200. Anmerkungen zu Johann Sebastian Bachs Rezeption von Werken Gottfried Heinrich Stölzels*, BJ 2008, S. 123–158, speziell S. 144 f. sowie S. 146, Fußnote 74).

[17] Vgl. hierzu ausführlich C. Ahrens, *„Zu Gotha ist eine gute Kapelle…"* (wie Fußnote 10), Kap. 6.2.

[18] Ebenda, S. 282–287.

Um eine Vorstellung davon zu erhalten, nach welchen Kriterien C. P. E. Bach die Stölzel-Kantaten ausgewählt haben könnte, ist es notwendig, einen Blick auf deren Strukturen zu werfen. Dabei zeigen sich übereinstimmende musikalische Eigenheiten in allen drei Kantaten. Die Satzfolge des ersten Teils bis einschließlich zum Choral (Chor – Rezitativ – Arie/Duett – Choral) ist jeweils identisch.[19] Die Gestaltung der einzelnen Sätze im Detail unterscheidet sich jedoch stark, denn sie erwuchs aus den theologischen Bezügen der Textvorlage. Das gilt insbesondere für die Eingangschöre, aber auch für die Rezitative.

1782, Kantate zum 1. Ostertag: „Siehe dein König kömmt zu dir"
(Nr. 20 des Jahrgangs)

Stölzel hatte diese Kantate für den Sonntag Estomihi vorgesehen, den letzten Sonntag vor der Fastenzeit, annähernd zwei Monate vor Ostern. Der zugehörige Evangelientext ist dem Lukas-Evangelium (Kapitel 18, Vers 31–43) entnommen; er schildert, wie Jesus seinen Jüngern erläutert, was ihm nach dem Einzug in Jerusalem bevorstehe. Im Text des Rezitativs (Satz 2) der Kantate bezieht sich Stölzel explizit auf diese Situation: „Es ist an dem, daß Jesus der Gerechte geht nach Jerusalem [...]".

Satz 1 (Chor): Einer kurzen Instrumentaleinleitung (3 Takte; ohne Continuo) folgt die Deklamation des „Siehe", in gleichförmigen Halben homorhythmisch vom Chor vorgetragen; die letzte Halbe ist mit einer Fermate versehen. Darauf folgt erneut das Ritornell und in gleicher Weise wie zuvor die Exclamatio „Siehe". Mit deren Ende beginnt ein neuer Abschnitt: Die Taktvorzeichnung wechselt von 4/4 zu 2/4, der weitere Textvortrag erfolgt fugiert.

Satz 2 (Recitativo secco): Das Rezitativ wird solistisch („a 1") vorgetragen, jedoch, wie bei Stölzel üblich, im Wechsel von insgesamt drei Stimmen.[20]

Satz 3 (Arie Tenor): Als Begleitinstrumente für diese Arie hatte Stölzel zwei Hautbois d'amour vorgeschrieben, die C. P. E. Bach nicht mehr zur Verfügung standen.[21] Wie in der Johannes-Passion von 1772 dürfte er sie durch Flauti

---

19 Das trifft nicht auf alle Kantaten zu: in drei der 60 vollständig überlieferten Kantaten sind die Satztypen II und III vertauscht.

20 Zur Unterscheidung von den mehrstimmigen Rezitativen, die „a 2", „a 3" (sehr selten) oder „a 4" vorgetragen werden, steht die Bezeichnung „a 1" für die Ausführung durch jeweils nur eine Stimme. Die Praxis eines abwechselnden Vortrags durch mehrere Solisten bleibt dabei unberücksichtigt.

21 Die Hautbois d'amour wurde nach derzeitigem Kenntnistand 1720, kurz nach ihrer Erfindung, erstmals eingesetzt, und zwar von Stölzel. Sie verlor freilich schon bald an Bedeutung und war ab 1760 fast gänzlich aus der Musikpraxis verschwunden; vgl. C. Ahrens und S. Schmidt, *Die Hautbois d'amour – Quellen zu ihrer Frühgeschichte und akustische Untersuchungen*, in: Flöte, Oboe, Klarinette und Fagott.

traversi ersetzt haben, was eine zumindest teilweise Transposition all'ottava alta erforderlich machte und einen massiven Eingriff in die originale Klangwirkung bedeutete.
Satz 4 (Choral): Stölzel hatte den Text „Jesus geht zu seinem Leiden" von Benjamin Schmolck bestimmt, der zur Melodie des Liedes „Jesu deine tiefen Wunden" gesungen wurde (der Text dieses Kirchenliedes stammt von Johann Heermann). C. P. E. Bach behielt den Text bei, verwies allerdings auf die Melodie eines anderen Kirchenliedes („Freu dich sehr, o meine Seele"); diese ist mit der von Stölzel gewählten identisch.

1784, Kantate zum 1. Ostertag: „Gelobet sei Gott" (Nr. 35 des Jahrgangs)

Stölzel hatte diese Kantate für den Sonntag Rogate, der gut einen Monat nach Ostern liegt, bestimmt. Im Mittelpunkt des Evangelientextes aus dem Johannes-Evangelium (Kapitel 16, Vers 23–30) steht die Verheißung Jesu (V. 23): „So ihr den Vater etwas bitten werdet, in meinem Namen, so wird er's euch geben." Diese Botschaft greift Stölzel zu Beginn des Rezitativs wieder auf, thematisiert aber auch im Duett die Voraussetzung für die Verheißung, daß die Bitte im Namen Jesu erfolgen muß.
Satz 1 (Chor): Nach einer kurzen Einleitung (3 Takte; ohne Continuo) fällt der Chor mit den Worten „Gelobet, gelobet sei Gott" ein, die Stölzel inklusive der nicht im Diktum enthaltenen Wortwiederholung insgesamt dreimal vortragen läßt. Danach folgt fugiert der Vortrag des weiteren Diktum-Textes.
Satz 2 (Rezitativ): Das Rezitativ („a 1") beginnt secco. In dem Moment, da im Text davon die Rede ist, daß das Gläubige Ich sich anschickt, Gott im Namen Jesu seine Bitte vorzutragen, wechselt Stölzel zum Accompagnato.
Satz 3 (Duett Sopran/Baß): Die Vertonung ist insofern ungewöhnlich, als die Singstimmen in beiden Duett-Teilen ausschließlich simultan und überwiegend homorhythmisch geführt werden. Die vorgeschriebene Hautbois d'amour wird C. P. E. Bach, wie oben ausgeführt, durch Flauti traversi ersetzt haben. Der Klang der Blasinstrumente ist in diesem Satz besonders prägnant, weil im A-Teil die Streichinstrumente über weite Strecken pizzicato spielen, und zwar dann, wenn vom „Klopfen" die Rede ist. Das Pizzicato fordert Stölzel für den gesamten B-Teil, so daß die musikalische Umsetzung des Klopfens weiter im Ohr bleibt.
Satz 4 (Choral): Wie bereits erwähnt, ersetzte C. P. E. Bach zwar den von Stölzel vorgesehenen Text durch einen anderen, behielt jedoch die ursprüngliche Melodie.

---

Holzblasinstrumente bis zum Ende des 18. Jahrhunderts. Symposium im Rahmen der 33. Tage Alter Musik in Herne, hrsg. von C. Ahrens und G. Klinke, München 2011, S. 50–70, speziell S. 50–59.

1786, Kantate zum 1. Weihnachtstag: „O wie ist die Barmherzigkeit des Herrn so groß" (Nr. 44 des Jahrgangs)

Diese Kantate hatte Stölzel für den 3. Sonntag nach Trinitatis konzipiert, also für die Mitte des Kirchenjahres. In seinem Text greift er den Inhalt des zugehörigen Evangelientextes aus dem Lukas-Evangelium (Kapitel 15, Vers 1–10) auf. Darin ist davon die Rede, daß die Buße Voraussetzung dafür sei, daß „Freude [sein werde] vor den Engeln Gottes über einen Sünder, der Buße tut", so, wie ein Hirte sich freue, wenn er ein verlorenes Schaf wiederfinde.
Satz 1 (Chor): Eingeleitet von einem Instrumentalritornell (5 Takte; ohne Continuo), beginnt auch dieser Chorsatz mit einer homorhythmischen Deklamation der ersten Satzhälfte des Diktums, die nach weiteren vier Takten Ritornell wiederholt wird. Der Vortrag des restlichen Diktums ist fugiert.
Satz 2 (Rezitativ): Das Rezitativ beginnt secco „a 1" und geht zum Text „Als Gottes Herz sich freut, als Freude vor den Engeln Gottes ist" in ein Accompagnato über, das homorhythmisch „a 2" ausgeführt ist.[22] Stölzel untermalt diese Textstelle durch Sechzehntel-Repetitionen der Streichinstrumente einschließlich des Continuo.
Satz 3 (Duett Sopran/Baß): Bestimmend für den Satz ist ein markantes punktiertes Motiv, das erstmals zu „Ei, so hört, betrübte Herzen" erklingt. Im B-Teil tragen es die ersten Violinen mehrfach vor und erweitern es zum Schluß sequenzierend auf einen Tonumfang von fast zwei Oktaven ($c^1$–$b^2$) zum Text „seine Huld wird euch umfahren, wenn ihr, euch zu ihm zu nahen, nur den ersten Schritt getan."
Satz 4 (Choral): Der ursprüngliche Text dieses Chorals stammt von Benjamin Schmolck: „Ach, süßes Wort vor arme Sünder", auf die Melodie „Wer nur den lieben Gott läßt walten" (Textdichter jenes Liedes ist Georg Neumarck). C. P. E. Bach behielt die Melodie bei, wählte indessen bemerkenswerterweise eine Strophe („Auf dich, mein lieber Gott, ich traue") des Liedes von Neumarck, die Valentin Sittig nachgedichtet hatte[23] und die in den meisten Gesangbüchern jener Zeit fehlte.[24]

---

[22] Vgl. hierzu grundsätzlich C. Ahrens, *Vom accompagnirten und vollstimmigen Recitativ. Mehrstimmige Rezitative in G. H. Stoelzels Weihnachtsoratorium (1728)*, in: Beiträge zur musikalischen Quellenforschung, Bd. 6, Bad Köstritz 2005, S. 209–228, speziell S. 223 f.

[23] Vgl. J. F. Kinderling, *Kritische Betrachtungen über die vorzüglichsten alten, neuen und verbesserten Kirchenlieder*, Berlin 1813, S. 99.

[24] Das gilt auch für die Hamburger Gesangbücher; selbst das umfangreiche *Neue Hamburgische Gesangbuch*, Hamburg 1789 (Nr. 238, S. 228 f.) enthält diese Strophe nicht.

## Überlegungen zu den Auswahlkriterien C. P. E. Bachs

Es wäre wünschenswert, Gewißheit über die Kriterien zu erhalten, nach denen C. P. E. Bach aus dem fast vollständig in seinem Besitz befindlichen Kantatenjahrgang von 1737/38 die Werke auswählte, die er in den 1780er Jahren, jeweils in Kombination mit eigenen Kantaten, als gottesdienstliche Figuralmusik in Hamburger Kirchen aufführte. Außerdem ist zu fragen, warum er nicht auf jene Kantaten zurückgriff, die für die betreffenden Festtage bestimmt waren. Auf den ersten Blick ist kein stringentes System für diese Auswahl zu erkennen; bei genauerer Betrachtung zeigt sich allerdings, daß bestimmte musikalische Gemeinsamkeiten die drei Kantaten verbinden.

– Besetzung: Es drängt sich der Eindruck auf, C. P. E. Bach habe bewußt auf Kantaten ohne Trompeten und Hörner zurückgegriffen, die in drei der vier Kantaten, die Stölzel für die betreffenden Sonntage komponiert hatte, vorgeschrieben sind.[25]

– Besondere kompositorische Elemente, die sich in der Gestaltung des Eingangschors manifestieren: Alle drei Kantaten beginnen nach einem kurzen, nur wenige Takte langen unbegleiteten Ritornell mit einer knappen, simultan und homorhythmisch vorgetragenen Exclamatio, die zweimal – in der Kantate „Gelobet sei Gott" sogar dreimal – erklingt. Sie macht den Anfang des Eingangschors musikalisch besonders eindrucksvoll, erfüllt freilich zugleich eine theologische Funktion, indem sie den Gläubigen eine zentrale theologische Aussage des Evangeliums nachdrücklich und unüberhörbar vermittelt. Die vier überlieferten Stölzel-Kantaten dieses Jahrgangs zu den Weihnachts- und Osterfeiertagen weisen hingegen einen Satzbeginn auf, dem ein solch kurzer und prägnanter Choreinsatz mit dem vorangestellten Ritornell ohne Continuo fehlt.

– Struktur der Rezitative: C. P. E. Bach wählte zwei Kantaten aus, in denen das Rezitativ ausschließlich solistisch vorgetragen wird, und nur eine Kantate mit einem „a 2" gesetzten Rezitativ. Das überrascht aus zweierlei Gründen. Zum einen finden sich unter den 60 vollständig überlieferten Kantaten des Jahrgangs von 1737/38 nicht weniger als 25 (41,7 %) solcher mehrstimmigen Rezitative; davon sind 17 zumindest partiell vierstimmig gesetzt. Zum anderen nimmt Stölzel in der Reihe jener Komponisten, die überhaupt mehrstimmige Rezitative schufen, hinsichtlich der Anzahl dieses speziellen Rezitativ-Typus eine herausragende Stellung ein. Die von ihm mehrstimmig gesetzten Passagen, die immer einen homorhythmischen Textvortrag bedingen, erklingen in der Regel nur abschnittsweise, gelegentlich am Anfang, häufiger am Ende eines Rezitativs. Sie dienen teils dazu, eine zentrale theologische Aussage des Textes hervorzuheben, teils zum nachfolgenden Satz (das heißt, dessen Text) hinzuführen. Letzteres ist in der Kantate „O wie ist die Barmherzigkeit des Herrn so groß" der Fall. Jesu Verheißung, unter den Engeln im Himmel werde Freude sein über einen reuigen, bußfertigen Sünder

[25] Lediglich in der Kantate zum 3. Sonntag nach Trinitatis, „Dienet dem Herrn mit Furcht", von der lediglich der Einleitungschor überliefert ist, verzichtet Stölzel auf Blechblasinstrumente.

(siehe oben), interpretiert Stölzel im Text am Ende des Rezitativs und bedient sich dazu der Vertonung „a 2". Im anschließenden Duett greift er den Gedanken der Aufnahme eines reuigen Sünders durch Jesu wieder auf und knüpft musikalisch an die spezifische Zweistimmigkeit des Rezitativs an. Die Melodiestimmen verlaufen im B-Teil – dieser umfaßt nur 16 Takte gegenüber 33 Takten im A-Teil –, von zwei ganz kurzen Ausnahmen abgesehen, ausschließlich simultan in überwiegend homorhythmischem Vortrag und ohne nennenswerte Melismen. Insofern unterscheidet sich die Faktur des Duetts kaum von jener des vorangegangenen Rezitativs. Bedenkt man die vierstimmige homorhythmische Exclamatio in den Eingangschören aller drei Kantaten, so gilt ähnliches zumindest auch für Teile des Chorsatzes. Diese strukturelle Vermischung beziehungsweise Angleichung unterschiedlicher Satztypen ist eines der wesentlichen Gestaltungsmerkmale in Stölzels späten Kantatenjahrgängen.

In den beiden vollständig überlieferten Kantaten,[26] die Stölzel für Weihnachten und Ostern bestimmt hatte – eine zum 1. Weihnachtstag, die andere zum 1. Ostertag –, finden sich „a 4" gesungene Passagen. In der Osterkantate erfolgt ein Wechsel in der Abfolge „a 2" – „a 4" – „a 2"; das Rezitativ der Weihnachtskantate ist vollständig „a 4" gesetzt. Es hat den Anschein, als habe C. P. E. Bach vermeiden wollen, den Zuhörern diese besonders auffallende und ungewöhnliche Variante von Stölzels Rezitativ-Stil zuzumuten.
Die angesprochene besondere Duett-Struktur mit ihren großen Anteilen des Simultangesangs, oft in homorhythmischem Vortrag, führt zu einem weiteren möglichen Auswahlkriterium, das sich mit jenem der Besetzung vermischt beziehungsweise dieses überlagert haben könnte. In den beiden vollständig überlieferten Kantaten zu Weihnachten und Ostern entsprechen die Duette in deutlich stärkerem Maße den Konventionen dieses Satztypus. Es gibt längere alternierende Passagen der Singstimmen, die, sofern sie simultan verlaufen, nicht über längere Strecken homorhythmisch geführt werden. Damit heben sich diese Duette hinsichtlich der Melodieführung und des Klanges stärker von den mehrstimmig gesetzten Rezitativen ab, als dies in den drei von C. P. E. Bach ausgewählten Kantaten der Fall ist.
Ein weiterer Grund, daß Bach nicht auf die von Stölzel für die betreffenden Feiertage bestimmten Kantaten zurückgriff, könnte gewesen sein, daß die vorgesehenen Choräle Texte von Benjamin Schmolck aufwiesen, die außerhalb Mitteldeutschlands und Schlesiens relativ wenig Beachtung fanden[27] und im Hamburger Gesangbuch nicht enthalten waren.

---

[26] Die weiteren Weihnachts- und Osterkantaten des Jahrgangs (für beide Feste je zwei) sind teils unvollständig erhalten (von zwei Weihnachtskantaten nur die Eingangschöre), teils fehlen die Noten ganz (von zwei Osterkantaten).

[27] Vgl. hierzu C. Ahrens, *Benjamin Schmolck und Gottfried Heinrich Stölzel – Eine besondere künstlerische Beziehung*, in: Notizen aus dem Gothaer Bibliotheksturm, Folge 22 (https://blog-fbg.uni-erfurt.de/2020/11/benjamin-schmolck-und-

Obschon direkte, von C. P. E. Bach selbst oder aus seinem Umfeld stammende Quellen fehlen, die Auskunft über die Kriterien seiner Auswahl geben könnten, erscheint es nachvollziehbar, daß der Hamburger Bach keine der für Weihnachten und Ostern bestimmten Kantaten von Stölzels Jahrgangs berücksichtigte. Warum er unter den verbleibenden Kantaten ausgerechnet die drei nachgewiesenen auswählte, bleibt jedoch letztlich im Dunkel.

*Christian Ahrens* (Berlin)

gottfried-heinrich-stoelzel-eine-besondere-kuenstlerische-beziehung/?upm_export=print).

Mitglieder der Neuen Bachgesellschaft e.V. erhalten neben anderen Vergünstigungen das Bach-Jahrbuch als regelmäßige Mitgliedsgabe. Der jährliche Mitgliedsbeitrag beträgt nach dem Stand vom 1. Januar 2018:

| | |
|---|---|
| Einzelmitglieder | € 50,– |
| Ehepaare | € 60,– |
| Schüler/Studenten | € 25,– |
| Korporativmitglieder | € 50,– |

Beitrittserklärungen – formlos mit Angaben zur Person oder auf einer Kopie des untenstehenden Formulars – richten Sie bitte an die Geschäftsstelle der Neuen Bachgesellschaft, Postfach 10 07 27, D-04007 Leipzig
(Hausadresse: Burgstraße 1–5, Haus der Kirche, D-04109 Leipzig,
Telefon bzw. Telefax 03 41-9 60 14 63 bzw. -2 24 81 82,
E-Mail: info@neue-bachgesellschaft.de).

Mitglieder der Neuen Bachgesellschaft können zurückliegende Jahrgänge des Bach-Jahrbuchs (soweit vorrätig) zu einem Sonderpreis erwerben. Anfragen richten Sie bitte an die Geschäftsstelle.

**Beitrittserklärung**

Ich/Wir möchte/n Mitglied/er der NBG werden:

Vor- und Zuname: ______________________

Geburtsdatum: ______________________

Beruf: ______________________

Straße: ______________________

PLZ – Ort: ______________________

Telefon/Telefax: ______________________

Gleichzeitig zahle/n ich/wir € __________

als ersten Jahresbeitrag sowie € __________

als Spende auf das Konto Nr. 672 27 908

bei der Postbank Leipzig (BLZ 860 100 90) ein.

IBAN: DE08 8601 0090 0067 2279 08

BIC: PBNKDEFF

**Einzugsermächtigung**

Ich/Wir erkläre/n mich/uns damit einverstanden, daß mein/unser Mitgliedsbeitrag von meinem/unserem Konto bei der

______________________
(Bank/Sparkasse)

IBAN ______________________

BIC ______________________

bis zum schriftlichen Widerruf abgebucht wird.

______________ Ort, Datum

______________ Unterschrift

______________ Datum/Unterschrift